平衡计分卡体系的巅峰之作

STRATEGY MAPS

CONVERTING INTANGIBLE ASSETS INTO TANGIBLE OUTCOMES

珍藏版

战略地图

——化无形资产为有形成果

[美] 罗伯特·卡普兰　大卫·诺顿　著
刘俊勇　孙薇　译
王化成　译校

SPM 南方传媒 | 广东经济出版社
·广州·

STRATEGY MAPS: Converting Intangible Assets Into Tangible Outcomes
By Robert S. Kaplan and David P. Norton

图书在版编目（CIP）数据

战略地图：化无形资产为有形成果：珍藏版 /（美）卡普兰，（美）诺顿著；刘俊勇，孙薇译. —广州：广东经济出版社，2014. 12（2025. 2重印）
书名原文：STRATEGY MAPS：Converting Intangible Assets Into Tangible Outcomes
ISBN 978-7-5454-3722-5

Ⅰ.战… Ⅱ.①卡…②诺…③刘…④孙… Ⅲ.企业发展战略-研究
Ⅳ. F272

中国版本图书馆CIP数据核字（2014）第295713号

版权登记号：19-2016-004

责任编辑：刘亚平　陈念庄
责任技编：陆俊帆
封面设计：李康道

战略地图——化无形资产为有形成果（珍藏版）
ZHANLÜE DITU —— HUA WUXING ZICHAN WEI YOUXING CHENGGUO（ZHENCANG BAN）

出 版 人：刘卫平
出版发行：广东经济出版社（广州市环市东路水荫路11号11～12楼）
经　　销：全国新华书店
印　　刷：珠海市国彩印刷有限公司
（珠海市金湾区红旗镇永安一路国彩工业园）

开　　本：730毫米×1020毫米　1/16
印　　张：24
版　　次：2014年12月第1版
印　　次：2025年2月第3次
书　　号：ISBN 978-7-5454-3722-5
字　　数：440千字
定　　价：68.00元

发行电话：（020）87393830
编辑邮箱：gdjjcbstg@163.com
广东经济出版社常年法律顾问：胡志海律师
法务电话：（020）37603025
如发现印装质量问题，请与本社联系，本社负责调换

推荐序一

用通用的执行语言来描述战略

战略管理从根本上说是为了实现可持续发展，因而理应成为企业管理的核心。然而在众多的战略管理理论里，却没有一个统一的战略定义，对战略的描述各有侧重，也就是说缺少通用的战略执行语言。实践中，企业对战略的描述同样取决于管理层的偏好或随机性的影响，这样带来的结果就是战略不能在企业内部得到很好的沟通，将战略转化为行动往往因此落空。也就是说，要想将战略放到企业管理的核心位置，必须依托一套通用的执行语言。

华润集团的经理人有个共同的沟通语言，即6S管理。所谓6S，就是6个体系的有机组合。6S是1999年组织设计并开始运行的，当时的定位是以战略为导向的预算管理或运营控制体系。为了体现战略导向，当时我们在其中的业绩评价体系中引用了罗伯特·卡普兰和大卫·诺顿提出的平衡计分卡理念，即在传统的财务评价指标基础上增加了过程指标，以体现非财务指标对企业长期发展的重要性。经过5年多的运行，现在回顾起来，6S确实给华润的企业管理带来了一场革命，正是这一体系推动了华润企业管理的进步，让华润也取得了不错的业绩，不仅资产迈上了千亿元的台阶以及股东价值大幅提升，而且多项竞争性业务在香港和内地市场已跃居行业领先地位，这是我们当初从贸易企业开始实业转型时不曾预见的结果。

但是，仅有战略导向仍然不能解决企业进一步发展面临的战略细化问题，更不能解决战略执行的问题。2003年，我们进一步引入平衡计分卡战略地图的理念来创新这个在实践中行之有效的6S，将其中第一个有关业务单元划分的体系正式变更为业务战略体系，并把战略地图作为构建工具，同时将业绩评价体系明确分解为财务、客户、流程和学习四个方面的关键指标，与平衡计分卡的战略维度更加一致，此外还将其他体系进一步完善为综合性的战略视角，6S由此提升为华润的战略管理体系。

6S作为华润的管理品牌，创新后的内容变得更加丰富。简单地说，6S是将华润多元化业务与资产划分为战略业务单元，并将其作为利润中心进行专业化管理，同时推进业务战略的构建、落实、监控和执行的一整套管理体系。它涵盖战略管理的基本思想，其目的是使华润的管理模式与业务种类繁多和资产结构复杂等具体情况相适应，由管理法人企业转到管理主要业务与资产上来，由分别多元化管理转到各自专业化管理上来，并通过集团多元化控股的整体架构推进利润中心的业务整合和战略管理，从而逐步培育核心竞争力和形成行业领导地位。6S的最终目标是推动华润战略核心型组织的建设。

令人欣慰的是，作为平衡计分卡三部曲的持续旅程，2004年，平衡计分卡的两位创始人终于出版了《战略地图——化无形资产为有形成果》，给我们6S的业务战略体系提供了一个更加具体的实施框架，同时我也有机会与其主要作者——哈佛商学院的卡普兰博士进行了一次深入的面谈和交流。听了我们对6S的介绍，卡普兰教授对中国企业5年前就将其理念引入一个一体化的企业管理系统并逐步聚焦于战略管理深感兴奋，同时他还提出了不少颇有价值的意见，特别是平衡计分卡没有涵盖的运营控制系统刚好在我们的6S里面得到了补充，并能有机地连为一体。这一信息让我们对进一步运用这一强有力的战略管理工具更具信心。此后，华润集团最高决策层做出了在全集团深化6S管理和推广平衡计分卡的决定，我作为集团6S管理委员会的负责人受命组织推广和应用研究，目前已开展了数十场培训和互动。可以毫不夸张地说，《战略地图——化无形资产为有形成果》的出版给我们理解战略和沟通战略提供了莫大的帮助。

在我看来，战略地图最重要的意义在于它提供了一种通用的战略描述语言，而在此之前，我们对集团属下不同业务的竞争战略无法比较，现在使用这样一种相同的框架或类似的结构来描述战略就有了比较的可能。就像财务报表一样，作为一种通用的业务描述语言，无论什么行业的财务状况、经营成果和现金流量都可以用它来反映。相应地，财务报表的量化工具和控制系统是会计，而战略地图（或者干脆称为战略报表，因为它可以弥补财务报表的诸多不足）的量化工具和控制系统当然就是平衡计分卡了。会计由量化到控制，不再是简单的簿记，而是一种积极的管理活动；平衡计分卡同样也由量化到控制，其背后则是一种更加积极的管理活动，是一种战略驱动。否则，它就沦为事后的反映而非事前的反馈了，最终并不能解决战略实施的动因问题，这也是为何量化或评价什么就可以改变或得到什么的内在机理。很显然，没有描述就没有评价，没有评价也就没有管理，战略地图和平衡计分卡的战略管理意义由此可见一斑。

在《战略地图——化无形资产为有形成果》这本书里，呈现在我们面前的是一个逻辑性极强的图示结构，我把它称为“2-3-4-3”战略框架。其中，

“2”指的是财务层面的收入增长战略和生产率提升战略两大财务战略；第一个“3”指的是客户层面的产品或服务特征、客户关系和企业形象等体现差异化客户战略的三个方面；“4”指的是运营管理流程、客户管理流程、创新流程以及法规与社会流程四类创造价值的内部流程；第二个“3”指的是人力资本、信息资本和组织资本三种无形资产。另外，在客户层面还蕴含着总成本最低、产品领先、全面客户解决方案和系统锁定四种通用的客户战略或价值主张，它是业务竞争战略的核心。无疑，这个清晰的框架对我们在实践中构建战略、落实战略、执行战略乃至监控战略均会有所启发。

需要强调的是，战略地图是从作为评价工具的平衡计分卡发展而来的，而且至今还没有建立一套如何将评价与薪酬激励挂钩的有效办法。因此，如果将重点始终放在评价计奖上，或仅仅作为业绩评价工具，那么我们只会想到是从一个财务层面而不是从四个层面来评价企业业绩，往往就忽视了四个层面之间的逻辑联系，进而战略地图也就可能流于表面上的画图形式，由此战略管理工具的真正价值将难以体现。这里实际上是想突出战略地图的核心思想——因果关系链和协调一致性的极端重要性。理由其实很简单，战略地图不过是一个刨根究底、追本溯源的执行思维，讲求的是战略驱动性。比如财务是股东要求的最终成果，它的实现来自客户产出，而客户价值乃至股东价值又是通过内部流程来创造的，最终必然就落到学习与成长对流程的支持上。也就是说，当我们要按照这种执行的路径来一步步推进战略的时候，如果链条不衔接或者前后不一致，最终的财务结果显然难以实现，战略也就不会成功。

诚然，对企业来说，按战略地图框架来建立战略执行的因果模型实际上是一个重大挑战，即使是建立了因果模型，但要验证战略目标之间的驱动效应和业绩影响还是一个难题。另外，利用平衡计分卡为这些战略目标确定评价指标乃至评价目标值同样也不是一件简单的事，这也是很多企业对这种工具至今仍褒贬不一的主要原因。尽管如此，战略地图即使是作为一种战略管理的思想方法仍有不可忽视的应用价值。

希望我们的实践探索能成为战略地图的成功案例，同时更希望战略地图能成为广大企业和经理人描述战略的通用语言。

蒋伟

推荐序二

战略执行的最佳实践

我们非常乐意向中国的读者们推荐罗伯特·卡普兰博士和大卫·诺顿博士合著的第三本震撼人心的著作。自从1990年他们的创新模式和方法首次确定以来，卡普兰博士与诺顿博士在战略管理这一领域做出了巨大的贡献。他们的第一本书叫作《平衡计分卡——化战略为行动》。

他们最初的两部关于平衡计分卡的著作已经在全球被翻译成多种语言。他们二人和平衡计分卡协会（BSCol）的咨询顾问们已经完成了1000多个帮助企业确定、沟通和成功执行战略的咨询项目。他们不断学习、更新，并推动这一工具的不断发展，使平衡计分卡成为一个帮助各类组织取得突破性成果的系统、有效的方法，并得到广泛认可与运用。

就战略管理来说，中国有着自己的复杂文化因素和来自企业内部的挑战，而平衡计分卡正是最适合帮助中国企业制定、沟通和成功地执行战略的管理工具。我们知道平衡计分卡是成功执行战略的最强有力的体系。最近，我们已将我们在中国如何有效运用平衡计分卡的经验体现在一本管理类的畅销书中。

卡普兰博士与诺顿博士的第三本书《战略地图——化无形资产为有形成果》较已出版的前两本书——《平衡计分卡——化战略为行动》与《战略中心型组织》，其实用性有非常大的飞跃。其中有大量案例来自卡普兰博士与诺顿博士领导的公司——平衡计分卡协会的真实咨询案例。该书重点阐述了如何以一种清晰、具有逻辑、经得起验证的方式来确定战略。其主要工具为战略地图，该书包含了大量这样的战略地图例子，辅以相关的解释与说明。战略地图描述组织如何创造价值，它用统一的方法来描绘战略，以链接管理目标和指标，提供了战略组成部分的标准清单和相互间的关联，弥补了战略制定和战略执行之间缺失的一环。

该书立足实践，集中讲到了战略执行的微妙性与复杂性，涉及流程、人力资源、信息与组织能力的实际操作层面。这些正是战略能否得到有效执行的关键领域。这些领域对世界各地的企业都至关重要，而在中国尤其如此。

我们从实践中意识到平衡计分卡体系与战略地图为中国带来了独特的价值，而这种价值是不可能通过其他管理方法轻易获得的。试问你的所有经理与员工都能回答这样一个问题吗：“贵公司获得成功的战略是什么？”就我们在中国为150多个公司提供咨询的经验而言，答案是“不能”。卡普兰博士与诺顿博士的这本权威性的著作将教你如何使每一位经理与员工都能针对这一问题做出回答。

中国在过去的25年取得了巨大的发展。我们认为有一个重要的特质是引导中国走过这一过程的三代领导人所共有的：他们尊重那些能够客观地验证有效性的实践方法，他们进行了大范围的社会经济改革试点，其结果对国家的进步起到了帮助。通常，在更大的范围内试验新的举措之前，他们都会对试点的结果进行认真的评估。

基于这样的原因，我们相信平衡计分卡体系将成为中国最权威和最常用的管理方法，因为种种原因，平衡计分卡体系恰恰是组织提供一个客观的方法来验证组织成功实施战略的设想。战略地图正是这一方法论的最核心的组成部分。从运用战略地图来体现企业战略开始，使用平衡计分卡定义战略目标、指标与行动方案，然后在组织内层层分解，注重纵向与横向的协调，将战略转化为可操作的行动，并跟踪战略的执行，使之成为持续性的流程，建立战略型组织。这是一个高层次的、相当简单的有关平衡计分卡体系的描述。但是要成功走出这条路，必须克服种种挑战。

有些书籍和咨询顾问往往轻易地从两位创始人那里依葫芦画瓢地借用“平衡计分卡”一词，读者们不应受到误导。卡普兰和诺顿两位博士是这一强大工具的创始人，平衡计分卡的运用不仅仅是词语和图表的运用，他们的第三本书《战略地图——化无形资产为有形成果》就是最强有力的证明，他们一直在努力地推动最佳实践的发展，从而造福于全世界的有效战略执行。

我们希望用自己微薄的力量，也感谢有这样一个机会对平衡计分卡这一最佳实践方法在中国的确立做出贡献。当您在书中沿着两位创始人指引的道路探索时，我们祝愿您从中学有所获。

毕意文　孙永玲

译校序

战略地图——平衡计分卡的持续之旅

战略地图是平衡计分卡的发展和升华。在平衡计分卡中，卡普兰和诺顿创造性地提出“你不能衡量的，就无法管理”。在战略地图中，两位大师再次创造性地提出“你不能描述的，就无法衡量”。至此，平衡计分卡理论形成了一个“描述战略、衡量战略和管理战略”的严密逻辑体系。战略地图是两位大师在过去12年与300多家组织合作的基础上，创造出的新战略工具，这种创新的重要性丝毫不亚于平衡计分卡。我认为，战略地图的创新表现在以下几个方面。

一、描述战略的动态可视化工具

经典的平衡计分卡包括四个层面：财务、客户、内部流程、学习与成长。但这只是一个基本框架，在指导战略实施时仍显不足。因此，与平衡计分卡相比，战略地图增加了细节层，用以说明战略的时间动态性；也增加了“颗粒”层，用以改善战略的清晰性和重点。比如，按照价值创造周期长短，内部流程被划分为四大类：运营管理流程、客户管理流程、创新流程、法规与社会流程；客户价值主张被细分为四大类：总成本最低战略、产品领先战略、全面客户解决方案和系统锁定战略。重点清晰的战略地图也使企业在制定战略时，不会造成关键战略要素的遗漏。因此，战略地图成为一个描述和沟通战略的动态可视化工具。无论企业采用何种方法制定战略，战略地图都提供了一个描述战略的统一方法，从而使战略目标和衡量指标可以被制定和管理。

二、衡量无形资产的战略准备度

许多读者是从衡量指标体系进入平衡计分卡学习过程的，因为平衡计分卡最大的特点是引入非财务指标来补充财务指标。但是，1992年，两位大师提出平衡计分卡的一个重要原因是财务指标无法有效衡量企业日益增长的无形资产。在战略地图中，他们将无形资产分为人力资本、信息资本和组织资本三大类。无形资产无法直接创造有形成果，两位大师指出，创造企业未来价值的无形资产必须与企业战略协调一致，才能发挥作用。否则，企业在无形资产上的投资将造成极大的浪费。在战略地图中，我们更为清晰地看到无形资产化为有形成果的路径：为使股东和客户满意，实现财务和客户层面的目标，企业必须擅长核心内部流程，而核心内部流程卓越的基础就是学习与成长层面的无形资产。无形资产与战略的协调一致程度越高，无形资产转化为有形成果的速度就越快，效益就越高。如何衡量无形资产与战略的协调一致程度呢？两位大师创造性地提出了无形资产战略准备度的概念，并将其具体细分为人力资本准备度、信息资本准备度和组织资本准备度。

三、为你的战略定制战略地图

关于战略制定的文献可谓比比皆是，实践中，企业的具体做法又总是推陈出新。战略地图以战略大师迈克尔·波特的战略理论为基础，又考虑了近年来战略领域的理论和实践发展，在传递客户价值主张的客户层面将战略分为四大类：总成本最低战略、产品领先战略、全面客户解决方案和系统锁定战略。由于每一类战略关注的重点不同，因此它们关注的关键内部流程也不同。为企业创造价值的少数关键内部流程被称为战略主题。每个战略主题都要贯穿平衡计分卡的四个层面。每个主题都有1～2个战略目标，每个目标都有各自的衡量指标和目标值。为了实现这些指标和相应的目标值，必须制定相应的战略行动方案，并为之分配资源。当战略地图中的各种要素及其因果关系被清晰地描述出来后，这还只是静态的战略地图。那么如何从动态的角度来定制战略地图呢？两位大师给出了六个步骤，它们是：

（1）确定股东/利益相关者的价值差距。

（2）调整客户价值主张。

（3）为持续性结果规划时间表。

（4）确定战略主题（少数关键流程）。

（5）确定和协调无形资产。

（6）确定执行战略所要求的战略行动方案并安排预算。

四、丰富和完善了平衡计分卡理论体系

1992年，平衡计分卡一经提出，就得到了广泛的认可和蓬勃的发展。至1996年，卡普兰和诺顿的第一本专著《平衡计分卡——化战略为行动》出版，立即成为经典。平衡计分卡理论并不是僵化不变的，随着实践的推进，平衡计

分卡理论体系不断得到发展和完善。哈佛商学院出版社分别于2000年和2004年出版了《平衡计分卡——化战略为行动》的续集《战略中心型组织》和《战略地图——化无形资产为有形成果》。这三部著作已分别被翻译为21种、18种和5种文字。

三部著作关注的焦点不同。《战略地图——化无形资产为有形成果》关注战略描述，《平衡计分卡——化战略为行动》关注战略衡量，《战略中心型组织》关注战略管理。两位大师给出了这样的等式：

突破性业绩＝战略地图+平衡计分卡+战略中心型组织

（描述）（衡量）（管理）

取得突破性业绩的三要素之间的关系是：你不能描述的，就无法衡量；你不能衡量的，就无法管理。

我从2000年主持国家自然科学基金项目“企业业绩评价与激励研究”以来，便把平衡计分卡作为研究的重点。作为平衡计分卡理论的研究者和传播者，我很高兴向各位推荐《战略地图——化无形资产为有形成果》。打开《战略地图——化无形资产为有形成果》，让我们继续平衡计分卡之旅吧！

王化成

作者序

卡普兰-诺顿组合始于1990年的跨国公司研究项目，该项目旨在开发衡量组织业绩的新方法。那时，我们认为知识资产，主要是员工和信息技术，对企业的竞争成功正变得日益重要。但是企业的主要衡量系统仍然是财务会计系统，这种系统将员工能力、数据库、信息系统、客户关系、质量、反应流程以及创新性产品和服务方面的投资作为当期发生的费用。财务报告系统的基础无法衡量和管理无形资产能力提高所创造的价值。

我们认为，管理者和员工关注他们曾经衡量的事情，但无法管理好他们不打算衡量的事情。因此，管理者的注意力和努力过度地集中在短期财务指标的影响上，并未充分关注造就未来财务成功的无形资产投资和管理。如果没有发达的业绩衡量系统，管理者就不能有效地开发和调动他们的无形资产，因而也将丧失重要的价值创造机会。

这个为期一年的研究项目产生了平衡计分卡概念。[1]我们建议企业保留财务指标以概括已采取行动的结果，但是它们应通过另外三个层面的非财务指标来平衡结果指标。这三个层面是客户、内部流程以及学习与成长，它们是未来财务业绩的动因和先导指标。这就是平衡计分卡的基础。

平衡计分卡可谓一石激起千层浪，立即在管理者中间产生了强烈的反响。我们开始与几个企业合作，以帮助它们实施平衡计分卡。不久我们认识到，尽管管理者十分赏识这套综合的新业绩衡量系统，但是他们希望将这个新系统引入一个比我们起初预想的更强有力的应用领域。管理者想运用这个系统解决他们面临的最重要问题——如何实施新战略。这不仅使他们的内部价值创造流程的本质从有形资产转移到了无形资产，而且使他们外部市场竞争的本质发生了同样的变化。以前仅靠生产能力和产品特征竞争的制造企业现在发现，要想成功，就必须更深入地理解它们的市场和客户以及具备为目标细分客户提供独特价值主张的能力。刚刚解除管制的服务企业现在面临着原来处于被保护市场之外企业的激烈竞争中。高效配置先进信息技术的全新公司常常进入它们的行业。甚至公共机构和非营利组织也被它们的选民和利益相关者要求说明创造价值的方式。所以，全球各行各业的管理者正面临着双重挑战：一方面是如何调动他们的人力资本和信息资源；另一方面是如何使他们的组织转型到新战略，而新战略由见多识广、挑剔并要求卓越业绩的客户所驱动。

企业、公共机构和非营利组织通常是这样应对挑战的：制定新战略，通过鼓舞士气的使命和愿景陈述书再次致力于为它们的细分客户和当事人传送增长的价值。然而事实上所有组织面临的深层问题是它们不能成功执行新战略。员工们能够听到关于新使命、愿景和战略陈述书的宣传，但是他们不理解这些宣传的含义。他们应该怎样与以往不一样地工作？或者如何更好地帮助组织成功实施新战略呢？多方面的研究表明，有70%～90%的组织无法实现战略成功。

实施平衡计分卡的管理者直觉地认识到，战略衡量系统能够解决如何沟通和实施战略的问题。当我们观察这些使用平衡计分卡的管理者时，我们能够看到他们开发新的战略管理系统。我们对这个新系统要素的描述载于《哈佛商业评论》的一篇文章中，[2]以及我们的第一本书《平衡计分卡——化战略为行动》中，[3]这本书包括两个部分，第一部分将平衡计分卡描述为一个增强的业绩衡量系统，第二部分描述了早期采用平衡计分卡的公司管理者如何将其嵌入一个全新的战略业绩管理系统。

在接下来的四年里，我们跟踪了这些采用平衡计分卡的公司的业绩，也跟踪了一组新实施平衡计分卡公司的业绩，这组公司里有些是我们帮助实施的，有些是自己实施的。我们获悉，这些公司正在实现突破性的业绩，并且是在相对较短的时期——实施平衡计分卡项目和组织转型的两到三年内。当我们向管理者询问平衡计分卡在出色的转型中所发挥的作用时，他们典型的回答是两个词：协调一致和专注。平衡计分卡使他们保持所有的组织资源（管理团队、业务单位、支持部门、信息技术、员工招聘和培训）协调一致，并聚精会神地专注于实施他们的战略。我们把这些公司的经验和实践写在了我们的第二本书《战略中心型组织》中。[4]这本书拓展了《平衡计分卡——化战略为行动》一书第二部分所介绍的战略管理系统。它显示了成功的采用者是如何遵循下列五项管理原则来变成战略中心型组织的：

- 将战略诠释为操作性术语。
- 使组织与战略协调一致。
- 使战略成为每个人的日常工作。
- 使战略成为一个持续的流程。
- 通过管理者的领导能力调动变革。

除了学习变成战略中心型组织的管理原则外，我们也学会了如何选择对管理者和员工更有意义的衡量指标。1992年，我们在最初的载于《哈佛商业评论》的文章中提倡采用一套广泛的、由四个层面组成的衡量指标体系，以改善业绩。当我们开始与一些企业合作时，我们自然要说明如何为一个企业的平衡计分卡选择20～30个指标。之后，我们认识到，指标不应该被选择。我们的第二篇载于《哈佛商业评论》的文章描述了衡量指标体系应该专注于企业最重要的战略。[5]指标不应该被选择也是因为员工更关注已选择的指标，所以我们必须谨慎地对待我们正在衡量的正确事情。正如谚语所言，“你想要什么，你就得到什么”。衡量指标体系是一个强有力的激励因子。管理者和员工努力地执行好任何已选择的指标，尤其是与奖金计划挂钩的指标。因此，在决定衡量什么之前，我们不得不询问管理者他们将尽力实现什么，或者他们的目标是什么。这个天真的问题表面上对我们的方法论产生了极小的帮助，实际上却产生了一个意义深远的结果。

我们学会了开始履行每项合约时，先让管理层对平衡计分卡四个层面目标的书面陈述做出承诺。一旦管理层允诺了载明他们想实现什么（他们想怎样描述成功）的书面承诺书，衡量指标体系的选择就变得十分容易了。这种有趣的迂回曲折的方式使指标的选择变得有点不那么重要了。毕竟，当管理者对想要实现的目标有了一致意见时，即使最初的指标体系不能十分完美地衡量目标，管理者也能轻易地修改衡量指标体系，而且不必重新讨论他们的战略。目标体系随着经验和新数据来源而发展，与衡量指标体系保持一致也是可能的。

对目标体系的关注带来了一个突破：目标应通过因果关系来连接。当管理层列出了四个层面的目标时，他们本能地用箭头来连接各个目标。现在，他们能够阐明他们的战略，即如何提升某些新技术工作岗位上员工的能力和技能，从而使关键业务流程得到改善。改善后的流程将增强传送给目标客户的价值主张，带来客户满意度、客户保持率和客户业务增长。于是，改善后的客户成果指标将带来收入的增加以及最为重要的股东价值升高。不久以后，我们就在指导所有的管理团队通过明晰平衡计分卡四个层面目标之间的因果关系来描述他们的战略。我们把这张图叫作战略地图。尽管每个企业的战略地图都不相同，反映了它们各自不同的行业和战略，但是在帮助企业开发了几百张战略地图之后，我们能够看到一个基本模式正在浮现出来。我们制定了一个通用的战略地图，作为各行各业运用的起点。我们在第四篇载于《哈佛商业评论》的文章中传达了这个见解，[6]并将其写在《战略中心型组织》一书的“将战略诠释为操作性术语”一章中。

战略地图创新的重要性丝毫不亚于最初的平衡计分卡本身。管理层找到了战略内在属性和外在力量的可视化表示方法。一位管理层的发言人在某次会议上的开场白是这样的：“我喜欢战略地图。”当我们把一些组织的战略地图挂在会议室的墙壁上时，与会代表会利用他们喝咖啡的休息时间研究每一张战略地图，甚至包括与他们毫不相干的组织的战略地图，还时常勾勒出草图并在上面填上一些关键目标。

对战略地图重要性的认识促使我们写出了“平衡计分卡”系列的第三本书。下面的“公式”定位了这本书与前两本书之间的关系。

战略的成功执行需要三个要素：

突破性成果=描述战略 + 衡量战略 + 管理战略

三个要素的理念是简单的：

- 如果你不能衡量（第二个要素），那么你就不能管理（第三个要素）。
- 如果你不能描述（第一个要素），那么你就不能衡量（第二个要素）。

在我们的第一本书《平衡计分卡——化战略为行动》中，通过说明如何从多个视角衡量战略目标讲述了第二个要素。它也提出了第三个要素的早期观念，即如何管理战略。针对如何管理战略，《战略中心型组织》提出了一个更全面的方法。针对第一个要素——如何描述战略，它也介绍了战略地图。你手中的这本书，《战略地图——化无形资产为有形成果》在这个方面介绍得更为详尽，它利用战略地图中相互连接的目标描述了战略并使之直观化。[7]

这样，我们就能将上面的公式重写为：

突破性成果=战略地图 + 平衡计分卡 + 战略中心型组织

这本书有几个重要的新贡献，具体如下：

（1）模板。描述内部流程、学习与成长流程中创造价值的基本要素。

（2）主题。基于价值创造流程，阐明了战略的动态性。

（3）新框架。描述、衡量学习与成长流程中的三项无形资产——人力资本、信息资本和组织资本，并使它们与内部视角的战略流程和目标协调一致。

模板、主题和无形资产是理解和执行战略的模块。它们为管理层在运营细节层面描述和管理战略提供了更多的材料。

致谢

没有大家的支持，我们是不可能写出这本书的。我们感谢平衡计分卡协会的同事和他们的客户以及那些把它们的工作带来并与我们分享其见解的组织。

我们也向卡桑德拉·弗兰戈斯（Cassandra Frangos）表示特别的感谢，她的承诺与奉献加深了我们对人力资本管理的理解。

我们十分感谢下列人士的鼎力支持和倾力奉献：

组织	组织领导者和/或项目负责人	平衡计分卡协会撰稿人
阿曼科公司	Roberto Salas	Mathias Mangels，Carlos Graham
美国糖尿病协会	John Graham，Tom Bognanno	Mario Bognanno
东京三菱银行美洲总部	Naotaka Obata，Takehiko Nagumo	Barnaby Donlon
博伊斯办公解决方案公司	David Goudge，Scott Williams	Randy Russell
邦尼维勒电力管理处	Terry Esvelt	Cassandra Frangos
波士顿歌剧团	Janice Mancini Del Sesto，Sue Dahling Sullivan	Ellen Kaplan
皇冠城堡国际	John Kelly，Bob Paladino	Jan Koch
达特克斯-欧美达	Eero Hautaniemi，Mary Ann Worsman，Brant Sonzogni	Ann Nevius
经济发展管理司（美国商务部）	David Sampson，Sandy Baruah，Danette Koebele	Mario Bognanno
富尔顿学区系统	Martha Taylor Greenway	
格雷-赛拉卡斯	Paul Smith	Cassandra Frangos
音乐搬运工公司	Steve Strome，Rozanne Kokko，Gina Drewek	Geoff Fenwick，Dana Goldblatt，Mike Nagel
英格索兰	Herb Henkel，Don Rice	Mike Clark
MDS	John Rogers，Bob Harris	Mike Nagel，Jay Weiser

通用媒体公司	Stewart Bryan，Bill Mc-Donnell	Patricia Bush，Jan Koch
国民城市银行	Shelley Seifert	Cassandra Frangos
西北互助基金	Ed Zore，Deborah Beck	Arun Dhingra
加拿大皇家骑警	G. Zaccardelli，Geoff Gruson	Andrew Pateman
盛世公司	Bill Cochrane，Paul Melter	Jan Koch，Patricia Bush
圣玛丽德卢斯诊所医疗系统	Peter Person，Barbara Possin	Ann Nevius，Judith Ross
瑞士再保险公司	John Coomber，Rosemarie Dissler	Antosh Nirmul
塔塔汽车塑料公司	Rajiv Bakshi，Muhamed Muneer	
美国教育	Jerry Hauser	
汤姆森金融公司	Dick Harrington，Dave Shaffer，Ro Pavlick	Barnaby Donlon，Rondo Moses
索恩顿石油公司	Rick Claes	Patricia Bush，Lauren Keller Johnson
普信集团	Pam McGinnis	Bob Gold
英国国防部	Kevin Tebbit，Des Cook，Mike Potter，Tracy Buckingham，Simon Howard	Gaelle Lamotte
美国陆军	Strategic Readiness System Team	Patricia Bush，Laura Downing
加利福尼亚大学的伯克利服务管理处	Ron Coley，Claudia Covello，Beth Luke	Cassandra Frangos
沃尔沃财务公司	Björn Ingemanson，Marianne Söderberg	Carl-Frederik Helgegren

我们也想感谢罗布·豪伊（Rob Howie）和迈克尔·康特雷达（Michael Contrada）的贡献，他们管理着平衡计分卡的会议和咨询服务。这些服务为持续开发我们的无形资产提供了基础。在编写第二部分时，我们得益于几位学者的著作并对其进行了概括。在“运营流程管理”一章，我们使用了麻省理工学院的莉萨·缪尔布罗克（Lisa Meulbroek）开发的风险管理框架；在“客户流程管理”一章，我们借用了哈佛商学院教师达什·纳兰达斯（Das Narandas）、拉吉夫·劳（Rajiv Lal）、吉姆·赫斯克特（Jim Heskett）和罗伯特·多兰（Robert Dolan）的工作成果；在“创新流程”一章，我们利用了哈佛商学院教师斯蒂芬·惠尔赖特（Stephen Wheelwright）、基姆·克拉克（Kim Clark）、马科·依恩斯蒂（Marco lansiti）和阿兰·麦克科密克（Alan MacCormick）提供的资料，并受益于斯蒂芬·托姆克（Stefan Thomke）的指导；在“法规与社会流程”一章，我们综合了哈佛商学院教师福里斯特·雷哈特（Forest Reinhart）和迈克尔·波特（Michael Porter）开发的框架，并受益于莱斯大学的马克·埃普斯坦（Marc Epstein）教授和卡内基梅隆大学的李斯特·莱夫（Lester Lave）提出的宝贵建议；我们将“信息资本准备度”一章建立在麻省理工学院的彼得·韦尔（Peter Weill）和高德纳咨询公司（Gartner）的玛丽安·布罗德布特（Marianne Broadbent）工作的基础之上。麻省理工学院的阿诺多·哈克斯（Arnoldo Hax）教授帮助我们理解了锁定战略的威力。斯坦福大学的查尔斯·奥雷利（Charles O'Reilly）教授为“组织资本准备度”一章提供了关于文化及其衡量的宝贵资料和独到见解。当然，哈佛商学院的迈克尔·波特在战略方面的奠基性著作影响并启发了我们的思考。我们感谢上述所有人的贡献并尽力将其忠实地融入战略地图框架中。

我们十分感谢罗斯·拉皮亚纳（Rose LaPiana）整理原稿和图形，协助案例研究，并将我们和项目组织起来。我们也十分感谢哈佛商学院的大卫·波特（David Porter）提供的管理支持。

我们还要感谢哈佛商学院出版社总裁卡罗尔·弗兰科（Carol Franco）和本书的责任编辑霍利斯·黑姆鲍奇（Hollis Heimbouch）的热情指导，以及简·博纳莎尔（Jane Bonassar）在书稿编辑方面给予的帮助，她的指导贯穿了整个编辑过程。

罗伯特·S.卡普兰　大卫·P.诺顿

注释：

[1] Robert S. Kaplan and David P. Norton, "The Balanced Scorecard: Measures That Drive Performance," (*Harvard Business Review,* January-February 1992).

[2] Robert S. Kaplan and David P. Norton, "Using the Balanced Scorecard as a Strategic Management System," (*Harvard Business Review*, January-February 1996).

[3] Robert S. Kaplan and David P. Norton, *The Balanced Scorecard: Translating Strategy into Action*, (Boston: Harvard Business School Press, 1996).

[4] Robert S. Kaplan and David P. Norton, *The Strategy-Focused Organization: How Balanced Scorecard Companies Thrive in the New Business Environment*, (Boston: Harvard Business School Press, 2001).

[5] Robert S. Kaplan and David P. Norton, "Putting the Balanced Scorecard to Work," (*Harvard Business Review*, September-October 1993).

[6] Robert S. Kaplan and David P. Norton, "Having Trouble with Your Strategy? Then Map It!" (*Harvard Business Review*, January-February 2001).

[7] 通过确定《战略地图——化无形资产为有形成果》目标的特殊指标，特别是内部流程、学习与成长层面的指标，《战略地图——化无形资产为有形成果》一书也拓展了我们的第一本书。

目 录

第一篇　总论

第二篇　价值创造流程

第三篇　无形资产

第五篇　案例集锦

第一篇

总论

OVERVIEW

第一章

引论

即使我们管理每个人的能力，我们仍然偏爱高技术工作。辨明战略工作组群为我们过去没有注意到的一线工作带来了一些东西……它向我们展示了初级工作的重要性，把注意力放在这项工作上的好处是巨大的。

格雷–赛拉卡斯（Gray–Syracuse）公司的人力资源部主管保罗·史密斯（Paul Smith），正在评论一项培训计划，这项计划将使他的30名装配线工人的一系列新能力得到迅速提升。该公司是一家为高技术产品生产精密铸件的世界级厂商，这些产品被用在飞机引擎、动力装备和导弹上。在该公司为新战略开发了平衡计分卡和战略地图之后，高级管理层认识到生产流程的最前端是减少重复工作和提高产品质量的一个主要机会。这个流程的初级操作员——铸模装配工，对于减少重复工作和缩短从订货到交货的周期有极大的影响。公司把有限的培训资金用于这些关键员工身上，从而把交货周期缩短了一半，达到了战略目标。

格雷–赛拉卡斯公司的例子说明了目前许多公司如何重视它们的人力资本投资，更广义地说，就是对创造独特持续价值的所有无形资产投资。今天，所有企业都通过发挥无形资产的杠杆作用来创造持续价值，这些无形资产包括人力资本、数据库和信息系统、反应迅速的高质量生产流程、客户关系和品牌、革新能力和文化。与基于有形资产的产品驱动经济不同，基于无形资产的知识和服务经济趋势在数十年前已初露端倪。即使在纳斯达克和互联网泡沫（dot-com bubbles）破裂后，那些不能被公司财务系统衡量的无形资产仍然占到公司价值的75%以上（见图1–1）。公司的平均有形资产（资产减去负债后的账面净值）只代表了不到25%的市场价值。

适合于企业的东西甚至更适合于国家。比如，委内瑞拉和沙特阿拉伯等国家拥有丰富的石油资源，但是它们对人力资源和信息系统的投资却少得可怜。结果是，它们的人均产出和增长率都远远低于新加坡、中国台湾等国家和地

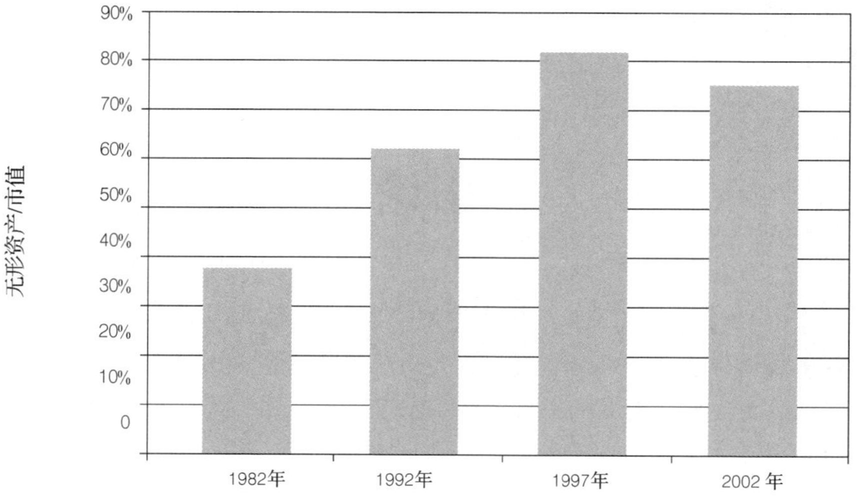

图 1-1 无形资产日益增长的重要性

区，因为这些国家和地区虽然自然资源匮乏，但却大量投资于人力资本、信息资本和高效的内部系统。[1]无论从宏观经济角度还是从微观经济角度来看，无形资产确实在驱动着长期价值创造。

战略

企业的战略描述了它想如何为股东、客户和国民创造价值。如果企业的无形资产占75%以上的市值，那么它的战略制定和执行需要清晰地说明无形资产的运用和协调，这就是本书的目的所在。

在过去的12年里，我和我的同事们曾经与300多个组织共事，帮助它们开发和实施平衡计分卡。我们认识到，平衡计分卡是一个强有力的管理工具，是一个引人关注的衡量系统。因此，为了实现最大的影响，衡量系统应关注单位的战略——单位希望以何种方式创造未来持续增长的价值。在平衡计分卡设计过程中，一个组织必须衡量少数几个代表长期价值创造战略的关键参数。

然而，根据我们的观察，没有两家企业用同样的方式考虑它们的战略。对于战略的描述方式可谓五花八门，有的企业用收入和利润增长财务计划，有的企业用产品或服务，有的企业用目标客户，有的企业用质量和流程导向，还有的企业从人力资源或学习角度来描述战略。但是，这些视角通通是一维的，这种狭隘性又进一步被每位管理者的个人背景放大。比如，首席财务官（CFO）从财务角度看战略；销售和营销经理持客户观点；营运人员只看质量、周转期和其他生产流程；人力资源专家强调人力资源投资；首席信息官（CIO）关注信息技术。几乎没有人对企业有一个全局观。

从盛行的管理思想大师们的智慧中，我们很难寻找到有关全局框架的帮助。战略的教义存在于下列领域：股东价值[2]、客户管理[3]、流程管理[4]、质量[5]、核心能力[6]、创新[7]、人力资源[8]、信息技术[9]、组织设计[10]和学习[11]。尽管上述每个领域都有深刻的见解，但是没有一个领域能提出一个全面的、集成的观点来描述战略。连迈克尔·波特的竞争优势定位方法都不能提供一个通用的战略表示方法。[12]战略执行的成功者，IBM的路易斯·郭士纳（Louis V.Gerstner）、GE的杰克·韦尔奇（Jack Welch）、哈雷戴维森公司（Harley-Davidson）的理查德·蒂尔林克（Richard Teerlink），还有GE、联合信号（Allied Signal）和霍尼韦尔（Honeywell）的拉里·博西迪（Larry Bossidy），都有各自独到的经验性见解，但他们表示战略的方法是不一致的。[13]因此，描述战略的公认方法还不存在。

让我们想想后果吧！由于无法全面地描述战略，管理者之间以及管理者与员工之间无法轻松地沟通。对战略无法达成共识，管理者也无法使战略协调一致。因为战略无法协调一致，管理者也无法实施环境改变后的新战略。影响环境变化的因素有全球化竞争、解除管制、消费者主权、先进技术，以及源自无形资产——主要是人力资本和信息资本的竞争优势。

在《战略中心型组织》一书中，我们曾对失败的战略进行了研究，得出的结论是，“在绝大多数案例中，我们估计为70%，真正的问题不是笨拙的战略……是笨拙的执行”。[14]最近，贝恩公司（Bain & Company）研究了美国、澳大利亚、英国、法国、德国、意大利和日本7个发达国家的大公司1988—1998年的业绩，这10年是经济史上最好的10年。研究表明，只有1/8的公司实现了至少5.5%的实际累积年利润增长率，同时使股东回报超过了资本成本。超过2/3的公司制订了战略计划，宣布要实现9%以上的增长率，结果只有不到 10%的公司实现了它们的目标值。[15]显然，绝大多数公司无法成功地执行它们的战略。与这个令人沮丧的结果相反，我们在《战略中心型组织》一书中叙述的那些将平衡计分卡作为战略管理系统基石的企业，取得了成功。这些公司高效、迅速地实施新战略。它们用平衡计分卡描述它们的战略，然后将它们的管理系统与平衡计分卡挂钩，因此也就与战略挂钩了。它们证明了平衡计分卡蕴含的一个基本原理："如果你能衡量它，那么你就能管理它。"

描述你的战略

为了建立一个描述战略的衡量系统，我们需要一个通用的战略模型。19世纪伟大的军事战略家克劳塞维茨（Carl von Clausewitz），强调了有机的战略思考框架的重要性：

任何理论的首要任务都是阐明令人混淆的术语和概念。……只有实现了有关术语和概念的一致，我们才能够有希望清晰流畅地思考问题，并且期望与读者分享相同的观点。[16]

平衡计分卡只提供了一个描述价值创造的战略框架。平衡计分卡价值创造框架（私有企业，见图1–2）有几个重要的因素。

- 财务业绩，即滞后指标，提供了组织成功的最终定义。战略描述一个企业想要如何创造持续增长的股东价值。
- 目标客户的成功为改善后的财务业绩提供了一个主要佐证。除了衡量客户成功的滞后结果指标，如客户满意度、客户保持率、客户增长率，客户层面定义了目标细分客户的价值主张。客户价值主张的选择是战略的中心要素。
- 内部流程为客户创造并传递价值主张。内部流程业绩是随后的客户和财务结果改进的领先指标。
- 无形资产是持续价值创造的最终源泉。学习与成长目标描述了如何将人力、技术和组织氛围结合起来支持战略。
- 四个层面的目标连接为一条因果关系链。增强并使无形资产协调一致将改善流程业绩，进而驱动客户和股东成功。

公共部门和非营利组织的价值创造框架（见图1–2的右边）与上面描述的私有企业的框架相似，但是有几个主要的区别。首先，公共部门和非营利组织成功的最终定义是实现它们使命的业绩。私有企业，不论哪个行业，都有一个相同的财务层面：增加股东价值。然而，公共部门和非营利组织跨越了一套宽泛各异的使命，因此必须分别定义它们的社会影响和高层目标。例如，这些组织的使命包括："改善低收入社区儿童成长的前景"（美国教育），"确保歌剧院的长远发展"（波士顿歌剧团），"保卫家园和社区的安全"（加拿大皇家骑警）。

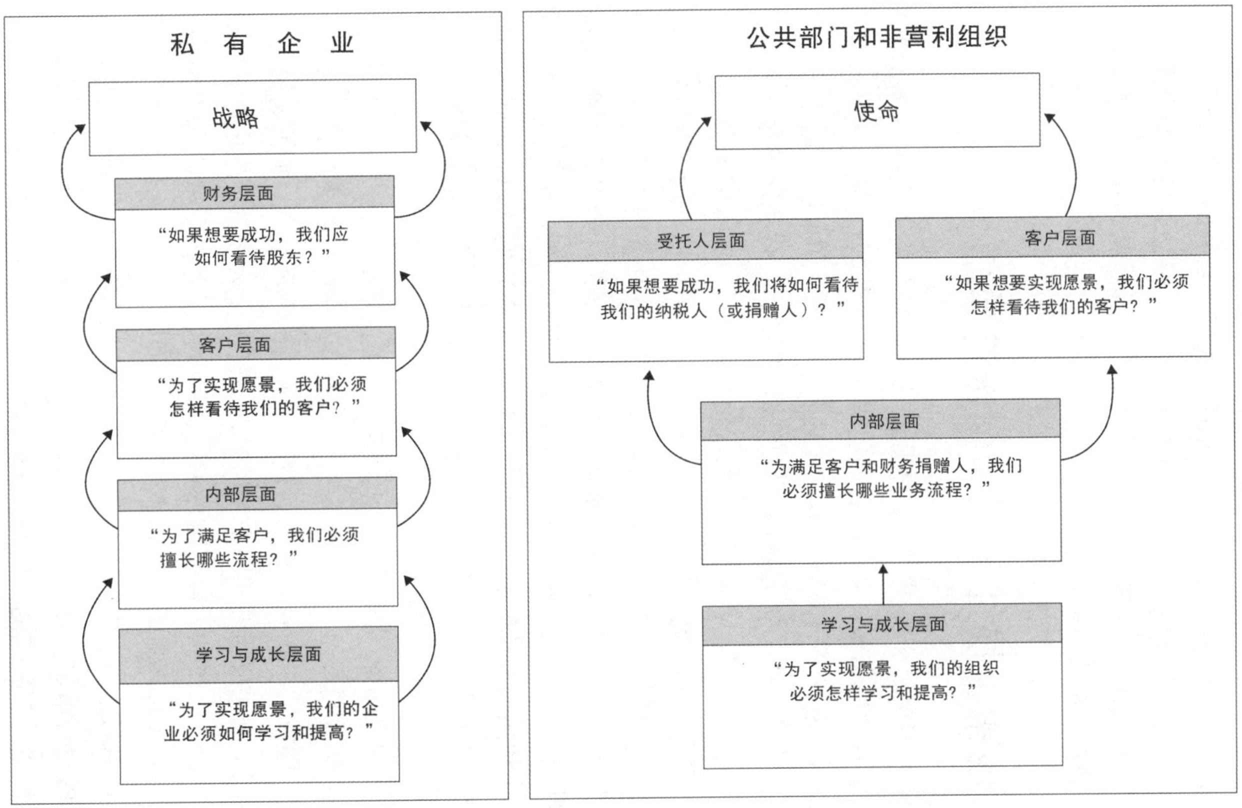
私 有 企 业
战略
财务层面
“如果想要成功，我们应如何看待股东？”
客户层面
“为了实现愿景，我们必须怎样看待我们的客户？”
内部层面
“为了满足客户，我们必须擅长哪些流程？”
学习与成长层面
“为了实现愿景，我们的企业必须如何学习和提高？”
公共部门和非营利组织
使命
受托人层面
“如果想要成功，我们将如何看待我们的纳税人（或捐赠人）？”
客户层面
“如果想要实现愿景，我们必须怎样看待我们的客户？”
内部层面
“为满足客户和财务捐赠人，我们必须擅长哪些业务流程？”
学习与成长层面
“为了实现愿景，我们的组织必须怎样学习和提高？”

图 1-2 价值创造框架

犹如私有企业的模型，这些组织通过满足目标客户（有些组织将它们服务的受益人描述为选民或利益相关者）的需要来实现它们的使命。通过内部流程业绩，组织创造成功，而无形资产（学习与成长）又是内部流程业绩的支柱。尽管受托人层面并非主要层面，却反映了主要支持者的目标，因为纳税人或捐赠人提供了资金支持。为了使财务支持者和客户满意，并与使命保持一致，这些组织必须创建一个以效率和效果为主题的战略框架，这一主题与私有企业的生产率和收入增长主题是相对应的。

战略地图：描述组织如何创造价值

为300多个组织提供服务，使我们获得了一个关于战略、战略地图和平衡计分卡的详尽数据库。此外，我们还研究了不同管理领域的知识状态，包括股东价值、业务和公司战略、客户管理、产品开发和革新、运营管理、环境管理、社会投资、人力资源管理、信息技术管理、文化和领导力。从这些经验和知识中我们认识到，最初被用于改善企业无形资产衡量的平衡计分卡，成了一个描述和实施组织战略的强有力工具。描述组织价值创造战略的四层面模型，为管理团队提供了一种讨论事业发展方向和优先任务的语言。他们不是将战略指标看成四个孤立层面的业绩指标，而是看成平衡计分卡四个层面目标之间的一系列因果联系。为了使管理层之间的讨论更为便利，我们为这些因果关系创建了一个通用的表示方法，叫作战略地图。现在我们认识到战略地图是对组织战略要素之间因果关系的可视化表示方法，它有像平衡计分卡一样深刻的洞察力。

通用的战略地图是从平衡计分卡简单的四层面模型发展而来的，如图1–3所示。战略地图增加了一个细节层（detail），用以说明战略的时间动态性；它还增加了颗粒层（granularity），用以改善清晰性和重点。如前文所述，无数的方法被用于制定战略的实践中。但是，不管用什么方法，战略地图提供了一个描述战略的统一方法，以至目标和指标可以被建立和管理。战略地图也在战略制定和战略执行之间的鸿沟上搭起了一座桥梁。

图1–3描述的战略地图模板也为战略的构成要素及其相互关系提供了一个标准化的检查清单。如果一项战略遗漏了战略地图模板中的某项要素，那么这项战略可能是有缺陷的。例如，我们经常发现企业的内部业务流程指标和客户价值主张之间缺乏联系，没有创新目标，员工技能、激励以及信息技术作用的目标模糊。在战略地图中，诸如此类的遗漏通常不会产生令人愉快的结果。

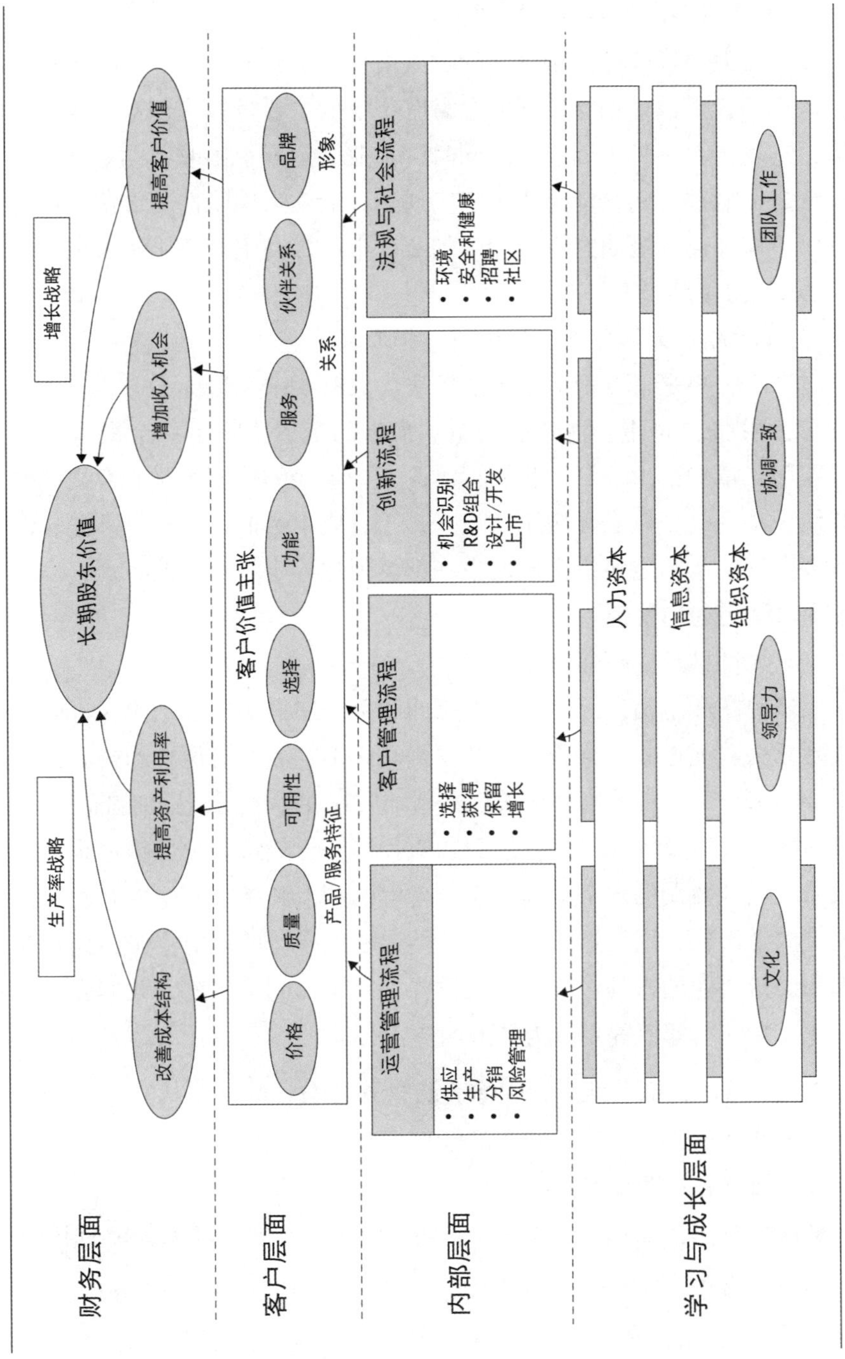

图 1-3　战略地图说明组织如何创造价值

战略地图建立在如下几项原则之上。

（1）战略平衡各种力量的矛盾。

投资于无形资产是为了长期的收入增长，削减成本是为了实现短期财务业绩，但这两者常常是相互冲突的。私有企业的主要目标是创造持续增长的股东价值，它意味着一种长期承诺。同时，企业必须展示出改善的短期业绩。短期结果总是以牺牲长期投资为代价来实现的，通常采用隐性的方法。因此，描述战略以平衡并连接短期财务目标（削减成本和提高生产率）和长期目标（盈利收入的增长）为起点。

（2）战略以差异化的客户价值主张为基础。

满意的客户是持续价值创造的源泉。战略要求在目标细分客户和令他们愉悦的价值主张之间建立清晰的联系。清晰的价值主张是一个最重要的战略维度。在第二章和第十一章，我们将讨论四个主要的价值主张和客户战略，它们是我们观察到的企业实际应用，包括：①总成本最低；②产品领先；③全面客户解决方案；④锁定。每个价值主张都清晰地界定了它们的特征，即为使客户满意而必须传递的价值。

（3）价值通过内部流程来创造。

战略地图和平衡计分卡的财务层面和客户层面描述了结果，也就是企业希望实现什么：通过收入增长和生产率提高来增加股东价值；通过客户获得率、满意度、保持率、忠诚度和成长性来增加客户在本公司消费的份额。

内部层面以及学习与成长层面的流程驱动了战略；它们描述企业如何实施其战略。高效协调的内部流程决定了价值的创造和持续。企业必须关注少数几个关键内部流程，因为这些流程不但传递了差异化的价值主张，而且对提高生产率和维持企业的特许经营权至关重要。在本书的第二篇，我们介绍了一种分类方法，它将内部流程划分为如下四类：

- 运营管理流程：生产并向客户提供产品和服务。
- 客户管理流程：建立并利用客户关系。
- 创新流程：开发新产品、服务、流程和关系。
- 法规与社会流程：遵章守法，满足社会的期望，建立繁荣的社区。

每一类流程可能还有几百个以某种方法创造价值的子流程。运用这些战略艺术的管理者必须确定少量关键流程，这些流程对于建立并传送差异化的客户价值主张是最重要的。我们将这些少量的关键流程称为战略主题。

（1）战略包括并存且互补的主题。

每一类内部流程在不同时点带来益处。运营流程的改善常常通过节约成本和提高质量带来短期成果。来自客户关系增强的收益，会在最初对客户管理流程改善后的6～12个月内逐步显现出来。创新流程通常要花费更长的时间来提高客户收入和经营利润。加强法规与社会流程的益处可能要发生在未来，那时企业将免遭诉讼并且社会声望也得以提高。战略应该是平衡的，在四类内部流程中，每类至少有一个战略主题被包含进来。这样，四个内部流程都有战略主题，企业将会逐步认识到它们的好处，即创造持续的股东价值增长。

（2）战略的协调一致决定无形资产的价值。

平衡计分卡战略地图的第四个层面，即学习与成长，描述了企业的无形资产及它们在战略中的作用。无形资产可以被分为如下三类：

●人力资本：员工技能、才干和知识。

●信息资本：数据库、信息系统、网络和技术基础设施。

●组织资本：文化、领导力、协调一致、团队工作。

这些无形资产的价值不可能被个别地或独立地衡量出来。它们的价值来自它们帮助企业实施战略的能力。然而，我们的研究显示，2/3的企业没有在战略和人力资源、信息技术计划之间建立起牢固的协调一致关系。[17]这些不能实现协调一致的企业，在人力资源和信息技术计划上所投入的巨资将脱离目标。它们不能促进企业提高战略实施能力，并且这些企业不可能在人力资源和信息技术投资上获得回报。

我们确定了三个使无形资产与战略协调一致的目标方法：

（1）战略工作组群，使人力资本与战略主题协调一致。

（2）战略IT组合，使信息资本与战略主题协调一致。

（3）组织变革议程，使组织资本整合并协调一致，持续学习和改善战略主题。

当学习与成长层面的三个要素，即人力资本、信息资本和组织资本，都与战略协调一致时，企业就具有很高的组织准备度（organization readiness）：它有能力动员和维持战略执行所要求的变革流程。在下列情形下，组织准备度较高：

●战略工作组群的人力资本能力与战略主题高度协调一致。

●信息资本提供至关重要的基础设施和战略IT应用，协助人力资本在其战略主题中创造卓越业绩。

● 文化、领导力、协调一致和团队工作促进了战略执行所要求的组织氛围的变革。

总之，为企业的独特战略量身定做的战略地图模板，描述了无形资产如何驱动企业内部流程业绩的提高，在向客户、股东和社区传递价值时发挥最大的杠杆作用。通过学习本章的两个案例，读者能够认识到战略地图的作用，也就是使无形资产和战略主题协调一致。东京三菱银行美洲总部案例说明了私有企业战略地图和平衡计分卡的设计。美国糖尿病协会案例则说明了非营利组织的方法。

本书的结构

第二章是战略地图的入门。我们解释了战略地图模板（见图1-3）并且描述了平衡计分卡四个层面目标的选择。本书第二篇的四章深入研究了运营管理、客户管理、创新以及法规与社会四个内部流程主题的目标和指标。第三篇的四章讲述了学习与成长层面与战略内部流程的协调一致。第七章概述了无形资产的价值创造。第八章至第十章深入讲解了人力资本、信息资本和组织资本的目标和指标的选择。在第四篇，第十一章提供了第二、第三篇建立战略地图模板所需要的基础材料，即四个通用的差异化战略：总成本最低、产品领先、全面客户解决方案和锁定。第十二章通过描述战略地图中重要战略主题业绩的挑战性目标值如何被转化为子目标值，提供实施路线图。子目标值指引管理者选择战略行动方案和计划，取得突破性业绩。

在本书的每章后面和第五篇，我们给出了一些简要案例摘录，它们来自我们的案例档案。每个案例都包括了组织的背景、战略、战略地图以及运用战略地图进行管理的结果。这些组织使用战略地图在管理层明晰战略；与员工沟通战略；使业务单位、部门、职能和行动方案协调一致；并且关注管理流程。实施战略地图的组织包括制造和服务公司、大型营利企业、小型非营利组织以及从学区到国防部等公共部门。这些组织遍布北美洲、南美洲、欧洲和亚洲。总体来说，这些案例摘录代表了我们曾见过和收集到的最全面的战略描述。我们衷心希望本书阐述的基本原理能够对其他类型的组织有所启发，从而挖掘出战略地图的潜能，在走向战略中心型组织的征途上开发出协调一致的无形资产。

本书旨在服务于那些将要主持平衡计分卡项目的管理者。本书为这些管理者提供了一个详尽的概念框架，用以指导他们做出重要的抉择，包括：为取得战略成功，企业必须擅长的少数关键内部流程；人力资源、信息技术以及组织文化和氛围所要求的投资。有的管理者希望学习如何将战略地图和平衡计分卡转化为行动，他们可能需要学习前一本书——《战略中心型组织》。本书的目标是为那些来自战略规划、质量、人力资源、信息计划或财务领域的实践者和实施者提供一些见解，即如何建立一个全面的、一体化的可视化战略表示方法，这个方法可以说是成为战略中心型组织的第一步。

注释：

[1] 我们挑选了一些资源匮乏和资源丰富的国家和地区，它们的人均GDP如下：

资源匮乏的国家和地区	1970年人均GDP	1998年人均GDP
韩国	1 954	12 152
中国台湾	2 987	15 012
新加坡	4 438	22 643
中国香港	5 695	20 193
以色列	8 102	15 152
丹麦	12 685	22 123
资源丰富的国家和地区	**1970年人均GDP**	**1998年人均GDP**
印度尼西亚	1 194	3 070
尼日利亚	1 233	1 232
苏联	5 569	3 893（俄罗斯）
沙特阿拉伯	7 624	8 225
委内瑞拉	10 672	8 965

资料来源：A. Maddison, *The World Economy: A Millennial Perspective*（Paris: OECD, 2000）。单位是1990年的美元不变币值。

[2] G. Bennett Stewart, *The Quest for Value*（New York: Harper Business, 1991）; A. Rappaport, *Creating Shareholder Value: A Guide for Managers and Investors*（New York: Free Press, 1997）.

[3] Don Peppers and Martha Rogers, *Enterprise One to One: Tools for Competing in the Interactive Age*（New York: Currency/Doubleday, 1997）.

[4] Michael Hammer and James Champy, *Reengineering the Corporation: A Manifesto*

for Business Revolution（New York: Harper Business, 2001）; Michael Hammer, *Beyond Reengineering: How the Process-Centered Organization Is Changing Our Work and Our Lives*（New York: Harper Business, 1996）.

[5] Peter S. Pande, Robert P. Neuman, and Roland R. Cavanagh, *The Six Sigma Way: How GE, Motorola, and Other Top Companies Are Honing Their Performance*（New York: McGraw-Hill, 2000）; David Garvin, *Managing Quality: The Strategic and Competitive Edge*（New York: Free Press, 1988）.

[6] Gary Hamel and C. K. Prahalad, *Competing for the Future*（Boston: Harvard Business School Press, 1996）; D. J. Collis and C. A. Montgomery, "Competing on Resources: Strategy in the 1990s," *Harvard Business Review*（July-August 1995）: 118-128.

[7] Gary Hamel, *Leading the Revolution*（Boston: Harvard Business School Press, 2000）; Clayton Christensen, *The Innovator's Dilemma: When New Technologies Cause Great Firms to Fail*（Boston: Harvard Business School Press, 1997）.

[8] Dave Ulrich, *Human Resource Champions: The Next Agenda for Adding Value and Delivering Results*（Boston: Harvard Business School Press, 1996）.

[9] Peter Weill and Marianne Broadbent, *Leveraging the New Infrastructure: How Market Leaders Capitalize on Information Technology*（Boston: Harvard Business School Press, 1998）.

[10] Ronald N. Ashkenas, Steve Kerr, Dave Ulrich, and Todd Jick, *The Boundaryless Organization: Breaking the Chains of Organizational Structure*, rev. ed.（New York: Wiley, 2002）; Michael Tushman and Charles A. O'Reilly Ⅲ, *Winning Through Innovation: A Practical Guide to Leading Organizational Change and Renewal*, rev. ed.（Boston: Harvard Business School Press, 2002）.

[11] Peter Senge, *The Fifth Discipline: The Art and Practice of the Learning Organization*（New York: Doubleday, 1994）; David A. Garvin, *Learning in Action: A Guide to Putting the Learning Organization to Work*（Boston: Harvard Business School Press, 2000）.

[12] M. E. Porter, *Competitive Strategy: Techniques for Analyzing Industries and Competitors*（New York: Free Press, 1980）; *Competitive Advantage: Creating and Sustaining Superior Performance*（New York: Free Press, 1985）; and "What Is Strategy?" *Harvard Business Review*（November-December 1996）.

[13] Louis V. Gerstner Jr., *Who Says Elephants Can't Dance: Inside IBM's Historic Turnaround*（New York: HarperCollins, 2002）; Jack Welch, *Jack: Straight from The Gut*（New York: Warner Books, 2001）; Larry Bossidy and Ram Charan, *Execution: The Discipline of Getting Things Done*（New York: Crown, 2002）; and Richard Teerlink and Lee Ozley, *More Than a Motorcycle: The Leadership Journey at Harley-Davidson*

(Boston: Harvard Business School Press, 2000).
[14] R. Charan and G. Colvin, "Why CEOs Fail," *Fortune*, 21 June 1999.
[15] Chris Zook, *Profit from the Core: Growth Strategy in an Era of Turbulence* (Boston: Harvard Business School Press, 2001).
[16] Tiha von Ghyczy, Bolko von Oetinger, and Christopher Bassford, *Clausewitz on Strategy: Inspiration and Insight from a Master Strategist* (New York: Wiley, 2001), 99.
[17] SHRM/Balanced Scorecard Collaborative, Aligning HR with Organization Strategy Survey Research Study 62-17052 (Alexandria, VA: Society for Human Resource Management, 2002); "The Alignment Gap," *CIO Insight*, 1 July 2002.

案例研究

东京三菱银行美洲总部

背景

作为世界上最大的银行之一，东京三菱银行（The Bank of Tokyo-Mitsubishi, BTM）管理的资产超过6 080亿美元，在日本和全球有700多个分支机构。该银行位于纽约的美洲总部（BTMHQA），掌管着美洲的经营业务，决定着向它的跨国客户推销何种商业、投资、信托产品和服务。东京三菱银行美洲总部的使命是"成为在美洲的外国批发银行的第一名"。

在2000年，作为全球行动方案的组成部分，东京三菱银行的美洲营运业务被重组为四个独立管理的业务部门：全球公司业务、投资银行业务、国债和公司中心。每个部门分别向东京总部的各自上级部门汇报。东京三菱银行美洲总部认识到，高级管理层对战略的模糊认识不能满足上述改革举措以及管理环境变化的要求。因此，领导层亟须加强整个组织的战略信息管理。

现状

日本企业以没有清晰的战略却能取得竞争成功而著称。在一个有着和睦相处人文传统的社会里，对于能够理智地从事经营活动的企业来讲，清晰的战略确实没有必要。但是，东京三菱银行美洲总部发现，经济全球化正在使这种情形变得不那么灵验。员工多样化和高速发展的业务，要求清晰地描述使企业成功的战略。

如何使全体员工统一到共同的战略目标上来是一个令人头疼的问题，在东京三菱银行，诸多的文化差异使这个问题变得更尖锐了。传统的日本方法在经营中占了上风：经营决策不会向整个企业例行披露；直到最近，绝大多数领导职位还是由东京派来的日本人担任。其他常见的日本方法还有：让员工在不同职能部门轮岗（以培养团结精神），而且是在整个职业生涯中。此外，东京三菱银行美洲总部提拔员工的基本依据仍然是资历，而不是短期业绩。

战略

在2001年，由于日本银行业仍深陷衰退的泥潭，加之监管当局加强了对金融机构的风险监督，尽管东京三菱银行美洲总部始终如一地关注增长目标，但也开始质疑公司治理的有效性。[1]

主管公司规划的副总裁南云孝彦（Takehiko Nagumo）求助于平衡计分卡，因为他认为平衡计分卡是一个合适的工具，可以用来实施共同的战略平台、必需的风险控制架构、全新的协同一致的按业绩付酬系统。高级副总裁、规划部经理山本秀夫（Hideo Yamamoto）说："我们知道，我们首先应明晰每个部门的战略，然后才能决定一体化的地区战略。一个自下而上的方法看起来是关键的第一步。"一个由来自各个业务部门的代表组成的工作小组开发了一张工作表，要求每个部门完成，然后小组根据收集上来的反馈信息，再精心设计一体化的地区战略。

战略地图

在建立美洲总部平衡计分卡的过程中，东京三菱银行首先构筑了"战略基础"，它粗略地界定了平衡计分卡四个层面的分类和主题，这四个层面的目标是协调一致的。这些目标被分成如下三类。

（1）共同的。

强制性的行内目标，包括六个。例如，"提高成本效率"代表了每个计分卡财务层面的要求。

（2）共享的。

部门间的共享目标，它表示各个部门希望通过协作实现的特定结果。例如，“简化信用批准流程”是信用部和信贷部追求经营卓越所共享的内部流程目标；“提高供应链的协作程度”是上游、中游和下游部门共享的目标；“公关经理和产品部门的紧密合作”将有利于向目标客户提供超值产品。

（3）独特的。

部门的内部目标，被特定的部门独立完成。例如，“维护客户资料文档”是国债部的内部风险管理目标。

这个分类系统是美洲总部以及各个业务部门平衡计分卡的模板。显而易见，现在员工可以轻易地看到主题、类别和共享目标的毗邻关系。

作为典型的例子，美洲全球公司业务部（GCBU-Americas）的战略地图明确地揭示了该行对增加收入、管理风险和提高生产率的强调，具体如下（见图1-4）：

1. 财务

将“扣除信用成本的净利润最大化”作为最终目标，美洲全球公司业务部确定了财务层面的四个核心要素：

- 强调投资银行服务费收入，而不是传统的利息收入。
- 增加来自在美洲经营的日本客户和与东京三菱银行有全球合作关系的非日本跨国公司的收入。
- 最小化信用成本，特别是美国大型公司和拉美客户的信用成本。
- 在全行大力开展成本降低活动。

2. 客户

被日本和非日本核心客户公认为在美洲（特别是在美国）经营的最佳外国银行，美洲全球公司业务部试图在几个关键方面差异化它的产品和服务：可靠的信贷能力、广泛的全球网络、满足精确和速度高标准要求的服务质量。

3. 内部流程

（1）增加收入。

美洲全球公司业务部的收入增长战略包括四个主要因素：①通过支持美洲客户在亚洲的业务来创造收入；②通过公共关系经理和产品经理的合作来提供高度客户化的产品；③基于盈利能力和风险偏好清晰细分客户；④清晰定义风险偏好并与业务战略协调一致。

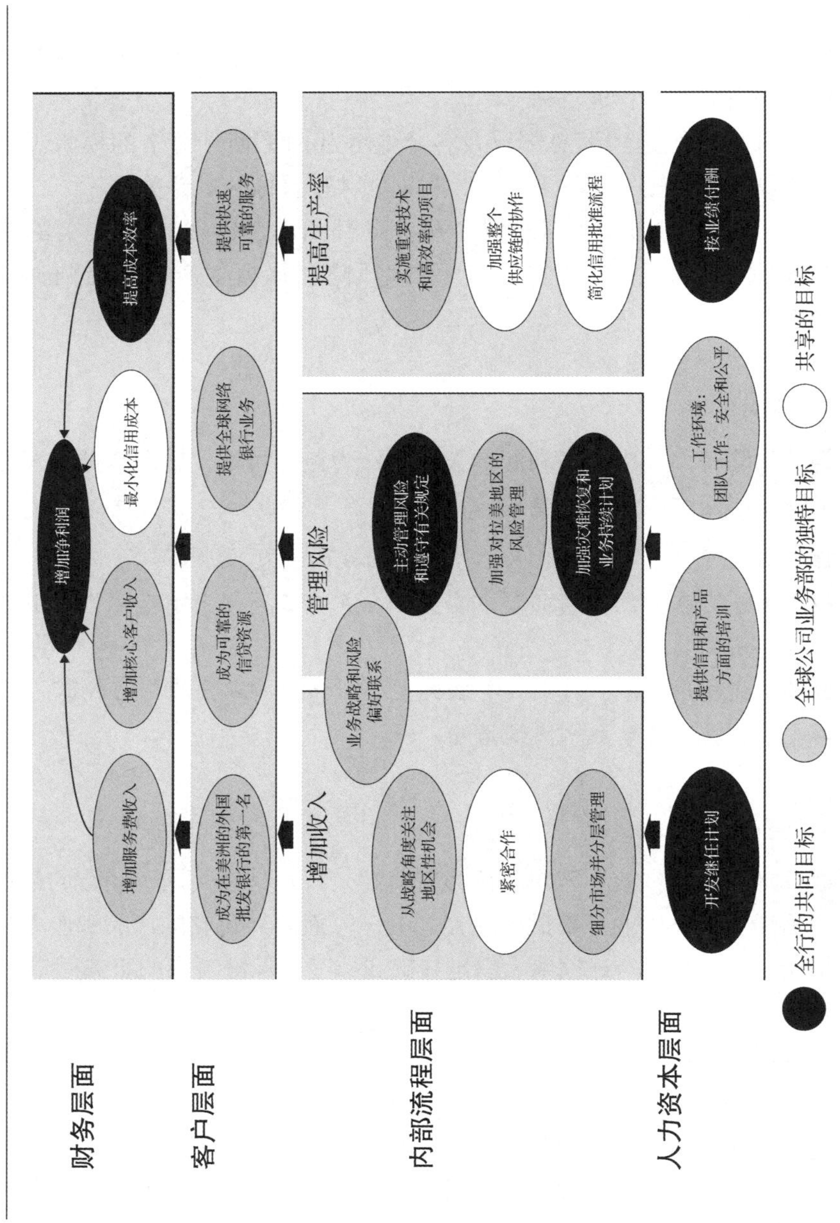

图 1-4 东京三菱银行美洲全球公司业务部的战略地图

（2）管理风险。

①在识别和减轻所有风险的过程中，强调主动性而非被动性；②最小化拉美贷款的转移风险（拉美的业务环境常常是艰难的）；③强调灾难恢复和业务连贯管理（全行风险管理的有机部分）的重要性，特别是在“9·11”事件之后。

（3）提高生产率。

①实施重要技术和高效率的项目，例如，确保IT基础设施支持经营的竞争力。②加强整个供应链的协作。要想按照预期速度提供客户化产品，优化上游、中游和下游部门的协作至关重要。这些部门适用的目标是共享目标。③简化信用批准流程。信用批准速度影响客户满意度和竞争优势。作为上游部门（准备信用申请）和信用部（批复信用申请）的共享目标，美洲全球公司业务部试图最小化信用传送的周转期。

4. 人力资本

在一个多元文化组织内，制定清晰的人力资源管理标准是必不可少的。认识到人是影响BTM竞争力的最重要资本，美洲全球公司业务部制定了人力资源领域优先考虑的四个目标，它们综合了日本和当地令人感兴趣的实践。

（1）继任计划。

为了保持经营的稳定性，要提前很好地识别关键人员并为这些人员编制继任计划。因为日本员工平均4～6年轮换回日本，美国员工则经常变换工作来提升他们的事业（这与日本的终身雇佣制不同），为所有员工编制继任计划对于经营稳定是十分重要的。

（2）培训。

提高信用风险管理能力，即银行业务专业人员必备的能力。

（3）工作环境。

保持良好的团队工作导向（传统的日本组织力），所有基本标准应满足安全要求，不应存在任何种类的歧视（种族、性别、年龄或国籍），实现公平。

（4）按业绩付酬。

综合日本的资历管理风格和美国的业绩基础人力资源框架，美洲全球公司业务部正在建立该领域的行内最佳实践。

逸闻

项目实施还不到一年，变化已十分明显。战略开始成为“每个人的工作”。

●战略地图刚开发出来，员工就开始谈论战略，因为他们知道战略是什么了。地图为会议上的讨论创造了基础。东京三菱银行的员工也迅速地认识到，与战略相连的业绩需要被衡量——这不只是一个概念问题。

●负责支持和监督（如人力资源、审计和信用检查）的员工通晓业绩管理的定量方法。他们变得更关注盈亏，而高层管理者通过他们的行动能更好地进行管理。

●共享的目标有助于下游（加工）、中游（风险评估和审查）和上游（交易和客户接待）部门统一起来。银行的新泽西经营部定期与上游和中游部门会晤，讨论如何改善供应链的合作以及如何促进他们共享指标的结果。

●东京三菱银行的内部审计人员毫不含糊地将平衡计分卡确认为加强公司治理的有效手段。

●风险管理者现在根据他们的平衡计分卡指标进行定期汇报。东京三菱银行美洲总部平衡计分卡的一个有力指标是“问题份额”，它是特雷德韦委员会的发起人委员会（COSO）通过自我评价发现的问题与其他内部和外部审计人员以及监管者发现的问题之比。[2]这个比率越高，说明银行业务线发现风险越主动。这个指标也达到了立竿见影的效果，使业务线能够查明他们以前忽视或等待发生的风险。相关指标“期间内已消除问题的份额”现在迫使管理者快速地解决风险问题。这个指标反映了东京三菱银行美洲总部强调日益重要的风险敏感性的努力，这种努力的假设基础是企业比别人更关注自身的风险。等待第三方来发现风险是一种太被动的态度，银行绝不能再容忍。将COSO的自我评价与平衡计分卡挂钩来提高它的效率也许是东京三菱银行美洲总部平衡计分卡行动方案最有创意的方面。

东京三菱银行美洲总部的CEO小畑直屹（Naotaka Otaba）先生是这样评价的：

作为在美洲经营的日本公司的地区负责人，我对日本企业文化和美国最佳实践的有机结合特别感兴趣。在这种背景下，我们开发了平衡计分卡行动方案，它正在成为我们银行进行战略管理和业绩衡量的核心方法，而且也强调了在贯彻“总部声音”的过程中团队工作的重要性。

我们的下一个挑战是进一步发展业务流程改进实践，比如许多日本制造商成功运用的方法。我们想完善我们的自我评价控制法（CSA），从而不仅可以加强不同业务流程的控制环境，而且可以发现和纠正这些流程中的缺陷。为了培育先进的公司治理理念，我们打算将自我评价控制法与平衡计分卡行动方案结合起来。

一旦两者完全结合起来，我们期望这些方法形成日本企业文化和美国最佳实践成功结合的基础。如果在美洲取得成功，我们将提议在日本的经营也实施这个行动方案。

本案例由平衡计分卡协会的巴纳比·唐隆（Barnaby Donlon）和东京三菱银行的南云孝彦编写。我们也感谢东京三菱银行美洲总部的CEO小畑直屹先生与我们分享东京三菱银行美洲总部的经验。

注释：

[1] 2000年的格雷姆–里奇–比利雷法案和其他市场的发展促使美国监管当局越来越重视公司治理，并将其作为银行健康运行的关键因素。

[2] 特雷德韦委员会的发起人委员会（COSO）是一个志愿性私人组织，该组织致力于通过商业道德、有效的内部控制和公司治理来改善财务报告质量。因此，东京三菱银行的COSO自我控制是自愿的经营风险控制项目。

美国糖尿病协会

背景

美国糖尿病协会（American Diabetes Association，ADA）是美国最大的非营利健康组织之一，提供有关糖尿病的研究、信息和宣传。其2002财政年度的经营收入为1.88亿美元。美国糖尿病协会的总部位于弗吉尼亚州的亚历山大市，在每个州都有办事处。它拥有1 000名专业工作人员、数万名志愿者、几百万名捐助者，以及每年向美国糖尿病协会提供时间和精力的大量人员。

美国糖尿病协会的使命是“预防、治疗糖尿病并改善所有受糖尿病影响人士的生活”。它的愿景是“在所有受糖尿病影响人士的日常生活中发挥重要作用”。在CEO约翰·格雷厄姆（John H.Graham）的领导下，该组织的目标是“到2007年实现收入3亿美元，以更好地支持有关糖尿病的研究、信息和宣传工作与项目，成为领先的糖尿病诊疗组织”。

现状

尽管美国糖尿病协会在1998年并购了57个法人组织，但是它的运作是有所不同的，无法形成明确的组织文化。根本问题出在愿景和战略上，而且对于如何执行战略无法达成共识。组织亟须一种方法来衡量资金募集和费用比率管理之外的成功，以便它能够维持未来的业绩。不像其他的组织，美国糖尿病协会对战略执行问题的关注是在财务健康（正在经历两位数的增长）的情况下，而不是等到财源停滞或衰落之时。

美国糖尿病协会运用平衡计分卡将经营修炼代入战略执行。通过平衡“增长”与“经营效率”，平衡计分卡为利益相关者和当事人创造更大的价值。这种平衡的方法允许美国糖尿病协会强调价值主张，创造持续的卓越，而不是尝试为所有的人做所有的事情。

战略地图

如图1–5所示，美国糖尿病协会的使命是满足利益相关者和当事人的需要。利益相关者包括董事会、社区志愿者领导层，以及对美国糖尿病协会工作进行基本监督的影响力较大的个人。当事人包括捐赠者、法人团体、专业人士、受糖尿病影响的人士、高风险人员，以及得益于美国糖尿病协会的产品和服务的信息搜索者。这两个群体分享了相同的主要成果：预防和治疗的进展。在发现治疗方法的道路上，两个群体都想为那些受糖尿病影响的人士改善生活质量。改善生活质量的关键投入就是改善关爱质量。

美国糖尿病协会实现利益相关者和当事人的目标时，经济上必须是可行的。它想通过增加收入和有效经营来增加净结余。美国糖尿病协会希望这些财务目标的结合帮助它长期保持为利益相关者和当事人服务的能力。

利益相关者、当事人和财务目标将通过两个战略主题来实现：当事人关系管理和标准化执行。有效管理当事人关系的动因是了解并区分当事人需要和战略的优先任务。美国糖尿病协会将挑选出它能产生最大影响的群体和区域。这个流程的目标也将使美国糖尿病协会能够在更有利的糖尿病立法方面影响政策制定者。随着当事人需要的优先任务建立，美国糖尿病协会将能够更好地开发、提供和评价产品和服务，以满足利益相关者和当事人的需要。最后，理解当事人的细分确保它能够建立以捐赠者为中心的资金募集。资金募集将变得更加以捐赠者为中心，从而使美国糖尿病协会以当事人的喜好为目标，而不是按照自己的想当然来行事。

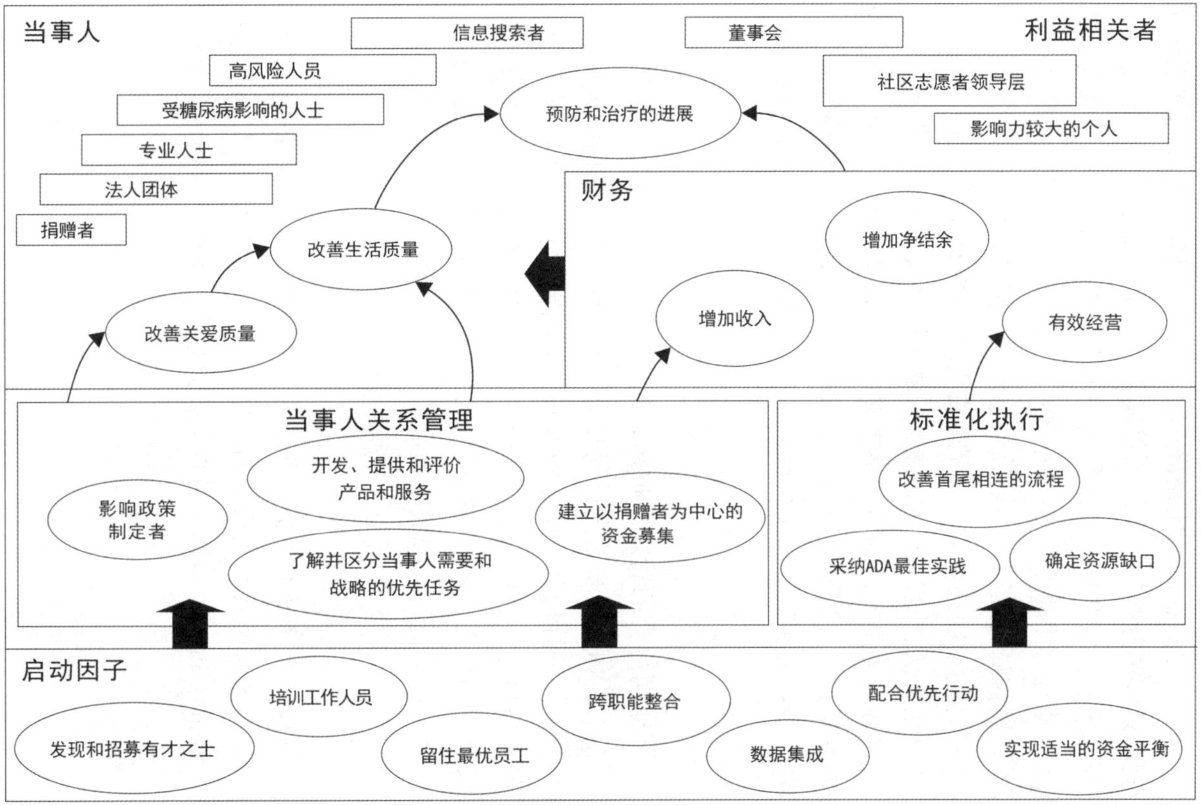

图 1-5 美国糖尿病协会的战略地图

第二个战略主题——标准化执行，要求改善首尾相连的流程。美国糖尿病协会选择这个主题的原因是，它现有的多数内部流程不能有效集成或高度关注提供内部和外部价值。绝大多数预定的流程改善将采纳美国糖尿病协会最佳实践，捕捉组织中已存在的最佳经营实践。此外，确定资源缺口将能使美国糖尿病协会把增量资源分配到重要的但目前资金不足的流程。

美国糖尿病协会战略的基础是它的人力和组织启动因子。为了获得能干的工作人员、志愿者和职员，美国糖尿病协会必须发现和招募有才之士，培训工作人员，留住最优员工。如果员工感到环境舒畅，他们将留在美国糖尿病协会。这个目标的动因是建立一个跨职能整合、数据集成、配合优先行动的组织。按照这个方法，员工相互支持对方的工作并且所有的工作都是为了共同的目标。战略成功的最后启动因子是实现适当的资金平衡。总之，美国糖尿病协会的战略联系是通过强调人力和组织启动因子来支持关键的内部流程，组织能够以财务负责的方式更好地向利益相关者和当事人提供期望的价值主张。

逸闻

美国糖尿病协会的管理层披露，建立战略地图的过程就像结果（地图本身）一样富有价值。但是这个过程并不简单。建立战略地图的过程以及随后的平衡计分卡，为领导层从未做过的战略决策制定带来了一种修炼和逻辑推理。地图上的战略目标一直要讨论到达成共识。讨论允许美国糖尿病协会明确它的利益相关者和当事人，界定它的产品和服务，并描述它的竞争能力。最后的结果为内部和外部沟通目标和战略提供了一个清晰的基础。美国糖尿病协会现在能够解释“为什么它要有所为，有所不为”。

本案例由平衡计分卡协会的马里奥·博格南诺（Mario Bognanno）和美国糖尿病协会的汤姆·博格南诺（Tom Bognanno）编写。我们也感谢约翰·格雷厄姆（John Graham）和他的同事与我们分享了美国糖尿病协会的经验。

第二章

战略地图

战略描述了一个企业打算如何为它的股东创造持续的价值。[1]在第一章，我们证明了当今企业必须发挥无形资产的杠杆作用，以实现持续性的价值创造。利用无形资产创造价值不同于通过管理有形的实物和财务资产创造价值，这种区别表现在以下几个重要的方面。

（1）价值创造是间接的。像知识和技术这样的无形资产很少能直接影响财务结果，比如收入增长、成本降低和利润提高。无形资产的改善是通过因果关系链来影响财务成果的。例如，在全面质量管理（Total Quality Manangement，TQM）和六西格玛技术方面培训员工能够直接改善流程质量。于是这种改善被期望带来客户满意度的改善，进而提高客户忠诚度。最终，客户忠诚度为企业从长期的客户关系中带来改善的销售和利润。

（2）价值与战略环境有关。无形资产的价值取决于它与战略的协调程度。例如，在全面质量管理和六西格玛技术方面培训员工，对于遵循总成本最低战略的企业要比遵循产品领先和创新战略的企业具有更大的价值。

（3）价值是潜在的。无形资产的投资成本只代表了企业对无形资产价值的拙劣估计。无形资产，比如受过统计质量控制和根本原因分析（root cause analysis）培训的员工，具有潜在的价值但不具有市场价值。诸如设计、生产、交付和客户服务这样的内部流程被要求将无形资产的潜在价值转化为有形价值。如果内部流程不以客户价值主张或财务改进为导向，那么员工能力和其他无形资产的潜在价值通常不能被实现。

（4）资产是相互配套的。无形资产本身很少创造价值。脱离了企业背景和战略，它们分文不值。当无形资产有效地与其他资产（有形的和无形的）结合起来时，它们的价值才能体现出来。例如，当员工能够及时地接触到流程导向信息系统的详细数据时，质量培训才能被加强。当企业的所有无形资产与企业的有形资产和战略协调一致时，价值最大化才能被创造出来。

平衡计分卡战略地图提供了一个框架（见图2–1），用以说明战略如何将无形资产与价值创造流程联系起来。财务层面以传统财务术语描述了战略的有形成果。投资报酬率（ROI）、股东价值、盈利性、收入增长和单位成本等衡量指标是滞后指标，它们显示了企业的战略成功与否。

客户层面界定了目标客户的价值主张。价值主张为无形资产创造价值提供了环境。如果客户看重稳定的质量和及时的交付，那么生产和交付高质量产品和服务的技能、系统和流程对企业具有很高的价值。如果客户看重创新和高性能，那么创造功能卓越的新产品和服务的技能、系统和流程则具有高价值。行动和能力与客户价值主张的高度协调一致是战略执行的核心。

财务层面和客户层面描述了战略所期望的成果。这两个层面包括许多滞后指标。企业如何创造这些期望的成果呢？内部流程层面确定了少数几个关键流程，它们被认为对战略产生的影响最大。例如，一个企业可以增加它的内部R&D投资并再造它的产品开发流程，以便能为客户开发高性能的创新产品；另一个试图传递相同价值主张的企业，则可能选择了通过合资生产的方式开发新产品。

学习与成长层面确定了对战略最重要的无形资产。这个层面的目标确定了需要利用哪些工作（人力资本）、哪些系统（信息资本）和哪种氛围（组织资本）来支持创造价值的内部流程。这些资产必须被捆在一起并与关键内部流程保持协调一致。

四个层面的目标通过因果关系联系在一起。从顶部开始的假设是，只有目标客户满意了，财务成果才能实现。客户价值主张描述了如何创造来自目标客户的销售额和忠诚度。内部流程创造并传递客户价值主张。然后，支持内部流程的无形资产为战略提供了基础。这四个层面目标的协调一致是价值创造的关键，因此，也是一个重点突出、内部一致战略的关键。

连接四个层面的因果框架也是开发战略地图所依赖的结构。建立战略地图迫使企业明晰这个逻辑关系：如何创造价值以及为谁创造价值。在本章，我们将描述与建立战略地图有关的原则。

战略是连续统一体中的一环

战略不是一个独立的管理系统。将高高在上的企业使命陈述变成一线和后勤员工可执行的工作是一个逻辑上的连续统一体，战略就是其中的一环。图2–2给出了一个我们在实践中可以有效建立的框架。

位于上部的企业使命提供了起点，它定义了企业为什么存在或一个业务部

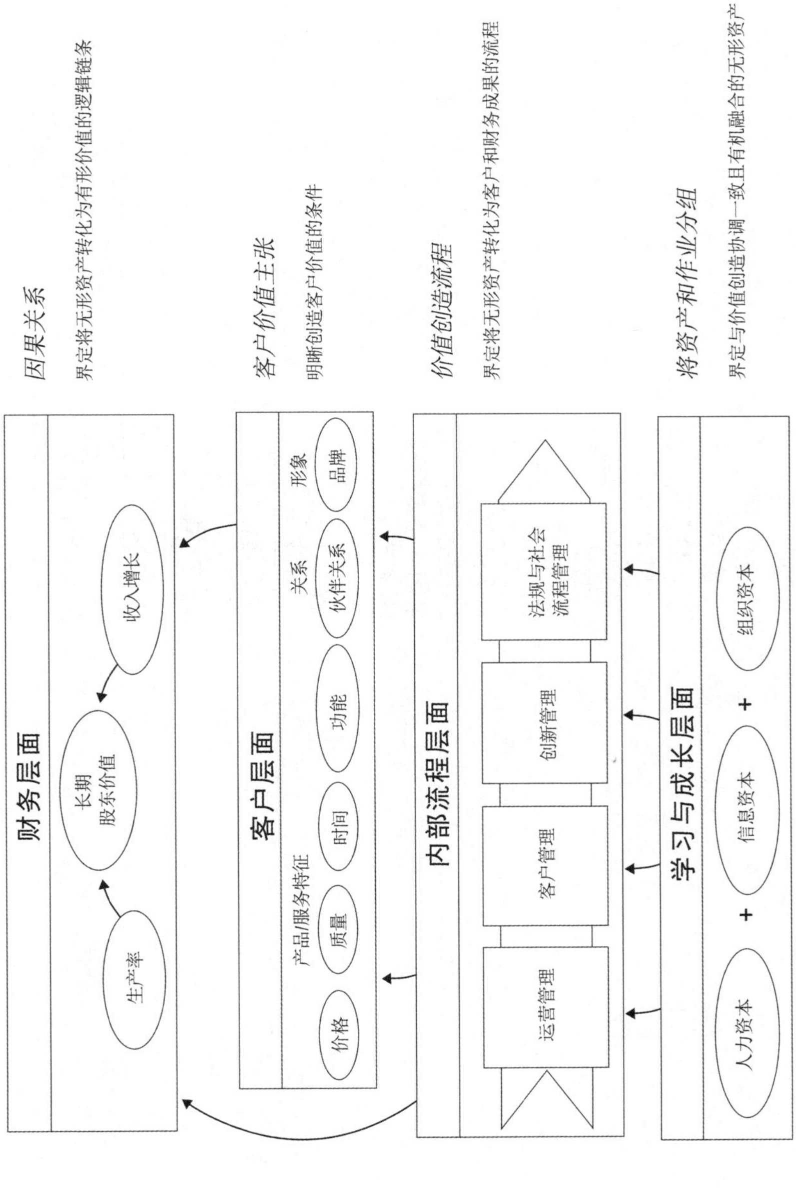
财务层面
长期
股东价值
生产率
收入增长
客户层面
产品/服务特征
关系
形象
价格
质量
时间
功能
伙伴关系
品牌
内部流程层面
运营管理
客户管理
创新管理
法规与社会
流程管理
学习与成长层面
人力资本
+
信息资本
+
组织资本
因果关系
界定将无形资产转化为有形价值的逻辑链条
客户价值主张
明晰创造客户价值的条件
价值创造流程
界定将无形资产转化为客户和财务成果的流程
将资产和作业分组
界定与价值创造协调一致且有机融合的无形资产

图 2-1　平衡计分卡框架

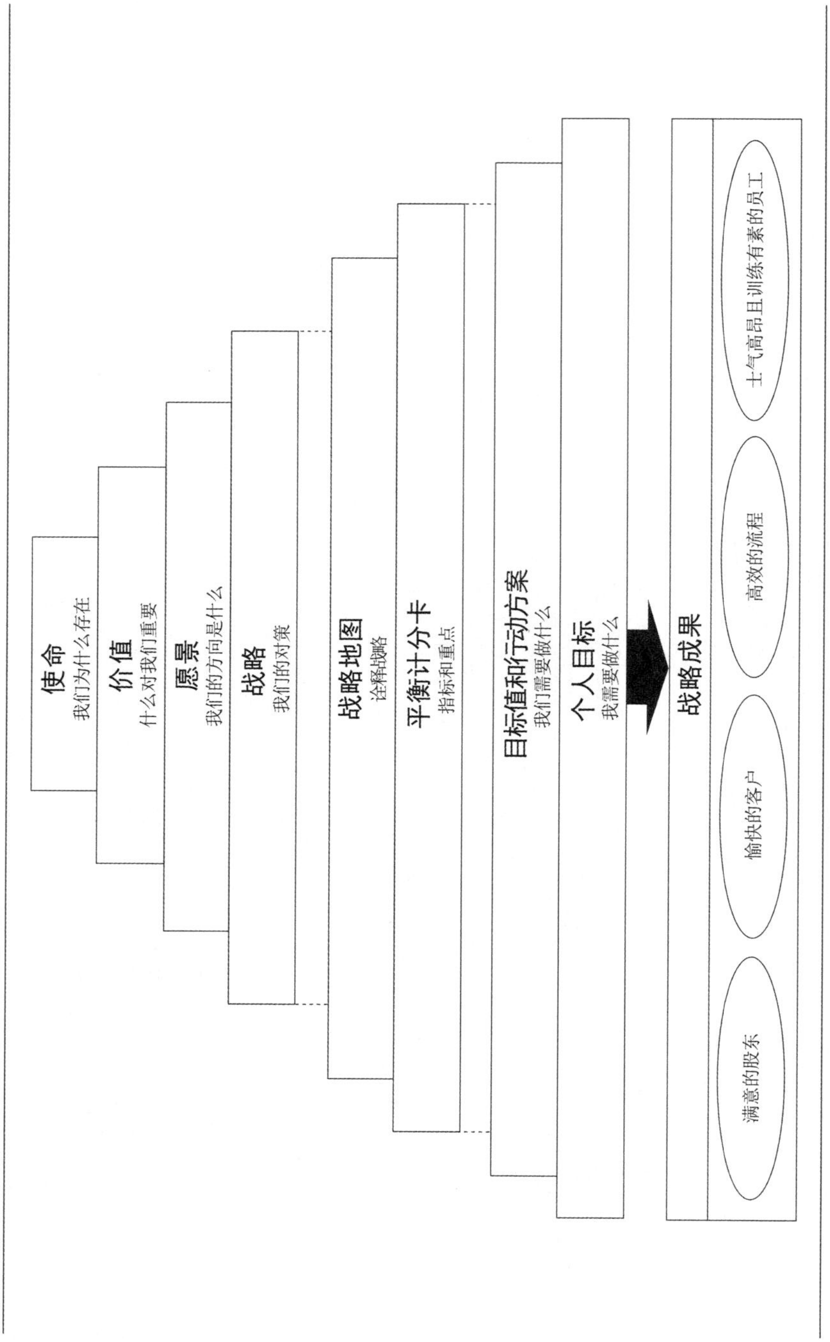

图 2-2 平衡计分卡是描述价值是什么和价值如何创造的连续统一体中的一环

门如何适应于更广泛的法人结构。使命以及伴随它的核心价值在一段时期内保持相对稳定。企业的愿景绘就了未来的美景，它阐明了企业的方向并帮助个人理解他们为什么以及如何支持企业。此外，愿景置企业于运动之中，即从使命和核心价值的稳定性到战略的动态性（愿景的下一环）。战略被开发并随着时间推移而发展，以适应外部环境和内部能力带来的形势变化。

许多企业已经有了使命和愿景陈述书。虽然使命和愿景的确切定义会有所变化，但是下面的部分提供了有益的指南。

1.使命

一个简明的、重点清晰的内部陈述，说明了企业存在的原因、指引企业行动的基本目标和指导员工行动的价值。使命也应该描述企业希望如何完成并向客户传递价值。下面是两个完全不同的组织的使命陈述书。

Ben & Jerry的使命陈述书。

Ben & Jerry致力于创造和证明一个走向繁荣的全新公司理念。我们的使命包括三个相互联系的部分：

产品：制造、交付和销售质量一流的全天然冰激凌和相关产品，用佛蒙特州奶制品制造多种创新口味。

经济：使公司运行在良好的财务基础上，包括盈利增长、增加股东价值、创造就业机会以及为员工提供财务性奖金。

社会：积极地认可企业在社会结构中发挥的中心作用，在经营中主动采用创新性方法来改善当地、国家和国际社会的生活质量。

夏洛特市的使命陈述书。

夏洛特市的使命是确保提供高质量的公共服务，保障本市公民的安全、健康和生活质量。夏洛特市试图通过下列方式确定和响应社会需要并关注客户：

●创造和维持高效的伙伴关系。

●吸引和留住熟练且士气高昂的员工。

●采用战略业务规划。

2.愿景

一个简明的陈述，界定了企业的中长期（3～10年）目标。愿景应该是外部的和市场导向的，也应该表达（常常使用具有色彩的或“憧憬”的词语）企业想如何被世界感知。

夏洛特市的愿景。

夏洛特市将成为把市民放在第一位的卓越典范。熟练且士气高昂的员工队伍因提供各个领域的高质量、高价值的服务而众所周知。凡是能为夏洛特在市场上带来竞争优势的重大经济活动，我们愿为其搭建舞台。为了使夏洛特成为一个生活、工作和休闲活动首选的社会，我们将成为市民和企业的伙伴。

金融服务公司的愿景。

我们将成为金融服务领域受尊敬的领导者，关注无间的客户关系和客户满意度，提供的财务回报在行业内处于前1/4。

使命和愿景陈述书为组织制定了总目标和方向。它们帮助股东、客户和员工理解公司怎么样和公司期望实现什么。但是这些陈述书太含糊了，以至于不能指导日常行动和资源分配决策。当公司界定了使命和愿景将如何实现的战略时，它才能使使命和愿景变得更具操作性。

3.战略

战略著作千差万别。对于战略，学者和实务工作者有相差甚远的框架，并且在定义上就很难取得一致。[2]尽管战略地图和平衡计分卡可以根据任一战略方法来开发，但是我们还是将其建立在迈克尔·波特阐明的通用框架之上，因为他是战略领域的奠基者和杰出领袖。波特认为，战略就是选择一套行动方案使企业善于在市场上创造持续性差异。持续性差异能够向客户传递的价值超过竞争者，或者在相同价值下提供更低的成本。他说："差异化源于行动方案及其实现方式的选择。"[3]当我们讨论企业如何选择价值主张并向客户传递时，我们将提供这些战略的详细案例。

有了这些使企业建立高层次的方向的使命、愿景和战略的简单背景知识后，我们就可以开发战略地图的作用，为高层次陈述书提供必要的细节，从而使其对所有员工更有意义和更具行动指导性。我们以战略地图的财务层面为起点，然后依次是客户层面、内部层面、学习与成长层面。

财务层面：长短期对立力量的战略平衡

平衡计分卡将财务层面保留为利润最大化公司的最终目标。[4]财务业绩指标表明了公司战略，包括战略实施和执行，是否对盈余改进有所贡献。财务目标典型地与盈利性相关，例如用经营收入和投资报酬率来衡量。基本上，财务战略是简单的，公司可以通过下列方式赚到更多的钱：①多销售；②少开支。其他的每件事都是“背景音乐”。任何项目，包括亲近客户、六西格玛质量、知识管理、分裂技术和适时制造，它们只有带来销售增加和开支减少，才能为企业创造更多的价值。因此，公司的财务业绩通过两种基本方式得到改善：收入增长和生产率提高（见图2-3）。

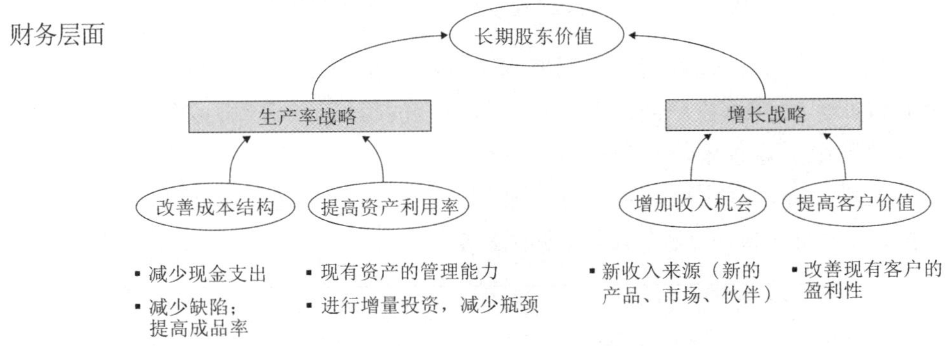

图 2-3　财务层面提供了价值的有形定义

通过加深与现有客户的关系，公司能够创造盈利性收入增长。这能使公司销售更多的现有产品或服务，或者额外的产品和服务。例如，银行试图使公司的经常账户客户也使用本行发行的信用卡，并从本行借款购房或买车。

通过销售全新的产品，公司也能够创造收入增长。例如亚马逊公司目前除了销售书籍，还销售CD和电子设备；美孚鼓励公司的客户除了加油外再从公司的加油站便利店购买商品。企业也可以向新的细分客户销售产品来扩大收入，例如，Staples现在不仅向小企业销售，也向零售客户销售。企业也可以从在新的市场上销售来扩大收入，例如从国内销售扩展到国际销售。

生产率改进是财务战略的另一个维度，它也可以通过两种方式实现。首先，公司通过降低直接和间接成本来削减成本。这样的成本降低方式使企业生产同样数量的产品却消耗更少的人力、物力、能源和供给。其次，通过更有效地利用公司的财务和实物资产，公司可以减少支持既定业务量水平所必需的营运和固定资本。例如，通过适时制造方法，企业可以用更少的存货来支持既定的业务量水平。通过减少计划外的设备停工时间，企业可以在不增加厂房和设备投入的情况下生产更多的产品。

当企业在增长和生产率这对矛盾的力量之间进行权衡时，就引发了财务层面战略的连接问题。改善收入增长的行动通常比改善生产率提高的行动花费更长的时间。出于向股东显示财务成果的日常压力，企业自然倾向于支持短期行动而非长期行动。战略地图第一层的开发，迫使企业应对这种压力。顶层的财务目标是，也必须是股东价值的持续增长。因此，战略的财务要素必须有长期（增长）和短期（生产率）两个维度。对这两个力量的同时平衡是战略地图其余部分的组织框架。

客户层面：战略的基础是差异化的价值主张

在客户层面，收入增长战略要求特殊的价值主张，特殊的价值主张描述了企业将如何为目标客户创造差异化、可持续的价值。在战略地图的客户层面，管理者确定了业务单位竞争的目标细分客户和业务单位在目标细分客户方面的业绩衡量指标。客户层面包括几个常用的典型指标，这些指标代表了精心制定并良好实施的战略的成功结果（见图2–4）。

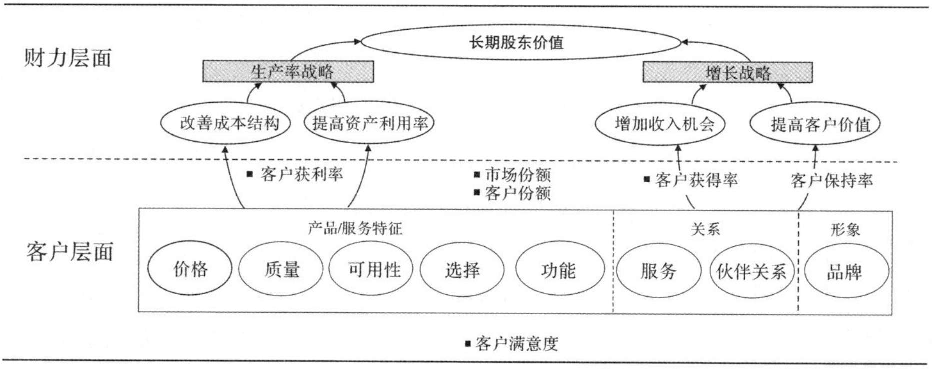

图 2–4　创造持续的差异化价值主张是战略的核心

- 客户满意度。
- 客户保持率。
- 客户获得率。
- 客户获利率。
- 市场份额。
- 客户份额。[5]

这些常用的客户成果指标能够在因果关系中看到。例如，客户满意度通常产生客户保持率，然后通过大家的传播，企业新增了客户获得率。通过保持客户，公司增加了业务份额——客户份额，当然它也需要忠诚的客户。获得新客户加之现有客户的业务增长，公司的目标客户市场份额将突飞猛进。最后，客户保持率将带来客户获利率的提高，因为保持一个老客户的成本将远低于获得一个新客户的成本。实际上所有的企业都试图改善这些常用的客户指标，但是只是让客户满意并保留客户几乎不可能成为战略。战略应确定特殊的细分客户，即为公司带来增长和盈利的目标客户。例如，西南航空公司以低价来满足并保留价格敏感性高的客户。不同的是，内曼·马库斯（Neiman Marcus）的目标客户是愿意为高端产品支付高价的、具有较高可自由支配收入的群体。公司应该衡量目标客户的客户满意度、客户保持率和市场份额。只有较少可自由支配收入的价格敏感型客户不可能在内曼·马库斯获得满意的购物体验，消费慷慨大方的商务旅行者显然不可能光顾西南航空公司的航班，因为搭乘该公司的航班要排很长的队，而且该公司常常缺乏预留座位和头等舱。

一旦明白了谁是公司的目标客户，公司将确定目标和指标来反映公司想要提供的价值主张。通过描述公司为目标客户群体提供的独特产品组合、价格、服务、关系和形象，价值主张定义了公司的战略。价值主张应该向客户传达这样的信息：公司期望做的事情比竞争对手更好或与众不同。

例如，西南航空、戴尔、沃尔玛、麦当劳和丰田等公司在各自的行业中都十分成功地向公司的客户提供了最佳购物或总成本最低的价值主张。总成本最低价值主张的目标应该强调有吸引力的价格、卓越而一致的质量、较短的交货期、方便的购物和良好的选择（见图2-5）。

像索尼、奔驰和英特尔这样的公司，却有另一种价值主张——强调产品创新和领先。这些公司统率着高于各自行业平均水平的高价格领域，因为公司提供性能出众的产品。公司的价值主张目标将强调独特的产品特征和性能，这些特征和性能是最前卫的客户所看重并愿意付出高价得到的。目标的衡量指标可以是速度、尺寸、精确性、消耗功率或其他超出竞争产品并被客户看重的性能特征。新特征和性能的首先上市是这些产品领先公司的另一个目标（见图2-5）。

第三种类型的价值主张强调提供全面客户解决方案。提供这种价值主张的成功典范当属IBM公司和高盛（Goldman Sachs）公司。对于这个价值主张，客户应该感受到公司了解他们并能提供客户化的、满足他们需求的产品和服务。当IBM公司主宰计算机行业时，公司不提供低价计算机而且很少准时地交付新产品，IBM的产品也不是技术最先进的、最强有力的或者最快速的。但是IBM为目标客户提供信息技术经理和全面解决方案（包括硬件、软件、安装、现场服务、培训、教育和咨询），全面解决方案针对每个用户的需求量体裁

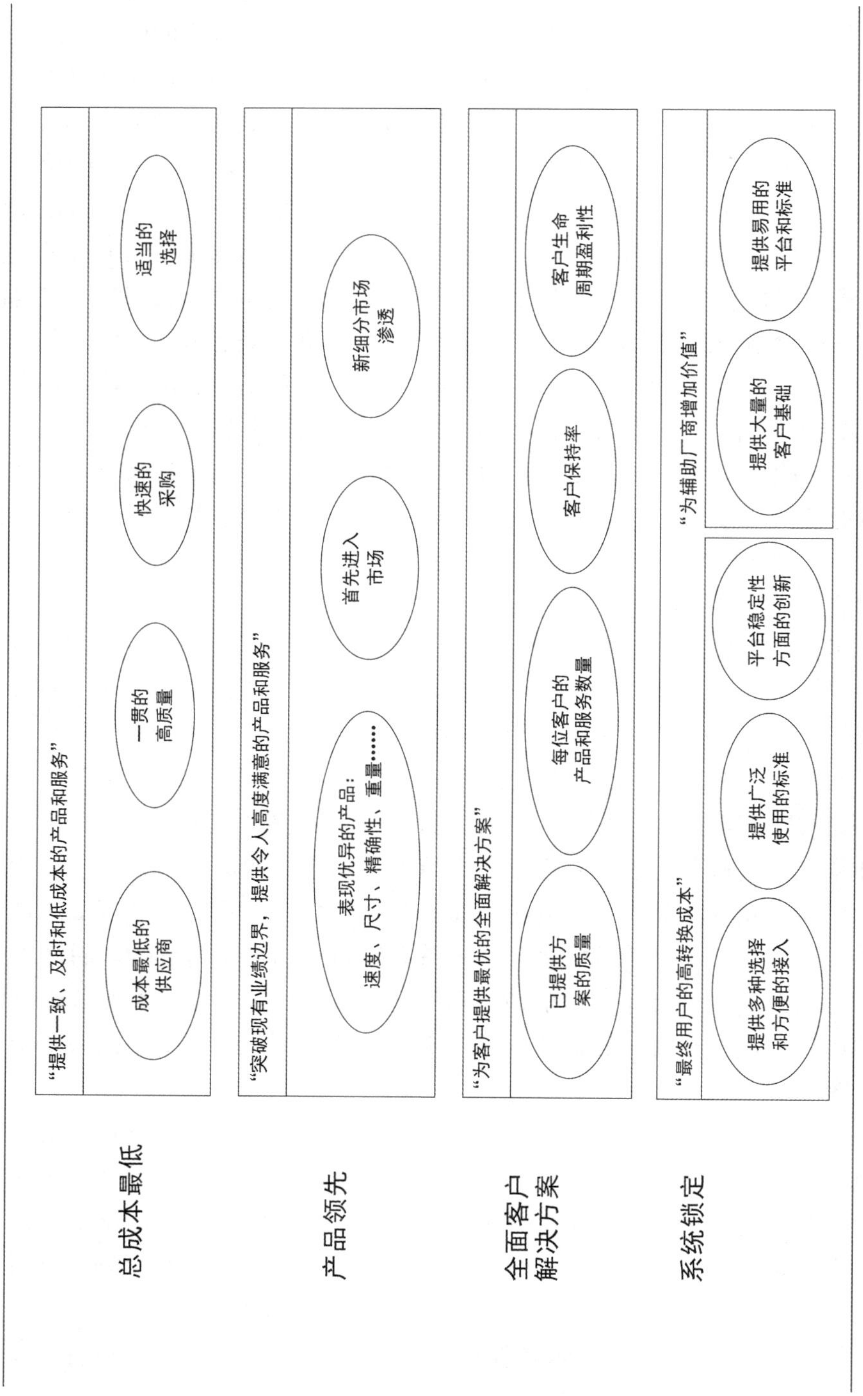

图 2-5　不同价值主张的客户目标

衣。提供这种客户解决方案价值主张的公司强调与解决方案全面性有关的目标（销售多样化、产品和服务捆绑），售前和售后的特别服务以及客户关系质量（见图2–5）。

第四种通用战略叫锁定，它是在公司为客户创造了高转换成本时发生的。理想的情况是，像计算机操作系统或微芯片硬件构造这样的私人所有产品变成行业标准。[6]在这种情形下，买方和卖方都想让他们的产品与标准保持一致，以便从庞大的用户网络中受益。变为像eBay和黄页（Yellow Pages）这样的主流交换平台，是另一种成功的锁定战略典范。买方将选择拥有大量提供产品和服务的卖方的交换平台；卖方提供产品和服务所选择的交换平台将是能够把产品和服务展现给大量潜在购买者的交换平台。在这种情形下，一家或两家公司将有趋向成为主流的交换平台供应商，并且它们将制造大量的障碍阻止其他交换平台提供商进入，也给买方和卖方创造了高昂的转换成本（见图2–5的底行）。

特定价值主张的目标和指标定义了企业的战略。通过开发特定价值主张的目标和指标，企业将战略转化为使所有员工能够理解并通过努力工作来改善的有形指标。

内部层面：价值通过内部流程创造

客户层面的目标描述了战略——目标客户和价值主张，财务层面的目标描述了成功战略的经济结果（收入和利润的增长以及生产率提高）。一旦企业对这些财务层面和客户层面的目标有了清晰的蓝图，内部层面和学习与成长层面的目标将描述战略如何被实现。企业管理它的内部流程和传递战略差异化价值主张的人力、信息和组织资本。这两个层面的卓越业绩将驱动战略。

内部流程实现两个关键的企业战略要素：①它们向客户生产和传递价值主张；②为了财务层面的生产率要素，它们改善流程并降低成本。我们将无数的内部流程分为四组（见图2–6）：

（1）运营管理流程。

（2）客户管理流程。

（3）创新流程。

（4）法规与社会流程。

1. 运营管理流程

运营管理流程是基本的、日常的流程，通过这一流程，公司生产它们的现

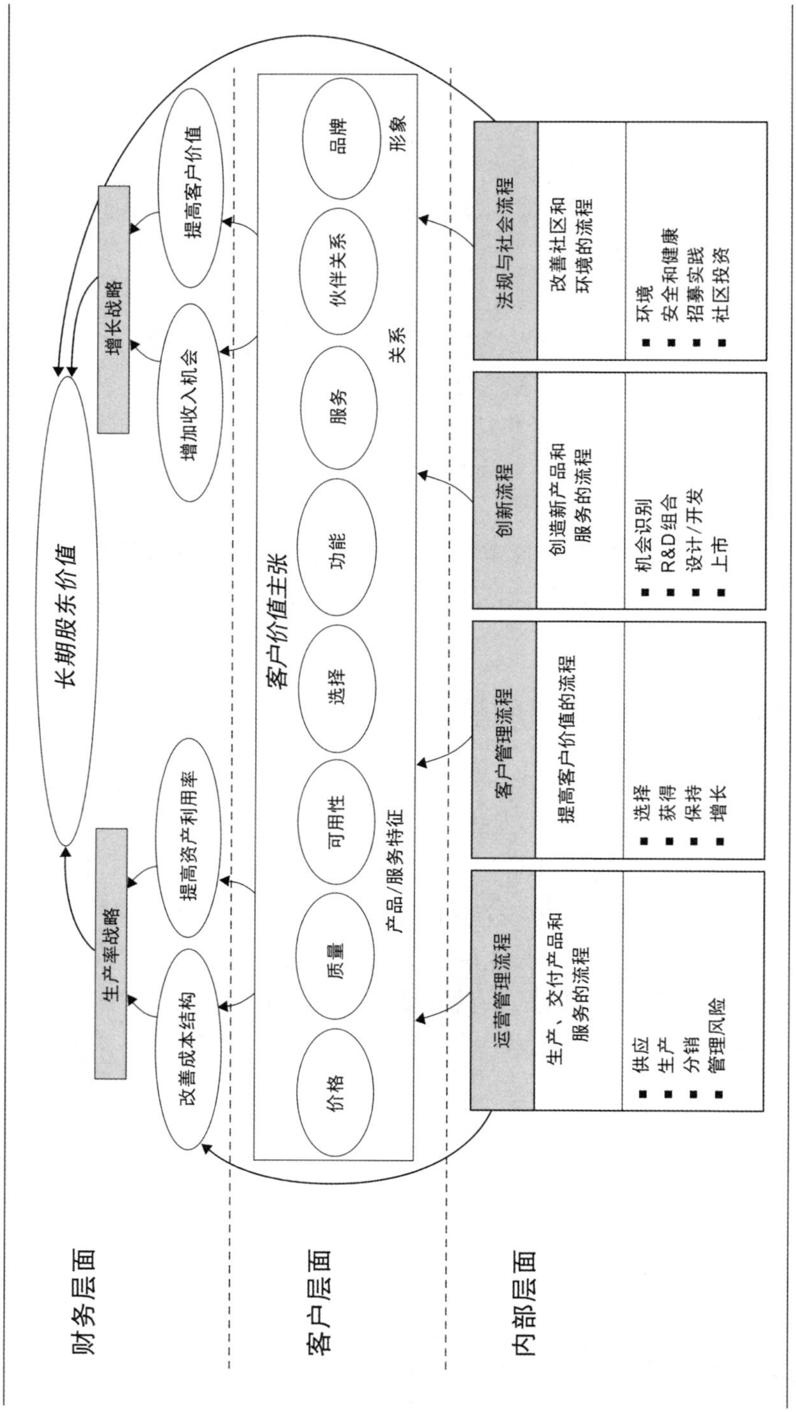

图 2-6 为客户和股东创造价值的内部流程

有产品和服务并交付给客户。制造企业的运营管理流程包括下列内容：

- 从供应商获得原材料。
- 将原材料转变为产成品。
- 向客户分销产成品。
- 管理风险。

服务企业的营运流程是生产并交付客户使用的服务。

2. 客户管理流程

客户管理流程拓展并加深了公司与目标客户的关系。我们能够确定四类客户管理流程：

- 选择目标客户。
- 获得目标客户。
- 保持目标客户。
- 增长客户业务。

客户选择包括确定公司价值主张中最想要的目标人群。客户选择过程定义了客户特征，以描述对公司最有吸引力的细分客户。对于消费品公司来讲，细分客户可以通过收入、财富、年龄、家庭规模和生活方式来界定；典型的商业细分客户是价格敏感型、技术复杂型客户。客户获得与创造领先、沟通潜在新客户、选择入门产品、产品定价、销售结算有关。客户保持是卓越服务和客户需求响应程度的结果。及时、在行的服务是维持客户忠诚并减小客户背叛可能性的关键。增长客户业务包括高效地管理客户关系、交叉销售多种产品和服务、成为值得信赖的知名顾问和供应商。

3. 创新流程

创新流程开发新产品、方法和服务，常常能使公司渗入新的市场和细分客户。创新管理包括四个流程：

- 识别新产品和服务的机会。
- 对研究和开发进行管理。
- 设计和开发新产品和服务。
- 将新产品和服务推向市场。

产品设计者和管理者产生新理念的途径有：提升扩展现有产品和服务的能

力，运用新发现和技术，了解客户建议。一旦产生了新产品和服务的理念，管理者必须决定为哪个项目筹资、哪个项目完全利用内部资源开发、哪个项目采用合资方式合作完成、哪个项目要得到其他组织的许可或完全外包。设计和开发流程是产品开发的核心，它将新概念带入市场。当产品达到了期望的功能，对目标市场产生了吸引力，按照稳定的质量生产并获得令人满意的边际利润时，一个成功的设计和开发流程也就达到了顶点。当产品开发周期结束时，项目小组将新产品带入市场。对一个特殊的项目来讲，当公司以特定的产品功能、质量和成本水平实现了目标水平的销售和生产时，创新流程才能画上句号。

4. 法规与社会流程

法规与社会流程有助于企业在生产和销售所处的社区和国家持续赢得经营的权利。有关环境、员工健康和安全、招募和解雇的国家和地方法规为公司的实践规定了标准。然而，有些公司不满足于仅仅遵守法规确立的最低标准，它们希望表现得优于法规限制，从而建立声望，成为所在社区的最佳雇主。

按照下列几个关键维度，公司管理并报告它们的法规与社会表现：

- 环境。
- 健康和安全。
- 招募实践。
- 社区投资。

对环境、健康和安全、招募实践、社区发展进行投资的原因未必都只是为了无私奉献。法规与社会维度表现的卓越声望帮助公司吸引和留住高素质员工，因此使人力资源流程更加富有效果和效率。减少环保事故并改善员工安全和健康也提高了生产率并降低了经营成本。最后，具有杰出声望的公司通常提升它们在客户和具有社会意识的投资者心目中的形象。强大的人力资源、经营、客户和财务流程之间的所有联系，阐明了法规与社会表现的有效管理能够驱动长期的股东价值创造。

战略包括并存且互补的主题

在开发战略地图的内部层面时，管理者将确定对战略最为重要的流程。实行产品领先战略的公司将强调卓越的创新流程；实行总成本最低战略的公司必须擅长运营流程；实行全面客户解决方案战略的公司将强调它们的客户管理流程。

但即使强调四组内部流程之一，公司仍必须实行“平衡”战略并投资改善所有四组流程。财务层面典型地受益于内部层面流程的改善，这四个主题不同的内部流程具有不同的时间周期（见图2–7）：得益于运营管理流程改善的成本节约传递快速（在6～12个月内）；源于客户管理流程的收入增长出现在中期（12～24个月）；创新流程通常需要更长的时间（24～48个月）才能产生收入和利润改善；法规与社会流程的好处也需要较长时间才能获得，那时企业将规避诉讼和倒闭，提升社会形象，成为雇主和供应商的选择。

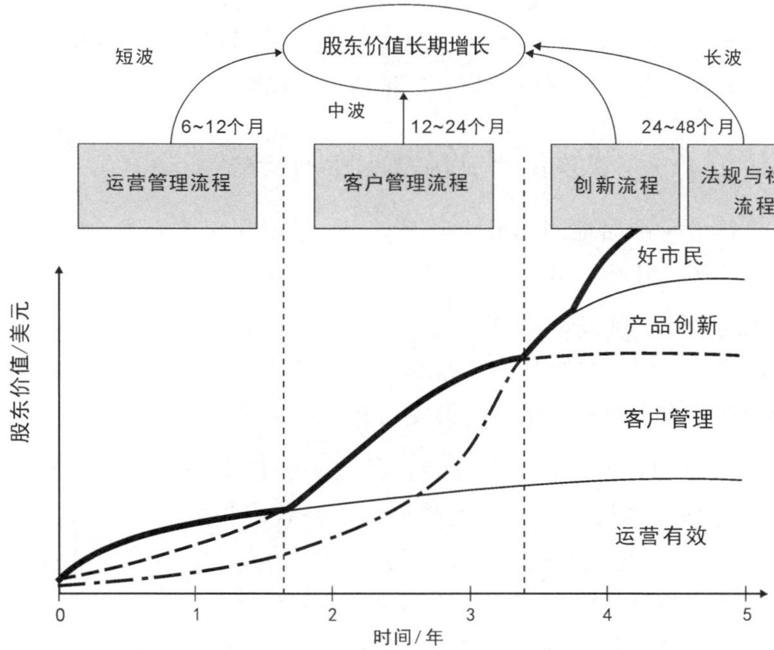

图 2–7　内部流程在不同的时间周期传递价值

严格来讲，在一个企业中同时存在着数以百计的流程，每个流程都以某种方式创造着价值。战略的艺术是确定并擅长少数几个关键的流程，这些流程对客户价值主张至关重要。所有流程都应被管理好，但是少数战略流程必须受到特别关注和重视，因为这些流程创造了战略的差异化。已选的战略流程也应从四组流程中划出。每个战略都应在运营管理、客户管理、创新、法规与社会中确定一个或多个流程。按照这种方法，价值创造流程在长期和短期之间进行了平衡。这将确保股东价值增长得以长期持续。

少数关键战略流程经常被有机组成战略主题。战略主题允许企业强调行动方案并提出责任框架。战略主题是战略执行时的构筑模块。

图2-8说明了一家高科技制造公司的七个战略主题。它的战略是扩大价值，主张从片面强调产品质量到传递量体裁衣的、能够解决客户问题的产品配置。这个战略的核心是两个客户管理主题——解决方案销售和关系管理。这些主题提供了新客户伙伴关系的基础。两个运营管理主题——适时制造和弹性制造——确保产品能够在客户要求的较短时间内配置和交付。两个创新主题——内部产品开发和技术伙伴关系——提供了保持领先地位所需知识的两个平衡来源。法规与社会主题——建设社区——反映了公司作为杰出雇主的期望，即帮助巩固影响员工生活质量的制度。这样一来，公司将复杂的战略简化为七个战略主题，每个主题合乎逻辑地与客户价值主张和财务成果相衔接。

学习与成长：无形资产的战略协调一致

平衡计分卡战略地图的第四个层面——学习与成长描述了组织的无形资产及其在战略中的作用。我们将无形资产分为三类（见图2-9）：

- 人力资本：支持战略所需技能、才干和知识的可用性。
- 信息资本：支持战略所需信息系统、网络和基础设施的可用性。
- 组织资本：执行战略所需的发动并持续变革流程的组织能力。

尽管所有的企业都试图开发它们的人力、技术和文化，但是绝大多数企业不能将这些无形资产与它们的战略协调一致。创造协调一致的关键是粒度（granularity），也就是跳出诸如“开发我们的人才”或“激活我们的核心价值”等俗套，重视关键战略内部流程所需的特殊能力和特征。平衡计分卡战略地图能使管理者查明战略所需的特殊人力资本、信息资本和组织资本。

平衡计分卡：化战略为行动的指标、目标值和行动方案

战略地图描述了战略的逻辑性，清楚地显示了创造价值的关键内部流程目标以及支持关键流程所需的无形资产。平衡计分卡将战略地图目标转化为指标和目标值。但是指标和目标值并不会只是因为它们被确定而得以实现；企业必须推出一套行动计划，这套行动计划能使所有指标的目标值得以实现。企业必须为每个行动计划提供稀有的资源——人力、资金和能力。我们将这些行动计划称为战略行动方案。对于平衡计分卡的每个指标，管理者必须确定实现其目标值的行动方案。行动方案创造了结果。因此，通过执行行动方案，战略执行得以管理。

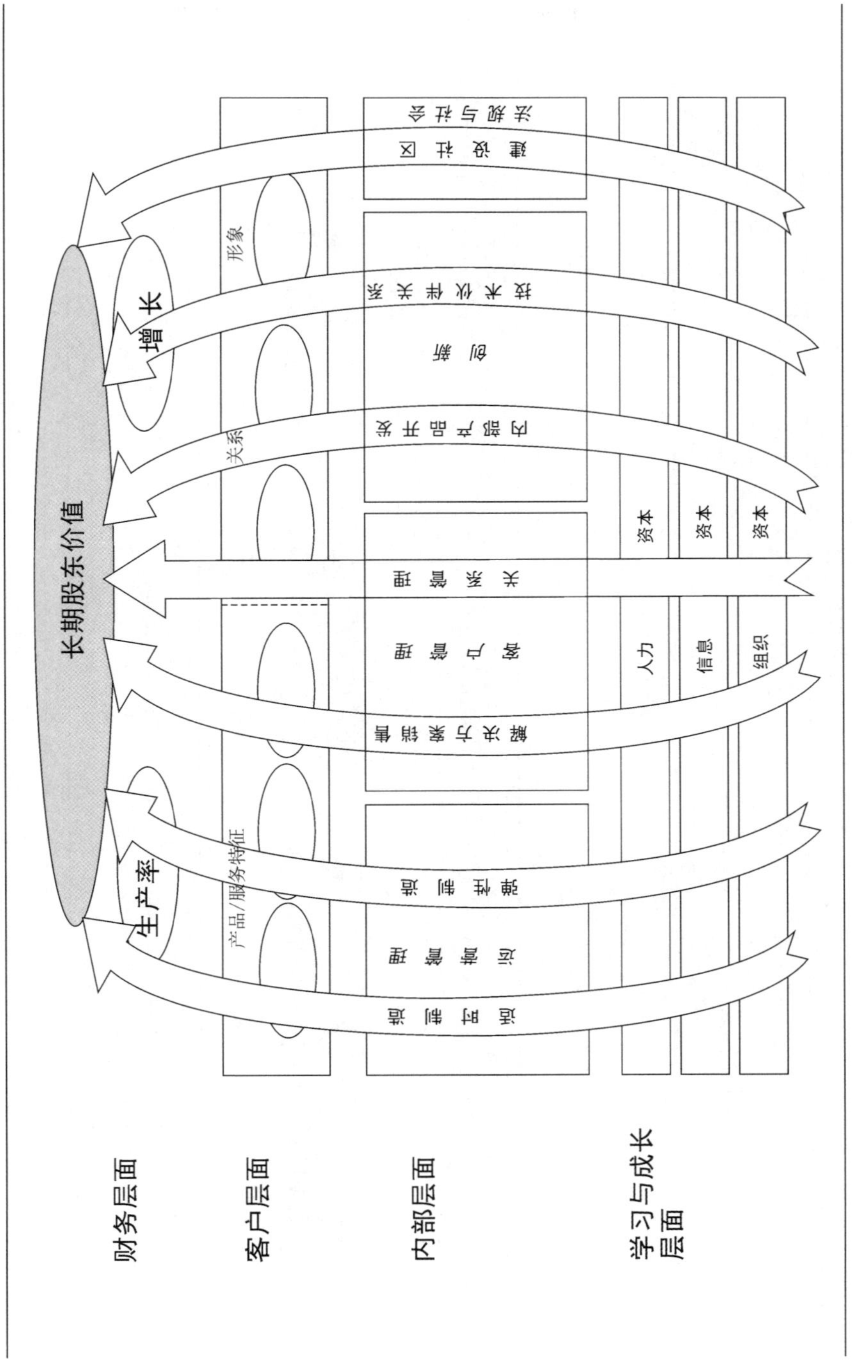

图 2-8 战略由一套基于价值创造流程的主题构成

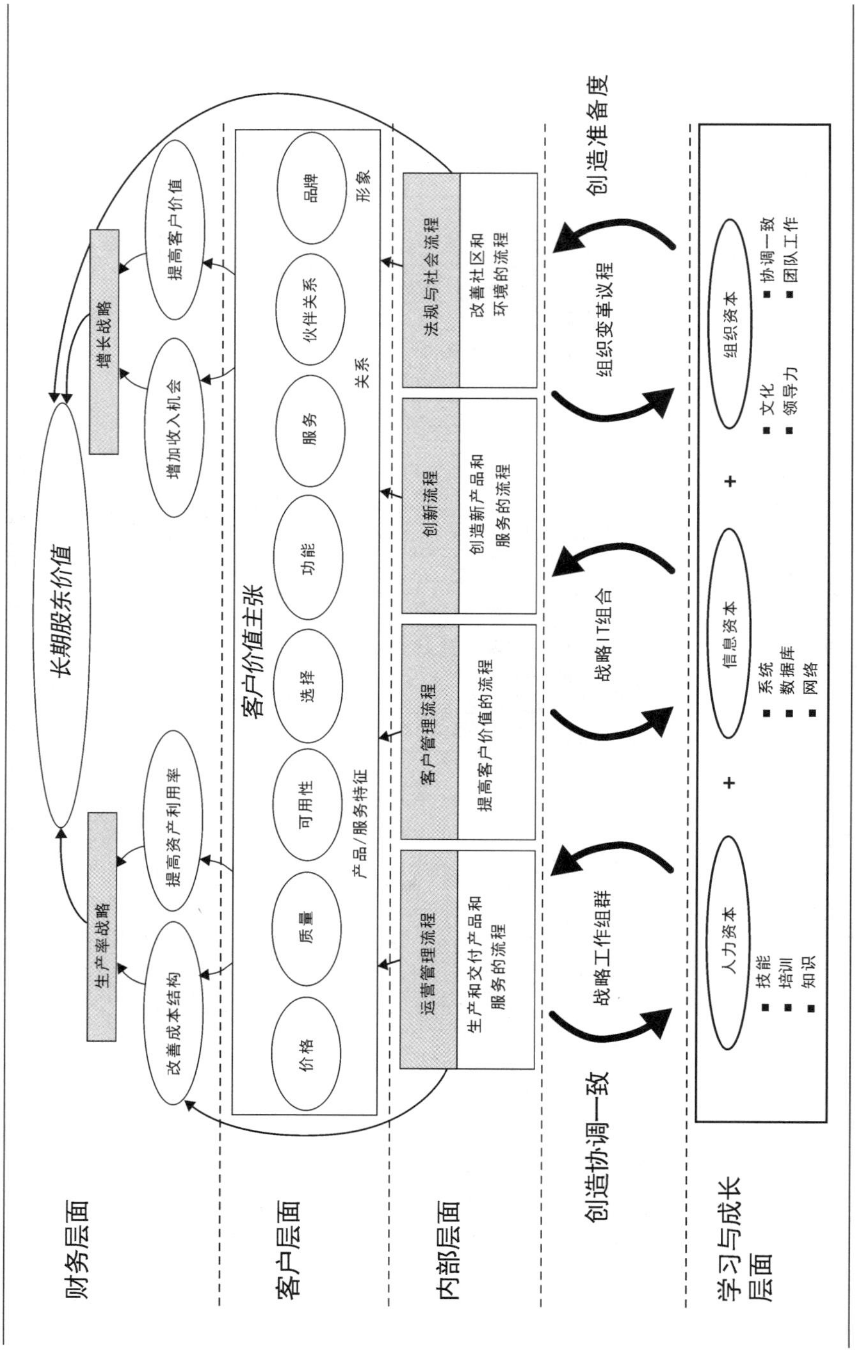

图 2-9 无形资产必须与战略协调一致才能创造价值

详细说明战略行动方案并为其提供资源的行动计划必须以战略主题为中心协调一致，必须被看作一个集成的投资组合而不是一组孤立的项目。每个战略主题都应该有一个独立完整的业务集合。

图2-10说明了一家低成本航空公司的“快速地面周转”主题的行动计划和业务集合。这个主题是总成本最低客户价值主张的核心。它将促成准时起飞和到达，从而提高客户满意度并推动未来收入增长。它也将使公司以少于竞争对手的飞机和乘务人员运营并降低成本，这样公司能提供更低的票价吸引价格敏感性高的客户，同时仍能赚取利润和获得高于资本成本的投资回报。

该图显示了促成战略所需的无形资产：管理舷梯的新技能，改善的信息系统，地面员工与战略的协调一致。图的中间显示了战略地图中的战略目标的平衡计分卡指标和目标值。图的右边确定了战略行动方案和实现平衡计分卡目标值需要的成本。公司确定了八个行动方案，每个行动方案影响一个或两个目标。八个行动方案对战略的成功是必不可少的。如果一个被删减，那么一个关键目标将无法实现并且因果关系链将被割裂。例如，地面员工培训和新的员工调度系统可能被引进，但是如果地面员工不理解它如何适合（沟通项目）或没有动机改善企业业绩（员工持股计划），那么战略将会失败。因此，该图显示了快速地面周转战略主题如何需要协调一致的无形资产能力和一整套战略行动方案。

四个层面的整合：战略地图

通过平衡计分卡的四个层面，现在我们已经能够系统地开展工作，决定描述战略的目标和指标。战略地图（见图1-3）提供了一个战略的可视化表示方法。它提供了一个只有一页的视图，说明了四个层面的目标如何被集成在一起描述战略。每个公司都为其特殊的战略目标定制战略地图。

典型的战略地图的四个层面导致了20～30个相互关联的平衡计分卡指标。一些人批评平衡计分卡，认为人们不能关注25个不同的指标。如果平衡计分卡被看作25个独立的指标，那么对企业和员工来讲它确实太复杂以致无法被消化吸收。但是这样考虑平衡计分卡是错误的。战略地图显示了结构适当的平衡计分卡中的多个指标如何为单个战略提供使用工具。公司能够在一个有二三十个指标的集成系统中制定并沟通它们的战略，这些指标确定了关键变量之间的因果关系，关键变量包括领先变量、滞后变量和反馈循环，即描述战略的轨迹或飞行计划。

战略地图

流程：运营管理
主题：地面周转

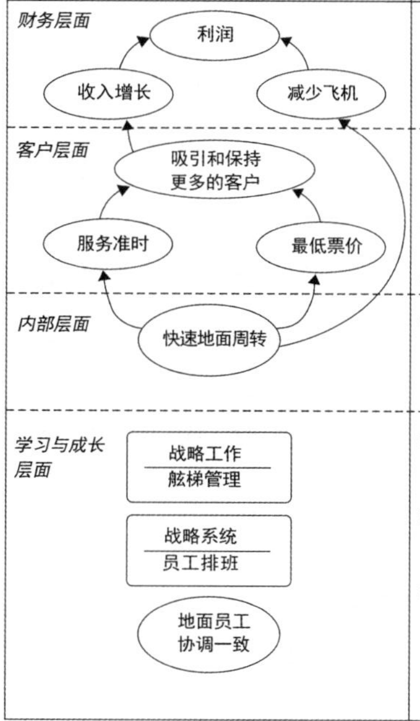

层面	战略地图：目标	平衡计分卡：指标	平衡计分卡：目标值	行动计划：行动方案	行动计划：预算
财务层面	■ 营利性 ■ 收入增长 ■ 减少飞机	■ 市场价值 ■ 座位收入 ■ 飞机租赁成本	■ 30% CAGR ■ 20% CAGR ■ 5% CAGR		
客户层面	■ 吸引和保持更多的客户 ■ 航班准时 ■ 最低票价	■ # 回头客数量 ■ # 客户数量 ■ FAA准时到达评比 ■ 客户评比	■ 70% ■ 每年提高12% ■ #1 ■ #1	■ 实施CRM系统 ■ 质量管理 ■ 客户忠诚项目	■ $××× ■ $××× ■ $×××
内部层面	■ 快速地面周转	■ 降落时间 ■ 准时起飞	■ 30分钟 ■ 90%	■ 周转期最优化	■ $×××
学习与成长层面	■ 开发必要的技能 ■ 开发支持系统 ■ 地面员工与战略协调一致	■ 战略工作准备度 ■ 信息系统可用性 ■ 战略意识 ■ 地面员工持股比例	■ 1%~70% 3%~90% 5%~100% ■ 100% ■ 100% ■ 100%	■ 地面员工培训 ■ 完成员工排班系统 ■ 沟通项目 ■ 员工持股计划	■ $××× ■ $××× ■ $××× ■ $×××
				预算总额	$×××

图 2-10　战略主题界定了战略执行所需的流程、无形资产、目标值和行动方案

在接下来的几章，我们将关注内部层面、学习与成长层面的目标和指标。内部层面的流程为客户创造并传递价值主张，为社区和国家创造并传递社会业绩。这些流程的执行必须达到卓越的水平，并且相互和谐，只有这样，公司的战略才能实现。学习与成长目标描述了企业为了执行和持续改进关键内部流程，无形资产必须被加强。能够调动并维持价值创造的内部流程的无形资产，企业将成为其所处行业的领导者。

本章小结

战略地图提供了可视化的架构，将企业四个层面的目标集成在平衡计分卡之中。它阐明了客户层面和财务层面的期望成果与关键内部流程（运营管理流程、客户管理流程、创新流程、法规与社会流程）的卓越表现之间的因果关系。这些关键流程为目标客户创造并传递企业的价值主张，它们也促进企业财务层面的生产率目标。进而，战略地图确定了企业无形资产的特殊能力，无形资产包括人力资本、信息资本和组织资本，它们是关键内部流程产生非凡业绩所必不可少的。

在本章的案例中，我们讨论圣玛丽德卢斯诊所（SMDC），一家地区性医疗提供系统。SMDC的案例中包含了多个客户——病人、医生和捐款者。它的战略是为每个客户传递不同的价值主张：病人的客户亲密度、医生的产品领先地位和捐款者的总成本最低。

注释：

[1] 公共部门和非营利组织的战略被设计用于为它们的利益相关者和当事人创造可持续价值。

[2] 参见：Henry Mintzberg，Bruce Ahlstrand，and Joseph Lampel，*Strategy Safari：A Guided Tour Through the Wilds of Strategic Management*（New York：Simon & Schuster，1998）；P. Ghemaat，“Competition and Business Strategy in Historical Perspective，” *Business History Review*（Spring 2002）：37–74。

[3] Michael Porter，“What Is Strategy？” *Harvard Business Review*（November-December 1996）：61-78.

[4] 对于非营利组织和公共部门，高水平的目标向当事人和公民传递价值，而不是股东。在第五章，我们讨论非营利组织和公共部门的战略地图修改，“Strategy Scorecard in Nonprofit，Government，and Health Care Organizations，” in *The Strategy-Focused*

Organization（Boston：Harvard Business School Press，2001）。

[5] 市场份额指公司销售额占整个行业销售额的百分比。市场份额衡量特定客户的比重或客户购买特定种类商品或服务的比重。例如，一家服装零售店估计它向客户的销售额平均占客户购买额的13%。一家快餐店可能提供了家庭快餐购买额的40%或家庭食品总消费额的2%。

[6] Carl Shapiro and Hal R. Varian, *Information Rules: A Strategic Guide to the Network Economy*（Boston：Harvard Business School Press，1998）；Arnoldo C. Hax and Dean L. Wilde, *The Delta Project: Discovering New Sources of Profitability in a Networked Economy*（New York：Palgrave Macmillan，2001）.

案例研究

圣玛丽德卢斯诊所医疗系统

背景

作为明尼苏达州东北部和威斯康星州保健领域的创新性领导者，圣玛丽德卢斯诊所医疗系统（简称“圣玛丽德卢斯诊所”）拥有20家诊所、1个有350张床位的三级医疗中心、2个社区医院和1支专业护理队伍。圣玛丽德卢斯诊所有1支由380多名医生和200多名加盟医疗保健人员组成的医疗队伍，他们与6 000多名娴熟的工作人员一道为当地社区的家庭提供基本护理、专业服务和医疗技术。圣玛丽德卢斯诊所的年收入达6.5亿美元。

圣玛丽德卢斯诊所的目标是为明尼苏达州东北部和威斯康星州的居民提供与家庭有关的、广泛的医疗保健服务。它将使命表述为：圣玛丽德卢斯诊所是一家地区性医疗保健系统，通过下列方式致力提高被服务对象的健康状况：

- 促进所有人的个人健康和幸福。
- 通过富有同情心的护理和服务创新支持，提供专业医疗服务。
- 通过团队工作和持续改进，为我们的患者和客户创造价值。
- 展示医疗教育和研究领域的领导力。
- 尊重每个人的尊严和名誉。

现状

1997年1月，圣玛丽医院兼并了德卢斯诊所，成为一家大型多专业诊所。在兼并时，两家单位的财务状况良好。通过削减重复部门并使新单位全面提高服务质量、扩大服务范围，兼并行动被期望带来经济的稳定和强大。但是，由于 1997年美国平衡预算法案对医疗保险范围和成本补偿的改变，加之兼并带来的意外财务负担，新的圣玛丽德卢斯诊所出现了赤字。

战略地图

认识到老的“保健处方”战略正在失效，圣玛丽德卢斯诊所准备采用新方法。当CEO彼得・佩尔森（Peter Person）阅读了《平衡计分卡——化战略为行动》，他相信他已找到了良方，能够帮助他实现两个关键目标：提升圣玛丽德卢斯诊所的利润和改善患者服务。他向董事会提出了实施平衡计分卡的想法。

实施平衡计分卡，特别是建立战略地图的过程，帮助圣玛丽德卢斯诊所从经营角度看待自身。管理层规划的目标增长领域将有助于支持非增长领域。交叉补贴允许圣玛丽德卢斯诊所为患者维持必要的但盈利较低的服务。设计平衡计分卡的过程也帮助圣玛丽德卢斯诊所界定了三组截然不同的客户群并为他们分别确定了正确的价值主张。

像许多保健行业的地图一样，圣玛丽德卢斯诊所战略地图的起点也是清晰地描述组织的愿景和使命，愿景和使命勾画了组织最终目标和诸多期望的有形财务成果（增长和效率）之间的直接联系（见图2-11）。

圣玛丽德卢斯诊所的战略地图清晰地说明了三组客户的价值。界定每个客户群的价值主张增加了战略的清晰度。例如，基本护理患者需要“客户亲密度”战略。圣玛丽德卢斯诊所的首席运营官玛丽・约翰逊（Mary Johnson）说：“这些患者需要知道，当他们每次来看病或给我们打电话时，他们将不必重复他们的整个病史。”专业护理患者、转诊提供者与医生被归为一组，因为转诊提供者经常向圣玛丽德卢斯诊所推荐专业护理患者。“这个组看重卓越的临床治疗和领先的技术和专长。”约翰逊说。出于这个原因，圣玛丽德卢斯诊所采用“产品领先”战略对待他们。

圣玛丽德卢斯诊所的最后一个客户群是付款者，他们从圣玛丽德卢斯诊所购买服务。这个群体想要最低成本的服务和创新的医疗保险项目。他们想为他们的员工和客户提供最物超所值的服务。这个组被解释为“总成本最低”战略。

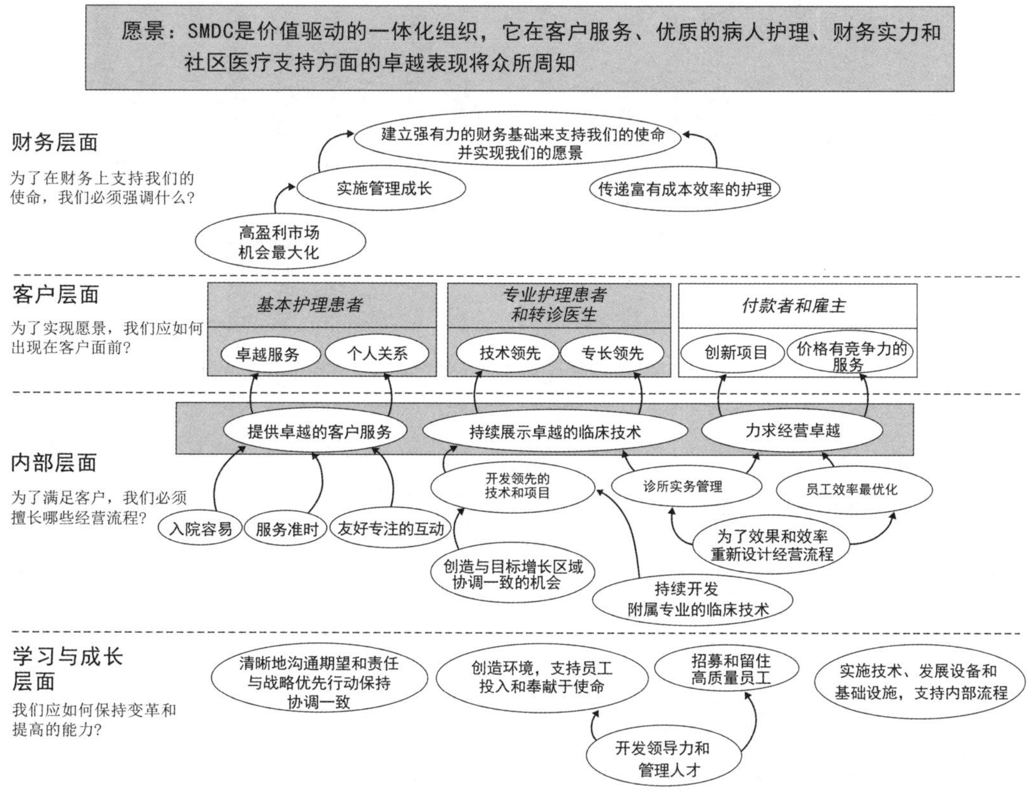

图 2-11　圣玛丽德卢斯诊所医疗系统的战略地图

圣玛丽德卢斯诊所的内部流程层面清晰地说明了向三组客户传递适宜的价值主张的流程。圣玛丽德卢斯诊所强调为基本护理患者“提供卓越的客户服务”的流程；为专业护理患者和转诊医生“持续展示卓越的临床技术”；为付款者和雇主客户“力求经营卓越”。例如，尽管圣玛丽德卢斯诊所现在是德卢斯地区最大的提供商，它仍然关注内部流程层面的一些流程，这些流程受到基本护理患者欢迎。这些流程利用发达的入院技术等方式为小城镇、地方社区提供了感情交流。当来到支持专业护理患者和转诊医生流程时，圣玛丽德卢斯诊所关注内部流程层面的临床技术，强调为每日使用这些技术的医生提供有竞争力和吸引力的临床技术。战略地图中的经营卓越部分促使圣玛丽德卢斯诊所明确地关注使临床和管理活动更为有效的运营流程，比如员工排班和账单管理，从而在创造性地为付款者和雇主提供服务时削减成本。

最后，圣玛丽德卢斯诊所强调那些将会优化员工和组织变革与改进能力的学习与成长目标。圣玛丽德卢斯诊所相信，学习与成长层面能够与所有员工进行双向交流。圣玛丽德卢斯诊所保证尽可能地给予员工支持，期望得到员工更多的投入和业绩回报。圣玛丽德卢斯诊所认为，只有通过清晰地交流战略并帮助员工理解他们在战略执行中的作用，组织才能在保持较大工作空间的同时使业绩最优化。学习与成长层面的目标不断地进行提示，使双向交流成为可能。只有对学习与成长予以适当的投资，战略地图的其他目标才能得以实现。对这些目标的清晰理解和持续对话已经使整个组织产生了活力。

逸闻

在开发和推行了总公司级的平衡计分卡和战略地图后，圣玛丽德卢斯诊所在整个组织内层层分解了平衡计分卡，使所有的服务线（增长和非增长地区）、社区诊所和关键支持部门协调一致起来。为了在整个组织内进行宣传，平衡计分卡小组实施了“战略意识战役”。圣玛丽德卢斯诊所也将战略和预算编制过程连接起来，并已使用平衡计分卡强调它的月度战略经营研讨会。现在圣玛丽德卢斯诊所实施平衡计分卡已是第三年，正处在一个持续发展的过程中。

圣玛丽德卢斯诊所每年在编制预算时研讨并更新它的战略地图。它重新调整下一年度的目标和行动方案，并确认它正在衡量着正确的事情。

在推行平衡计分卡三年后，圣玛丽德卢斯诊所已取得了丰硕的成果。在2001财政年度，它实现了：

●利润增长2 300万美元，其中包括了实施第一年带来的经营好转1 800万美元。

●尽管药品和工资成本上升，但仍使调整后的单位住院成本和单位门诊成本保持稳定。

●诊所应收账款周转期减少10天，医院应收账款周转期减少8天。

●基本护理诊所的预约接入率提高了13%。

●医院的患者满意度整体提高了15%。

●诊所的患者满意度整体提高了11%。

圣玛丽德卢斯诊所的CEO彼得·佩尔森博士说：

建立战略地图是一个转折点，它使管理层全面理解了经营组织、界定客户并将它们转化为重点明确的战略。这促成了一个关注整个保健系统的业绩管理工具的形成。不可否认，作为CEO，月度计分卡研讨会对我意义非同寻常。平衡计分卡使我们毫不费力地扫视整个组织的业绩并确定任何必要的过程改进。讨论时间的平衡已明确地将我们从日常经营转向了战略决策制定。

圣玛丽德卢斯诊所医疗系统是平衡计分卡名人堂成员。

本案例由平衡计分卡协会的安·内维尔斯（Ann Nevius）、朱迪斯·罗斯（Judith Ross）和圣玛丽德卢斯诊所的巴巴拉·波斯辛（Barbara Possin）编写。感谢彼得·佩尔森博士和他的同事与我们分享圣玛丽德卢斯诊所的经验。

第二篇

价值创造流程

VALUE-CREATING PROCESSES

第三章

运营管理流程

运营管理流程为客户生产和提供产品与服务（见图3-1）。在20世纪后期的一段时间里，许多学者和公司都相信运营管理流程是企业战略最关键的部分。受到日本运输、电子和光学行业的制造商所取得的显著成果的启示，绝大多数公司将关键运营流程的再设计、再造和持续改进放在极其优先的地位。

许多公司享受了质量、成本、生产和服务提供流程反应速度巨大改进带来的喜悦。尽管仅仅运营卓越并不是可持续战略的基础，运营管理流程仍在所有组织中保持着优先地位。[1] 企业将会发现，没有卓越的运营，执行战略是困难的，即使在行业里不依赖低成本结构的战略也是如此。

四个运营管理流程

运营管理可能包括四个重要流程（见图3-2），下面，我们依次进行讨论。

（1）开发并保持供应商关系。

（2）生产产品和服务。

（3）向客户分销和提供产品与服务。

（4）风险管理。

开发并保持供应商关系

像丰田和沃尔玛这样的公司，依赖供应商在较短的提前通知期内生产高质量的产品并将产品可靠地送达使用地点。这些公司从它们建立的完美供应商关系网中享受了显著竞争优势的益处。

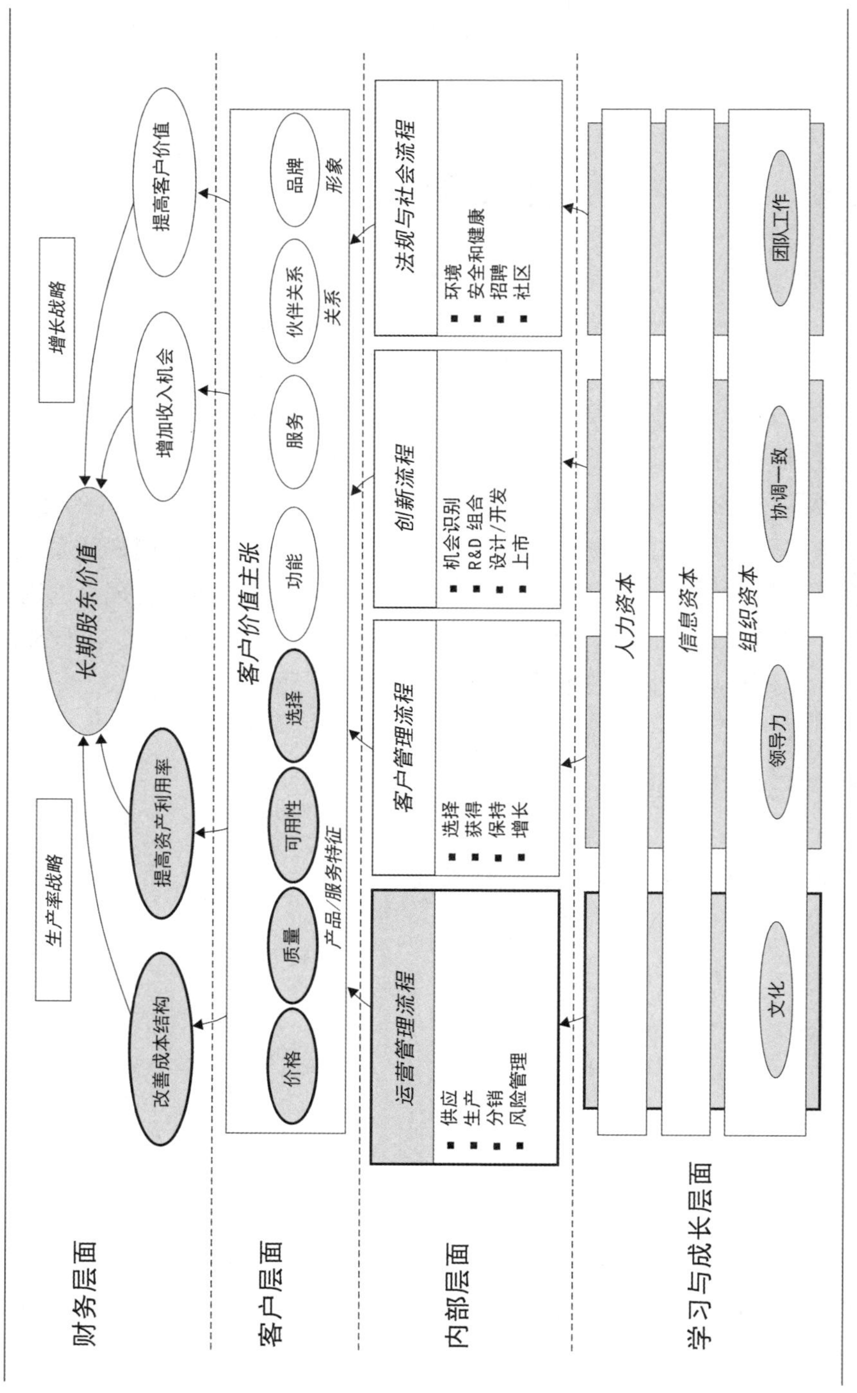
财务层面
客户层面
内部层面
学习与成长层面
生产率战略
增长战略
长期股东价值
改善成本结构
提高资产利用率
增加收入机会
提高客户价值
客户价值主张
价格
质量
可用性
选择
功能
服务
伙伴关系
品牌
产品/服务特征
关系
形象
运营管理流程
■ 供应
■ 生产
■ 分销
■ 风险管理
客户管理流程
■ 选择
■ 获得
■ 保持
■ 增长
创新流程
■ 机会识别
■ R&D 组合
■ 设计/开发
■ 上市
法规与社会流程
■ 环境
■ 安全和健康
■ 招聘
■ 社区
人力资本
信息资本
组织资本
文化
领导力
协调一致
团队工作

图 3-1　运营管理流程

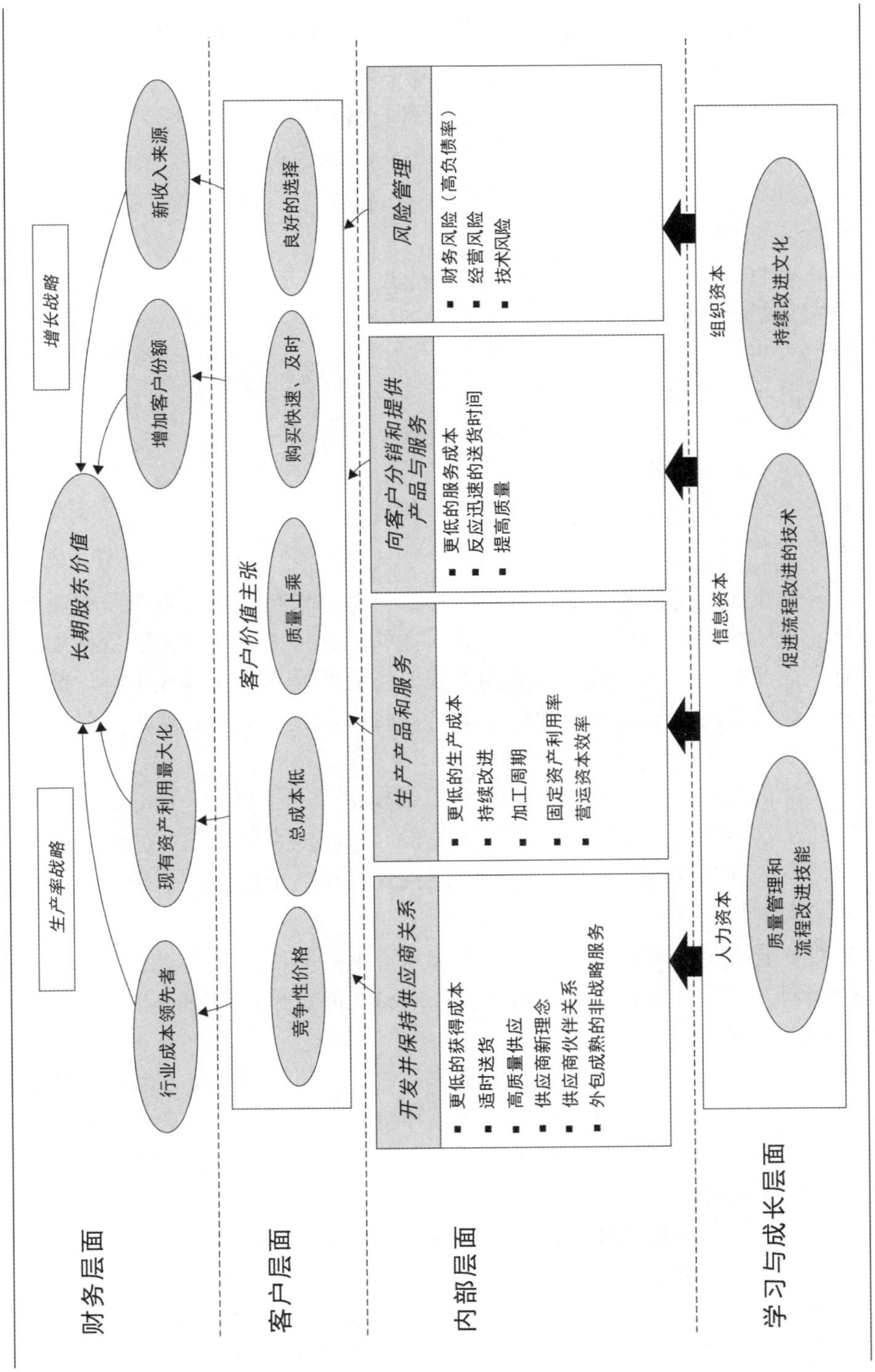

图 3-2 运营管理战略地图模板

高效供应商关系的目标之一是降低“总获得成本”。这个目标反映了获得货物、材料和服务的总成本。除了采购价格外，当公司获得货物时要承受完成下列作业的成本：

- 完成设计和工艺技术工作以决定材料规格。
- 订购材料。
- 接收材料。
- 检查材料。
- 退回材料。
- 搬运材料。
- 储存材料。
- 报废过时材料。
- 报废或返工（未检查的）有缺陷材料。
- 因送货迟到而延迟生产。
- 迅速处理材料以避免因材料迟到而引起的停工。
- 支付料款。

最好的供应商是低成本的，并不只是低价格。采购价格只是总获得成本的一部分。从一个供应商那里获取材料或服务的总获得成本包括采购价格加上完成所有上面所列的来自该供应商的相关获取作业的成本。作业成本会计能使公司将获取总成本分配给获取作业，然后将这些作业成本追溯到从某一供应商那里获取的货物和服务。[2]

为了降低获得产品的成本，企业努力寻找接受电子订货（Internet或EDI）的供应商，这些供应商也能够无缺陷、免检、适时地直接交付产品到生产流程或使用地点。此外，低成本供应商最好能接受自动电子付款，不必劳神再另外开出发票来进行收款了。

某些企业甚至走得更远，它们完全取消了某些项目的采购职能。供应商将他们的销售人员派驻在企业，销售人员在发料之前根据企业的需要定制和管理进料（包括局部库存）。

除了成本降低外，高效供应商关系的其他目标与供货和服务的及时性及质量有关。许多企业将供应商的成本、时间和质量指标汇总成一个全面的供应商平衡计分卡指标。例如，Visteon建立了一个网站，供应商能够从网上持续地看到他们交付和质量业绩方面的排名。

近年来，许多组织已经外包了它们的非核心职能，如信息技术、电信、财务交易处理、工厂维护以及成熟产品和服务的生产。这些外包使企业将它们的资源和管理时间集中在提供差异化、独特性和有竞争优势的流程上。当广泛的外包成为组织战略的一部分时，提高外包服务的业绩（成本、质量和反应时间）代表了运营管理的一个重要战略目标。

一些企业依赖它们的供应商进行产品革新和设计，节省的内部技术资源可用于高级产品开发和系统集成。另一些企业将自身和它们供应商的产品和服务集成起来，增强了提供给客户的价值主张。例如，金融服务公司与它们的供应商结成伙伴，使用单一的渠道为客户提供广泛的金融产品。在这些情况下，供应商关系管理将包括供应商革新或直接向公司客户提供增值服务的目标。

一旦供应商关系被建立起来，公司将尽力降低从供应商那里获得材料和服务所需要的成本，并减少时间和误差。高效采购的动因包括采购交易电子处理的百分比和分权基础下完成交易的百分比，也就是说，在特定上限内使用信用额度而不是集中批复采购订单。为了清晰地衡量采购流程的运营成本，公司能够使用的指标有单位采购订单的（作业）成本和采购总价中采购成本的百分比。采购所需时间可以通过从下订单到项目交付和可供使用的时间来衡量。当然，对于那些将运营与供应商衔接的组织来讲，当供应商在电子化情形下追踪到企业对产品的需求后，无须明确的订单便可发送产品，从而使产品能够得到持续的补充。采购流程质量的衡量指标是以正确的数量和项目组合在正确的时间到达的订单的百分比。

总的来说，供应商关系管理的目标和指标的例子如下所示：

目标	指标
降低获得成本	·获得材料和服务的作业成本（包括订货、接收、检查、储存和处理缺陷的成本） ·采购成本占采购总价的百分比 ·电子化采购（Internet或EDI）的百分比 ·供应商排名：质量、交付、成本
获得适时交付的供应能力	·从订货到收货的提前期 ·交货及时率 ·订单迟到率 ·供应商直接将订货送到生产流程的百分比
开发高质量供应商的能力	·到达订货中每百万件的次品数或次品率 ·送货免检的供应商百分比 ·接收优质订货的百分比
运用来自供应商的新理念	·来自供应商的创新数量
实现供应商伙伴关系	·直接向客户提供服务的供应商数量
外包成熟、非核心产品和服务	·外包关系数量 ·外包伙伴的标杆业绩

生产产品和服务

运营管理主题的核心是为客户生产产品和服务的高效率、高质量和快速反应的运营管理流程。改善流程成本、质量和周转期的著作可谓浩如烟海。[3] 比如，业务流程再设计、持续改进、作业管理、全面质量管理和时间基础管理等行动方案，在过去25年已被广泛运用于帮助员工改善流程业绩的计划中，这方面的案例不胜枚举。在本章的后面部分，我们将讨论作业管理和全面质量管理的相关性。

旨在使产品和服务生产更为有效的目标和指标的例子如下所示：

目标	指标
降低生产产品和服务的成本	· 关键运营流程的作业成本 · 单位产出成本（生产相似产品的组织） · 营销、销售、分销和管理费用占总成本的百分比
持续改进流程	· 持续改进流程的数量 · 减少无效或不增值流程的数量 · 每百万件产品的缺陷率 · 合格率 · 报废率和废品率 · 检查和测试的成本 · 质量总成本（预防、评估、内部失败、外部失败）
改进流程反应程度	· 周转期（从生产开始到产品完工） · 加工时间（产品实际被加工的时间）[4] · 加工效率（加工时间占周转期的比率）
提高固定资产利用率[5]	· 生产能力利用百分比 · 设备可靠性（可用于生产的时间的比率） · 故障次数或百分比 · 灵活性（生产和交付产品与服务的流程的范围）
提高营运资本效率	· 日存货、存货周转率 · 日应收账款 · 库存比率 · 现金周转期（应收账款周转期加上存货周转期减去应付账款周转期）

向客户分销和提供产品与服务

运营管理主题的第三个流程是向客户分销和提供产品与服务。这个目标确实是降低与供应商合作总成本的后续版本。

与前面两部分相似，典型的分销流程目标包括企业的成本、质量和时间业绩，具体如下所示：

目标	指标
降低服务成本	· 向客户交付和储存的作业成本 · 通过低服务成本渠道到达的客户比率；例如，将客户从人工和电话交易方式转向电子交易方式
快速反应向客户交货	· 从订货到交付的提前期 · 从产品/服务完成到可供客户使用的时间 · 准时交付率
提高质量	· 无缺陷交付项目的百分比 · 客户投诉的数量和频率

风险管理

我们已经遇到了与风险管理相关的重要目标，尤其是在金融服务公司，例如由贷款经营、利率变动和外汇波动引起的风险管理目标。

例如，瑞士再保险公司（Swiss Re）的战略地图（见图3-3）包括两个与风险管理相关的客户目标：

- 为风险和资本管理而建立长期伙伴关系。
- 正确的风险和资本解决方案。

内部层面的几个风险管理目标：

- 在风险情报工作中提高领导能力。
- 遵守风险管理流程。
- 管理我们的风险手册。

当然，作为一家为客户提供风险管理和多样化服务的公司，瑞士再保险公司的战略地图中有多个风险管理目标并不令人吃惊。

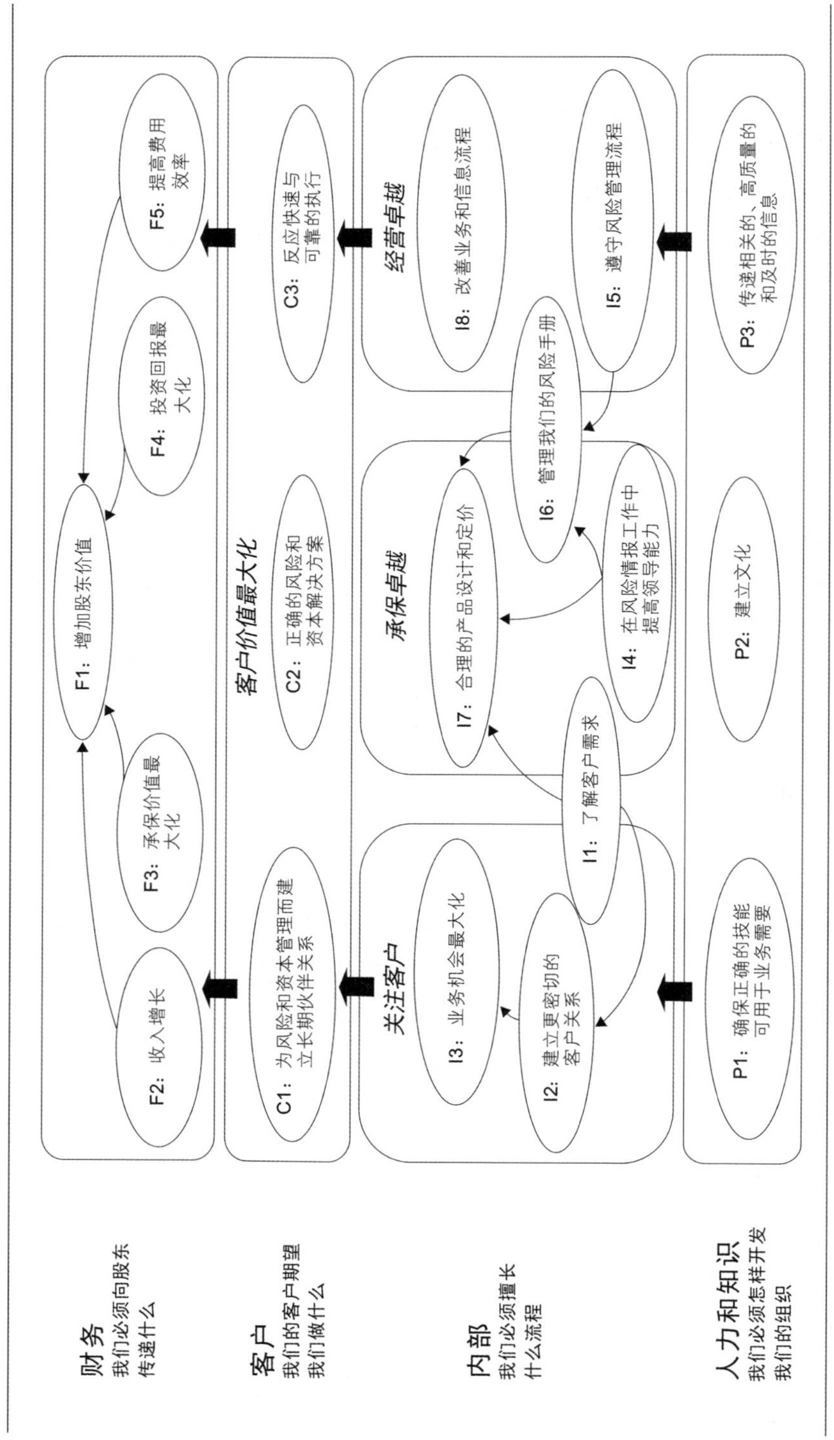

图 3-3 瑞士再保险公司的战略地图

风险管理远不止避免收入和现金流量的波动。一家公司的投资者通常持有多样化的投资组合，能够使来自单个公司业绩成果出现非系统差异时对他们的总体回报产生的影响最小化。莉萨·缪尔布罗克描述了五种公司级风险管理方法，通过它们，公司可以为股东创造价值，而投资者则无法亲自使用这些方法取得成功：[6]

（1）减少与财务困境（如破产）相关的成本。

（2）减少重要的非多元化投资者和利益相关者面临的风险。

（3）降低税负。

（4）减少监督成本。

（5）有充足的现金流。

1. 减少与财务困境相关的成本

不履行债务契约或完成破产程序使股东负担了巨大的成本。财务困境至少会引起重要的客户和供应商限制它们与公司的业务，或者改变这些业务所遵循的条款。

为减小这些高成本重新谈判的可能性而进行的风险管理流程能够增加价值。一些公司在经济低迷期间持有大量现金余额来减小财务困境的可能性。对于这种有点极端的风险管理形式，微软的创始人、主席比尔·盖茨是这样解释的：

> 我想在银行有足够的钱来支付一年的薪水，即使我们不会有任何未来的支出……现在，我们有大约100亿美元，足够来年的开销了。[7]

2. 减少重要的非多元化投资者和利益相关者面临的风险

许多管理者和员工从他们工作的公司获得的财富与他们的财务资本和人力资本是不相称的。如果他们与公司的雇佣关系中止，那么由股权计划、员工退休计划和公司特殊技能引起的财富集中将大大贬值。有效的风险管理政策能减少这些非多能化员工面临的风险并且可能降低补偿总额，否则企业将不得不补偿员工承受的高福利风险。

3. 降低税负

交纳累进所得税的企业有动力来使收入平稳，以最大可能地利用较低收入水平所适用的较低税率。也就是说，因为税制对亏损弥补的限制，能够将收入从盈利期转到亏损期的企业能够在一个经济周期内降低税负支出总额。最后，如果风险管理降低了企业的总风险，那么企业能够增强它的负债能力并更多地利用税前扣除利息支出的好处。

4. 减少监督成本

企业，尤其是金融服务公司，可能会有投资者难以评估的风险。某种程度上，外部投资者和债权人难以量化企业的风险，他们将要求更高的回报以补偿他们较高的监督成本或者他们认为由他们吸收的外部风险。因此，一家企业能够通过实施成熟的风险管理技术来降低自己的资本成本，这些风险管理技术可以降低企业现金流量和盈利的不可预见性风险。

5. 有充足的现金流

有些投资项目净现值为正，但是企业因资金匮乏而无法投资，企业将回避这些风险。例如，一些风险管理学者得出如下结论：

> 一个风险管理计划应该……确保一家企业有可用现金用于增值投资项目……一个合适的风险管理战略能确保企业在需要现金进行投资时拥有现金，但是它也无法找到使企业完全隔离各种风险的办法。[8]

为了实现前述增值风险管理目标，一个企业能够通过三种方法来管理风险：改变它的经营方式，调整它的资本结构，以及有目的地使用衍生金融工具。微软就是这方面的典范，它运用的经营政策是：雇用大量临时工，当业务减少时可以解雇他们。它运用的资本结构政策是：持有大量现金以降低风险。迪士尼在加利福尼亚的阿纳海姆和佛罗里达的奥兰多地区建立了重要的主题公园，那些地区的气候通常是宜人的并且是可预测的。这将降低气候条件给主题公园收入带来的波动性。此外，企业的产品或服务因在技术上过时或竞争者和员工的不当行为而产生品牌和声誉的损害时，企业应采取必要的运营行动以降低这方面的风险。

选择合适的负债水平能明显地影响风险。某些企业具有较高的负债水平，并且它们的重要财务指标——利息保障倍数（息税折旧和摊销前利润与利息费用的比率）较低。这些企业更可能遭遇财务困境，并且当它们遇到业务衰退时无法筹集资金投资于净现值为正的项目。

反之，高负债公司也能获得好处，当它们盈利时，可以获得利息抵减税收的好处以及杠杆作用，即用其他人（债权人）的钱为股东赚取更多的回报。所以，降低负债水平来避免全部风险也不是最优方案。

最后，通过购买保险和特定金融工具，如期货、掉期和期权，企业能够对冲商品价格、汇率、利率、通货膨胀和股价等方面波动的风险。

总之，所有企业都应该考虑风险管理的目标。代表性的目标和指标如下所示：

目标	指标[9]
管理财务风险/保持高信用质量	· 劣质负债比率 · 坏账比率 · 来自利率、外汇或商品价格波动的风险或损失 · 过时或变质存货 · 负债权益比率 · 利息保障倍数 · 每月薪水的现金支出
管理运营风险	· 积压订单 · 现有和积压订单所需生产能力的比率
管理技术风险	· 与竞争对手相比，产品或工艺的技术排名

连接客户层面目标

运营管理的效果和效率是组织向它们的客户提供有吸引力的价值主张的重要因素（见图3–2）：

（1）竞争性价格和较低的供应总成本。

（2）质量上乘。

（3）购买快速、及时。

（4）良好的选择。

竞争性价格和较低的供应总成本

高效的运营使企业能赚取更多的收入，足以弥补成本并获得投资回报，同时能为客户提供有吸引力的价格。努力成为低成本生产者和供应商的企业都有一个目标，那就是在行业内价格最低并能盈利。正如我们前面对供应商关系管理流程的讨论，通过变成客户最低成本的供应商，卓越的供应商可以实现比竞争对手稍高的价格。这样的企业通过减少以前由客户执行的作业而降低了客户的内部成本。所以一个更好的价格指标是客户获取产品或服务负担的总成本。当然，客户必须有一个可靠的作业成本系统，能够归集并认识到来自这样一个低成本供应商的成本节约。

某些企业的客户是分销商、批发商或零售商，它们在再销售时并不改变企业产品的基本形式。这些企业甚至有一个更有吸引力的客户价值主张。它们可能向客户证明它们是客户最盈利的供应商。此外，客户将需要一套良好的作业成本系统来执行这么细微的衡量。如果可行的话，该系统将证明你的企业的产品比任何其他供应商的产品都能为客户带来更多的利润。这样，你几乎不可能找到一个比你的企业的价值主张更有吸引力的价值主张。

质量上乘

企业的运营应努力使它的客户体验到产品或服务的零缺陷。这个目标是简单明了的。理想的客户体验是产品满足客户的特定要求并适合于客户迅速使用。

购买快速、及时

客户看重快速、可靠的产品或服务交付。可靠的交付意味着在客户期望的交付时间范围内准时交付。很不幸，我们中的绝大多数用户都十分熟悉像电话或电报公司这样的垄断者的服务质量。客户被告知服务人员将在某天到达，或者稍好点的答复是在四个小时内（也就是说，从上午八点到中午十二点，或者从下午一点到五点）。对于全职工作者或工作繁忙者来讲，被迫在家里待几个小时到一天等服务人员上门并不是一次高质量的体验。现在许多制造商或零售商期望供应商的适时交付是在一小时内，而不是一天或者四小时的时间段。

准时交付，就其本身来说，并不足以成为及时性的指示器。通过报出较长的产品或服务交付提前期，企业常常能够改善它们的准时交付业绩。较长的提前期为生产产品或服务提供了一个令人舒服的“缓冲器”。但是绝大多数客户愿意提前而不是推迟收到产品或服务。所以除了准时交付以外，指标还包括企业报出的提前期，以及客户要求的提前期和企业报出并承诺的提前期之间的差异。

从客户角度来看，企业必须衡量客户经历的提前期，而不是企业生产产品或提供服务花费了多长时间。杰克·韦尔奇描述了GE发动机维修业务部以前是如何通过修理客户发动机所花费的时间来衡量业绩的。该业务部因将这段时间从两天减少到一天而感到自豪。韦尔奇对该项业务表示质疑，他询问了发动机无法为客户服务的时间，也就是“机翼到机翼”时间，即发动机从飞机上拆下来到修理后再安装上所花费的时间。这段时间大约是30天。从客户角度看问题使发动机维修业务部拓宽了视野，跳出了自己的一亩三分地，加入改善外部伙伴流程的活动中，从而使整个流程更加迅速、更加积极地响应终端客户。

良好的选择

客户价值主张的第四个维度与提供给客户的产品、商品和服务范围有关。一些企业希望像超市一样，为客户提供全面的产品和服务。其他企业，尤其是那些希望为客户提供业内最低价格的企业，认识到它们不可能每种可能的产品或服务都按完美的方式来执行。这些企业运用帕累托定理的经验规则，即20%的商品种类将可能满足80%的顾客需求。

沃尔玛和开市客（Costco）等卓越的零售商是这方面的典范，与全线或价格昂贵的零售商相比，它们提供的选择更少。但是沃尔玛和开市客知道绝大多数客户喜爱的顶级产品和品牌，从“低价零售商加品牌”这样的产品线补充存货，从而满足绝大多数客户对质量稳定、价格低廉商品的期望。同样，西南航空公司实践低成本战略的方法是避开拥挤、昂贵的机场，如波士顿的Logan机场、纽约的La Guardia机场和华盛顿特区的Reagan National机场。它为客户提供附近的机场作为替代，为新英格兰的客户提供罗得岛的Providence机场和新汉普的曼彻斯特机场；为华盛顿特区的客户提供巴尔的摩机场；为纽约的客户提供长岛的Islip机场。对许多客户来说，这些机场少了便利，但是却使西南航空保持低成本，从而仍能以较低的价格吸引来自人口稠密市区的旅行者。西南航空也避免了拥挤的市内机场典型的延误问题，使它能为客户提供更加可靠的离港和到达时间。

为了实现卓越运营管理流程提供的价值主张，客户目标和指标如下所示：

目标	指标
降低客户成本；增加客户利润	· 相对于竞争对手的价格 · 客户的获得成本 · 本公司产品和服务的客户盈利性
向客户交付零缺陷的产品和服务	· 每百万件产品的缺陷率或客户体验到的缺陷率的百分比 · 客户抱怨的数量和百分比 · 质保事件和现场维修服务的数量
准时交付产品	· 准时交付率 · 客户提前期（从订货到交付） · 完美订单（在正确的时间将无缺陷的产品和服务交付到正确的地点）百分比
提供良好的选择	· 衡量客户需求满足程度的产品或服务提供状况指数 · 缺货率

财务

卓越的运营管理与财务层面的生产率主题有直接联系，与财务层面的收入增长主题也有间接关系（见图3–2）。获得成本以及运营和分销成本的降低将直接促使企业总体成本结构的改善。销售类似产品的企业努力实现本行业中的最低单位成本。这些企业的特点就是将它们的单位成本与竞争对手比较。

当企业通过良好的生产能力规划、维修业务和流程改善（用相同的实物资产来生产更多的产品）来改进它们的资产利用率时，它们在资产效率、单位固定资产能力、生产数量方面受益匪浅。生产计划、改进的存货管理方式，加之优化的供应链和分销渠道，使企业能够改善它们的存货周转与营运资产比率。

当企业改善了它们的价格、质量和向客户交付产品的业绩时，运营流程改善与财务业绩的间接关系也就表现出来了。这些改进将会因为满意客户的增加以及在价格敏感和价值偏好的细分市场上从竞争对手那里争取客户机会的增加，从而增加企业的收入。被卓越的运营影响的直接和间接的财务目标和指标可以概括如下：

目标	指标
成为行业中的成本控制领先者	·单位成本，将竞争对手作为标杆 ·单位产出成本的年降低率 ·成本预算差异百分比 ·单位产出或每个场所的一般、销售和管理费用
现有资产利用最大化	·销售/资产 ·存货周转率 ·投资效率（新项目的净现值与投资总额之比） ·可利用生产能力的生产和开发渠道 ·准时开票的百分比
增加现有客户的账户份额	·现有客户业务增长率
增加新客户的收入	·来自新客户的收入金额

学习与成长

从内部流程和学习与成长目标的联系来看，我们能确定培育卓越运营管理的能力、技术和组织氛围。

人力资本

流程改善中的员工能力是改善运营的基础。尤为重要的是全面质量管理和六西格玛管理中的员工能力。

这方面的目标包括：达到全面质量管理不同能力水平员工的比率增长，包括达到六西格玛“绿带”和“黑带”地位的员工的比率。

信息资本

在改进运营业绩方面，技术发挥了重要作用。许多重复性、劳动密集型的流程能够被自动化，从而提供更低的成本、更稳定的质量以及更短的加工时间，这是自动化的传统作用。但是技术在持续流程改善中也发挥了作用。员工需要迅速的反馈，包括他们生产的产品和服务以及他们控制的流程的详细而准确的衡量指标体系。

快速而可理解的产品和流程信息显示，为更为广泛的数据分析、基本原因分析和大量其他质量工具提供了基础，这些分析将导致成本、质量和加工时间的持续改进。[10]

为客户提供追踪他们订单情况的功能改进了客户对企业的体验质量。联邦快递（FedEx）和UPS使用技术持续跟踪邮包从离开承运人之手直至客户收到并签字过程中的位置，客户也能够从这些企业的网站上跟踪到邮包的处理过程。对前台员工来讲，流程、产品、服务和客户的信息可用性指标对于组织希望持续改善的成本、质量、提前期和客户服务是至关重要的。

技术也降低了企业与供应商合作的成本以及客户与企业打交道的成本。供应链管理软件对运营管理目标中的降低供应商关系成本和客户目标中的降低客户获得产品或服务的成本做出了贡献。

组织资本

1. 团队工作和学习

组织不应该依赖每个运营部门各想各的办法来改善流程成本、质量、时间和服务。组织的许多部门通常每天都处理相似的问题。

因此，学习与成长的关键目标就是找到组织内部发生的创新和最佳实践（甚至组织外部的），并将最佳实践迅速地传播给每个部门。知识管理系统应该是将这些最佳实践在组织内部分享的关键促成因子。张贴或共享新思路的数量以及其他部门采纳新思路的数量等指标将证明这样一个学习文化和组织知识管理系统能力的成功。[11]

2.文化

员工必须强烈地关注持续流程改善和稳定地向客户提供服务。定期的调查应该衡量员工是否理解运营管理流程的重要性以及他们的日常行动如何为使流程更好、更快、更迅速和更节省做出贡献。文化必须鼓励产生流程改善的新思路和解决方案，并将这些思路与组织中的其他工作组分享。

最后，文化必须克服大多数组织中存在的典型的“此处不创造”综合征。员工必须满腔热情地寻找新的流程改善、客户服务理念，无论这些理念产生于组织内部还是外部的任何地方。

驱动运营管理改进的学习与成长层面的目标、指标可概括如下：

目标	指标
开发质量管理和流程改善技能	·参加质量管理技术培训的员工百分比 ·具有六西格玛“黑带”水平资格的员工比率或数量 ·参加作业管理、适时制造和约束理论培训或具有这方面知识的员工比率
推动流程改善和客户满意的技术	·从运营中获得及时反馈的员工比率 ·能够对订单情形进行电子化跟踪的客户比率
持续改善文化	·员工关于持续改善和知识共享的文化调查 ·提出流程改善新思路的数量 ·采纳员工流程改善建议的比率 ·跨多个部门共享质量和流程改善思路的数量 ·来自员工建议和行动（成本节约、缺陷减少、产量提高、处理时间减少）的业绩改善

整合行动方案　驱动运营卓越

现在，我们已经描述了如何制定四个运营管理流程的目标和指标，以及它们向上与客户和财务目标的联系，向下与学习与成长目标的联系。作业管理和全面质量管理是帮助员工在运营流程做出基本改善的两个重要行动方案。

作业管理

作业成本法（Activity-Based Costing，ABC）提供了一个分析模型，描绘了个别产品和客户如何使用间接和支持资源提供不同数量的服务。在作业成本法模型的第一个阶段（见图3-4），资源动因将提供资源的费用（在企业的总分类账中计量）与实施的作业和流程联系起来。将资源费用分配到作业和流程成本中阐明了作业成本法和平衡计分卡之间的密切联系。通常，成本、质量和时间界定了任何流程的业绩。质量和时间相对容易衡量，因为它们建立在实物衡量指标体系基础之上。然而，成本是一个分析结构，不是能被秒表或激光测量仪衡量的有形物品。只有作业成本法模型能够将组织的

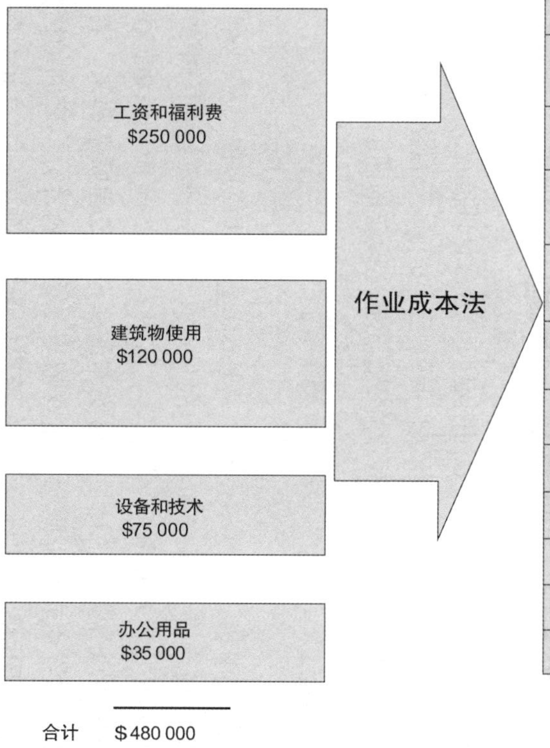

作业	工资和福利费	建筑物使用	设备和技术	办公用品	合计
处理客户订单					
采购材料					
生产计划					
搬运材料					
安装机器					
检查项目					
维修产品信息					
实施工艺变化					
发送订单					
引进新产品					
解决质量问题					

合计 $480 000

图 3-4 作业成本法：从费用分类到作业

费用准确地追踪到采购、制造、分销或交付流程。所以，一个构造合适的作业成本法模型是衡量平衡计分卡内部层面成本的核心。

但是，知道一个流程的成本只是第一步。然后，管理者和员工必须采取行动改善流程业绩。作业管理（Activity-Based Management，ABM）包括提高效率、降低成本和提高资产利用率的行动。作业管理力争增长能力或降低花费，所以企业生产产品和提供服务所需要的实物、人力和营运资本等资源也将更少。来自作业管理的财务效益可以被下列指标衡量：成本降低、收入提高（通过更好的资源利用）和成本避免（因为现有资源能力的扩展消除了对额外财力和人力资源的需求）。

作业管理通过五个步骤产生运营改善：

（1）开发业务案例。

（2）确定优先顺序。

（3）提供成本合理性理由。

（4）追踪收益。

（5）衡量正在进行的改善的业绩。

1. 开发业务案例

对于眼前许多降低成本和改进作业与流程效率的机会，管理者常常不了解。几十年来，工业工程师一直关注现有业务部门内的一线生产和服务运营的改善。但是直到现在，他们仍没有研究和尝试对支持性作业和流程进行改善，也没有改善跨职能作业和业务流程。当支持性作业和流程的花费与一线运营相关性较小时，或运营和业务流程比较简单时，这样的着眼点无疑是正确的。然而，在当今的组织中，日益增长的组织费用比例与间接的和支持性的作业相关，而且同一个作业或业务流程受到许多部门业务和职能部门采取的行动影响。直到近来，这些行动和流程仍不隶属于流程改善作业。

收集已执行作业的作业成本法流程成本信息向管理者揭示了现有花费有多少发生在无效作业、缺陷检查和纠正作业上。对于那些对全面质量管理和六西格玛项目等流程改善的潜在收益仍持怀疑态度的管理者来讲，这些信息能向他们提供实施改革行动方案的动力。作业数据显示，尽管全面质量管理和六西格玛可能是实施和维持费用昂贵的项目，但是组织已经在为每天运营中的无效和劣质支付高价。我们在此借用亨利·福特的一句格言，“如果你需要质量流程改善而没有部署它们，那么你将为没有获得它们而付出代价”。

作业成本法流程成本信息也为内部和外部标杆比较提供了基础。跨车间和企业的标准作业词典和数据收集流程的运用能够使相同作业在多个组织部门之间得到比较。如果本部门的作业成本超出了其他部门的作业成本，那么这种认识将为本部门应关注哪些流程改善增加能见度。

总之，通过成本改进的作业费用分类，作业分析的第一个收益产生了。通过设计全新的流程或改善现有流程的质量和业绩，改善得以实现。作业分类使管理者看到当前他们在无效和劣质流程中耗费了多少运营费用。使用这种方法，作业成本法信息为实施持续和非持续改善计划提供了前端洞察力和激励。

2. 确定优先顺序

许多组织已经对流程改善计划有了追求，因此它们不需要关于当前的无效和劣质作业的额外数据（在作业管理项目的第一步中获得）来致力持续改善流程计划。但是，没有来自作业分析的信息，管理者可能不会从具有最高潜在支付的作业和业务流程方面关注他们的改善计划。举例来说，许多组织已经“授权”它们的员工和工作小组对它们的流程实施持续改善或再造。这些得到授权的员工和工作小组可能完成了对局部流程的显著改善，但是对整个组织的花费没有产生明显的影响。对一项只花费少于组织费用0.01%的作业做出50%甚至 100%（永远消除对该作业的需要）的流程改善对组织盈亏的影响将微不足道。

组织最紧缺的资源是时间。与其将员工的改善行动分散于孤立而影响甚微的流程中，管理者倒不如将员工的努力引导到有最大机会减少实际成本的作业和流程改善中。作业成本法模型能够找到成本减少的最大机会存在于哪里。然后，管理者利用这个信息来确定流程改善计划的优先顺序，如果这些计划成功，它们将向组织传递大量的、可量化的财务效益。对这些改善作业来讲，作业成本法信息不是正在进行的操作性工具。因为员工需要关于质量、产量和周转期改进的直接反馈。作业成本法模型为决定在哪里实施流程改善行动方案提供了先导。

3. 提供成本合理性理由

在全面质量管理运动的早期，管理者被告知“质量免费”。[12]尽管最初怀疑在不增加成本的情况下可以生产具有较少缺陷的产品，但是实施全面质量管理计划的日本公司和美国公司不久就使管理者相信他们以前一直在一种高度无效的生产状态下运营。实施全面质量管理的前几年使大量“长得较低的果子”被摘下来了。通过使员工关注流程改善、稳健性产品设计、正在进行的问题解决和预防活动，全面质量管理的前期费用随着评估、修理、返工和报废成本的降低而迅速大量收回。

虽然早期赢得了“摘取长得较低的果子”的胜利，然而随后的进一步改善不可能总是免费到来。也就是说，为了摘取更高处的果子，某些人可能必须买梯子。全面质量管理计划对质量所做的初始定义是“符合特定条件”。按照产品或服务建立的特定条件，管理者努力生产每个项目并交付每项服务。一旦运营和交付流程被固定下来从而使企业能按照特定条件生产可靠的产品，那么质量标杆便升高了。质量的定义从符合特定条件向满足客户期望转变。如果目标客户对产品和服务交付业绩的期望超出了以前建立的特定条件，那么特定条件将不得不被提高。即使最热心的全面质量管理倡议者也将不会认为更高水平的业绩（与坚持符合性相比）能够以零成本来实现。

同时，再造也不能在没有实质性前期投资的情况下取得成本和业绩的突破性改善。再造计划是不便宜的。可以理解，许多组织单凭信仰是不会心甘情愿地实施如此重要而昂贵的方案的。通常，它们想看到一个有益的案例来证明对成功再造所需的时间、精力和财力的高度承诺是合理的。

作业管理流程可以概括如下：首先，管理者使用了起初的作业分析来找到无效运营中的大量花费。他们和员工提出能对全面质量管理、流程改善或再造产生重要影响的项目。其次，基于成本节约的可能性，管理者确定哪个项目应首先进行的顺序。管理者和员工限制了新项目的时间。他们将选择能产生最大影响并能在最短时间内实施的项目。最后，即使是最令人期望的项目也常常挂着沉重的前期价格标签而来，现在管理者能够看到来自流程改善项目的已证明成本节约的快速反馈。

作业管理的前三个方面（发现流程改善机会、确定这些机会的优先顺序以及为实现这些收益而投入资源）能被迅速地进行。这些步骤提供了相对容易的、近期的、可见的成果，同时没有牵涉生产或运营组织外部（如营销、销售或工程）的人力。

4. 追踪收益

假设基于前述的初始作业成本信息采取作业管理行动（全面质量管理、流程再设计或再造）。然而，许多组织不会完全认识到这些行动的收益。它们改善或改变流程，使同样的产出以更少的组织资源来实现，但是它们不会重新部署或减少不再需要的资源。所以，组织的费用依然如旧，保持不变。

作业成本法模型提供分配给每项作业的资源因素信息，如总分类账费用编码、资产和全职等效员工。通过定期更新基本作业成本法模型，组织能够重新估计为执行作业和业务流程而部署的资源（费用、资产和全职等效员工）。这种方法可以检验在减少资源能力方面（更少的资产、更少的人力和作业所需的更少花费）运营改善是否正产生实际收益。定期的作业成本法模型提供有形的、已证明的反馈信息，这些信息反馈表明了以前运营改善的收益是否被实现，并释放了预期收益何时必须被实现的信号。

5. 衡量正在进行的改善的业绩

操作性作业管理的最后一个方面将正在进行的改善与持续改善联系起来。管理者能够界定有助于解释执行作业所需的资源数量和成本。例如，作为流程动因，像通过机器加工材料这样的作业可能受接收材料质量的影响。如果接收材料不符合特定条件，或仅符合内部条件，那么将它们加工成产成品需要更多的时间或可能返工。流程动因是员工能够每天追踪和改善的局部业绩指示器。在部门的平衡计分卡上，它们不是战略指标；它们是衡量、激励和评价日常改善作业的操作性指标。

作业管理能够使管理者从简单的作业成本会计系统中获得高度可视的成功。转型、再造和持续流程改善的机会被迅速发现并得以量化。对每项作业或流程成本的认识指引着员工和管理者的注意力并帮助他们制定改革最无效和最小增值作业的优先顺序。通过揭示继续无效运营的每期花费，作业成本法模型也为实施行动方案提供了有益的案例。通过更有效和反应迅速的流程，大量前期成本被迅速收回，许多改善项目产生了自我投资的效果。后来的作业成本法模型能够追踪转型流程预期的收益是否已被实现。此外，流程动因能够被界定，以指引员工关注正在进行的、持续的转型或再造流程的改善。

全面质量管理

许多组织已有功能完善的质量改善计划。战略地图为这些质量计划提供了高水平的战略性联系。战略地图关注质量计划并通过将它们与组织的战略目标协调一致使其更有效率。让我们来探究战略实施和质量改善计划之间相得益彰的关系。

1. 战略地图中的质量衡量指标体系

显而易见，运营管理流程中的流程质量指标是重要的。质量指标（如百万分率的缺陷率、合格率、检查次数）被用于几个运营管理目标，如采购、管理供应商关系、生产产品和服务以及向客户分销。质量指标在卓越运营流程向客户传递价值主张时也发挥了显著作用。客户检查的缺陷、质保和现场服务事故以及准时交付都从客户视角反映了质量。所以一个功能完善的质量衡量指标体系计划在绝大多数组织的战略地图中为内部和客户目标提供了重要的衡量指标。

2. 战略地图强化质量计划

我们找到了四种不同的方法，它们使战略地图能为早已踏上全面质量管理和六西格玛征程的企业提供重要价值。

（1）通过战略地图和层层分解的目标，平衡计分卡提供清晰的因果联系。

通常，质量计划的成果是模糊的且很少被检验。为了建立平衡计分卡战略地图，组织的战略必须是清晰的。建立战略地图及其相关的目标、指标、目标值和行动方案的过程使高级管理层投入到一个紧张的流程，这个流程使战略明晰，创造了对战略的共识和承诺。当各个时期和各个相关部门数据积累起来时，战略所依据的假设变得清晰和可检验。

然而，某些组织无法将它们的质量计划与清晰的客户和财务目标联系起来。对于质量计分卡失败的案例，我们来考虑一下模拟设备公司，它的质量计分卡是20世纪80年代后期该公司引入战略计分卡和战略地图的原始前身。[13]在该公司的质量计分卡中，准时交付、提前期和客户测量的缺陷等客户指标都与质量有关，但与差异化价值主张无关。该公司的计分卡也不包括客户成果指标，如获得率、保持率、客户份额和市场份额。内部流程指标仅集中在制造指标，没有与客户管理和创新流程相关的指标。模拟设备公司的质量计分卡无法将质量改善与客户价值主张或任何客户成果联系起来，在该公司使用计分卡的前三年，这种情况可能是造成股东价值损失67%的因素。使用质量计分卡为模拟设备公司带来了令人沮丧的初始结果，这与使用构造合适的战略计分卡的公司取得的业绩突破形成了强烈的对比。[14]

质量模型可能是局部的、战术的和缺乏联系的。相反，战略地图抓住了战略目标，然后只是确定支持战略目标所需的行动方案和流程改善。正如一位经理所指出的：

平衡计分卡提供了统一性并聚集了我们的全面质量管理努力，同时也关注我们的年度和长期计划。我们有许多小组正在做许多事情，但是努力是特定的。平衡计分卡将这些努力聚集为一个统一的系统方法。现在，当我们向各部门分配责任时，可以在一个框架内进行。

（2）平衡计分卡为突破性业绩建立目标值并不只是与现有最佳实践相匹配。

许多质量计划通过与最佳实践标杆比较来评价它们的内部流程业绩，作为结果，它们关注持续改善。相反，平衡计分卡的目标设定始于对财务和客户成果指标的根本性业绩突破的渴望。实施平衡计分卡的公司希望成为其他公司的标杆。近期业绩不是由个别流程标杆来确定，而是取决于公司为保持长期业绩突破在短期内必须实现的目标。突破性财务和客户成果业绩的目标值被分解为客户满意度、客户保持率、内部流程业绩、人力资源、信息技术能力和组织协调程度等挑战性目标值。这样所有平衡计分卡指标的目标值被联系在一起来驱动高层目标的业绩突破。可以确信的是，质量计划的标杆比较原理对平衡计分卡计划是有益的，它至少帮助组织将它的未达标流程提升到竞争性水平。

（3）平衡计分卡通常确定对实现战略目标至关重要的全新流程。

质量模型力争改善现有组织流程，使它们变得更好、更快和更节约。但是，运用平衡计分卡原理，特别是在实施新战略时，常常揭示组织必须擅长的全新流程。例如，某个公司正从低成本战略转向差异化客户亲近战略。新战略的一个关键流程就是与客户密切合作以预期他们的未来需求。该公司以前从未实施过这个流程。在以前的战略下，这个流程要等到客户询问报价，然后公司答复时才会发生。金融服务公司也正经历着相似的战略转变，前台员工必须重新培训，从反应型的交易处理员转变成主动型的金融规划师。由于过去仅有一个质量衡量指标体系模型，员工可以在速度、响应和客户交易零缺陷等相关业绩方面得到高分。现在不同了，员工将不得不擅长一套全新的流程：预期和了解客户将要显示出来的金融需求，开发关于新金融产品和服务的深奥知识，开发满足个别客户需求的客户化产品和服务并进行销售。平衡计分卡的高层战略部署流程轻松地确定了这些新流程的关键点，并将注意力放在交易处理上。一旦新的战略性重要流程被确定下来，那么改善这些流程的业绩的质量计划将能被部署下去。

（4）平衡计分卡为提升流程制定战略优先顺序。

即使没有将全新流程引入组织的战略需求，企业仍然需要评价优先顺序。一些流程比另一些流程对战略成功更为重要。标杆法通过与行业最佳实践对比来评价整个组织的流程。符合最佳实践的流程被确定下来，企业对其投入资源。然而，这个分配流程的发生与战略优先顺序并不相关。相反，平衡计分卡确定哪些流程必须达到或超越当前的最佳实践水平，哪些流程对战略成功是无关轻重的。平衡计分卡为组织重新配置人力、财力等稀缺资源提供了指南，避免将这些资源投入到非战略流程改善中，而是投入到对战略实施最重要的流程和行动方案中。

3. 再造或非持续性流程改善

质量计划通常是指“持续改善”计划。然而，有时现有流程是效率低下或技术陈旧的，以致持续改善将不足以实现目标业绩。在这些案例中，组织能明智地放弃它们的传统质量管理工具并改向再造或非持续性改善计划。[15]犹如在质量计划中所做的，平衡计分卡也强化了再造计划。它将再造计划置于战略背景中与组织的高层成果联系起来，它为再造计划的产出建立了业绩目标值（常常是非财务目标值），它为那些将对组织业绩产生最大影响的再造流程确定了优先顺序。

4. 战略地图和改善计划之间联系的概括

一个合理开发的战略地图为作业管理和质量管理计划提供了战略重点。它将这些改善计划嵌入战略框架之中，战略框架提供了从流程改善到重要组织成果的清晰展示效果。我们认为，质量管理和战略地图各自都为对方增加了一个有用的维度。如果将两者结合起来使用，那么管理层将使每种方法的知识和洞察力得到极大发挥。

来自作业管理和全面质量管理计划的持续改善有助于组织降低流程成本，并使这些流程更为稳定、更加快速地响应。通过避免缺陷、低效和延迟，组织按照正确的方式做事。战略地图和平衡计分卡关注组织的内部流程改善计划，这些内部流程将对战略成功实施产生最大的影响。战略地图使组织流程集中于做正确的事。将改善计划和战略地图结合起来能使企业“按照正确的方式做正确的事情”（见图3-5）。对那些想要实现业绩突破的企业来说，各种管理工具都有它们清晰的定位。

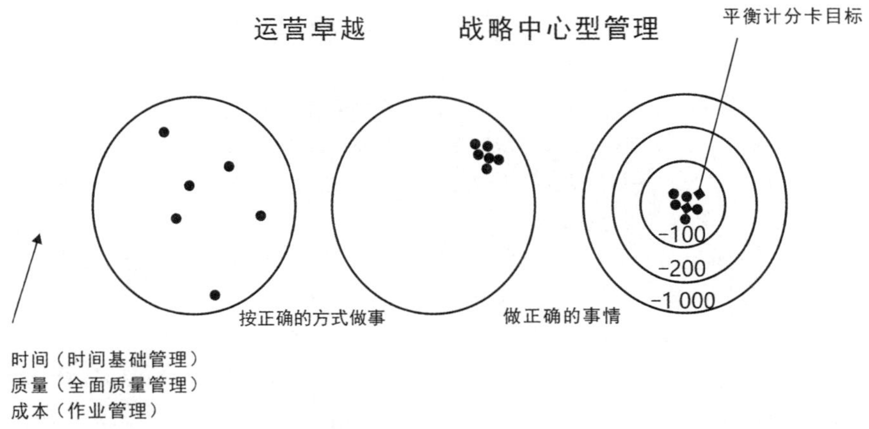

图 3-5 运营卓越的两个步骤：将运营卓越与战略中心型管理结合起来，使组织按照正确的方式做正确的事情

本章小结

在本章中，我们研究了生产并交付产品和服务的一组运营管理流程。我们确定了卓越运营流程的目标和指标：

- 建立卓越的供应商关系并降低采购商品和服务的总成本。
- 为今天的客户生产现有的产品和服务。
- 向客户分销、交付产品和服务。
- 管理运营和业务风险。

我们说明了作业管理和质量管理等重要组织改善计划对于组织改善关键运营管理流程的成本、质量和反应速度的帮助是多么重要。

在本章随后的案例研究中，我们讨论了索恩顿石油公司（Thornton Oil Corporation）的战略地图。索恩顿石油公司经营连锁加油站便利店，该公司开发了战略地图和平衡计分卡来驱动运营流程的巨大改善，以至于它相较于近来的新竞争对手，包括沃尔玛、梅耶尔（Meijer）、开市客和克罗格（Kroger），都具有更强的竞争力。

注释：

[1] Michael Porter, "What Is Strategy?" *Harvard Business Review*（November-December 1996）：61-64.

[2] Robert S. Kaplan and Robin Cooper, *Cost and Effect: Using Integrated Cost Systems to Drive Profitability and Performance*（Boston：Harvard Business School Press, 1998），203-210.

[3] 见第五章附录，"Internal Business Process Perspective," 载于Robert S. Kaplan and David P. Norton, *The Balanced Scorecard: Translating Strategy into Action*（Boston：Harvard Business School Press, 1996），116-120，这是一个关于运营流程中典型的成本、质量和周转期指标的讨论。

[4] 周转期是从生产开始到产品完成所需要的总时间。加工时间代表了加工实际需要的时间，不包括等待、搬运和调整时间。例如，抵押贷款审批的周转期可能是28天，但是实际处理时间只占28天中的40分钟。

[5] 设备利用率和可靠性目标对于瓶颈资源是最重要的。见：Eliyahu M. Goldratt and Jeff Cox, *The Goal: A Process of Ongoing Improvement*（Croton-on-Hudson, NY：North River Press, 1986）。

[6] L. Meulbroek, "A Senior Manager's Guide to Integrated Risk Management," *Journal*

of Applied Corporate Finance (Winter 2002): 56-70.
[7] B. Schlender, "The Bill & Warren Show," *Fortune*, 20 July 1998.
[8] K. Froot, D. Scharfstein, and J. Stein, "A Framework for Risk Management," *Harvard Business Review* (November-December 1994).
[9] 财务风险管理指标的目标价值不可能为零。某种程度的风险是值得的，因为规避的代价也很高。仅向信誉最卓著的客户销售产品将牺牲许多潜在的销售收入。
[10] 见：Robert S. Kaplan, "Texas Eastman Company," Case 9-190-039 (Boston: Harvard Business School, 1989)。这是一个关于高级信息技术如何驱动日常流程质量和成本改善的创新性案例。
[11] M. T. Hansen, N. Nohria, and T. Tierney, "What's Your Strategy for Managing Knowledge?" *Harvard Business Review* (March-April 1999): 106-116.
[12] Philip B. Crosby, *Quality Is Free* (New York: McGraw-Hill, 1979).
[13] Robert S. Kaplan, "Analog Devices: The Half-Life System," Case 9-190-061 (Boston: Harvard Business School, 1989).
[14] 使用平衡计分卡的成功案例可参见：Kaplan and Norton, *The Strategy-Focused Organization*的第一章。这些经验以及其他经验存档于平衡计分卡名人堂，网址为：http://www.bscol.com。
[15] Michael Hammer and James A. Champy, *Reengineering the Corporation: A Manifesto for Business Revolution* (New York: Harper Business, 1993).

案例研究

索恩顿石油公司

背景

1971年，詹姆斯·H.索恩顿（James H.Thornton）在肯塔基州建立了索恩顿石油公司。随后，他建立了一系列加油站便利店，目前该公司仍为家族所有，在19个州已有140家，销售收入超过7亿美元。排在全美500家最大私人控制企业之列。

对于这家家族连锁店，转向大企业并不总是那么顺利。1998年，由于商业交易丑闻，董事长和CEO离开了公司。同年秋天，公司任命里克·克莱斯（Rick Claes）为新总裁，之前他在索恩顿不动产和建筑分部已有12年的丰富工作经验。克莱斯知道，为了实现业务迅速增长的目标，公司必须着手解决一些大问题：关注短期盈利；缺乏清晰的战略；令人窒息的命令控制管理风格；饱受内部矛盾和互不信任折磨的欠培训的员工队伍。同样糟糕的是，在加油站便利店经营模式上，索恩顿面临着折扣零售巨人沃尔玛、克罗格和开市客的激烈竞争。随着竞争对手的迫近，新CEO清楚地认识到，索恩顿公司要维持已十分微薄的汽油利润会很艰难。显而易见，改革势在必行。

战略

公司决定通过明晰愿景来开始转型：到2005年，销售收入达到10亿美元。然后，它描绘了战略以实现愿景：扩张便利店业务力量，因为汽油销售利润微薄是众人皆知的。于是，扩张便利店业务将取决于客户亲密程度：准确地知道谁光顾了索恩顿商店，他们买了什么，这对吸引新客户产生什么影响。索恩顿制定了核心战略主题：营销卓越和发展食品特许经营权。

战略地图

在公司的战略地图上，索恩顿的新战略逻辑毫不手软地涵盖了四个层面（见图3-6）。地图强调了：

（1）客户层面：发展食品特许经营权的成功将直接带来另一个关键主题的成功——使客户生活变得更轻松。与提供低成本购物体验相关的六个目标如下：

- 物美价廉的汽油。
- 基础：商品清洁、安全、库存充足。
- 快速出入服务。
- 友好且富有知识的员工。
- 著名食品、产品和服务的目的地。
- 商店占据有利的地理位置。

除了这些最基本的目标外，索恩顿还采用了一个商品销售选择目标，这将使商店成为“著名食品、产品和服务的目的地”。简而言之，公司想让客户在他们需要一件特殊的快餐食品、饮料或其他基本商品时便会来到索恩顿商店。过去，公司已与Dunkin’ Donuts的母公司合作，让其在多数索恩顿商店内设立面包咖啡店。现在，它开始开发自己的品牌，例如，索恩顿咖啡和馅饼。这样，索恩顿就能够为客户提供差异化食品、产品和服务的合适选择。

（2）内部流程层面：索恩顿有两个提供低成本购物体验的主题。燃料供应链卓越主题有三个目标，它们与降低从获得燃料到销售给客户的成本有关。

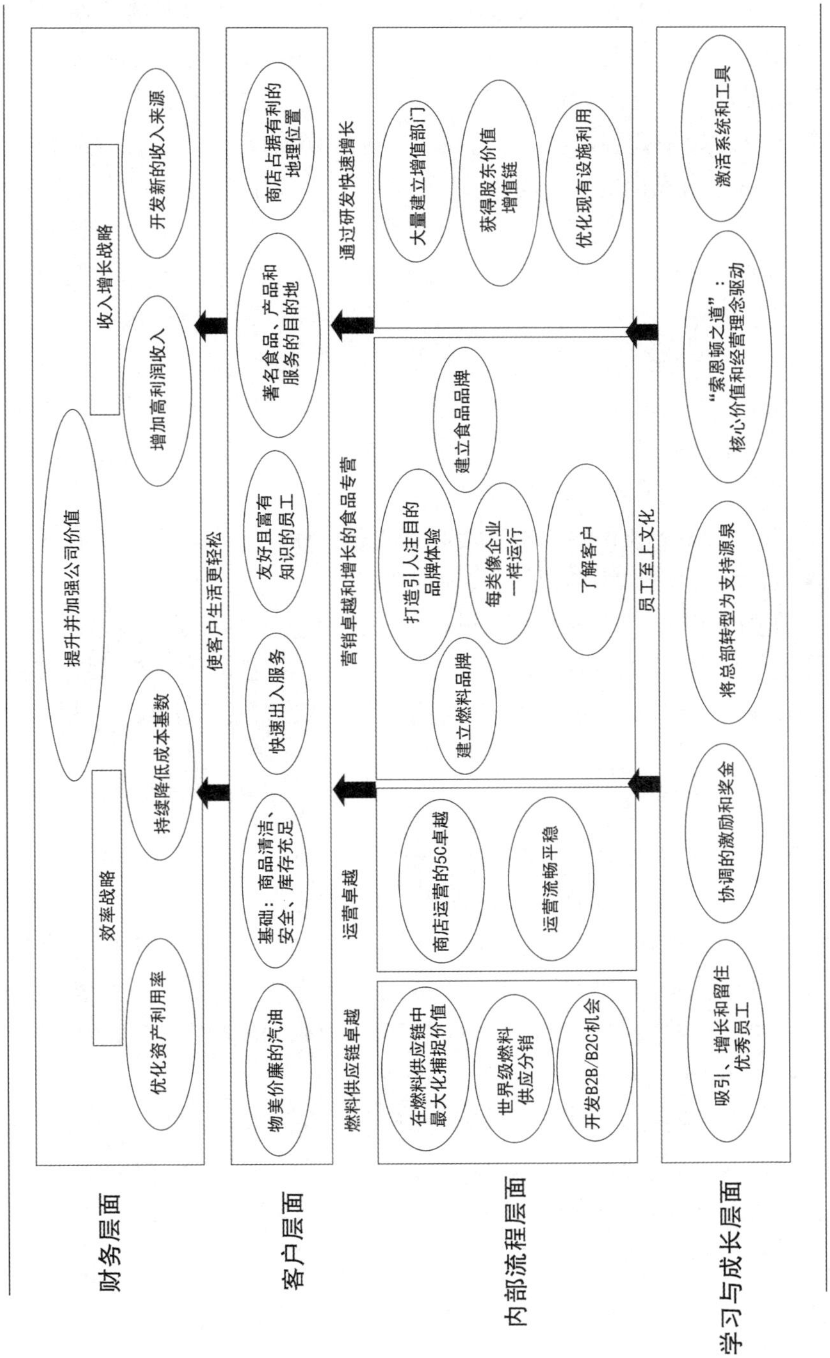

图 3-6　索恩顿石油公司：一个引人注目的工作、购物和投资场所

目标之一是“开发B2B/B2C机会”，它要求较小的加油站利用互联网采购和销售油料。运营卓越主题强调“商店运营的5C卓越”（如清洁、客户服务和导购）和改善商店运营流程。此外，通过发现那些看重索恩顿购物体验的新客户确定了发展食品特许经营权主题。内部流程包括“了解客户”，也就是说，确定细分客户，如午餐型购物者、午餐和晚餐型购物者、汽油和食品购物者，以及创造新细分市场的方法。最后，研发快速增长主题包括“优化现有设施利用”目标，例如，通过头脑风暴法改善选择，将新服务增加到每个商店。

（3）学习与成长层面：为激活实现战略的员工知识和承诺等无形资产，索恩顿确定了建立“员工至上文化”这一关键主题。相关目标包括：为了商店管理者和员工，“将公司总部从命令控制中心转型为支持源泉”。过去，总部仅仅向下属商店下发指令；现在，必须集中精力于了解并满足商店员工的需要。

为进一步支持“员工至上”主题，公司界定了“索恩顿之道”目标，确保企业由“核心价值和经营理念驱动”。最后，为了取代旧的沟通系统，索恩顿增加了“激活系统和工具”客户成果业绩的目标，鼓励新的、更有效的E-mail系统采纳，从而使员工和管理者交流成为可能。

（4）财务层面：如果所有人都按照前述层面的计划行动，索恩顿期望看到坚实的财务成本、效率和收入增长，这个层面的两个主题由四个财务目标支持：优化资产利用率、持续降低成本基数、增加高利润收入，以及开发新的收入来源。

结果

通过平衡计分卡明晰、沟通和评价战略流程，索恩顿取得了令人振奋的成果。[1]公司对客户层面的关注使得客户服务得分增加了44%。神秘客户得分增加了14%，神秘客户是公司聘请来的对清洁等商店标准进行评价并打分的人。每个月运营费用总额都低于预算或与预算持平。显而易见，索恩顿的员工也更加愉快，证据表明，员工总流失率降低48%，招聘费用下降62%。

该案例由平衡计分卡协会的帕特里西亚·布什（Patricia Bush）和平衡计分卡报告撰稿人劳伦·凯勒·约翰逊（Lauren Keller Johnson）编写。我们特别感谢里克·克莱斯和他的同事与我们分享索恩顿石油公司的经验。

注释：

[1] 作为私有公司，索恩顿石油公司的实际财务数据和改善程度是不可获知的。

第四章

客户管理流程

客户管理较多地反映了现代企业战略的新内容（见图4–1）。在工业时代，战略是由产品驱动的："如果我们建造它们，它们将会来到"是基础性理念。企业通过有效的运营管理流程和产品革新取得成功。关注成本管理、规模经济和质量的运营流程使产品能够以产生诱人利润率的价格交付，同时又使客户负担得起。创新流程产生持续的新产品，有助于培育市场份额和增加销售收入。客户管理关注各项交易——促销和销售企业的产品。建立客户关系并不是优先考虑的事情。

新经济已经提升了客户关系的重要性。从战略成功角度来看，尽管创新和运营管理流程很重要，但是计算机和通信技术，尤其是互联网和数据库软件的发展，已经将力量的平衡从生产者一方转移到了消费者一方。现在是由客户发起交易，他们是营销或销售电话的主导者而非被动响应者。例如，戴尔和李维斯的客户利用各自的网址——Dell. com和IC3D. com（针对蓝色牛仔服）来设计他们自己的产品规格。在沃尔玛销售终端记录的客户采购数据将引发卖方生产场所的生产运转。客户能够在网上找到公司产品的有效信息，包括价格、可用性、特征和交付时间。聊天室里的满意和不满意客户则提供了证明。

客户管理的四个流程

客户管理包括四个通用流程（见图4–2）：

（1）客户选择。

确定对企业有吸引力的细分客户，构思吸引这些客户的价值主张，并且创建吸引这些细分客户的公司产品和服务的品牌形象。

（2）客户获得。

向市场宣传有关信息，使客户对前景放心，并利用这些前景改变客户的

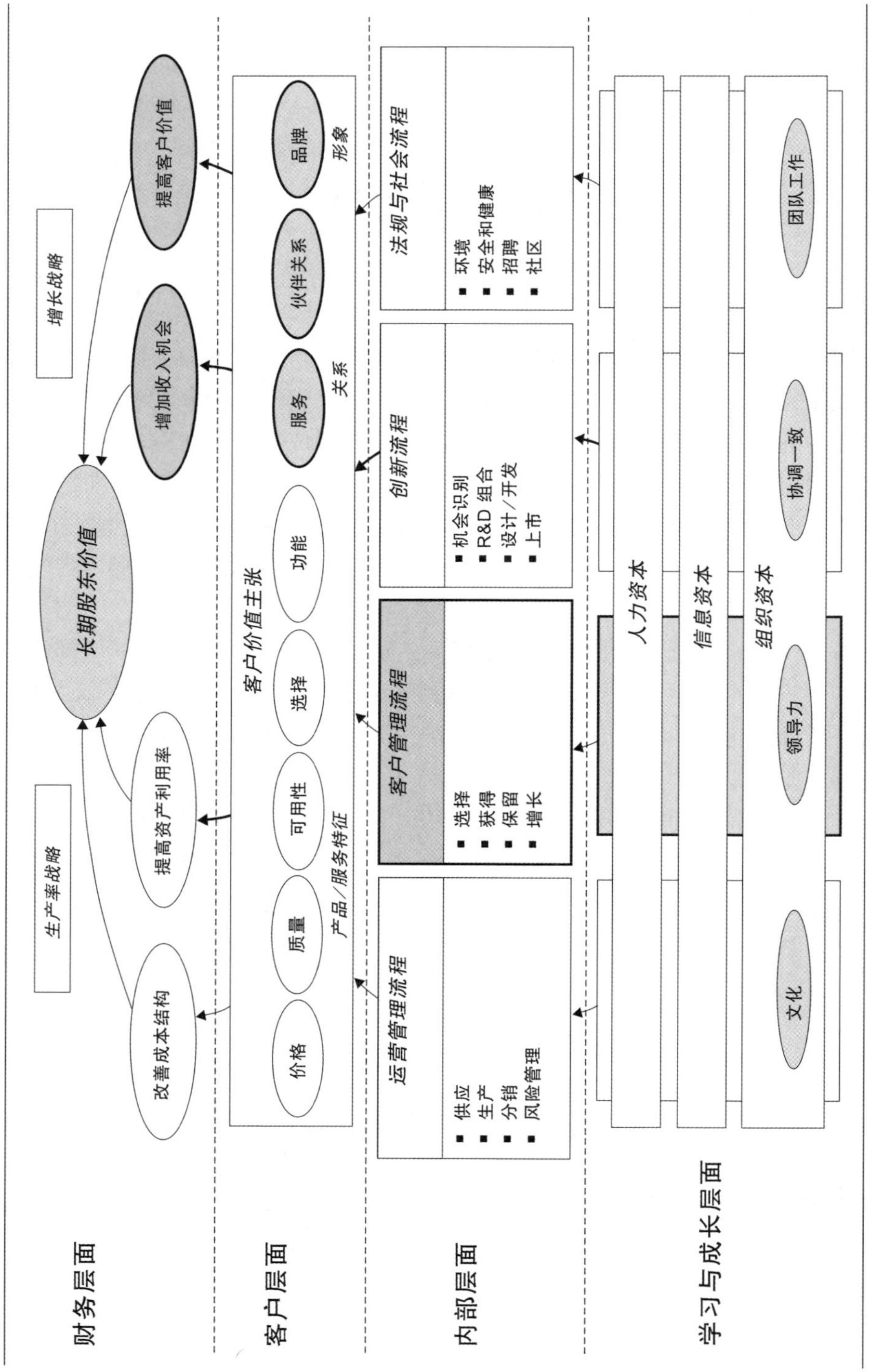
财务层面
生产率战略
增长战略
长期股东价值
改善成本结构
提高资产利用率
增加收入机会
提高客户价值
客户层面
客户价值主张
价格
质量
可用性
选择
功能
服务
伙伴关系
品牌
产品/服务特征
关系
形象
内部层面
运营管理流程
■ 供应
■ 生产
■ 分销
■ 风险管理
客户管理流程
■ 选择
■ 获得
■ 保留
■ 增长
创新流程
■ 机会识别
■ R&D 组合
■ 设计/开发
■ 上市
法规与社会流程
■ 环境
■ 安全和健康
■ 招聘
■ 社区
学习与成长层面
人力资本
信息资本
组织资本
文化
领导力
协调一致
团队工作

图 4-1 客户管理

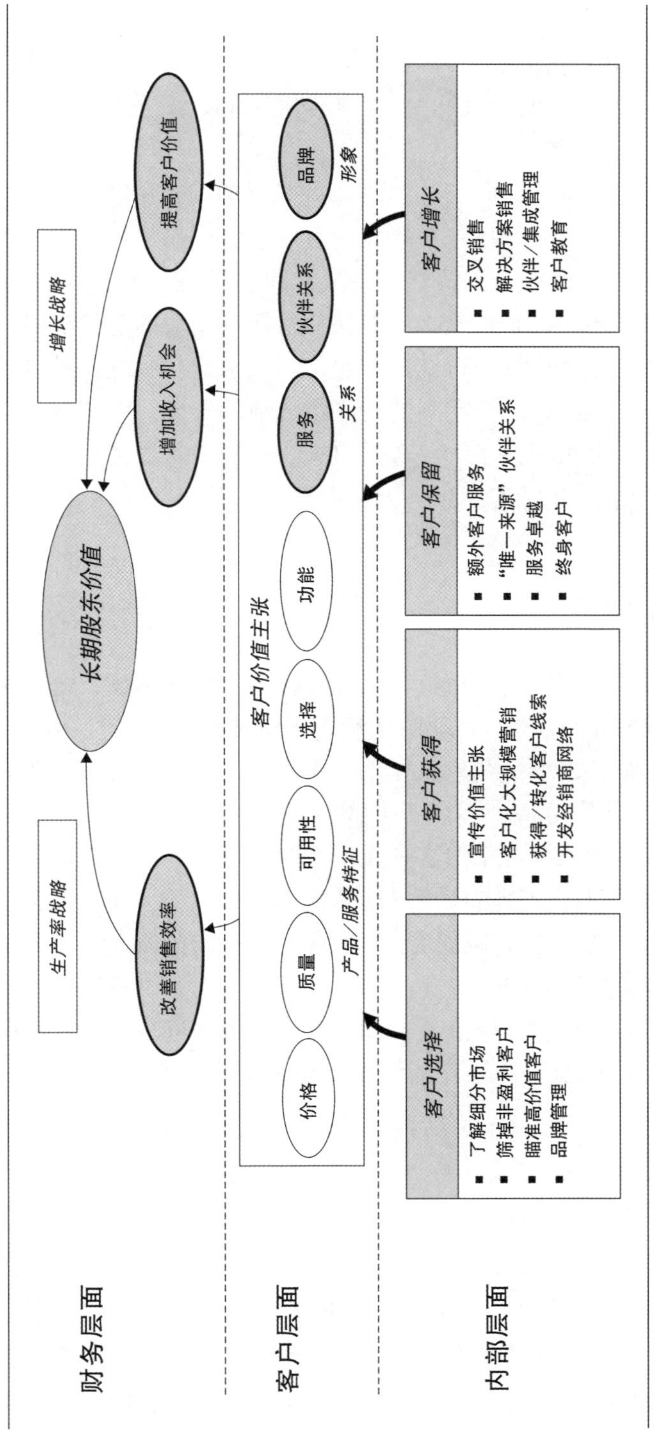
财务层面
客户层面
内部层面
长期股东价值
生产率战略
增长战略
改善销售效率
增加收入机会
提高客户价值
客户价值主张
价格
质量
可用性
选择
功能
服务
伙伴关系
品牌
产品/服务特征
关系
形象
客户选择
■ 了解细分市场
■ 筛掉非盈利客户
■ 瞄准高价值客户
■ 品牌管理
客户获得
■ 宣传价值主张
■ 客户化大规模营销
■ 获得/转化客户线索
■ 开发经销商网络
客户保留
■ 额外客户服务
■ “唯一来源”伙伴关系
■ 服务卓越
■ 终身客户
客户增长
■ 交叉销售
■ 解决方案销售
■ 伙伴/集成管理
■ 客户教育

图 4-2　客户管理流程

信仰。

（3）客户保留。

确保质量、纠正问题并将客户转化为高度满意的“疯狂痴迷者”。

（4）客户增长。

开始了解客户，与其建立关系，并且增加目标客户购买活动中的本公司份额。

客户管理战略应该包括伴随所有四个流程的执行。绝大多数组织，在没有明晰的客户管理战略下贸然行动，结果在选择流程和保留流程上做得一塌糊涂。例如，多年以来，美孚一直在执行模糊不清的定价战略，因为它没有对潜在客户这一庞大市场进行细分和定位。化学银行（现在是 J. P. 摩根投资银行的一部分）也缺乏一个明晰的市场细分战略导向，它培育了与许多非营利客户的关系。许多组织也不太关心保留客户。它们将销售作为交易事项，在售后也不与它们的客户联系，并且无法衡量它们是否为了未来的业务保留了这些客户。

客户选择

客户选择流程始于将市场细分为较小的特殊市场，每个小市场都有截然不同的特征和偏好。[1]管理团队选择了企业能够创造独特的、有余地的价值主张的目标细分市场。客户选择不同于订单选择或定价（“我们应该接受这个订单吗”“以什么价格”）。客户们的盈利性相差甚远。企业花费了大量资金开发并培育那些能持续多年的客户关系。为了确保他们的营销和销售投资以最盈利的机会为导向，管理者应该像选择他们的权益、厂房和设备投资一样，花费大量的时间和精力选择并投资于目标客户。他们应该避免陷入试图成为所有可能客户的最佳供应商的陷阱。

理想的客户细分应该基于客户价值主张来进行，也就是说，根据产品或服务来期望盈利客户。客户能够根据他们寻求的利益或他们与企业的关系来细分，比如：

- 使用强度：重、轻、无。
- 利益诉求：价格、服务、性能、关系、品牌特性。
- 忠诚度：无、中等、强烈、忠诚。
- 态度：不满意、满意、愉悦。

在实践中，尤其是在大众消费市场中，客户偏好很难被直接观察到，所以细分经常根据相对容易观察的特征来进行。例如，客户细分可以通过下列项目来界定：

●人口统计学因素：年龄、收入、财富、性别、职业或种族特征。

●地理因素：国家、地区、城市或农村背景。

●生活方式因素：价值导向型、享受导向型。

当然，根据可观察特征进行细分只有在特征与客户潜在偏好之间存在相关性时才有价值。高级统计技术能够被用于有效开发不同质客户的细分。这些技术包括用于确定同质客户细分的聚类分析、衡量客户偏好和需求的联合分析，以及将客户区分为截然不同细分群体的判别分析。

企业一旦确定了可能的细分客户，就将选择目标细分客户。企业的客户选择能够影响他的能力，反之，企业的资源、能力和战略能够决定它的最佳客户。例如，为美国“三大”汽车制造商提供零部件的供应商后来又成为日本汽车制造商（本田、丰田和尼桑）的早期供应商，这些零部件供应商在日本接受全面质量管理和适时制生产流程培训。不久，它们变成了更加差异化的供应商并且能够根据能力而非价格来进行竞争。另外一个例子是，一家专业的、低产量的生产商可能被客户要求以特大批量来生产一种标准化产品。这样的客户订单将成为企业转型的开端，从小批量生产商变成具有不同成本结构的大批量生产商。

在更加典型的流程中，企业的战略影响它的客户选择。作为信诺（Cigna）财产和意外险公司转型战略（成为专业提供商）的一部分，它只是在判断清楚其对某项承保业务风险的了解优于行业平均水平之后才肯投标。最初戴尔电脑关注富有经验的公司客户，他们能够为已安装的个人电脑群提供本地技术支持。对受过教育的公司客户的关注使戴尔能够直接向最终客户销售并运输产品，而不需要零售或批发分销渠道。戴尔也避免了为其电脑建立广泛技术支持平台的需求。按照这种方法，戴尔能够成为行业内最低成本的个人电脑供应商，并且不久后成为行业领导者。

遍及全美的赌博娱乐场所运营商哈拉娱乐公司（Harrah’s），将自己定位为“低价滚轮”，非常像西南航空和其他折扣航线定位于价格敏感型的航空旅行者。哈拉想成为那些在夜晚外出从小注赌博中寻求“准确预测和精力充沛感觉”体验的夫妇的娱乐选择，这种感觉给他们一种“逃脱日常生活问题和压力的象征”。哈拉估计其26%的游客提供了82%的收入，因为贪婪的游客每年要花费2 000美元。这些“有贪婪经历的游客”可能在多个地方光顾Harrah’s的游乐场，成为公司的目标客户并且使公司远离与幻影度假村（Mirage Resorts）和

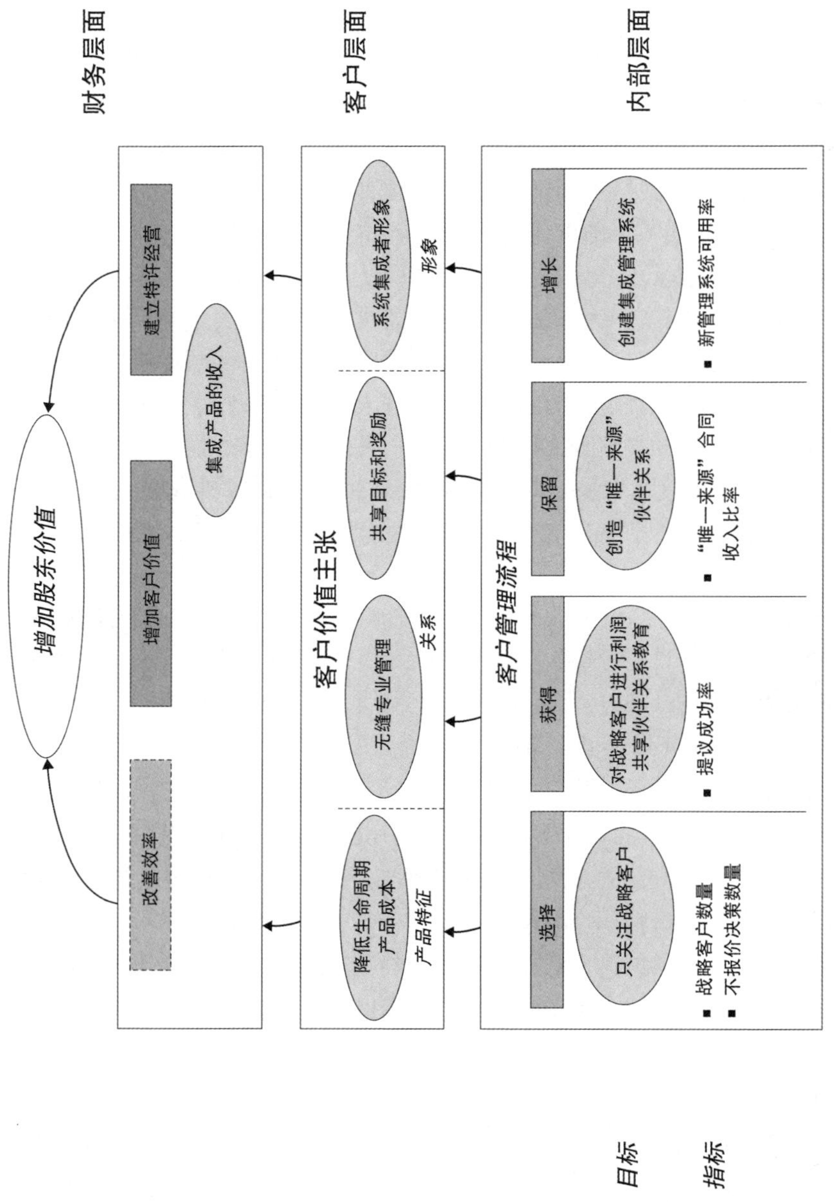

图 4-3 航海工程公司案例

塞克斯杂耍公司（Circus Enterprises）经营的高档豪华娱乐场的直接竞争。[2]

航海工程公司（Marine Engineering）的新战略（见图4-3）不再强调那些具有高度价格敏感性的大细分客户。为了未来的增长和盈利，它确定的客户细分市场应具有以下特征：①重视与供应商的长期伙伴关系；②想要外包非核心服务；③要求供应商与其分享重要项目的风险和收益。如果项目为客户产生了更高的回报，航海工程公司将获得更多的付款；如果项目延期并且超出预算成本，它的收费将受到扣罚。

航海工程公司选择的客户选择目标是“只关注战略客户”，通过提供优于竞争对手的增值服务，公司获得这些客户的业务。衡量该目标成功的指标是，基于卓越服务和关系而非低价获得客户业务的数量。它也衡量不追求所有潜在客户（特别是那些寻求最低报价的客户）的次数。它使用了“不报价次数”这一指标来清晰地发出信号：不是每个销售机会都要去追逐。

某些企业，特别是那些成熟的、商品型行业中的企业，不能看到通过增值服务带来的重要增长机会。这些企业的选择流程关注避免非盈利客户，这些客户使用服务的成本高于他们提供的费用和收入。大都会银行（见图4-4）和顶点化学公司（见图4-5）都拥有重要且稳定的市场份额。它们选择了一个目标来“确定提升或脱离非盈利客户”。在单个客户层次使用作业成本法衡量盈利性，它们衡量减少非盈利客户百分比的成功。

典型的客户选择流程目标和指标如下所示：

目标	指标
了解细分客户	· 细分客户的盈利贡献
筛选非盈利客户	· 非盈利客户百分比
瞄准高价值客户	· 战略客户数量
管理品牌	· 关于品牌认知和偏好的客户调查

客户获得

获得新客户是客户管理流程中最困难和最昂贵的。企业必须通过它们的客户选择流程向目标细分市场的新客户宣传它们的价值主张。企业能够利用入门级产品（可能是为招徕顾客而亏本销售的产品）或高折扣产品启动客户关系。理想的状况是，入门级产品应该足够便宜，不会使客户因购买它而遭受巨大的风险；产品的质量应该是完美的，以至于客户不会体验到缺陷或不进行初次采购。此外，产品的性能可以通过在将来出售给客户的其他产品或服务中得到加强和补充。对于一家金融服务公司来讲，一个支票账户或一张信用卡代表了具

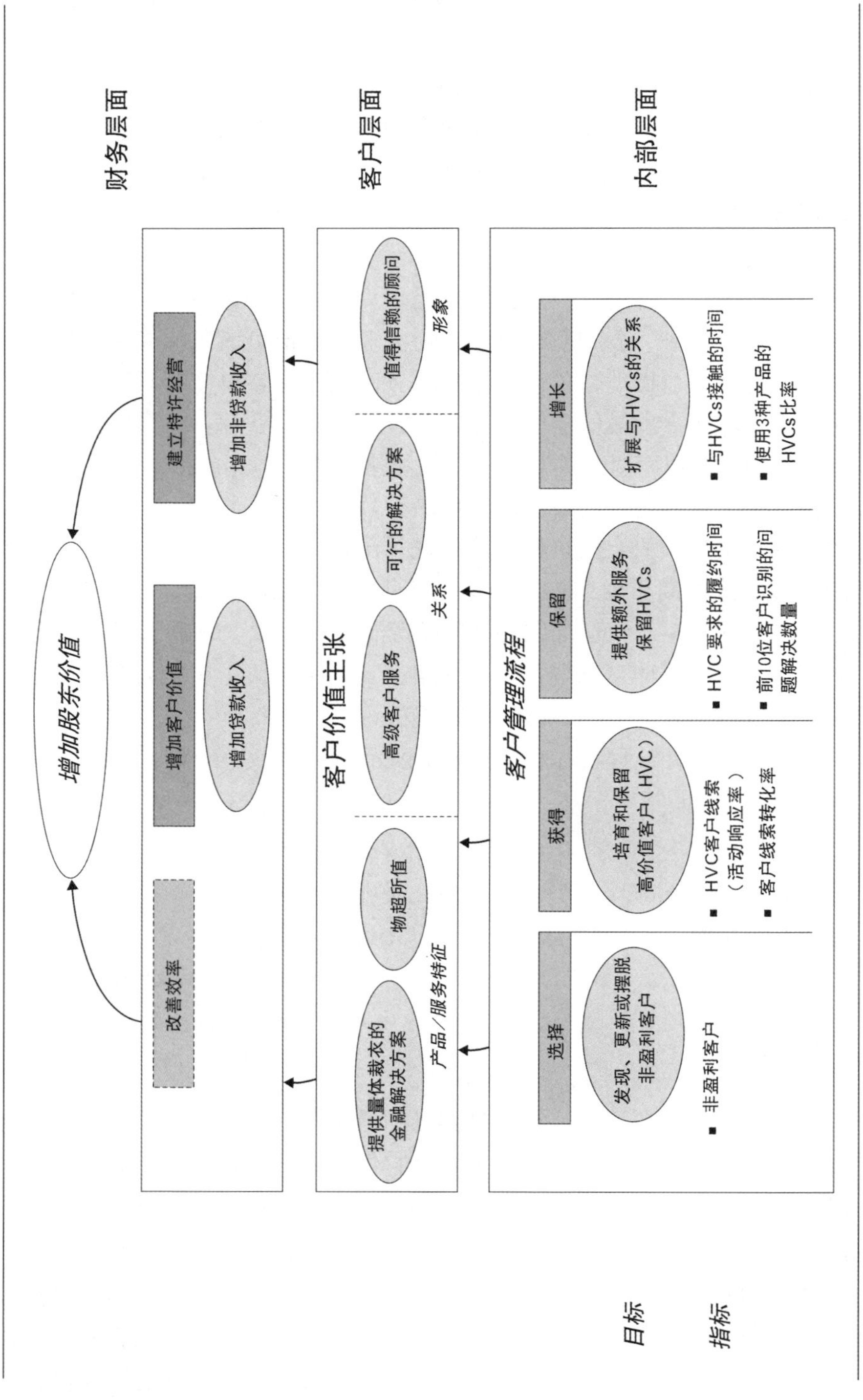
财务层面
客户层面
内部层面
增加股东价值
改善效率
增加客户价值
建立特许经营
增加贷款收入
增加非贷款收入
客户价值主张
提供量体裁衣的金融解决方案
物超所值
产品／服务特征
高级客户服务
可行的解决方案
关系
值得信赖的顾问
形象
客户管理流程
选择
获得
保留
增长
发现、更新或摆脱非盈利客户
培育和保留高价值客户（HVC）
提供额外服务保留HVCs
扩展与HVCs的关系
目标
指标
非盈利客户
HVC客户线索（活动响应率）
客户线索转化率
HVC要求的履约时间
前10位客户识别的问题解决数量
与HVCs接触的时间
使用3种产品的HVCs比率

图 4-4　大都会银行案例

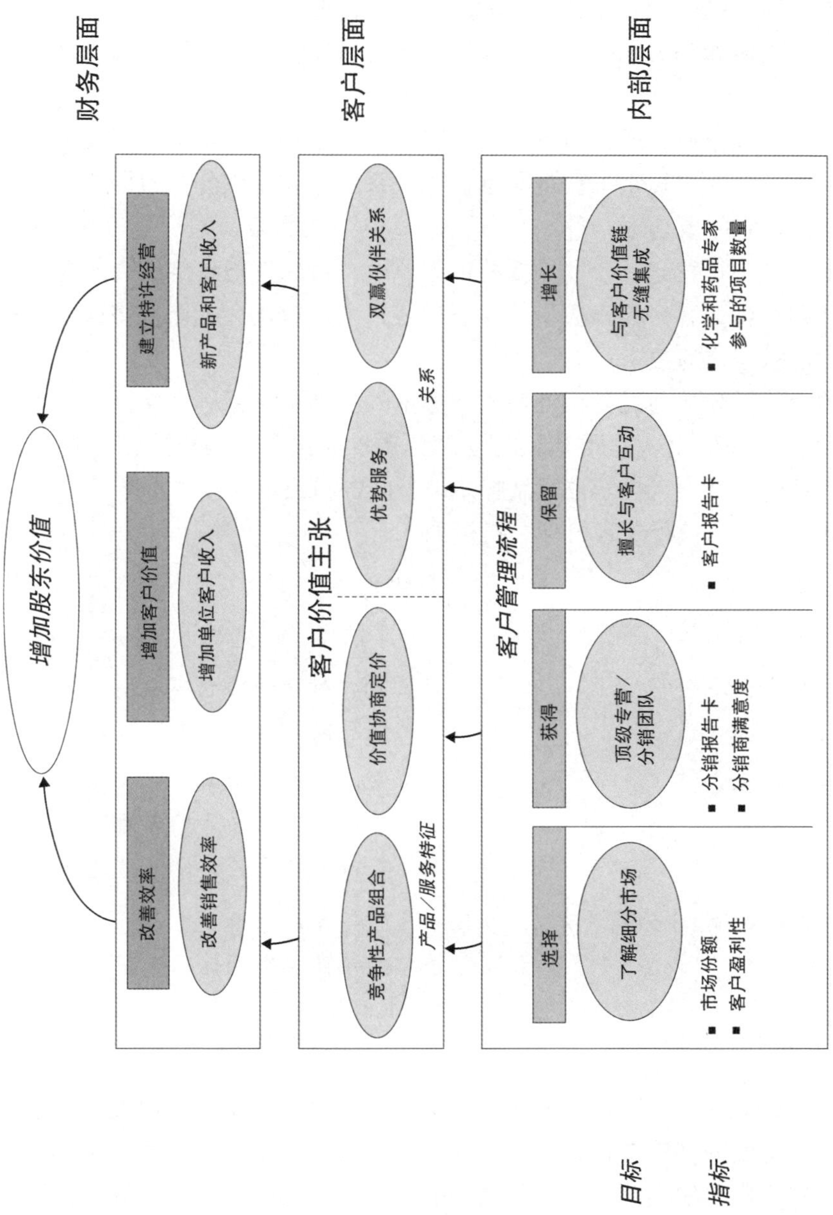

图 4-5　顶点化学公司案例

有所有上述特征的入门级产品。对于一家保险公司来讲，其根据高频率索赔的风险而非每次索赔的低价值来提供保单，允许客户迅速获得公司赔付流程的体验，并对公司成为卓越保险服务提供商的能力建立信心。[3]哈拉利用范围广泛的数据库营销系统确定其目标客户为“低价但忠诚的滚轮”。它送出了特殊的机会——例如60美元的筹码，来吸引它的目标客户对哈拉娱乐场进行首次光顾。[4]

航海工程公司，通过与少量潜在客户（20～30个）做生意开发了一套教育计划，向潜在客户显示了获得共享伙伴关系的好处。该公司根据这些客户的新建议来衡量它的成功率。

大都会银行发起了一场重要的销售战役，目标直指高价值细分客户。它衡量该计划产生的客户线索数量，并通过客户线索转化率来衡量将这些客户线索转化为活跃客户的效率。

顶点化学公司通过分销销售了业务量的一半。它通过定期报告卡监督每个经销商客户获得业绩的质量。它也接受来自经销商的调查反馈，在其他特征中，经销商评价顶点化学公司品牌建设、广告和领导创造的质量。

典型的客户获得流程目标和指标如下所示：

目标	**指标**
宣传价值主张	· 品牌认知（调查）
定制化大规模营销	· 客户对活动的响应率 · 使用促销样品的客户数量
获得新客户	· 客户线索转化率 · 获得每个新客户的成本 · 获得新客户的寿命价值（估计）
开发经销商/分销商关系	· 经销商计分卡 · 经销商调查反馈

客户保留

企业认识到，保留客户远比持续增加新客户取代那些“背叛”的老客户节约费用。忠诚的客户看重企业产品的质量和服务，并常常愿意为获得的价值付出稍高的价格。他们寻找替代品的可能性较小，因此潜在的竞争者必须提出显著的折扣才能吸引客户的注意力。

企业保留客户，是通过持续地传递它们的基本价值主张，同时也通过保证服务质量的优越。客户可能“背叛”那些对信息和问题解决需求反应迟钝的企业。企业必须开发客户服务和呼叫中心等功能，来响应订单、交付和投诉等客户需求。这些部门维持客户忠诚并减小客户“背叛”的可能性。企业可以通过客户是否在再次采购时增加“他们的荷包份额”来衡量客户忠诚度。

哈拉成功的关键是它的客户忠诚计划。它发放了名曰“全金卡”的客户忠诚卡，使企业能够追踪客户的娱乐偏好、赌博模式、饮食偏好、宾馆设施使用情况、光顾频率和每次娱乐的程度。

哈拉通过实验来了解如何增加客户忠诚度和企业设施使用的强度。它开展了直接营销计划，例如类似于航空公司常客计划的全奖计划，基于游客在哈拉娱乐场的消费情况提供奖励。通过鼓励忠诚客户在遍及全国的哈拉娱乐场赚取和赎回奖金，全奖计划有助于交叉营销。作为 CEO，加里·拉弗曼（Gary Loveman）说：我们越了解客户，我们投入的转换成本越物有所值，我们就越能领先于我们的竞争对手。[5]

比客户忠诚更有价值的是客户参与（customer commitment）。当客户告诉他人他们对企业产品和服务感到满意时，客户参与就发生了。参与型客户也比那些因不满而“背叛”到竞争对手那里的客户更加可能向企业反馈有关改善的问题和机会。

企业能够衡量客户参与度的指标有：客户建议数量、现有客户向新客户推荐的次数、基于这些推荐获得的新客户数量。客户使徒（customer apostles）是高度可靠且具有权威的参与型客户中的特例。例如，沃尔玛对供应商可靠、高质量和响应迅速的推荐将比当地零售商的比较声明具有更加可观的分量。成为丰田的合格供应商为企业生产低成本、零缺陷产品并在较短时间范围内可靠交付的能力提供了可信的证明。最高级的忠诚形式发生于客户对企业产品和服务呈现出所有者行为之时。客户所有者（customer owners）积极参与新产品设计和供应商推荐，以提升服务交付状况。例如，思科系统公司遵循客户的推荐，通过购买其他企业来获得新的能力。西南航空公司的常客能够参与挑选客舱乘务员。担任“使徒”或“所有者”角色的客户能够比大量只是忠诚的客户提供更加长远的寿命价值，后者只是维持或者扩展他们的采购行为，但并不招募新客户或为产品和服务改善提供思路。[6]

航海工程公司衡量客户伙伴战略力度的指标是单一来源关系数量，通过这种关系，企业不必通过报送竞争性标价就可以获得并保持业务。大都会银行监督对高价值客户的服务水平（要求履行时间）。该银行每六个月调查一次关键客户，以评价银行解决关键客户首要关注问题的客户满意程度。顶点化学公司引入了客户报告卡来获得行业客户的信息反馈。在上述案例中，企业的客户保留战略包括提供卓越服务、积极征求并倾听客户反馈，并建立使客户“背叛”成本高昂的客户关系。

典型的客户保留流程目标和指标如下所示：

目标	指标
提供优质客户服务	·优质客户数量 ·优质客户的质量评价 ·解决客户关注问题或抱怨的时间 ·客户对质询初次应答的不满意率
创建增值伙伴关系	·来自单一来源合同的收入比率及金额
提供卓越服务	·服务水平（来自渠道）
创造高度忠诚的客户	·客户份额（赢得客户某项消费的百分比） ·推荐新客户的数量 ·通过现有客户推荐获得新客户的数量 ·来自“使徒”客户的推荐数量 ·忠诚客户对产品和服务提升的建议数量

客户增长

增加企业客户价值是任何客户管理流程的最终目标。如前所述，获得新客户是困难且代价高昂的。只有在安全的客户关系超过获得成本时，获取新客户才是有意义的。利用入门级产品获得新客户意味着企业能够通过向新客户提供其他高盈利产品和服务来扩张它们的客户购买份额。企业应该积极地管理其客户的生命周期价值。

通过交叉销售以及与客户建立伙伴关系的企业，扩张客户某项消费中本企业的份额。日益增长的关系深度和广度提升了客户价值，也增加了客户转换到其他供应商的成本。扩展关系，也可以说差异化基本产品或服务的一种方式是在售后提供额外的特征或服务。例如，企业能够通过远程监视客户场地内的昂贵设备来提供现场服务。当未预料的错误将要发生时，这些监视使现场服务小组预先准备，并执行检修以预防错误和设备停工。诊断性监视和预防性检修极大地增加了客户价值。它不仅产生了很好的客户保持率，也为企业提供了有吸引力的、高盈利的收入流。另外一个例子中，一家商业化学公司通过提供服务来使其基本产品差异化。它的服务是从客户那里回收用过的化学品，以便能再加工为可处置的化学品，或者遵守环境和安全规定来有效地再次使用它们。这项服务将许多小企业从复杂的环保流程和法律监管中解放出来。

企业能够与其客户结为伙伴关系，为其目标客户需求开发特殊的解决方案。例如，航海工程公司试图通过与目标客户建立集成管理系统来与其交织为单一来源伙伴关系。大都会银行衡量客户增长目标成功的指标是高价值客户数量，这些高价值客户使用了三种以上的银行服务。它期望建立更加个性化、建设性的客户关系，衡量指标是客户关系经理与客户打交道的时间，该指标是这种期望成果的驱动因素。顶点化学公司使用了相似的锁定战略，它打造了有见地的、能够与目标客户可靠而密切合作的客户经理。它的衡量指标是将专家建议放大为锁定关系的项目数量。

典型的客户增长流程目标和指标如下所示：

目标	指标
交叉销售客户	·每位客户使用的产品数量 ·交叉营销收入，入门级产品以外的市场或产品创造的收入
解决方案销售	·联合开发的服务协议数量 ·售后服务的收入/利润 ·客户可获得的增值服务数量
与客户结为伙伴	·单一来源合同数量 ·获得共享协议的数量 ·从获得共享协议中赚取的收入 ·与客户打交道的时间

客户层面联系

客户管理流程关注基本客户价值主张的关系和形象维度（见图4–2）。品牌形象有助于选择客户并获得客户。客户保留和客户增长流程与目标客户建立关系。下面的三个普通案例显示了这些要点。

航海工程公司的目标客户有一个顶级目标——降低采油成本的工程设计和建筑项目。该公司的选择和获得流程瞄准那些期望与供应商建立伙伴关系的客户。这些流程很少关注那些主要根据价格来进行供应商来源决策的客户。该公司也想建立一个杰出系统集成商的形象，有能力管理跨越复杂工程项目生命周期的各项内容：设计、开发、采购、制作、安装、物流、经营和维修。它的保留和增长流程将交付一个无缝的集成管理流程，跨越上述共享目标和奖励的多种项目和服务。

大都会银行的价值主张是客户代表和客户之间的关系，这种关系使银行为个别客户的需求提供量体裁衣的金融产品和服务组合。该行希望这个价值主张对高价值客户（HVC）细分市场具有吸引力。它的选择流程向高价值客户传送了这样的信息——将银行的形象塑造成可信任的金融咨询专家。它的获得流程与那些期望得到博学咨询专家的客户建立联系，博学的专家能够为客户设计金融解决方案。对于增长流程来讲，使用多种银行解决方案的客户是基础。此外，卓越的客户服务将支持保留流程。

顶点化学公司在潜在客户数量有限的成熟市场上竞争。获得新客户不是它的主要目标。该公司的目标是增加现有客户的账户份额。客户价值主张是根据谈判的但仍具有竞争性的价格来提供产品和服务组合。它的保留流程关注客户对领先服务的期望，而它的增长流程关注建立双赢伙伴关系。

一套典型的客户层面目标和指标如下所示：

目标	指标
通过有吸引力的价值主张提高客户满意度	· 高度满意客户的比例
提高客户忠诚度	· 客户保持率 · 客户关系深度
造就狂热的痴迷者	· 客户推荐业务的百分比

财务层面联系

成功的客户管理流程的财务成果基本上显示在收入增长目标中（见图4–2）。客户选择和获得提供了新的收入来源，尤其是在企业进入新市场并增加新产品服务时。财务指标包括新产品收入和收入组合与目标。客户保留和客户增长流程应该产生增长的客户价值。来自这些流程的期望成果包括公司赢得的客户荷包份额增长和客户关系（生命周期客户价值）的程度和长度。然而，除了这些收入增长目标外，有效的客户管理能够通过使用销售队伍自动化和电子营销系统为企业的生产率目标做出贡献。

典型的客户管理流程财务目标和指标被总结如下：

目标	指标
创建新的收入来源	· 新客户收入 · 新产品和服务收入
增加单位客户的收入	· 客户份额（荷包份额）
提升客户盈利性	· 客户盈利性（通过ABC系统来衡量） · 非盈利客户比率改善
销售效率	· 销售费用/收入总额 · 单位销售成本（通过渠道） · 电子化客户交易比率

学习与成长联系

高效的客户管理流程需要来自信息技术、员工能力以及文化和氛围的强有力支持，如图4–6所示。

人力资本

先进的信息技术和通信系统已经为较高层面客户营销和服务创造了潜在的客户和当前的期望。上述情况依次又创造了新的员工能力需求。目前，具有数据库营销、数据挖掘、客户分析、呼叫中心、客户互动中心和网页设计知识的员工在客户管理流程中发挥了至关重要的作用。即使是传统的销售人员，也已被转化为帮助客户设计问题和需求解决方案组合的战略伙伴。

图4–6中显示的每个战略流程都要求一个具有一整套新核心能力的战略工作组群（战略工作组群将在第八章详细讨论）。客户选择特别要求与营销功能相关的分析技能。客户获得围绕着沟通与谈判技巧被建立。了解客户背景、洞悉客户需求、提出价值主张并完成销售的能力是客户获得的基础。这些能力在面对面的讨论和电话营销渠道中得以应用。管理服务质量和交付水平是客户保留的基本能力。卓越服务需要双向交流和快速解决问题和难题的能力。客户关系管理是有效客户增长的基础。建立一个持久的客户伙伴关系需要客户的组织、行业和特殊工作知识。卓越的咨询和问题解决技巧是必要的。

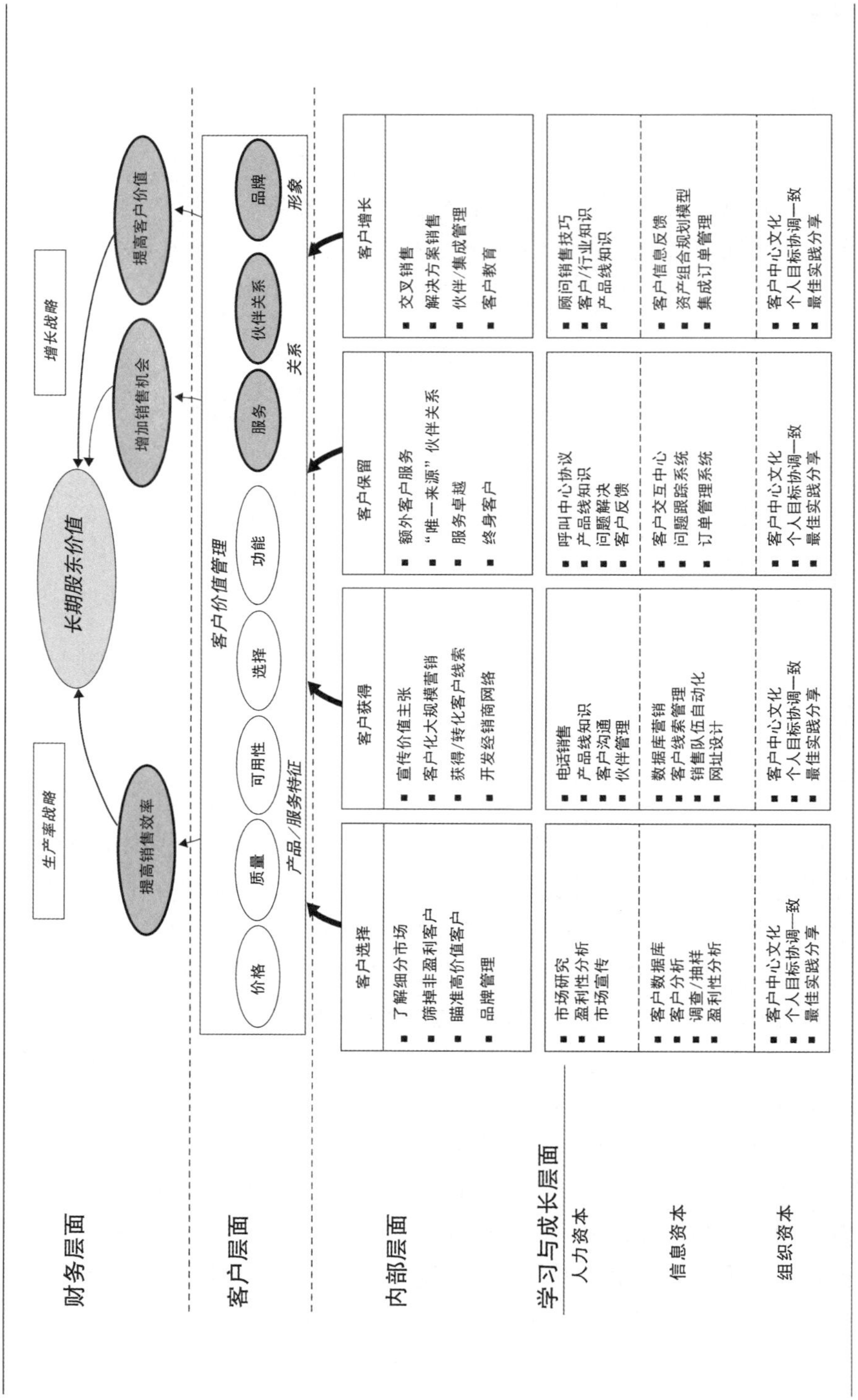

图 4-6 客户管理流程的学习与成长战略

信息资本

信息技术为客户管理流程创造了巨大的新机遇。信息技术和相关的分析技术，比如数据挖掘和作业基础客户盈利性衡量，使那些即使有数以百万计客户的组织也能够采取定制化、个性化的方法。例如，Lands'End向不同细分客户邮寄不同种类的商品目录册。1-800-Flowers. com自动提醒客户重要的日期。亚马逊网站监督每笔销售并向客户推荐与以前采购类似的图书以及类似客户购买的图书。

许多新能力孕育在集成客户关系管理系统（CRM）之中。客户数据库和相关的分析技术允许通过人口统计数据聚类分析和客户盈利性分析进行更好的客户选择。数据库营销支持电话营销流程以改善客户获得。经营性客户关系管理系统通过销售人员自动化和客户线索管理来改善销售效率。客户服务中心和自助能力加强了客户保留。互联网允许与客户进行新层次的网络联系，以强化教育、合作和客户增长。

组织资本

客户管理流程常常需要新的组织氛围，其特征之一就是建立以客户为中心的文化。以一家重要的石油公司为例，它为出现在每件已售产品上的标志都制定了长期的营销策略。在20世纪90年代中期，这家公司（有点像美孚）进入了便利店业务领域并在零售店里设了咖啡区。几个月来，高级管理层强调，印有公司主要产品标志的咖啡杯是公司文化的一部分。耗资不菲的市场研究揭示了这样的结果：喝咖啡的司机更加偏爱展示著名品牌（比如星巴克）的咖啡杯，而不是印有一只油罐图片的咖啡杯。于是，高级管理层不情愿地改变了他们的策略。产品导向型公司的文化可谓根深蒂固，但必须被克服。

客户管理流程也需要地位更高的团队工作。创建全寿命客户意味着许多人必须在随后的时间内与客户打交道。销售人员开始最初的交易，方案工程师或客户关系伙伴设计产品和服务组合，呼叫中心帮助前台响应者提供持续的支援。这些多样化的员工必须分享同一信息库并为同一目标工作。共同目标的协调一致强调所有员工为了共同的、客户导向的目标工作。团队基础的激励系统和知识共享网络加强了客户中心型团队的工作。当共同客户目标得以实现时，大家都将得到奖励。

客户管理战略中的典型学习与成长层面的目标和指标如下所示：

学习与成长层面	目标	指标
人力资本	·开发战略能力 ·吸引和留住顶尖人才	·人力资本准备度 ·关键员工流动率
信息资本	·开发客户管理信息和数据系统组合 ·增加知识共享	·客户应用系统组合准备度 ·知识管理系统使用程度
组织资本	·创建客户中心型文化 ·创建协调一致的个人目标	·员工文化调查 ·与平衡计分卡客户流程和成果指标相联系的员工目标比率

本章小结

内部层面的客户管理流程为组织选择、获得、保留和增长与目标客户的业务提供了能力。了解客户及吸引和留住他们的价值主张是所有战略的基础。内部流程只关注质量、成本和效率的组织很可能会忽视使它们赚取更高利润和增长业务的流程。图4-7通过显示代表性的平衡计分卡客户管理流程目标和指标概括了本章的内容。

在本章随后的案例研究中，我们呈现了音乐搬运工公司（Handleman Company，HDL）的战略地图。音乐搬运工公司是一家大型的音乐生产商和分销商，使用战略地图沟通和实施它的新战略。新战略将要建立与沃尔玛和百思买（Best Buy）等大型零售客户的长期增值伙伴关系。

注释：

［1］客户选择方面的有益材料取自：D. Narandas，“Note On Customer Management，”Note 9-502-073（Boston：Harvard Business School，2002），and R. Dolan，“Note on Marketing Strategy，”Note 9-598-061（Boston：Harvard Business School，2000）。

［2］R. Lal，“Harrah's Entertainment Inc.，”Case 502-011（Boston：Harvard Business School，2002），7，9.

［3］这个入门级产品的讨论取自：the “foot-in-the-door” strategy described in D. Narandas，“Note on Customer Management.”

［4］Lal，“Harrah's Entertainment Inc.，”9.

［5］Ibid..

［6］客户忠诚的层级参见：J. Heskett，“Beyond Customer Loyalty，”in *Managing Service Quality*，vo1.12（Bradford，UK：MCB University Press，2002）。

层面		目标	指标
财务		■ 创造新收入来源 ■ 提高警单位客户收入 ■ 提高客户盈利性 ■ 改善销售效率	■ 新客户收入 ■ 荷包份额 ■ 单位客户利润(ABC) ■ 销售成本(渠道)
客户		■ 增加客户满意度（价值主张） ■ 增加客户忠诚度 ■ 创造狂热爱好者	■ 高度满意客户百分比 ■ 客户保持率 ■ 客户关系深度 ■ 客户推荐业务比率
内部流程	选择	■ 了解细分市场 ■ 筛掉非营利客户 ■ 瞄准高价值客户 ■ 品牌管理	■ 细分市场贡献 ■ 非营利客户比例 ■ 战略客户数量 ■ 品牌意识／偏好
	获得	■ 宣传价值主张 ■ 客户化大规模营销 ■ 获得新客户 ■ 开发经销商网络	■ 品牌意识 ■ 响应率运动 ■ 客户线索数量／转化率 ■ 经销商品质排名
	保留	■ 提供额外客户服务 ■ 创造“唯一来源”伙伴关系 ■ 提供卓越服务 ■ 创造终身客户	■ 额外服务客户数量 ■ “唯一来源”收入 ■ 服务水准（渠道） ■ 客户生命周期价值
	增长	■ 交叉销售 ■ 解决方案销售 ■ 伙伴/集成管理 ■ 客户教育	■ 单位客户产品数量 ■ 联合开发服务协议数量 ■ 利润分享协议数量/比例 ■ 与客户接触时间
学习与成长	人力资本	■ 开发战略能力 ■ 吸引和留住顶尖人才	■ 人力资本准备度 ■ 关键员工流动率
	信息资本	■ 开发客户管理信息和数据系统组合 ■ 增加知识共享	■ 客户应用系统组合准备度 ■ 使用知识管理系统的客户／员工数量
	组织资本	■ 创建客户中心型文化 ■ 创建协调一致的个人目标	■ 客户调查 ■ 将个人目标与平衡计分卡连接

图 4-7　客户管理计分卡模板

案例研究

音乐搬运工公司

背景

音乐搬运工公司是世界上最大的预录音乐分类管理商和分销商。音乐搬运工公司在3个大洲的4 000多家零售店内管理这些音乐类目。总部位于密歇根州特洛伊市的音乐搬运工公司年营业收入达13亿美元，在全球雇用了大约2 400名员工，包括1 000名销售代表。在美国，音乐搬运工公司分销了所有已销音乐的11%。它的客户包括大众商品零售商，比如沃尔玛和凯玛特（Kmart），也包括其他大型零售商，比如百思买。音乐搬运工公司也拥有锚湾娱乐这一独立的家庭视频商标，它以DVD和VHS录像带的形式销售大量流行音乐曲目专辑。锚湾的曲目范围从儿童经典、练习曲到悬疑和恐怖音乐。

在2000年，经过几年的增长后，音乐行业的销售开始下滑。下滑的原因包括互联网上的非法文件共享、DVD和计算机游戏娱乐消费的竞争以及缺少在发行数周内能达到数百万张的破纪录销售。为保持其在类目管理和分销领域的领导地位，音乐搬运工公司关注增加客户份额的战略。

战略

音乐搬运工公司制定了一个三年战略，以期通过盈利性地增长客户基数、优化资本和多元化战略交易来增加股东价值。这个战略的基础是，音乐搬运工公司通过经营业绩和领先竞争对手18~24个月的技术来持续地为当前客户提供领先的价值。因为比其他独立分销商和零售商更富有成效和效率，音乐搬运工公司将在音乐提供商和大众商品之间保持不可或缺的联系。音乐搬运工公司也提出了为客户提供弹性解决方案的价值主张，该方案将增加当前客户业务的份额，使其能赢得和服务于更大量的零售商，并扩张国际业务。战略交易将使音乐搬运工公司充分利用类目管理和分销的核心能力，进入其他产品线和市场。

战略地图

跨越公司战略地图的四个层面，音乐搬运工公司确定了23个战略目标（见图4–8）：

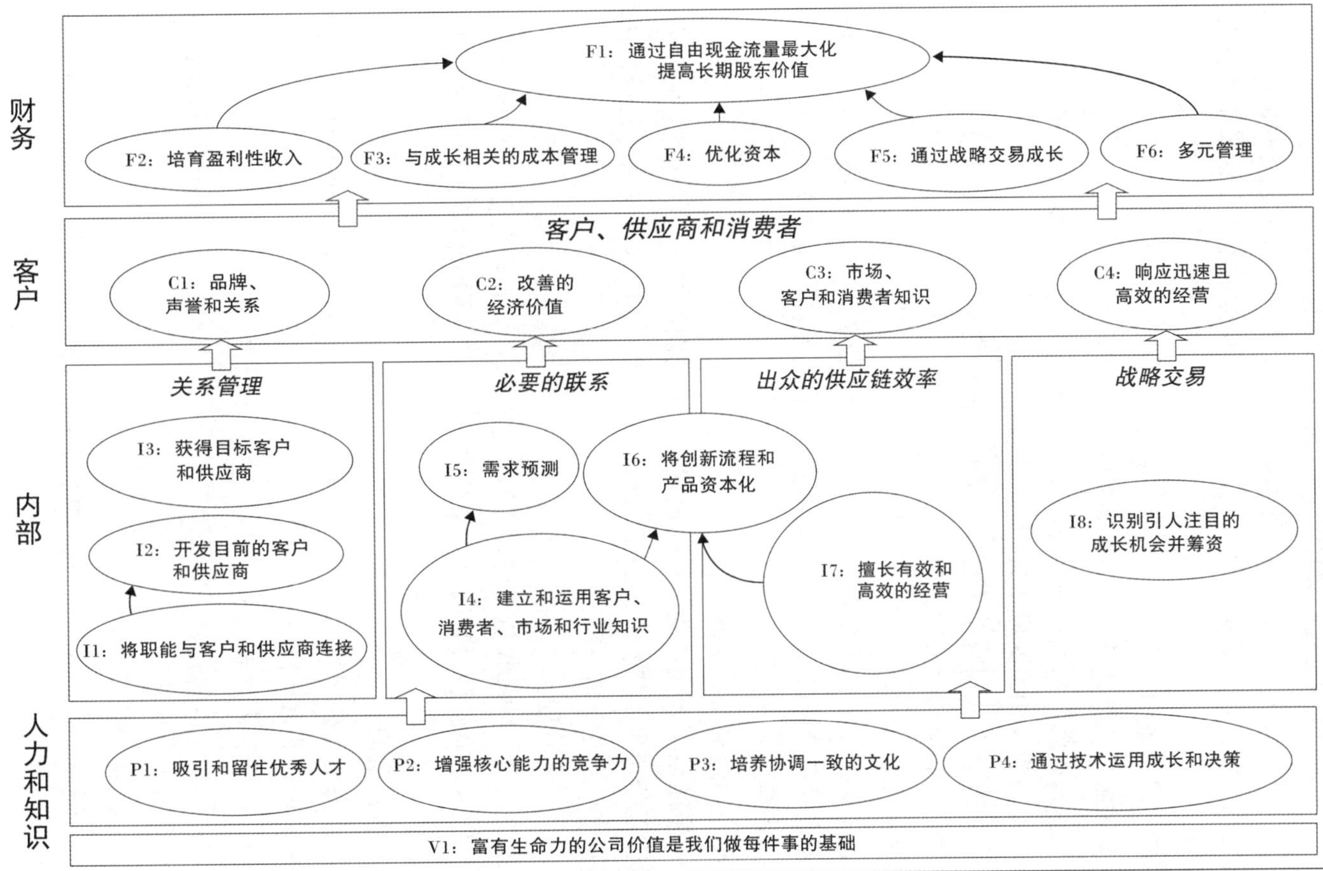

图 4-8 音乐搬运工公司的战略地图

1. 财务层面

F1：通过自由现金流量最大化提高长期股东价值。

这个目标被外部研究驱动，外部研究表明，自由现金流量与股价预期之间存在高度相关性。音乐搬运工公司确定了五个期望的财务子目标来驱动自由现金流量的改善。

F2：培育盈利性收入。

音乐搬运工公司战略的基本动因是创造当前业务的增长。这个目标发出的信号是，只有能带来盈利性提高的收入增长才值得音乐搬运工公司去追求。

F3：与成长相关的成本管理。

音乐搬运工公司将减少与收入成比例的销售费用、一般费用和管理费用，以便经营利润随着收入增长而增长。

F4：优化资本。

音乐搬运工公司需要有效管理它的实物和财务资本，以便收入和利润增长，进而促进股东价值增长。通过英明地使用资产并平衡负债和权益组合，音乐搬运工公司将提高客户价值。

F5：通过战略交易成长。

音乐搬运工公司认为纯粹通过现有业务的内部增长不能达到它的目标。音乐搬运工公司也需要获得或创造新的战略伙伴关系，这种关系与其类目管理和分销的核心能力协调一致。

F6：多元管理。

通过向分析师和投资者清晰地宣传它的战略，音乐搬运工公司将增加它的多元化收入，有效执行它的财务和经营战略，并吸引和保留有威望的客户。

2. 客户层面

音乐搬运工公司将通过向零售商、供应商和最终消费者提供四个关键价值主张来实现它的财务目标。

C1：品牌、声誉和关系。

音乐搬运工公司在类目管理方面的专长以及质量方面的声誉将创造有别于竞争对手的差异化。

C2：改善的经济价值。

音乐搬运工公司的关系和能力将为其零售客户提供优于他们自己提供的经营业绩。

C3：市场、客户和消费者知识。

音乐搬运工公司出众的市场和消费者知识将驱动其客户的销售和利润增长。

C4：响应迅速且高效的经营。

音乐搬运工公司将通过迅速响应客户需求并使复杂的业务管理简单化来满足客户目标。

3. 内部层面

为了传递客户层面的四个关键价值主张，音乐搬运工公司确定了跨越四个关键内部流程主题的八个战略目标。

（1）关系管理主题。

I1：将职能与客户和供应商连接。

为了开发与客户和供应商的客户，音乐搬运工公司将它的内部职能与客户和供应商组织的所有领域连接起来。这些连接也将为这个主题的第二个内部目标做出贡献。

I2：开发目前的客户和供应商。

音乐搬运工公司将通过确定增长机会来使当前客户和供应商的销售收入最大化。

I3：获得目标客户和供应商。

音乐搬运工公司也将开发它的业务和业务模式以获得新的客户和供应商。

（2）必要的联系主题。

I4：建立和运用客户、消费者、市场和行业知识。

为了向每个消费者商店提供最畅销的音乐选辑，音乐搬运工公司将持续改善它对消费者的理解。这个能力将使音乐搬运工公司实现这个主题的另一个目标。

I5：需求预测。

通过卓越的人口统计和市场知识、市场机会识别以及行业趋势和购买行为预测，音乐搬运工公司将精确地预测产品需求。建立和运用这些知识将使音乐搬运工公司实现它的下一个目标。

I6：将创新流程和产品资本化。

通过创造和使用竞争对手不能立即复制的创新性流程和产品，音乐搬运工公司将使自己与众不同。

（3）出众的供应链效率主题。

I7：擅长有效和高效的经营。

为了使创新流程和产品资本化，同时传递持续化的客户满意度，音乐搬运工公司将擅长核心经营流程。

（4）战略交易主题。

I8：识别引人注目的成长机会并筹资。

音乐搬运工公司将预先主动工作来识别战略交易的机遇，从财务和战略利益角度英明地评价它们，并为正确的机会提供资金。

4. 人力和知识层面

为了实现前三个层面的目标，音乐搬运工公司确定了五个目标来为组织配备正确的人力、能力、文化和技术。

P1：吸引和留住优秀人才。

与音乐搬运工公司战略、价值和核心能力保持协调一致的员工将驱动业务向前发展并帮助确保音乐搬运工公司的成功。

P2：增强核心能力的竞争力。

音乐搬运工公司将确定驱动战略的关键核心流程，然后培训或招募代表这些核心能力最高水平的员工。

P3：培养协调一致的文化。

音乐搬运工公司的整个组织将协调一致地实施战略。员工将理解他们如何为战略做出贡献以及为实现战略承担责任。

P4：通过技术运用成长和决策。

音乐搬运工公司的技术将使其在竞争中差异化。音乐搬运工公司将持续地在基础设施、系统和应用软件方面关注更好的技术运用，从而在其业务的各个方面促进增长和有更好的决策制定。

V1：富有生命力的公司价值是我们做每件事的基础。

展示音乐搬运工公司诚实、正直、负责、持续学习并关注利益相关者的价值将驱动音乐搬运工公司战略其他各个方面目标的实现。

逸闻

在完成了公司平衡计分卡之后，音乐搬运工公司将平衡计分卡层层分解到共享服务单位、附属单位和部门，并为员工创建了个人计分卡。公司战略地图的完成为音乐搬运工公司提供了在整个组织内沟通战略的方式，有助于确保战略实施的成功。

该案例由平衡计分卡协会的杰夫·芬尼克（Geoff Fenwick）、迈克·内格尔（Mike Nagel）、保罗·罗森斯坦（Paul Rosenstein）和戴娜·戈尔德布拉特（Dana Goldblatt）编写。感谢史蒂夫·斯特罗姆（Steve Strome）、汤姆·布明姆（Tom Braum）、罗赞尼·科克（Rozanne Kokko）、吉娜·德鲁克（Gina Drewek）以及他们的同事与我们分享音乐搬运工公司的经验。

第五章

创新流程

保持竞争优势要求组织持续创新，开发新产品、服务和流程（见图5－1）。成功的创新驱动客户获得率和增长率、利润增加和客户忠诚度提高。如果没有创新，公司的价值主张最终注定要被模仿，这将会造成组织对标准化产品和服务只能进行价格竞争。

当公司拥有快速而又高效地向市场推出创新产品（这些产品能很好地满足目标客户的需求和预期）的能力时，公司就能创造出巨大的竞争优势。产品创新是参与到诸如药业、半导体和通信等动态的、技术基础行业的必要条件。杰出的创新能力决定了行业的领先地位。[1]

四个创新流程

管理创新包括四个重要流程：

（1）识别新产品和服务机会。

（2）管理研发组合。

（3）设计和开发新产品和服务。

（4）新产品和服务上市。

图5–2总结了四个创新流程的基本目标，下面我们分别进行讨论。

识别新产品和服务机会

新产品的思想可以有不同的来源。一般情况下，研发组织的创新思想基于对从过去产品和流程创新中所积累的技能和技术的理解。例如，药业公司的研究实验室甄别和评估新化合物减缓特殊疾病的能力。近来，这些实验室已经运用分子生物科学来决定药品的特性，这些药品影响了特殊生物目标值，如酶。

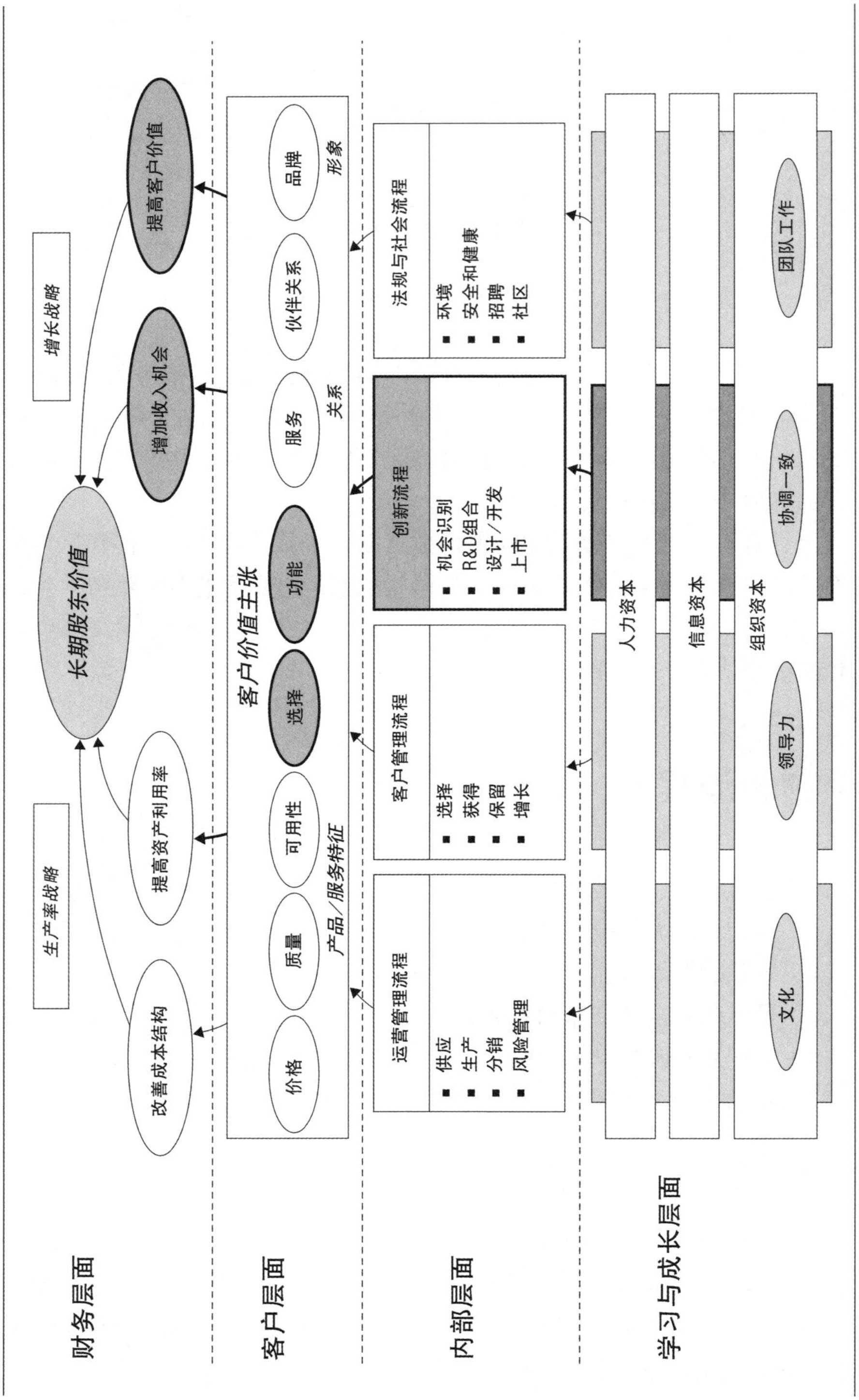
财务层面
长期股东价值
生产率战略
增长战略
改善成本结构
提高资产利用率
增加收入机会
提高客户价值
客户层面
客户价值主张
价格
质量
可用性
选择
功能
服务
伙伴关系
品牌
产品/服务特征
关系
形象
内部层面
运营管理流程
■ 供应
■ 生产
■ 分销
■ 风险管理
客户管理流程
■ 选择
■ 获得
■ 保留
■ 增长
创新流程
■ 机会识别
■ R&D组合
■ 设计/开发
■ 上市
法规与社会流程
■ 环境
■ 安全和健康
■ 招聘
■ 社区
学习与成长层面
人力资本
信息资本
组织资本
文化
领导力
协调一致
团队工作

图 5-1 创新管理

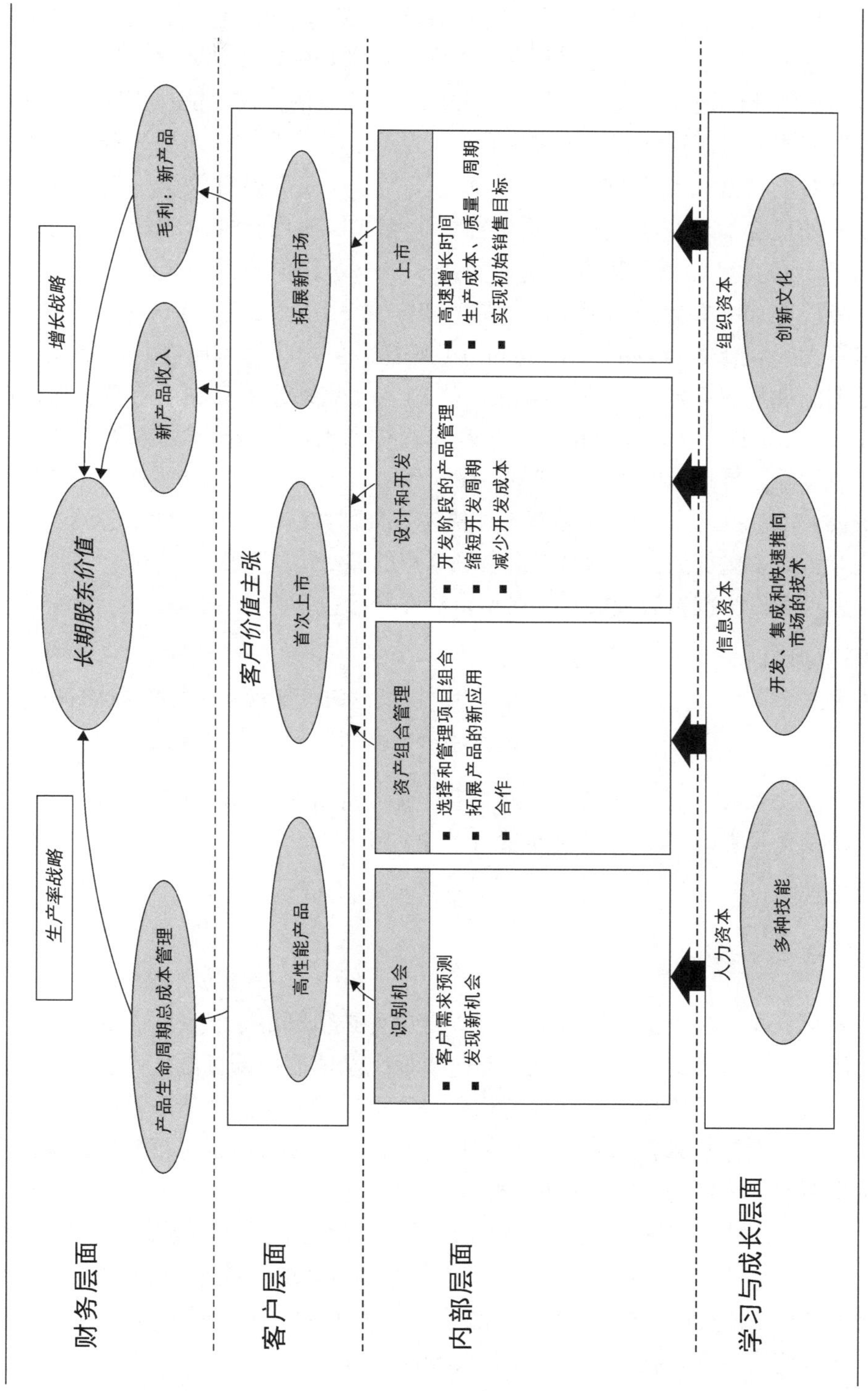

图 5-2 创新管理战略地图模板

但是，组织不应该仅仅局限于在内部获得创新思想。它们必须从外部创造思想，这些外部来源有研究实验室、大学，特别是供应商和客户。那些把供应商看作战略伙伴而不仅仅是低价材料和原料供应者的公司，能从供应商的新产品思想和能力方面获益。初级客户是新产品和新能力思想的主要来源。例如，药品器械公司通常与全球的一线医师交流，从而获得更有效地传递医疗保健新技术的机会。消费者电子公司研究青少年如何使用新推出的产品，为开发下一代产品获得思想。很多作品（超出了本书总结的范围）描述了依靠产品思想吸引客户的好处和局限性。例如，安东尼·乌尔维克（Anthony Ulwick）和多萝西·伦纳德（Dorothy Leonard）解释了公司应该询问客户的期望，而不是询问他们对新产品的特定属性的看法。[2]克莱顿·克利斯蒂森（Clayton Christensen）描述了单单从既有客户那里获得思想，忽视快速增长客户群中低端客户初始简单需求的危险。[3]W. 钱·金（W. Chan Kim）和雷内·玛伯格纳（Renée Mauborgne）的价值创新工作描述了公司如何确定产品和服务的功能，以比竞争对手更低的价格满足大众市场客户的偏好。[4]

思想和机会创新流程的一些典型目标和指标包括：

识别机会目标	指标
预期未来客户需求	· 花在关键客户身上的时间，了解他们未来的机会和需求 · 基于新客户推出的新项目数量和百分比
发现和开发新的、更有效的或更安全的产品和服务	· 为开发新产品和服务提出的新项目和概念的数量 · 确定新增值服务的数量

管理研发组合

一旦获得了新产品和服务的思想，管理者必须决定应该资助、延迟或否决哪个项目。管理者必须决定该项目是否应该完全依靠内部资源生产、是否应该进行合资生产、是否应该从其他公司获得许可证或外包。即使项目已经获得了资助，管理者还必须按照新的机会和资源约束，继续对项目进行论证，考虑在当前资源水平（资金、资本装备和员工）下是否应该继续支持项目、减少资源浪费，或者考虑项目到目前为止的进展情况或已经确定了更为有吸引力的机会而终止该项目。从评估流程获得的产出是一个综合项目计划，确定了组织投资的项目组合、项目集体实现的特定目标、所要求的资源和内外部来源的组合。

研发组合应该包括以下各种不同类型的项目：[5]

（1）基础研究和高级开发项目。

基础研究和高级开发项目创造了能最后运用到商业项目的新科学和技术知识。通常，基础研究发生在个别组织。

（2）突破性开发项目。

突破性开发项目依靠在新方法中运用科学和技术，创造了全新产品。通常情况下，这一项目建立了新产品分类或公司的新业务线。20世纪80年代开发的便携式膝上电脑是个人电脑的突破性产品。突破性产品开发项目通常维持若干年。

（3）平台开发项目。

平台开发项目在既定的分类中开发下一代产品。新平台为随后几年中可能被开发和推广的一系列产品确定了基础结构。该项目可以吸收从前产品的很多技术特征，但是它们也必须引入能提供重要特征和功能的最新技术。平台项目一般要求有巨大的资源，因为它们比起前几代产品要有成本、质量和业务的基础性改善。

（4）衍生开发项目。

衍生开发项目提高了平台产品的独特性，为目标市场群体提供产品。这种改进能降低成本或提升既有产品的功能。例如，台式电脑能为高端用户提供一个拥有高速处理器的型号，因为这些用户需要进行复杂的制图或玩交互式视频游戏；而为另外一些人提供低速处理器型号，因为他们的电脑仅仅用来发邮件、做一些简单的表格处理或文字处理。衍生开发项目所要求的资源比平台开发项目或突破性开发项目要求的要少，因为它们能充分发挥既有产品和流程的作用。

（5）联盟项目。

联盟项目可以帮助公司从其他公司获得新产品（或流程），获得方式要么是许可证，要么是转包合同。当公司的内部资源不能满足期望项目时，当内部的开发努力不能传递期望的结果时，或者当一个更小的公司已经为新产品或流程开发了基础能力，而购买这一能力要比内部开发费用低得多时，公司就会转向联盟项目。

看一下汽车公司的项目组合。基础研究项目可能是开发替代汽油动力的燃料电池；突破性开发项目将产生一辆混合燃料汽车，既能用电池又能用油料作为动力；平台产品将是一个混合燃料汽车的新生产线，公司将在随后的5～7年中进行生产销售；而衍生项目将开发混合燃料汽车的不同模型（私家轿车、双人小汽车、敞篷车）并向消费者提供多种选择，衍生项目也包括对基础混合平台的年度提高；当公司没有足够的资源来设计和开发希望上市的所有汽车型号时，联盟项目就发生了，于是公司就会因为一个独特的汽车型号或部件的开发转向一个独立公司，如保时捷汽车公司。

五种项目有不同的资源要求、项目时间和风险情况。综合项目计划决定了五种项目的组合，保证对选定的项目组合有足够的资源可以利用。综合项目计划把不同的开发项目与业务战略相联结，使每个项目与特定产品线和服务市场联系，为每个项目分配员工、能力和财务资源以帮助每个项目获得足够的资源实现目标，在可利用的资源内为项目安排确定时间表。

管理研发组合流程的典型目标和指标包括：

管理研发组合目标	指标
为优秀的创新和客户定位、业绩、盈利能力积极管理产品/提供方案组合	· 项目的实际和预期组合（高级开发、平台、衍生和外包）比较 · 每个项目的实际与预期花费 · 技术排名（独立对手的当前技术能力研究） · 项目传递途径的产品净现值 · 扩展（在传递途径中，基于产品原型的客户反馈和收入计划） · 项目组合的选择权价值
把当前的产品平台拓展到新的市场和既有的市场	· 利用既有平台（瞄准新市场）的项目数量 · 生命周期延长的项目数量
通过协作拓展产品组合	· 被许可产品的数量 · 新市场的合资项目数量 · 技术或产品伙伴数量

设计和开发新产品和服务

设计和开发流程是产品开发的核心，它把新概念引入了市场。[6]成功的设计和开发流程在一件产品中达到顶峰，该产品拥有期望功能，对目标市场有吸引力，能在稳定的质量和一定的成本条件下为企业赚取令人满意的边际利润。除了满足提供产品和服务所必需的要求外，开发流程还必须满足自己的完成时间和开发成本等目标值。

产品开发流程是一套复杂的作业集合，它跨越了企业的多个职能。该流程一般包括一系列步骤：

（1）概念开发。

项目团队研究市场调查、竞争产品、技术和生产能力，来为新产品确定基础结构。这一阶段从概念设计开始，包括产品功能和特征、目标市场、价格和生产成本的估计。

（2）产品计划。

项目团队通过建立模型、小规模试验、初始投资和财务计划来测试产品概念。

（3）详细的产品和流程工艺。

项目团队设计和生产了产品的工作原型。同时，团队从事工具和设备的设计，这些工具和设备将被用于大规模生产。可以进行几次设计—建立—试验循环，从而修正产品设计和生产流程，实现功能、成本和质量的期望业绩特征。

一些作者已经把产品开发流程描述为一个漏斗（见图5–3），一开始的大开口表明了概念、产品设计和制造流程的最大灵活性。随着项目的发展，概念、设计和流程会随着选择的被丢弃而变得更易于确定。

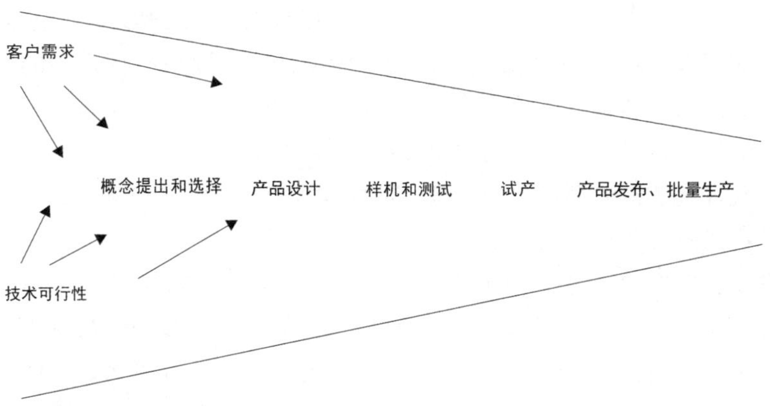

图 5–3　产品开发漏斗

很多公司引入了阶段门模型来具体确定一系列开发步骤，而这些步骤是产品从初始概念到做好大规模生产准备的完全定型产品所必须经过的（见图5–4）。

产品开发漏斗和阶段门模型为项目之间的资源分配提供了结构，而资源分配是以目前的项目经验和技术、客户偏好、竞争者和法规的发展为基础的。每一个门代表了一个做或不做的决策，工程师和管理者利用公司新产品漏斗模型把项目与其他公司的项目做比较，来竞争公司稀缺的开发资源。一个项目可能因为目前业绩或关于客户、技术和竞争活动的新信息而延期。阶段门模型为通

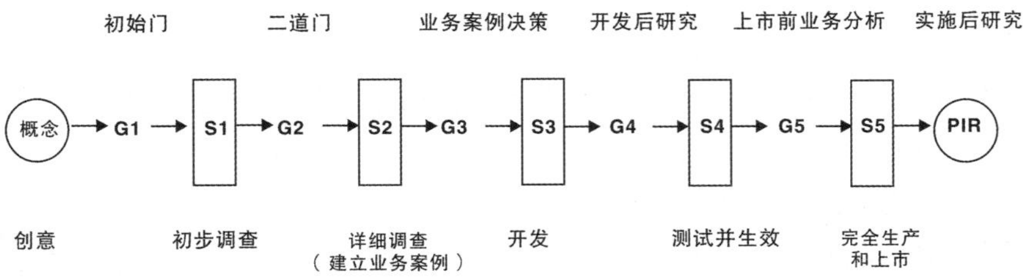

图 5-4　新产品开发的阶段门模型

常混乱的产品开发流程提供了原则。它迫使管理者定期回顾他们渠道中的每个项目，使管理者基于新的信息做出抉择，放弃那些看起来没有前景的项目。削减产品开发项目的数量可以帮助公司把资源集中用于最有希望的项目。

当然，药业和生物技术公司有不同的产品开发流程。最初，科学家们进行了包括实验室和新化合物动物实验在内的临床前研究。随后，有希望的药物要求进行三个阶段的人体临床试验。阶段Ⅰ的试验对象是正常的、健康人群（志愿者），来测定药品的安全性、耐受性和有效剂量；阶段Ⅱ用于病人，测定药品的临床影响和发现可选择的剂量水平；阶段Ⅲ是到目前为止花费最多的，包括对控制组（接受安慰剂或现有的最好治疗手段）的广泛药物试验，从而测定从新药品中获得的收益和副作用。阶段Ⅰ的试验成本可能为100万～500万美元；阶段Ⅱ的试验成本为1 000万～2 000万美元；阶段Ⅲ的试验成本为2 000万～ 7 000万美元，最终可能持续3年。在阶段Ⅲ的末期，药品被许可上市和公开发售。即使药品已经为公众所使用，公司还要继续进行阶段Ⅳ，以发现罕见的负面影响和减少剂量的机会，从而扩大开药的范围。而且，对于药业和生物技术公司，管理药品渠道和每个开发阶段的成本与时间可能是最重要的流程。

软件开发公司的日常事务类似于开发传统硬件产品公司的日常事务。数年来，软件公司采用了一个瀑布流程（见图5-5），一个阶段被分为更好确定的、连续的进程：概念设计、产品和特征规范、编码、集成和测试。当客户要求和必需技术得以很好理解时，这一流程就得以利用。

然而，最近软件公司重复地进行软件开发，帮助设计者通过产品开发流程把变化的客户要求和发展的技术用于设计。遵循这一进化的传递模型，每隔几周，公司就要为挑剔的、成熟的用户在互联网上发布新的贝塔（Beta）版本，以便他们能快速地收到用户对性能和缺陷的反馈，并对市场上刚出现的竞争者

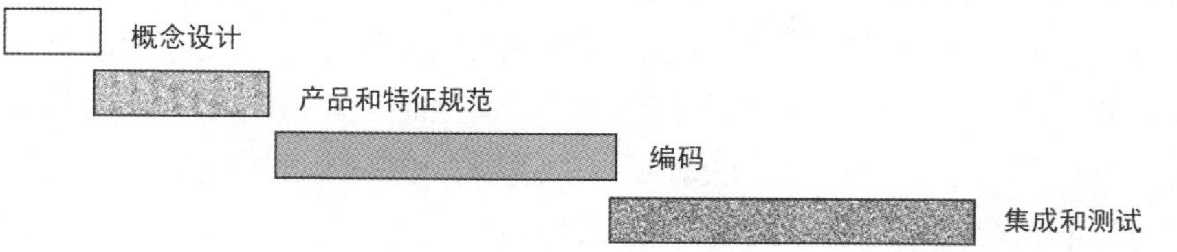

图 5-5 开发的瀑布模型

的新产品做出快速反应。开发流程包括数次“设计—建立—试验”循环，每个循环都把更多的功能融入和整合到高级产品中。[7]

在开发Office 2000的过程中，微软公司利用弹性开发流程，这包括两个关键流程：里程碑和日常建设。对于每个软件应用程序，项目团队都把开发工作分为几个步骤，每一个步骤都包括对产品功能进行设计、编码和试验等一连串工作（见图5-6）。就像瀑布方法一样，里程碑流程帮助工程师在整个项目进程中测试新产品的功能，而不是延迟到所有功能被编入新产品后才来测试。项目团队几个月内建立了三个开发里程碑，给每个里程碑分配了不同的特征。如果有些特征或功能对于实施计划的里程碑有困难，这一特征要么放入下一里程碑中，要么彻底消除。在里程碑流程中，工程师必须坚持一个预期的、固定的交付日期。他们可以减少计划功能来遵守日程。相反，正常的产品开发流程允许交付日期延迟，直到所有特征在最后产品中被吸收、被试验和被宣布有效。

在日常建设流程中（见图5-7），程序员每天检验编码的运行，并在当日

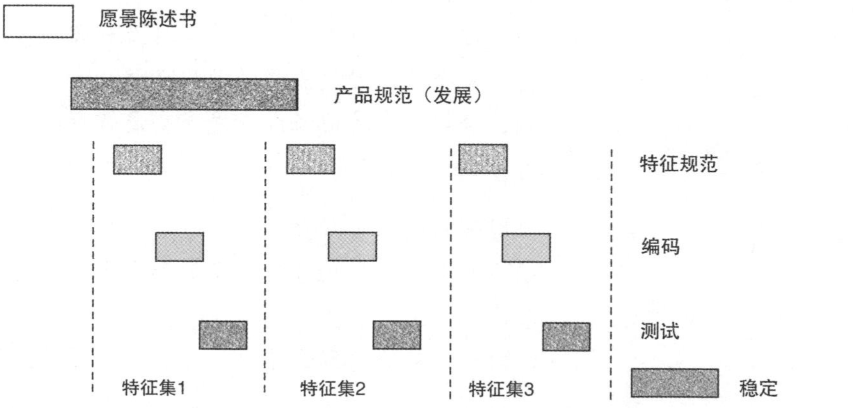

图 5-6 里程碑流程

提交他们的工作。测试团队通宵测试修正的产品，以保证新增编码能更好地适合既有设计，并为程序员随后几天的工作查找编码的故障。对程序的修正只有在低水平的“故障”已经排除之后才能被接受，此时，新编码在全部产品的其他方面不再出现问题。大体上，随着项目的进展，这一流程可以帮助高级用户每天都得到最终产品可用版本的测试和反馈信息。[8]

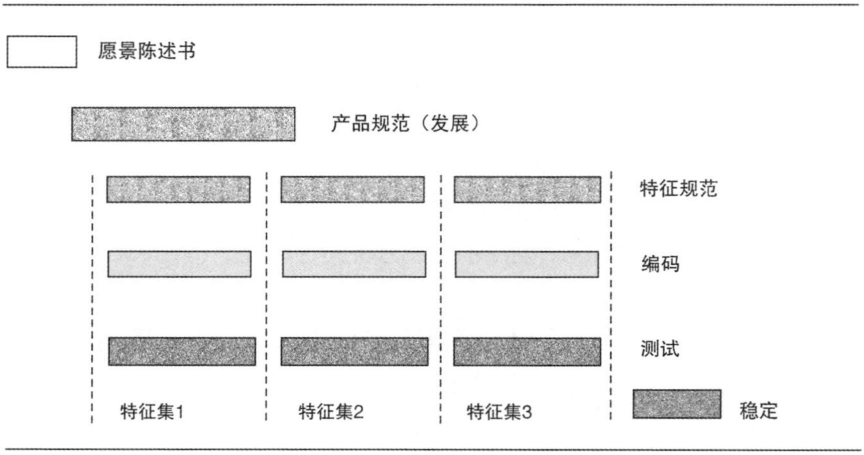

图 5-7　日常建设流程

由于不同行业项目管理流程的巨大差异，公司需要开发自己独特的目标和指标。激发思想的一些主意可从下面获得：

设计和开发目标	指标
管理项目组合	· 专利数；专利引用数[9] · 项目通过率（进入下一步的项目百分比） · 进入每个产品开发流程的项目数量 · 利用阶段门或其他正式开发审查流程分析的项目百分比
缩短开发周期	· 及时交付的项目数量 · 项目在开发流程的开发、试验和上市阶段的平均时间 · 总时间（从概念到上市）
管理开发周期成本	· 项目在每个开发阶段的实际与预算费用

新产品和服务上市

在产品开发周期的最后阶段，项目团队发布产品，并使产品初步进入商业生产。在第四流程，项目团队开始试产以最终确定生产流程规范。团队基于原型生产装备制作了所有零部件，随后装配并测试最终产品。这一流程检验新的或修正的制造流程是否能在满足功能和质量标准的商业批量水平下生产最终产品。它也确定所有供应商能按照规格准时地以目标成本交付它们的材料和零部件。

在最后阶段，公司以较低的批量水平开始商业生产，保证其生产流程和供应商准时交付产品。营销和销售部门也开始向客户销售新产品。随着客户订单的增加和供应与生产流程的稳定，生产突飞猛进。最后，当公司在特定的产品功能、质量和成本水平上实现目标销售和生产水平时，开发项目宣告结束。

产品上市目标	指标
新产品快速上市	·从试产到全面实现产能的时间 ·再设计循环数量 ·新产品上市或商业化数量
新产品的有效生产	·新产品的制造成本（实际与目标） ·新产品的产量 ·客户的故障或退货数量 ·初始保修和现场服务成本 ·消费者对新上市产品的满意或投诉 ·新产品的安全事故量 ·新工艺引起的环境事故数量
新产品的有效营销、分销和销售额	·新产品的6个月收入（实际与预算） ·新产品的脱销或毁约

创新与客户层面目标的联结

卓越的创新流程为客户提供了一个价值主张，该价值主张包括两个重要部分。第一个部分代表了公司产品和服务的特定性能特点，描述了新产品或服务的性能如何优于竞争产品或服务的性能。通过对新推出产品和服务的最重要功能方面的描述和宣传，所有员工认识到公司必须持续努力提高的特定性能维度。

例如，在半导体行业，基本存储器或处理芯片体积的持续缩小，产生了设备速度和功能方面的优势。对于显示器来说，清晰度、亮度和能耗是关键特征。在制药行业，特殊疾病和治疗项目的安全性和相关产品的有效性创造了竞争优势。对于医疗仪器和便携式消费电子产品，客户期望减小体积和重量。对于仪器，精密是其重要的性能特征。公司应该确定创新流程为客户产生的特殊功能。随后，这一功能成为衡量战略地图客户层面价值主张的基础。

价值主张的第二个部分是时间，也就是客户获得增强功能的时间。提供卓越功能但晚于竞争者数月或数年进入市场，这将不能成为高利润的基础。擅长创新和产品领先的公司可以比竞争者更快地为市场带来卓越产品和服务。对于一个公司来说，比许多产品创新晚6个月的代价可能远远高于创新流程本身运行费用上升20%甚至更多。因此，新产品和服务首次上市这一目标是产品领先者收入和利润增长的重要来源。

创新流程的第三个客户目标是把既有产品或新产品拓展到新市场。药业公司经常发现一种新的药物疗法对最初靶向的疾病以外的疾病有效。既然药物已经在安全性和毒性方面获得政府批准，那么把该药物用于新疾病的批准议程将不再烦琐。同样地，农业化学公司能发现它们的治疗对其他农作物、病虫害也是有效的，超出了最初的目标疗效和批准范围。

核心能力文献强调，满足特定功能的卓越产品是如何充分发挥作用进入许多其他应用领域和细分市场的。[10]例如，本田汽车在发动机方面非常卓越，而发动机最初是为摩托车和汽车开发的，现在帮助公司进入割草机和设备辅助发动机等不同细分市场。佳能公司在照相机光学方面处于产品领先地位，目前已经在印刷机、复印机和医疗电子等方面生产出极好的产品。而eBay已经把消费者拍卖能力转化为销售和修理商业装备的强有力工具。公司应该把它们的领先产品、服务和流程运用到超出最初设计的应用领域，进而从投资中获得最大回报。

因此，一个有效的创新流程的客户产出目标和指标包括功能、及时性和市场创新，具体如下所示：

客户目标	指标
为客户提供高质量产品和服务功能	·新产品和服务的独特性能特征（例如，规格、精密度、能耗、散热、速度、亮度、存储期、清晰度、耐久性、易用性、反应时间）
新产品和服务首次上市	·相对于竞争者的提前时间 ·首次上市产品和服务的数量 ·及时上市产品的百分比
把产品和服务拓展到新市场	·平台产品的新应用领域数量 ·新市场和细分市场的收入

财务

当然，创新的财务目标与新产品和服务的收入增长和利润增长相关（见图 5-2）。显著优于竞争者并能最先上市的产品和服务，要么能获得优价，要么能获得比同行快的销售增长（通常是二者兼得——更高价格和更快销售增长）。收入和利润增长既能从现有客户和市场获得，也可以从全新的客户和市场那里获得。因此，开发新产品和服务的收入和利润目标可以同时适用于现有客户和新客户。公司还应有这样一个目标，为开发新产品和服务已投入的研发投资也要得到回报。

创新通常与生产率和成本降低无关。考虑创新和成本管理之间关系的主要好处可能来自在产品的整个生命周期内管理成本的机会。公司很希望设计一个指标来降低产品的维护、维修和处理成本。产品环境问题在欧洲国家特别重要，因为这些国家的法规要求公司使产品的“回收”（put-back）成本内在化。

财务目标	指标
研发投资回报	·技术投资回报 ·实际和目标盈亏时间（BET）[11] ·专利的特许权和许可权收入
现有客户的收入增长	·最近一年现有客户的收入和利润增长 ·现有客户的销售额增长百分比
新客户的收入增长	·使用新产品的新客户收入和利润
管理生命周期成本	·维修成本占总制造成本的百分比 ·处理成本占总制造成本的百分比

学习与成长

能力、技术和组织氛围（见图5–2的学习与成长层面）对于培育有效的创新流程至关重要。

1. 人力资本

如果在新产品和流程方面没有资深的基础科学和技术专家，那么创新就不能发生。创新公司需要的科学家和工程师必须具备组织基础技术所要求的适当教育和经验。当新科学得以发展并且新细分客户出现的时候，能力需求会随时发生转变。例如，制药公司研究开发新药的科学条件已经从化学转向分子生物学和计算遗传学；在软件行业，有些计算机工程技术采用了开发极好但高度专有的架构，它们可能会随着客户对公开架构软件的偏好而贬值。因此，公司必须持续关注开发下一代产品和服务所要求的技术组合。

但是既定科学或工程领域的深层能力是不可能靠自己成功的。今天，大多数重要进步都要求对多个学科的科学和技术进行整合。另外一个关键能力是员工与其他学科和背景的科学家和工程师共同工作，并把不同知识融入产品，使产品性能得以突破。

除了整合技术专长，产品开发项目的所有员工必须能有效地与研发部门之外的职能部门（营销、运营和财务）的员工互动。这样的整合能帮助开发项目满足功能、上市时间、质量和制造成本等方面的目标。因此，支持创新流程的能力主题包括拥有科学家和工程师，而这些科学家和工程师必须具备所有基础学科的能力；还应包括拥有与多功能团队一起有效开展多学科项目的能力。

2. 信息资本

对于任何重要产品开发流程来讲，信息技术都是日益重要的关键部分。现在，项目团队在实物模型场所利用先进的三维模拟方法来测试和试验不同的设计。虚拟原型法更快，更节省费用，比实物模型的传统原型法有更多的设计周期和学习机会。在药物研究方面，计算机化的技术和能力已经像物理和化学一样成为研究工作的中心。[12]

信息技术不仅加强了跨职能、跨部门和跨地域的知识和项目经验交流，而且促进了最佳实践的共享。

除了创新流程本身利用技术之外，创新型公司还能利用信息技术将新产品快速引入商业化生产。柔性制造设备能使新产品快速投入生产，并在不增加全新机器的情况下进行商业化批量生产。当项目工程师的计算机辅助设计（CAD）终端与生产的计算机辅助制造（CAM）设备顺利地相互协作时，从设计到制造的传递过程会变得相当快。

3. 组织资本

（1）团队工作。

正如前述，团队工作对于成功的创新项目非常重要。但是除了要与其他学科和职能部门的内部员工共同工作之外，创新流程的员工还必须积极与外部的科学和技术团体合作。并不是所有创造都来自公司的研究实验室。公司里的科学家和工程师应该持续参加科学会议，与一流大学联合并关注科学文献，从而使他们对可能影响公司产品和服务的科技进展保持警惕。

（2）文化。

组织文化必须强调创新、颠覆和变革是其核心价值观。组织文化还应该鼓励获得公司外部的知识，克服所谓的“非我发明”（not-invented-here，NIH）综合征的本质倾向，这种本质倾向损毁了外部公司科学家和工程师取得的进步，即使他们为竞争公司工作。

学习与成长层面的目标和指标如下：

学习与成长目标	指标
获得深厚的职能专长	· 关键研发岗位的战略技能覆盖率
发展有效的交叉学科和跨职能团队	· 在交叉学科和跨职能产品开发团队有效工作的研发员工比例 · 拥有有效的项目管理领导能力的员工比例
为模拟和虚拟模型开发计算机技术	· 具有先进模型工具知识的研发员工比例
利用技术快速推出产品	· 有效整合CAD/CAM的上市产品比例
从科技界捕获领先知识	· 从外部来源获得的新思想数量 · 当前科学技术能力的同行评议
培育创新文化	· 新产品和能力的建议数量 · 对创新和变革的员工进行文化调查

本章小结

创新流程可能是一个组织保持竞争优势的最重要的流程。我们在本章为四个创新流程确定了高水平目标和相关指标：

- 识别新产品和服务机会。
- 管理研发组合。
- 设计和开发新产品和服务。
- 新产品和服务上市。

尽管创新流程很重要，公司对它们的重视程度还是比不上更明显的、重复的、可预测的运营和客户管理流程。不管战略如何，所有公司都应该在战略地图中至少设计一个创新目标。而对于遵循产品领先和系统锁定战略的公司，创新流程的业绩可能是最具有决定性的成功因素。

随后的案例研究，我们描述了盛世（Saatchi & Saatchi）公司的战略地图，该公司是处于世界领先地位的广告公司。盛世公司基于创新的新使命采用了一个新战略，即“成为受人尊敬的、具有改变世界的创造性理念的温室，我们的理念能转变客户的业务、品牌和声誉”。它希望擅长创造新的广告词和媒介物为客户形象带来突破性转变。

注释：

[1] Steven C. Wheelwright and Kim B. Clark, *Revolutionizing Product Development: Quantum Leaps in Speed, Efficiency, and Quality* (New York: Free Press, 1992), l.

[2] A. W. Ulwick, “Turn Customer Input into Innovation,” *Harvard Business Review* (January 2002): 91-97; D. Leonard, “The Limitations of Listening,” *Harvard Business Review* (January 2002): 93.

[3] Clayton Christensen, *The Innovator's Dilemma: When New Technologies Cause Great Firms to Fail* (Boston: Harvard Business School Press, 1997).

[4] W. C. Kim and R. Mauborgne, “Value Innovation: The Strategic Logic of High Growth,” *Harvard Business Review* (January-February 1997): 91-101; and “Creating New Market Space,” *Harvard Business Review* (January-February 1999): 83-93.

[5] 这部分材料，请参考：S. C. Wheelwright, “The New Product Development Imperative,” note 9-699-152, (Boston: Harvard Business School, 1999)。

[6] 这部分材料，请参考：Wheelwright and Clark, *Revolutionizing Product*

Development, and M. Iansiti and T. Kosnik, “Product Development: A Customer-Driven Approach,” note 9-695-016, (Boston: Harvard Business School, 1995)。

[7] M. Iansiti and A. MacCormack, “Developing Products on Internet Time,” *Harvard Business Review* (September-October 1997): 108-117; Tom Gilb, *Principles of Software Engineering Management* (Reading, MA: Addison-Wesley, 1988); A. MacCormack, “How Internet Companies Build Software,” *Sloan Management Review* (Winter 2001): 75-84.

[8] A. MacCormack, “Microsoft Office 2000,” Case 9-600-097 (Boston: Harvard Business School, 2000).

[9] 专利和专利引用数量作为研究成果的关键指标，参见：Baruch Lev, *Intangibles: Management, Measurement, and Reporting* (Washington, DC: Brookings Institution Press, 2001): 57-61, as a key indicator of research output。

[10] C. K. Prahalad and Gary Hamel, “The Core Competence of the Corporation,” *Harvard Business Review* (May-June 1990); and *Competing for the Future* (Boston: Harvard Business School Press, 1994).

[11] BET是指项目从开始直到公司以实现销售利润弥补产品开发成本所花费的时间。参考：C. H. House and R. L. Price, “The Return Map: Tracking Product Teams,” *Harvard Business Review* (January-February 1991): 92-100; Robert S. Kaplan and David P. Norton, *The Balanced Scorecard: Translating Strategy into Action* (Boston: Harvard Business School Press, 1996), 102-103。

[12] S. Thomke, *Experimentation Matters* (Boston: Harvard Business School Press, 2003).

案例研究

盛世公司

背景

盛世公司是公共集团——一家法国通信集团——的全资子公司，是世界一流的广告代理网络之一。它每年从全球40个代理商和138个办事处获得的收入为70亿美元，为世界100家顶级广告商中的60家提供服务。公司成立于1970年，通过一系列雄心勃勃的并购，从伦敦的一家小商店变为一个超级公司。因为没有统一的战略，各个代理商各行其是，不了解公司盈亏。到了20世纪90年代中期，公司的爆炸性增长被证明几乎是致命的；1997年分拆后，一个新的领导团队将它从即将破产的边缘拯救了过来。在不断增加的股东压力下，公司宣布其目标为：以竞争性方式增长收入基础，达到30%的最终收益（在增加的收入增长中），每股盈余翻一番。新的CEO凯文·罗伯特（Kevin Roberts）制订了一个全面的战略计划，这个计划被命名为“路在前方”。CFO比尔·科可伦（Bill Cochrane）为帮助公司实现这些雄伟的目标，引入了平衡计分卡。CEO和CFO发现平衡计分卡与无形资产（公司价值创造源泉）管理并不匹配。他们看到，如果没有必要的新销售额，客户保持率是财务健康的最好指标（20%的客户基础支持了80%的公司收入）。因此，新战略变为“建立永久痴迷的客户群（PICs）”。作为一家全球性广告公司，其收入的最大来源应该是在每个市场为全球客户提供最优质的服务。

战略地图

如图5-8所示，管理团队确定了三个战略主题：

- 运营卓越，指标有财务纪律、在全球代理网络中敏捷工作。
- 客户管理，指标有擅长客户管理、关注业务开发。
- 创新，指标有确定和实施合适的沟通服务、凭借我们的领先理念赢得全球声誉。

战略实施主管保罗·梅尔特（Paul Melter）注意到，公司为了简便，在战略地图中没有重复这些主题。但是，公司的“成为受人尊敬的、具有改变世界的创造性理念的温室，我们的理念能转变客户的业务、品牌和声誉”这一使命被放在了地图的最上部。

从地域结构到当地使命结构，公司都进行了重组。每个当地代理商都被归入下列三类之一：

- 领导代理商：最有可能创造变革思想的代理商。
- 驱动代理商：在当地市场有极好的机会获得利润增长的代理商。
- 繁荣代理商：拥有有限的利润增长机会、关注近期利润优化的小型代理商。

每类代理商开发了各自不同的战略地图。

1. 财务层面

自从1997年12月盛世公司从科戴安特传播公司（Cordiant Communication）

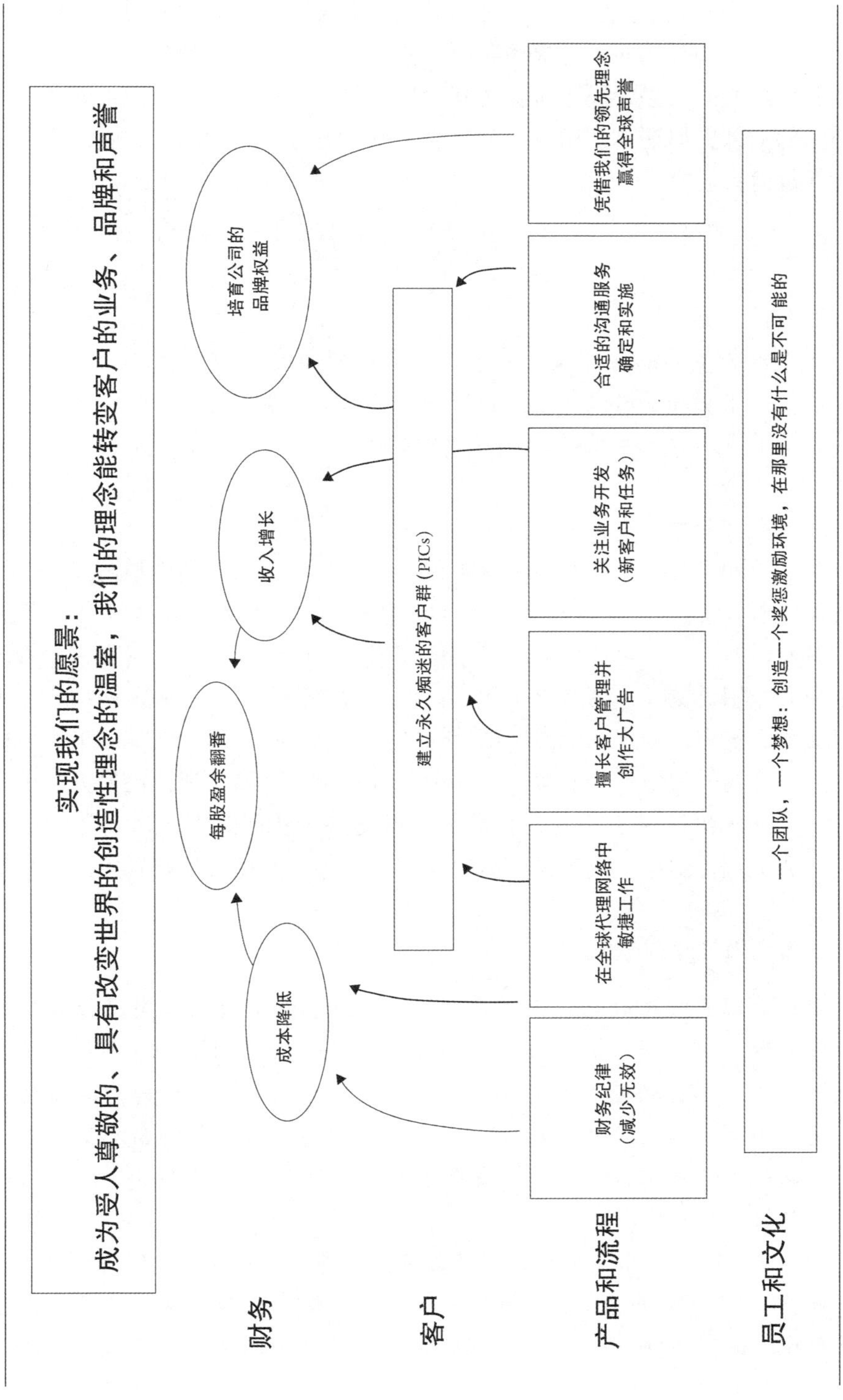

图 5-8　盛世公司的战略地图

分拆出来以后，股东价值就成为公司的首要考虑因素。盛世公司的财务目标值仍然富有进取心，然而，管理团队希望把财务业绩定位为追求卓越这一关键主题和客户战略的结果，而不是作为其明确的目标。尽管盛世公司把财务层面放在地图的上部，但还是利用一个公式来强调非财务层面的影响和它们作为领先指标的价值：

A（员工和文化）+B（内部流程）+C（客户）=D（财务）

2. 客户层面

建立永久痴迷的客户群是盛世公司客户层面的单一目标，也是其顶层目标。这一主张明确了最大化全球客户关系价值的需要。建立永久痴迷的客户群直接支持了收入增长和建立品牌权益的目标。

3. 产品和流程（内部业务流程）

为了帮助实现“财务纪律和减少无效”，科可伦除了利用平衡计分卡指标帮助强调财务责任外，还创造了一个每个代理商必须执行的年度健康检查。

主要目标——在全球代理网络中敏捷工作，已经对运营卓越和客户管理产生了极大作用。例如，现在员工明白把最好的广告词撰写人放在网络账户中，可以帮助实现客户的永久痴迷（即使这些账户只占收入的10%）。工作敏捷也能帮助代理商较好地分配资源，正如梅尔特所说，可以实现公司最大的组织专长——“从了解区域账户的主管那里获得支持，从拥有主要市场经验的领导代理商那里获得知识，或者如果需要，转向另外一家拥有最好思想的公共集团公司。”

其他的内部流程主题有：

●擅长客户管理并创作大广告：这一主题蕴含着盛世公司的核心目标之一，即创造“BFIs——伟大而美妙的想法”。伟大而美妙的想法不仅仅是一个独创的广告概念，还是一个变革性的想法。它可以是一个新的产品类型，例如，盛世公司为泰诺（Tylenol）创造了非阿司匹林止痛药的新类型；也可以是一个新的产品定位，例如，将法莫替丁（Pepcid AC）定位为一种预防性药物，而不仅仅是一种安慰剂。

这一主题的另一个流程目标将修订“想法摘要”流程，代理商可以通过该流程将广告理念从提案推进到最终产品。为了保护资源，避免浪费，代理商现在仅仅从四个关键团队领导者（账户、计划、媒体和创造）开始，迎接和解决客户挑战。在24～48个小时内，他们构思了“挑战摘要”，来确定客户的需要。只有客户同意了摘要，代理商才分配重要资源。这种流水线方法吸引了盛世公司内部和客户公司的广泛关注。

●关注业务开发：代理商领袖现在必须确定新业务和新的客户机会，展示从投资到经营的更大收效。这一目标迫使企业采用更具战略性的方法进行业务规划。

●确定和实施合适的沟通服务：这一目标对准创新主体。“营销的最好方法并不总是通过电视或印刷品这些传统媒体，”梅尔特说道，“它可以是活动促销或插入电话账单的一个直接回答插页。”

4. 员工和文化

这一层面的单一而鼓舞人心的目标——“一个团队，一个梦想”，反映了CEO罗伯特的领导能力。这一层面没有箭头指向其他层面，这是因为盛世公司考虑到这是所有其他层面的基础目标。

战略地图所描述的价值链已经帮助公司的管理者实现了重点明确并做出了与战略指令一致的业务决策。这一利益可以从新方法中得到最好的诠释，梅尔特利用这种新方法来解决最大的“黏性物”（盛世公司对“问题”的说法）：我们怎样利用现有的资源为客户传递一流的创新性内容？

通过为每个层面安排目标，代理商领袖能看到投资于另外一位广告词撰写人的长期价值，而不必与初级广告词撰写人打交道或在自由撰稿人身上花费资金。工资成本足以被利用率收益（工作敏捷）和快速入市（使客户高兴）弥补，两者能从客户那里获得更多任务，进而推进收入增长。

结果

1997年，公司引入新战略和平衡计分卡（盛世已更名为“Compass”），到2000年9月被公共集团合并，这一期间股东价值增长了5倍，提高了20亿美元。这一突出业绩使该公司成为平衡计分卡名人堂的成员。

该案例由平衡计分卡协会的帕特里西亚·布什（Patricia Bush）、简·科奇（Jan Koch）和保罗·梅尔特编写。我们也感谢比尔·科可伦与我们分享了盛世公司的经验。

第六章

法规与社会流程

企业必须持续获得在其生产和销售的社区和乡村进行经营的权利（见图 6–1）。国家和地方法规为企业的经营设定了有关环境、员工健康和福利、雇用和招聘活动的标准。至少，为了避免倒闭或昂贵的诉讼，企业必须在经营活动中遵守所有的法规。

然而，许多企业寻求突破法规所要求遵守的最低标准。它们希望做得好于法规要求，以便逐步提升它们被每个社区选为雇主进行经营的声望。马克·埃普斯坦（Marc Epstein）和比尔·伯查德（Bill Birchard）强调了将社会环境会计纳入公司利益相关者责任报告的重要性。[1]

例如，诺瓦化学制品公司（Nova Chemicals）的下述声明：

在每个厂址，我们都设计了关注社会责任的社区行动方案，这些方案产生了诺瓦公司成为好邻居的理念。这些承诺意味着公司展示了在所经营的社区关注安全、健康和环保法规的杰出业绩。

我们对社区的承诺随着公司的赞助和捐献得到了进一步加强。我们对经营所在地的可持续发展计划所做的承诺，使我们感到非常自豪。

从声明中我们可以看出，在战略地图和平衡计分卡中强调法规与社会业绩不是对传统利益相关者方式的再包装。[2]我们认可公司对员工、市民和社区的责任，如果法规与社会流程不能得到充分执行，就会使公司经营、成长以及向股东传递未来价值的能力遭受风险。更为重要的是，许多企业认为实现这些流程的卓越将提高长期股东价值。

在法规与社会维度业绩方面的卓越声望有助于公司吸引和留住高素质员工，从而使公司的人力资源流程更加有效甚至高效。例如，在与苹果电脑、微软等公司的人力资源实践进行了标杆比较之后，南方贝尔公司增加了国内伙伴的利益。这种做法不被用于专门吸引活跃的应募者，因为公司已经决定它希望

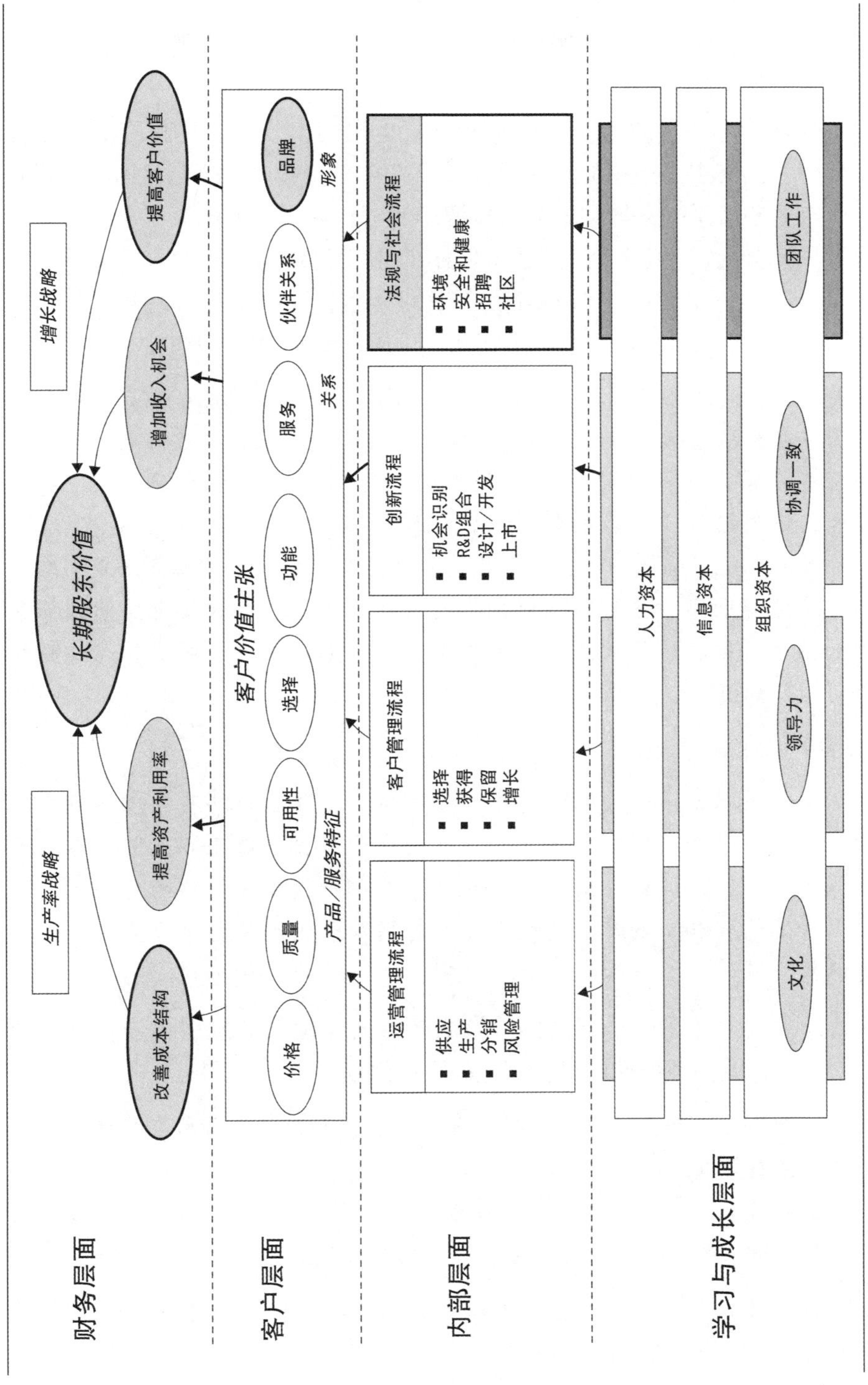
财务层面
客户层面
内部层面
学习与成长层面
生产率战略
增长战略
长期股东价值
改善成本结构
提高资产利用率
增加收入机会
提高客户价值
客户价值主张
价格
质量
可用性
选择
功能
服务
伙伴关系
品牌
产品/服务特征
关系
形象
运营管理流程
■ 供应
■ 生产
■ 分销
■ 风险管理
客户管理流程
■ 选择
■ 获得
■ 保留
■ 增长
创新流程
■ 机会识别
■ R&D组合
■ 设计/开发
■ 上市
法规与社会流程
■ 环境
■ 安全和健康
■ 招聘
■ 社区
人力资本
信息资本
组织资本
文化
领导力
协调一致
团队工作

图 6-1 法规与社会流程

招募的年轻人想要为一家他们认为“积极进取”的公司工作。这也增加了人力资源部门计分卡指标的多样性，以确保公司从其经营和服务所在社区吸引和留住优秀的员工。[3]

减少环境事故并改善员工安全和健康也提高了效率，并且降低了运营成本。最后，具有杰出声望的企业通常会提高它们的客户、社会意识和投资者形象。所有这些联系——增强的人力资源、运营、客户和财务流程，展示了有效的法规与社会流程业绩管理是如何驱动长期股东价值创造的（见图6–2）。

瑞士制药公司诺华（Novartis），提供年度健康、安全和环境（HSE）报告。该公司董事长兼CEO丹尼尔·瓦塞拉（Daniel Vasella）说道：

因为我们的业务活动和我们的社会与环保业绩是有机地联系在一起的，今年我们将在业绩总结的同时，公布健康、安全和环境报告。我们也将积极回应当今经济全球化下日益增长的公司责任范围，除了传统的健康、安全和环境主题外，还包括与可持续发展和经济、社会与环境发展相关的主题。

对我们来说，确保一流健康、安全和环境业绩的一个重要方法是高级管理层的年度分部回顾。分部回顾的目标是持续改进：我们收集重要的数据和信息（如排放、废物、事故统计等数据）并据以确定改进的区域和建立新的优先活动和目标值。[4]

可口可乐公司声称：

环保干事职位使我们不仅遵守法律和规章，并且与那些寻求环境挑战解决方案的人士结成联盟……我们开发并投资于超出当前业务范围的环保干事职位行动方案……可口可乐EKO系统要求我们持续检查业务的每个方面，寻找减少资源消耗和废物产生的机会，同时增加包装和其他供应品中的再生物资使用量。[5]

杜邦公司发布了一份广泛的、资料翔实的年度全球发展报告。该公司声称，它对“在关注环境的同时管理业务”做出承诺：

为了设备运转安全、环境保护、员工、客户和我们经营所在社区的公众，我们将坚持高标准。

为了使安全、健康和环境问题成为所有业务的有机组成部分以及让我们坚持不懈努力追求的业务符合公众期望，我们将加强业务。[6]

以上仅仅是几个全球领先公司追求卓越的法规与社会流程并将其作为长期价值创造战略的有机组成部分的例子。

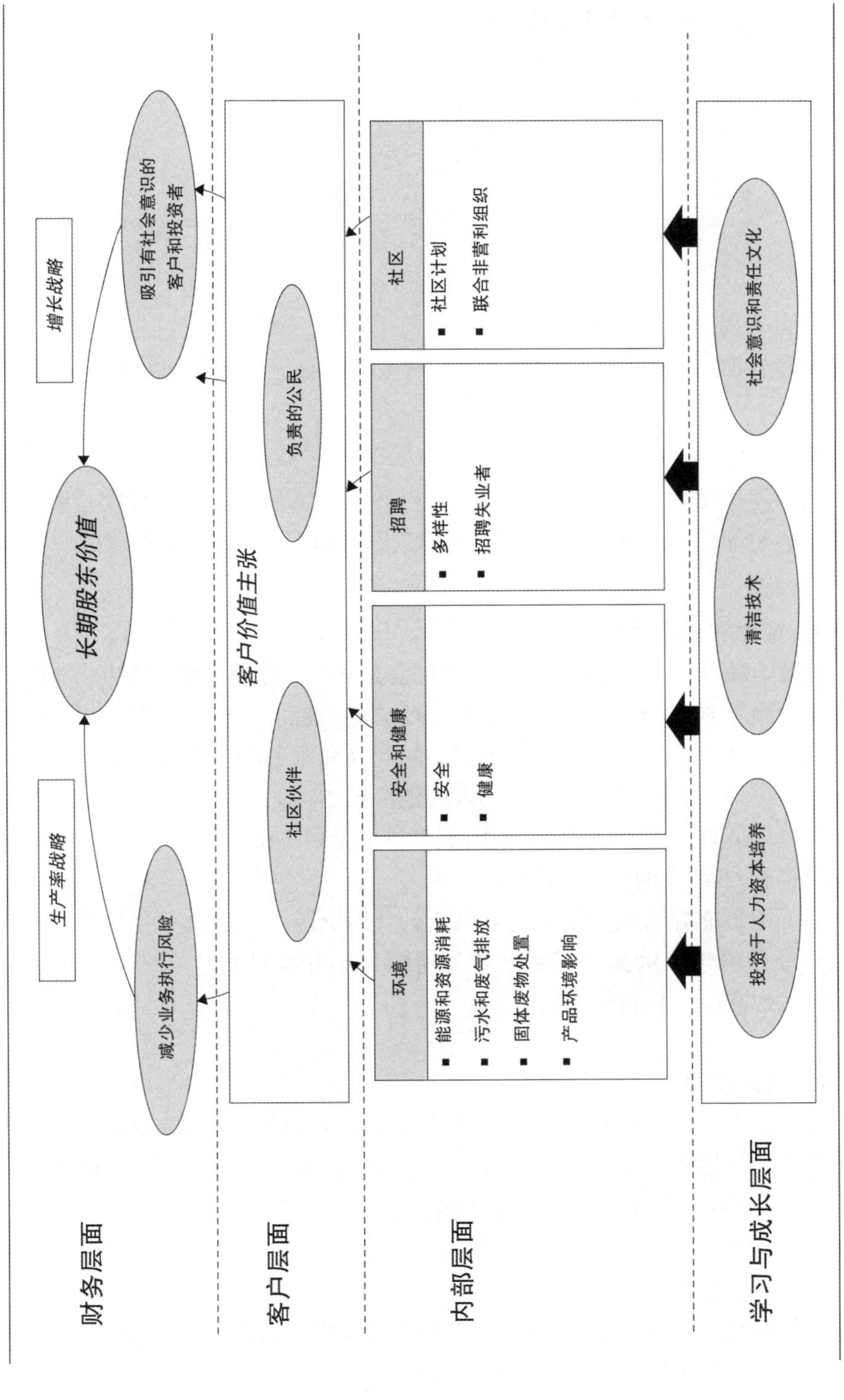

图 6-2　法规与社会战略地图模板

法规与社会流程管理

企业从以下几个维度管理并报告它们的法规与社会流程：

（1）环境业绩。

（2）安全和健康业绩。

（3）员工雇用业绩。

（4）社区投资。

下面，我们以几个例子，针对上述每个维度，说明企业目前使用的衡量指标和披露事项。然后，我们讨论战略和法规与社会流程之间的联系。

环境业绩

因为发达国家有着广泛的法规，所以环境业绩是公司法规与社会衡量系统中最发达的部分。通常，企业的环境业绩报告有以下几个组成要素：

1. 能源和资源消耗

能源消耗可用能源来源（耗用能源的总焦耳）或能源类型（如电力和燃料）来衡量。企业报告与上年相比的能源消耗总量，也使产出单位规范化［生产每磅（桶）耗用千瓦或焦耳］。由于提供的产品和服务的多样化，使用类似产出指标不太可行，企业便通过销售收入或销售成本（如每千美元销售成本耗用焦耳）来进行规范。图 6–3显示了百时美施贵宝公司（Bristol–Myers Squibb Energy Consumption，BMS）的能源消耗披露事项。

除了衡量能源消耗，企业还可以衡量其他资源（主要是水和材料）的总消耗和标准化消耗。例如，诺基亚通过持续缩小和减轻其核心产品——蜂窝电话，极大地减少了材料耗用数量。

2. 污水排放

清洁的水是一种稀缺资源。企业对清洁水使用量和污水排放十分敏感，它们会衡量对清洁水的需求量和污水排放总量（污水管道排放量）。例如，诺华在其2001—2002年企业公民报告中的披露事项（见图6–4）。

3. 废气排放

废气排放是一个全球问题。企业报告它们的有毒气体和致癌气体排放情况。例如，杜邦在年度报告中提供气体排放数据（见图6–5）。

随着对温室气体（全球变暖的潜在原因）的关注，许多企业报告它们的二氧化碳（CO_2）排放量。同样，对酸雨的关注促使企业报告一氧化氮（NO）和二氧化硫（SO_2）排放量。化学和其他制造企业共同报告臭氧破坏物质，如氟氯碳化物和氢氟氯碳化物的排放量。废气排放可以用废气排放千克来衡量，也可以通过产出（千克/销售额或千克/销售成本金额）来标准化。

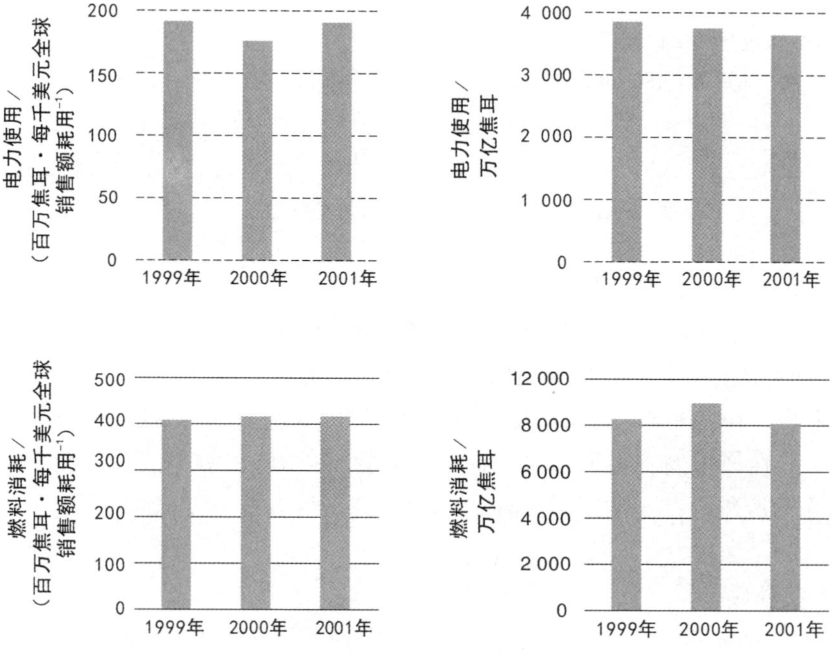

图 6-3　百时美施贵宝公司的能源消耗（1999—2001年）

污水排放	2001年	2000年	变化
管道废水排放 / 千立方米	2 100	1 960	7%
悬浮固体	627	609	3%
化学氧需求	4 220	4 110	3%
氮总量	403	505	−20%
磷酸盐	61.4	97.0	−37%
可溶盐	20 200	20 800	−3%
重金属总量	0.46	0.32	43%

图 6-4　诺华2001—2002年企业公民报告

美国有毒排放物目录中的废物和排放物 单位：百万磅

	1987年	1991年	1995年	1997年	1998年	1999年	2000年
产生的废物总量	—	890	639	542	619	673	550
深井处置的有毒废物	237	187	61	50	45	38	38
排放到空气、水和土壤的废物	71	57	41	34	37	41	37

全球有毒气体和致癌气体排放量

	1987年	1991年	1992年	1993年	1995年	1997年	1998年	1999年	2000年
有毒气体	68	53	41	29	32	26	24.5	18.8	16.1
致癌气体	9.1	5.7	4.7	3.6	2.0	1.6	1.2	1.4	1.2

图 6-5 杜邦年度报告（气体排放数据）

4. 固体废物产生和处置

企业报告有害和无害废物的产生和处置。例如，百时美施贵宝公司对其报告的固体废物提供了大量的数据和描述（见图 6–6）。

IBM报告，在2000年，尽管产量增加，但是产生的有害废物减少了15 703吨（41.6%）。在产生的有害废物中，有61%被重新利用。IBM也减少了12.5%的垃圾填埋生产废料。在2000年，只有3.2%的处理后材料被垃圾填埋。

5. 产品业绩

即使企业的产品已被销售给最终客户，企业对其产品的表现也越来越敏感。产品领先公司，如惠普和索尼，持续引入新产品，因此它们关注上代产品的处置和重新利用。惠普明确地开发了产品报废解决方案，例如回收技术和基础设施，来创造可靠的再生物资流。其工程师从环境设计视角来优化与环境有关的产品、流程和设施的特性。这些导向促使其产品设计师在设计一件新产品时考虑下列问题：

- 确定在产品生命周期内减少环境影响的设计变化。
- 无论何时，尽可能减少有害或有毒塑料和化学物质。
- 减少使用材料的数量和种类，将塑料树脂的分类标准化。
- 无论何时，尽可能使用浇铸的色彩和面层，而不是油漆、涂覆或电镀。
- 通过减少惠普打印、成像和计算产品的能源耗用，帮助客户负责地使用资源。

重回流程或市场的非生产产出

我们全球的每套设备都被要求追踪它的无害废物回收情况。我们追踪塑料、纸板、纸和铝的数据。如图所示，自1997年开始，无害废物回收在2000年减少了37%，有了显著的下降。主要原因在于，相对于处置来说，回收成本不断上升，相对于处置，百时美施贵宝公司持续地提升回收的优先选择地位，尽管我们的最终目标是通过减少资源耗用来减少无害废物产生量。我们的可持续报告2010年的目标之一是，减少无害废物产生量，这将有助于驱动变革，并增加我们的无害废物回收量。

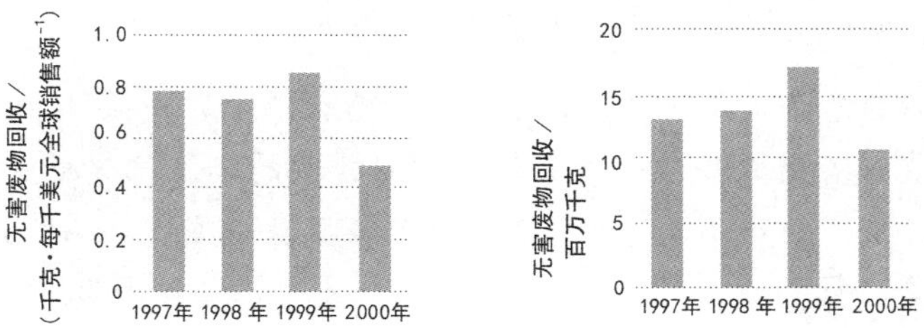

进入土地的非生产产出

无害废物处置包括塑料、纸板、纸、铝、不合格品或过期产品，还包括不受管制的有害废物、一般垃圾和医疗废物。自1997年开始，无害废物处置已经减少了20%，主要原因在于资源耗用量的减少。

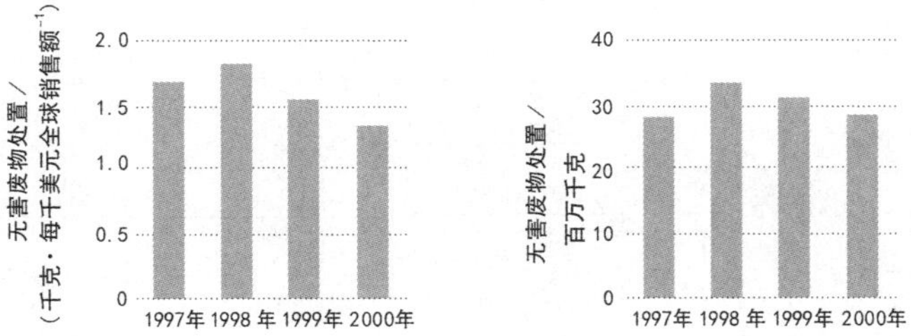

有害废物

我们在全球追踪设备的场外排放废物。图中显示了被送到场外处置的有害废物量（受地方要求限制），数据不包括现场补救措施产生的有害废物。绝大多数有害废物被焚烧，只有残留的灰烬被掩埋于土壤。如图所示，自1997年开始，有害废物处置下降了30%。1999—2000年，下降的部分原因是，取消了某种产生大量危险废物的设备的一个流程，同时还增加了废物的现场处理。

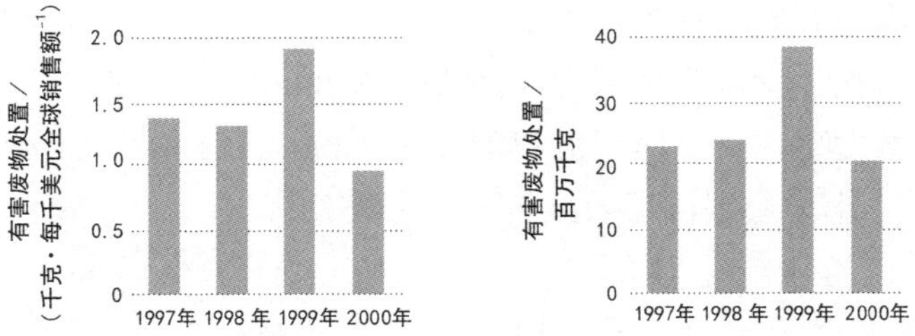

图 6-6 百时美施贵宝公司的材料报告

- 增加售前和售后的产品包装再生材料使用。
- 通过使用更少的生产和包装材料，全面最小化客户废料负担。
- 设计容易分解和回收的产品。

惠普的每件产品都包括环境认证，如不含有害材料（例如镉和汞），没有非官方限制材料（卤系阻燃剂、卤化塑料和三氧化二锑），以及节约能源和其他资源的特性指标。

相似地，索尼也会报告产品的环境影响。例如：

考虑到产品的整个生命周期，大多数能源消耗源于客户操作索尼产品时的电力。例如，在2000财政年度，产品运输期内排放的二氧化碳减少了大约810万吨。索尼通过改良的产品设计和引入新产品与服务来减少产品电力消耗和二氧化碳的排放量。

6. 综合的环境指标

一些企业想提供它们对环境总影响的总体情况。例如，图 6-7所示的索尼环境影响简图，通过每个显示的总计指标来补充详细数据。

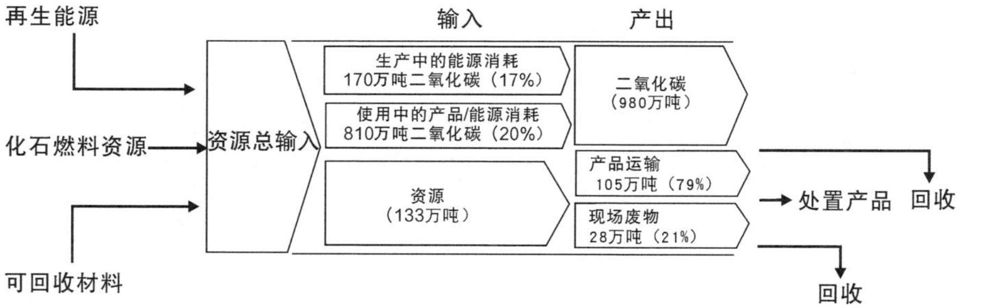

图 6-7　索尼集团的全面环境影响

企业通常为它们的平衡计分卡创造环境事件指数。企业环境专家针对环境事件包含的内容开发了严格的定义，比如未预料的废气、废水和固体废物排放。例如，诺瓦化学制品公司关注防火，在2000年启动了一项行动方案强调涉火流程的触发事件——遏制流程的损失（Loss of Process Containment, LOPC）。一个小组为遏制流程的损失下了定义：

在大量或高浓度原料加工中，向空气、水、土地或工作环境的意外泄漏、溢出或排放，导致或本可导致一个安全或环境事件。

诺瓦化学制品公司也关注铁路、汽车、航海和管道运输中的产品排放情况。它开发了一个指标——无事故排放（Non-Accident Releases，NAR），来追踪任何小到250毫升的排放。通过维护和检查，这个指标被认为具有预防作用。

一旦环境指数被定义，目标值被确立，系统被安装用于追踪数据，运作经理便可以对报告所有事件负责（环境小组对审计所有事件负责）。环境指数提醒员工应避免的事件的性质，因此影响他们的行为。它作为计分卡的先导指标驱动企业环境业绩的改善。

国际标准组织（the International Organization for Standardization，ISO）为全球的经营活动开发了自愿的技术标准，有助于使“产品和服务的开发、制造和供应更为高效、安全和清洁”。自1996年起，ISO为环境管理开发了14000标准体系。至今，该标准体系包括了环境管理系统开发的标准和350多个监督空气、水和土壤的特殊标准。企业开始逐步在它们的环境计分卡上报告ISO14000国际环境标准体系的遵守情况。

其他自愿性环境标准也开始出现了。在英国，一些企业建立了公司环保承诺的经营环境指数（the Business in the Environment，BiE）。经营环境调查比较了参与公司从事环境管理的程度，以及它们是如何评价和管理它们的环境业绩的。例如，英国酒业公司帝亚吉欧（Diageo）在其2001年环境报告中提供了下列信息：

	BiE指数	
	1999年	2000年
帝亚吉欧得分	63.8	73.9
帝亚吉欧总排名（184家参与企业）	—	74
帝亚吉欧排名（工业企业）	10（17家）	10（23家）
帝亚吉欧排名（FTSE 100）	56	48

认识到对供应商、环境管理系统、运输和生物多样性等领域存在的不足进行改善的需要，帝亚吉欧誓言要改善环境流程，因为它有助于公司提高未来业绩。

英国电信（BT）也参加了经营环境调查。在2001年度的报告“世界更美好：我们对社会的承诺”中，该公司披露：

在公司环保承诺（2000）BiE指数上，英国电信名列电信公司之首，公司在所有78家FTSE 100参评公司中排名第八。我们的总分为96分，而行业平均得分为47分，FTSE 100公司平均得分为68分。

在1999年末，劳埃德斯登记质量担保组织（Lloyds Register Quality Assurance）授予其覆盖所有英国电信经营单位的环境管理系统ISO14001认证。

国际商务（the International Chamber of Commerce）建立了可持续发展经营宪章。宪章阐明了16条环境管理原则，促使企业采纳并寻求公众支持。但是至今，宪章没有向企业提供报告16条原则的一致定量方法。

总之，许多企业已经在它们的环境业绩中提供了广泛的定量信息。这些企业中的绝大多数可能有满足法定报告要求的数据，并且它们在补充报告中重新包装法定数据，常常称之为公民或可持续发展报告。对这些与平衡计分卡相关的指标，管理者必须确定那些与长期价值创造战略相关并对其至关重要的环境衡量指标体系。在下一部分，我们讨论管理者如何从战略角度考虑他们的环境业绩。

7. 将环境指标与战略联系起来

福里斯特·雷恩哈特（Forest Reinhardt）确定了五个方法，企业可利用它们发挥环境能力来创造股东价值。[7]

（1）降低成本。

对一些企业来讲，改善的环境业绩可能构成了一个稀有的“免费午餐”案例，更像全面质量管理早期采纳者的“质量免费”体验。[8]迈克尔·波特普及了企业可以同时削减成本和改善环境业绩的理念。[9]尽管这不是一个普遍现象，但是像施乐（Xerox）这样拥有环境领袖计划的公司发现，通过在产品设计阶段更加关注环境影响以及有效地执行产品回收计划，它们在废品管理（运输废品去垃圾填埋场）和原材料采购方面有了实质性节约。

通过将废品及其处置成本分配到个别流程和产品，作业成本系统能够揭示出整个生命周期的成本。这样的分析揭示了哪个流程和产品导致了较高的环境成本，降低产品生产和回收总成本的设计和流程改善机会在哪里。这些成本的降低可通过削减企业的环境活动得以实现。

（2）差异化产品。

在更多一般场合下，改善环境绩效只会抵消成本降低带来的好处，企业可以通过产品差异化来努力弥补较高的环境成本。一些客户将愿意支付更高的价格或从具有环保产品和流程的知名企业更多地采购。在一些案例中，客户并不是大公无私的；他们由于降低了自身成本而获得环保产品的好处。

雷恩哈特为环保产品差异化成功指出了三个必要条件：

- 客户将愿意为环保产品支付更多。
- 企业能够可信地宣传其产品的环保利益（或成本降低）。
- 针对竞争对手，企业能够保护其环保优势。

壳牌和BP正在石油行业积极地尝试这种差异化战略。休闲服装制造商巴塔哥尼亚（Patagonia）已经开发了忠实客户群，因为该公司对环保公开承诺，客户愿意购买它的服装来从事活跃的户外运动。

（3）竞争对手管理。

化学公司通过它们的行业协会为行业内的所有公司开发自愿的环境和安全标准。按照这种方式，企业才更加可能拥有既有效又可能实现的、符合成本效益原则的标准，而不是遵守政府当局施加的惩罚性、不符合成本效益原则的法规。也可以说，通过使行业内的所有主要公司就采纳自愿性标准达成共识，该行业因污染减少而降低了公共成本，同时并不会使某一家公司处于不利的竞争地位。行业内的所有公司都同意遵守新标准。

对于一家已经超越现有法规对其产品和流程要求的公司，而其竞争对手没有超越（它们恰恰正在遵守要求），这个战略的变化是有用的。公司可能会游说政府管制部门来收紧其现有业绩的环境标准，从而使所有竞争对手处于违规状态或因努力补救而遭受高成本。

（4）重新界定市场。

某些企业已经按照降低成本、增加客户支付意愿和减少环境影响的方式重新界定了它们的业务模式。像施乐、惠普、佳能和IBM等昂贵电子设备制造商，现在常常要求客户在购买或租赁新设备的同时返回他们使用过的设备。这样不仅使客户降低了处置过时设备的成本（未列入预算的成本和环境成本），而且制造商也能够从旧设备上拆解和回收许多零部件并重新在新机器中使用。1995年，施乐估计这种变化同时实现了以下目标：

- 通过回收旧机器的零件，节约了几亿美元的原材料采购资金。
- 在产品制造中，耗费的自然资源明显减少。
- 降低了客户的处置成本。

（5）环境风险管理。

除了提高收入和降低成本的好处，企业通过改善环境风险管理还加强了它们的全面风险管理计划。环境事件可能导致高昂的清除成本、诉讼、消费者联合抵制以及声誉损失。像外汇、利率和商品价格风险管理一样，企业可能需要擅长环境事件的风险管理。企业可能采取几个不同的步骤来减少它们的环境风险暴露：

- 为管理者和员工更好地提供如何避免和减轻环境事件的信息。
- 通过明确的预防活动减少环境事件发生的可能性。
- 通过快速响应减少某一环境事件的全部成本。
- 通过购买保险来转移某些风险。

总之，企业应像对待任何重要流程一样来对待它们的环境业绩。企业不可能仅靠一套广泛的环境指标成为最优。企业需要确定提升后的环境业绩为它们降低成本、差异化产品和减少风险提供的最大机会在哪里。某些环境监视和报告将是诊断性的，而非战略性的。它将确保企业遵守其经营和销售所在地的法规，并不会提供差异化的基础。企业平衡计分卡中已选的环境目标和指标应反映那些环境卓越的区域，这些区域在同时提高股东价值和减少企业的环境影响两者中获得了协调。

安全和健康业绩

与种类繁多的环境指标不同，企业倾向于使用相对较少且更加标准化的员工安全和健康业绩指标。因为有了环境指标，安全和健康报告主要是由监管要求引发的。在美国，这些要求来自职业安全和健康管理局（OSHA）。通常使用的安全事件指标是每百名员工可记录OSHA事件数量。[10]伤病影响被概括为每百名员工或者每200 000工时失去的工作日（见图6–8）。表6–1显示了惠普公司1999—2001年报告的统计数字。

表6–1　惠普公司统计数字

地区	事故率/%（每百名员工可记录OSHA事件数量）			失去的工作日事件率/%（每百名员工事件数量）		
	1999年	2000年	2001年	1999年	2000年	2001年
美国	2.53	1.71	1.54	0.47	0.25	0.24
EMEA	0.61	0.67	**	0.42	0.41	**
亚太	0.36	0.37	0.10	0.23	0.14	0.06
加拿大	1.36	1.41	2.19	0.16	0.41	0.51
拉美	0.26	0.11	0.23	0.17	0.09	0.16

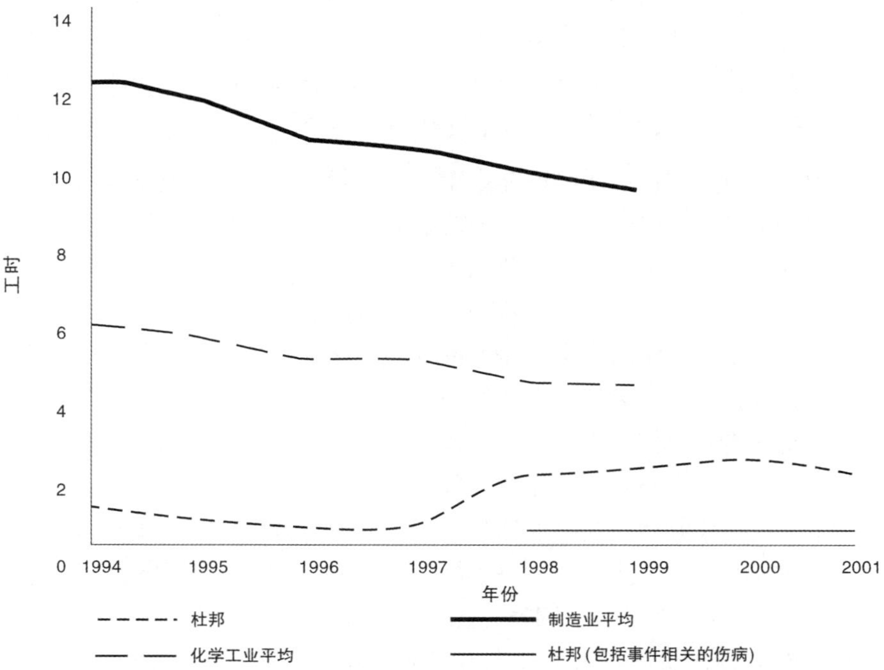

图 6-8　杜邦2001年全球发展报告中的伤病总记录（每200 000工时）

荷兰皇家壳牌公司报告安全和健康业绩使用的指标为每百万工时可记录的职业病频率合计数和每百万工时可记录的安全事件频率合计数。杜邦公司使用的指标又进了一步，它包含了员工工作之外的事故情况。这种信号表明：无论是否与工作相关，员工受到的任何伤害对其个人、家庭和公司都是代价高昂的。百时美施贵宝公司衡量了员工暴露在有害化合物中的情况。

因为有了环境指标，某些公司开发了与安全有关的事故定义并且追踪这些事故发生的频率。

员工雇用业绩

绝大多数关于员工雇用的定量报告与日益增长的员工多样性有关。企业证明了增长的多样性方法有助于企业的成功。例如，西门子声明：

对我们来讲，多样性是天才、创造性和经验的宝贵源泉。它包括了文化、信仰、国籍、种族、道德、性别、年龄和血统等方面的所有差异。总之，它包括了产生个体差异的各种因素。

通过拓展思路和革新，多样化提高了竞争力。不同的团队从不同的角度解决问题将更富有效率并获得更好的解决方案。我们从多样化潜力中获得的收益不仅表现在全球环境中，而且表现在国家、地区和团队之中。多样化是我们业务不可或缺的一部分，也是我们社会责任的一部分。

作为一个特例，西门子在南非设定了一个目标值，全体新受训者的70%必须来自以前处于不利地位的群体，并且这些员工应该越来越多地出现在管理层。最初的目标值中30%的员工代表被提前18个月提拔至中高管理层，并且在接下来的5年中，这个目标值被刷新上升到46%。

多样化的定量表示法常常被企业展现在表格中，概括各种职业中妇女和少数民族的百分比：官员和管理者、职业人士、技术人员、营销和销售人员、办事员、手工艺者、熟练工人、劳动者和服务人员。像荷兰皇家壳牌公司这样的全球性公司，报告由当地人担任地区负责人的比率。

对组织的比较和排名为企业展示它们多样化计划的杰出业绩提供了机会。例如，一家英国的全国性企业组织网做了一项2002年标杆研究，涵盖了99家私营和公共组织的275万名英国员工（包括18家FTSE 100公司）。BT报告它在黑人和亚洲人管理者雇用方面排名私营企业第一。英国社会企业网的另一部分——“当前机遇”，在性别问题上评价企业业绩。在2001年，BT因其对性别问题的管理方式获得了金旗奖（Gold Standard award）。

将安全、健康和职业指标体系纳入企业平衡计分卡的决策应遵循清晰描述环境指标体系的原则。遵守监管报告标准并不足以成为指标体系纳入的理论基础。平衡计分卡不是企业需要的唯一指标体系和报告系统。平衡计分卡应该按照清晰明了的方式反映指标改善对企业战略发展的驱动并最终导致股东价值的提升。管理层必须决定那些安全、健康和职业指标体系，它们通过成本降低、收入和利润增加以及风险管理来加强企业战略的其他方面。

社区投资

许多企业大量地描述了它们对社区非营利组织的货币贡献以及企业员工为社区提供的大量志愿活动。大多数大型企业已经建立了基金会为有价值的社区组织系统化地提供资金。

例如，可口可乐披露了其四个核心价值之一：社区。

我们将奉献我们的时间、专业知识和资源来帮助开发与当地社区的可持续伙伴关系。只要是我们业务所在的地方，我们将通过开展与当地相关的行动来寻求改善生活质量。

在可口可乐的公民报告中，可口可乐披露：

最强大的社区是那些以共同理想将人们凝聚在一起的社区。通过与社区伙伴一起设计志愿者计划，我们授权员工拥护公民理想。通过配合对慈善组织的捐献活动，我们体现员工的个人努力。可口可乐管理者在联合之路、大哥大姐、美国男孩女孩俱乐部、残奥会和其他地方、全国和国际非营利组织的董事会中发挥了关键的领导作用。

某些企业提供了关于它们对社区投资的特殊定量信息。百时美施贵宝公司创立了“保护未来”这一为期5年、承诺投资1.15亿美元的项目。该项目与南非、博茨瓦纳、纳米比亚、莱索托、斯威士兰、塞内加尔、科特迪瓦、马里和布基纳法索等非洲国家合作，为妇女和儿童的艾滋病管理开发可持续的解决方案，并提供资源改善社区教育和患者支持。百时美施贵宝基金会在发展中经济和转型经济以及社会教育和研究领域，就妇女健康、医疗基础设施等相关问题提供了广泛的支持。

诺华公司为可持续发展项目建立了一个基金会，该基金会赞助的项目包括能改善贫困人口生活质量的健康、社会发展和紧急援助等领域。它的社区伙伴日项目为其全球各地的员工提供了参与他们生活和工作所在社区的社会活动的机会。

IBM已使教育被优先考虑。通过教育再投资计划，IBM与遍及全球的学校伙伴一起工作来开发和实施专门用于加强贫困儿童教育的技术解决方案。对于每个选定的地方，IBM提供资金、研究人员、教育顾问和技术。在它的聪明宝宝早教计划中，IBM为美国和国际上其他国家的幼儿园捐赠了数以万计的儿童探索者计算机，使成千上万的儿童能够接触到计算机，这些儿童绝大多数来自很少有机会在家里接触计算机的低收入家庭。

2000年4月，诺基亚制订了一个“制造联结”计划，这个计划与国际青年基金会共同帮助年轻人与同龄人、家庭和他们的社区联系。这个计划增加了年轻人的受教育机会并通过直接培训、指导、志愿者机会和成人培训（教师、青年工作者）教给他们生活技能。在美国，诺基亚发起了“班级联结”行动，该项目配置了数千个具有无线技术的教室，使学生、教师和父母之间的联结更为有效。此外，先见之明计划为数以万计的美国土著提供了无线电话。

1. 企业社区投资：阴暗面

前面的描述只是非常特殊的投资的一小部分，这些特殊投资是企业在它们经营所在社区和全球贫困国家进行的投资。这些开明公司的慈善程度是非同寻常的。不幸的是，这幅图画也有阴暗的一面。企业在它们的社区投资报告中只描述了它们提供的投入——资金、人力、设备和专家建议。这些投入的广泛报告可以在企业基金会的详细年度报告中发现。然而，所有这些报告缺少的是这些慈善活动实现的产出指标。

考虑企业为它们的环境、健康和安全报告使用的报告标准，并将其与它们在社区投资报告中使用的标准进行比较。本章列示的企业环境、健康和安全报告文献提供了企业投资有效性的定量证据。报告包括的详细统计数据和趋势有：污水、废气和土壤污染的减少，单位产出的能源和材料需求减少，事故和疾病带来的工作日损失减少。对于员工雇用和提升政策，企业提供了担任高级技术和管理职位的妇女和少数民族员工的统计数字。

然而，企业的社区投资报告仅仅披露了它们花了多少资金、有多少员工参与了社区活动以及企业正在支持哪个项目。尽管报告经常显示员工表态参加志愿者活动和受援者对公司慷慨行为表现出快乐和感激的图片，但是我们无法系统地获悉企业持续性投资产生的影响。诺基亚发表的一份声明，做得比绝大多数公司好，至少它尝试披露了产出指标。

> “制造联结”计划已经对几乎20 000名青年的生活产生了实质性影响，培训了近400名成年人帮助青年人，并且使100多万青年人和成年人间接地从中受益。诺基亚已经承诺对该计划投资不少于1 100万美元。

但是这些信息披露远远不能达到公司管理者的期望，即这1 100万美元的投资带来的回报是多少。已经接触“制造联结”计划的20 000名青年在技巧、能力、动力或成功方面发生显著的变化了吗？诺基亚从这项投资中实现的社会回报是多少呢？

管理者需要资本投资的详细理由，他们期望从研发、广告、员工培训和质量方面的投入中获得有形回报。然而还是这些管理者，当他们对社区计划承诺投入实质性的财务、人事和设备资源时，却使他们的分析部分无效了。与其说公司管理者是变革的建设性力量，倒不如说他们默许了非营利组织和非政府机构经管责任和业绩信息的全面缺乏。

也许企业的社区投资还处于发展的早期阶段，并且企业管理者也不要求这些投资计划的定量业绩数据。但是满足这种现状是不能持续的。企业管理者应期望任一投资项目的业绩数据。产出结果不必而且不大可能以美元、欧元或日元来表示。但是它们应该以可衡量的改进来表示，如教育业绩、妇女机会、健康，或者社区投资被期望产生的任何结果。业绩基础的社会投资机制应该存在。在剑桥、马萨诸塞州，像新利润这样的富有创新、冒险和慈善精神的基金组织，要求它们投资的社会企业拥有详细的业绩模式。这些模式实际上是基于平衡计分卡来描述战略成功并提供已实现结果的反馈。[11] 企业必须要求来自其基金管理者和社区资助项目管理者的产出和成果数据。目标应是使企业社区投资报告质量与它们的环境、健康和安全计划报告质量相匹配。

2. 来自社区投资的竞争优势

迈克尔·波特和马克·克雷默（Mark Kramer）回应了我们的观点，即企业需要更多地从战略角度考虑它们的慈善行动。[12] 他们认为，企业应该用它们的慈善努力“改善它们的竞争环境——它们经营所在环境的质量”。例如，思科系统公司投资于教育计划，培训计算机网络管理员。这个计划为高校学生提供了捕捉具有吸引力工作机会的技能，也减少了思科产品应用扩展的潜在瓶颈。波特和克雷默确定了企业通过慈善行动影响竞争环境的四个要素：

（1）投入因素环境。

企业的生产率和竞争地位的提升来自下列要素供应的增加：受训员工、高质量科技机构、良好的硬件设施（比如发展中国家的道路和通信设施、发达地区和国家吸引流动人才的优秀艺术机构），以及透明、诚信的政府流程。

（2）需求环境。

苹果电脑和20世纪六七十年代的数码设备公司（Digital Equipment Corporation，DEC）等企业向大学和中学捐赠它们的产品。那些通过使用捐赠设备变成具有计算机知识的学生毕业后自然而然地倾向于购买这些公司的设备办公或家用。

（3）竞争规则。

那些基于卓越产品、流程和服务竞争的企业不想通过盗窃知识产权、贿赂和腐败等减少竞争对手的行为来损害自己的竞争优势。在同一水平竞争对那些高业绩公司来说是最具吸引力的。企业捐赠的对象是那些在其生产和销售的地区能够改善法律规则的组织。

（4）相关和支持行业。

波特以前曾描述过供应商、生产者和成熟消费者组成的地域群体所具有的竞争利益。[13] 企业可能投资于那些能够支持其竞争所在行业的供应商和基础设施。

波特和克雷默得出如下结论：

企业的慈善与其独特的战略（增加技能、技术或企业特别信赖的基础设施，也可以说，增加企业最强的特定细分市场的需求）越紧密配合，企业从增强的环境中获得的收益越是非线性地增长。[14]

他们和我们有同样的观点，企业必须“严密地追踪和评价结果。监督成果对于持续改善慈善战略及其实施是至关重要的”。[15]

3. 企业战略联盟

为了搞活与企业支持的社区组织的联系和伙伴关系，有几家企业的社区投资实际上已经走出了纯粹的“慈善但无结果”阶段。哈佛商学院吉姆·奥斯汀（Jim Austin）的研究证明了企业与非营利组织合作产生的重要利益，具体如下：[16]

●战略致富：产生业务机会并且提升在客户、监管者和立法者心目中的积极诚信形象（对零售服务企业特别重要）。

●人力资源管理：吸引和留住高素质员工；提升员工动力和士气；开发领导能力。

●文化建设：塑造和加强能够激发期望的员工行为的核心价值。

●业务产生：加强企业声望，建立商誉，扩展关系网络，增加与关键客户的接触，并且提供测试创新的场合。

户外靴子和服饰提供商森林地公司（Timberland）和城市青年服务团“城市之年”（City Year）之间的伙伴关系，为战略合作关系提供了一个卓越典范。这种关系的进展花费了几年的时间，从慈善阶段——给予资金和货物捐赠（森林地靴子给城市之年的成员）；到交易阶段——联合活动，比如诱因营销、举办活动、特许和付费服务安排；再到一体化阶段——公司和社区组织成为以两个组织的战略为中心的一体化合资组织。价值创造变成了一个联合过程，而不是两个独立的过程（一个是公司的，另一个是社区组织的）。

乔治亚-太平洋（Georgia-Pacific）和大自然保护协会（TNC）组织提供了一个从对立进化到合作关系的范例。大自然保护协会想保护土地，使之原原本本；乔治亚-太平洋想集约使用土地收获树木。两个组织找到了联合管理森林湿地的独特方法，在保护生物多样性的同时也准许商业开发。其他的这种集成关系包括星巴克和CARE、北美海湾人（Bayer North America）和匹兹堡毕德维尔培训中心（Bidwell Training Center）、趣味阅读（Reading is Fun）和维萨国际（Visa）、学院基金（The College Fund）（美国最大的少数民族教育支持组织）和默克（Merck）、国家科学资源中心（The National Science Resource Center，追求改善小学和中学的科学教育）和惠普、阅读时间（Time to Read）和时代华纳（Time Warner）。

通常，当社区伙伴能够补充企业的核心业务或战略时，成功的合作就发生了。海湾人的高级经理是这样强调的：

你必须在一些与你的业务有关的事情上投资……你必须能够给予和获取。我们是一家以科学为基础的公司。对我们来说，支持科学教育对我们的业务十分重要……我们不是没有从正在参与的事情中获得良好的公共关系，而是从已经参与的事情中得到了核心的解释。[17]

当企业进入这样的战略合作时，它们能够帮助塑造将被创造的价值和将被用于评价业绩的指标。已产生的社会价值源于非营利社区组织的使命。对企业来说，挑战在于评价增量的或者可以区分的来自合作创造的社会价值。企业需要衡量它的投资以及与社区组织的合作使社区状况得到了哪些改善。

当企业将它们的社区投资从慈善阶段转移到一体化或合作阶段时，就像新利润风险慈善基金一样，它们将能够对来自其投资的社区组织的可衡量业绩数据，发挥更大的杠杆作用。即使对于被动的、慈善阶段的投资，企业也能将资金限制在那些能够证明成功结果的组织中。于是，企业可以在它们的报告中使用这些结果数据，而不是简单地逐条列示投入组织中的所有资源。

由于有了社区投资的业绩模型，那些能更成功地产生卓越成果的社区组织和非政府机构将吸引到更多、更稳定的资助；那些不能递送可衡量业绩改进的组织将接受较少的资助直至最终什么也得不到。这个业绩基础竞争动态模型将使非营利组织和非政府机构这些“第三部门”更有成效也更加高效，因此为社会创造大量的综合效益。但是企业也必须通过它们的基金会和志愿捐献发挥先导作用，对社区投资的产出和成果指标体系制定标准。资金花费和项目支持，加之感激的、幸福的受助者图片，这种连续的简化报告将不能成为企业社区投资的优选标准。充分的环境报告考虑的因素应多于下列内容：环境清洁的资金支出信息披露、偶尔出现的无烟排气塔和附近河中鱼儿畅游的图片。

本章小结

今天许多企业认识到，实现环境、安全、健康、就业和社区活动的卓越是长期价值创造战略的一部分。至少，实现良好的法规与社会业绩是一项长期目标，它能使企业维持在所有社区的经销权，这些社区是它们希望生产、营销、销售并分销它们的产品和服务的场所。然而，擅长关键法规与社会流程的企业只有超越仅仅遵守当地法规的期望，才能提高它们在客户和投资者心目中的声望，才有助于吸引和留住有价值的员工。这些员工对他们的企业在改善环境、工作场所和社区方面所发挥的作用引以为豪。

企业应该下功夫确定法规与社会流程目标，这些目标将对提升员工吸引力和保持率、客户价值主张以及财务业绩产生最大的影响。在它们对遍及全球的社区进行投资时，企业应该寻找充分发挥其竞争能力、强化其战略目标的机会。企业应该像评价它们的有形资产和无形资产的投资成效一样来认真严格地评价其社区投资回报。

本章接下来的案例研究和战略地图是关于一家拉美公司阿曼科（Amanco）的。该公司使用平衡计分卡来描述和实施它的三底线战略，即同时创造经济、社会和环境价值。

注释：

[1] M. Epstein and B. Birchard, *Counting What Counts: Turning Corporate Accountability to Competitive Advantage*（Reading, MA: Perseus Books, 1999）, especially "The Figures of Social Responsibility", 130–140, and "A Social Accounting", 216–242.

[2] 这些（不准确）批评已经出现了。例如，我们可参见综述 "The Balanced Scorecard is the managerial equivalent of stakeholder theory"，载于M. Jensen, "Value Maximization, Stakeholder Theory, and the Corporate Objective Function," *Journal of Applied Corporate Finance*（Fall 2001）: 17。

[3] "Diversity Lives at BellSouth," *Workforce*（January 2002）: 18.

[4] Novartis, "Innovation and Accountability: Health, Safety and Environment Report 2000."

[5] Coca-Cola, Keeping our Promise: Citizenship at Coca-Cola, 27.

[6] DuPont, *Global Progress Report*, http://www.dupont.com/corp/social/SHE/usa/us3.html.

[7] Forest Reinhardt, *Down to Earth: Applying Business Principles to Environmental Management*（Boston: Harvard Business School Press, 2000）, and "Bridging the Gap: How Improved Information Can Help Companies Integrate Shareholder Value and Environmental Quality," in *Environmental Performance Measurement: The Global Report 2001–2002*, ed. D. Esty and P. Cornelius（New York: Oxford University Press, 2002）.

[8] 参见Philip B. Crosby, *Quality Is Free*（New York: McGraw Hill, 1979）。

[9] Michael E. Porter, "America's Green Strategy," *Scientific American*（April 1991）:

168; Michael E. Porter and C. van der Linde, “Green and Competitive: Ending the Stalemate,” *Harvard Business Review* (September-October 1995).
[10]《OSHA规则1904.7》规定：“基本要求。为了满足一般记录标准，且这些标准必须是可记录的，你必须考虑伤害或疾病，如果它导致下列任何情形：死亡、失业、工作受限或者转到另一项工作、接受急救以外的医疗、神志丧失。你必须考虑一个预案来满足一般记录标准，如果它涉及由医生或其他执业医疗专业人士诊断的重要伤害或疾病，即使它并没有导致死亡、失业、工作受限或者转到另一项工作、接受急救以外的医疗、神志丧失。”
[11] 参见Robert S. Kaplan, “New Profit, Inc.: Governing the Nonprofit Enterprise,” Case 9-100-052 (Boston: Harvard Business School, 2000)。
[12] Michael E. Porter and Mark R. Kramer, “The Competitive Advantage of Corporate Philanthropy,” *Harvard Business Review* (December 2002): 57-78.
[13] Michael E. Porter, *The Competitive Advantage of Nations* (New York: Free Press, 1990).
[14] Porter and Kramer, “The Competitive Advantage of Corporate Philanthropy,” 63.
[15] Ibid., 68.
[16] James E. Austin, *The Collaboration Challenge: How Nonprofits and Businesses Succeed Through Strategic Alliances* (San Francisco: Jossey-Bass, 2000).
[17] Ibid., 67.

案例研究

阿曼科公司

背景

在拉丁美洲，阿曼科是一家生产和销售液体运输塑料管道装置的领先公司，能够为建筑、基础设施、灌溉和环境工程提供解决方案。阿曼科的使命是通过生产和销售全面的、创新的、世界级的液体运输和控制解决方案来获利。公司愿景是“被公认为拉美的领先工业集团，在道德、生态效率和社会责任的框架内经营，创造经济价值并改善邻居和当地的生活质量”。

阿曼科是私有企业集团Grupo Nueva的一部分，Grupo Nueva包括几个业务分部，受董事会监督。阿曼科的经营遍布拉美所有主要地区，包括墨西哥、中美洲、巴拿马、安第斯和默科瑟地区。

现状

2000年，公司引入了一个可持续计分卡作为它的集成管理系统，并基于全球报告方案来报告它的活动。Grupo Nueva的总裁兼CEO朱利欧·莫拉（Julio Moura）说：“客户想要的产品必须能够改善他们赖以生存的社会，保护环境，与他人合作。”2002年，阿曼科修改了它的可持续计分卡，以更好地与平衡计分卡框架保持一致。修改流程于2002年12月初结束。之后，以管理计分卡成效和结果为目标的战略会议召开。公司也修改了其地区经营部门的可持续计分卡。

战略地图

阿曼科的战略地图显示了三底线结果和它为了实现这些结果正在遵循的战略（见图6–9）。

战略地图的顶部显示了阿曼科对三底线业绩的承诺：

（1）创造长期可持续的经济价值。

（2）通过公司社会责任制度创造价值。

（3）通过环境管理创造价值。

财务维度有可持续盈利增长的目标，即年销售收入增长10%和净资产报酬率24%的目标值。阿曼科也想“高效经营”，包括了一个减少运营资本的目标。

客户维度包括三个目标。品牌管理目标描述了四个阿曼科品牌特征——诚实、创新、解决方案和值得信赖，这将使阿曼科被看作拉美排名第一的管道系统供应商。创新和高利润产品使阿曼科为客户提供差异化的解决方案。客户满意度指标与准时交付、向其35 000多个客户完整准确交货的一次合格率、订货提前期和全部客户的满意感知程度有关。

流程和技术维度强调高效的产品创造流程，即生产环保的、可靠耐用的创新产品。产品开发流程包括一个筛选阶段来揭示所有新产品在健康和环境方面的潜在影响。它使用了“从摇篮到坟墓”的方法，包括原材料、生产流程和设备、完工产品使用和最终处置。这个维度也包括了客户关系管理（CRM）和电子商务方面的行动方案，来创造对客户需求和期望的深层认识。墨西哥的一个试验性客户关系管理项目关注改善物流流程，指引更精确的订货，遵守时间和质量交付承诺，以及降低运输成本。

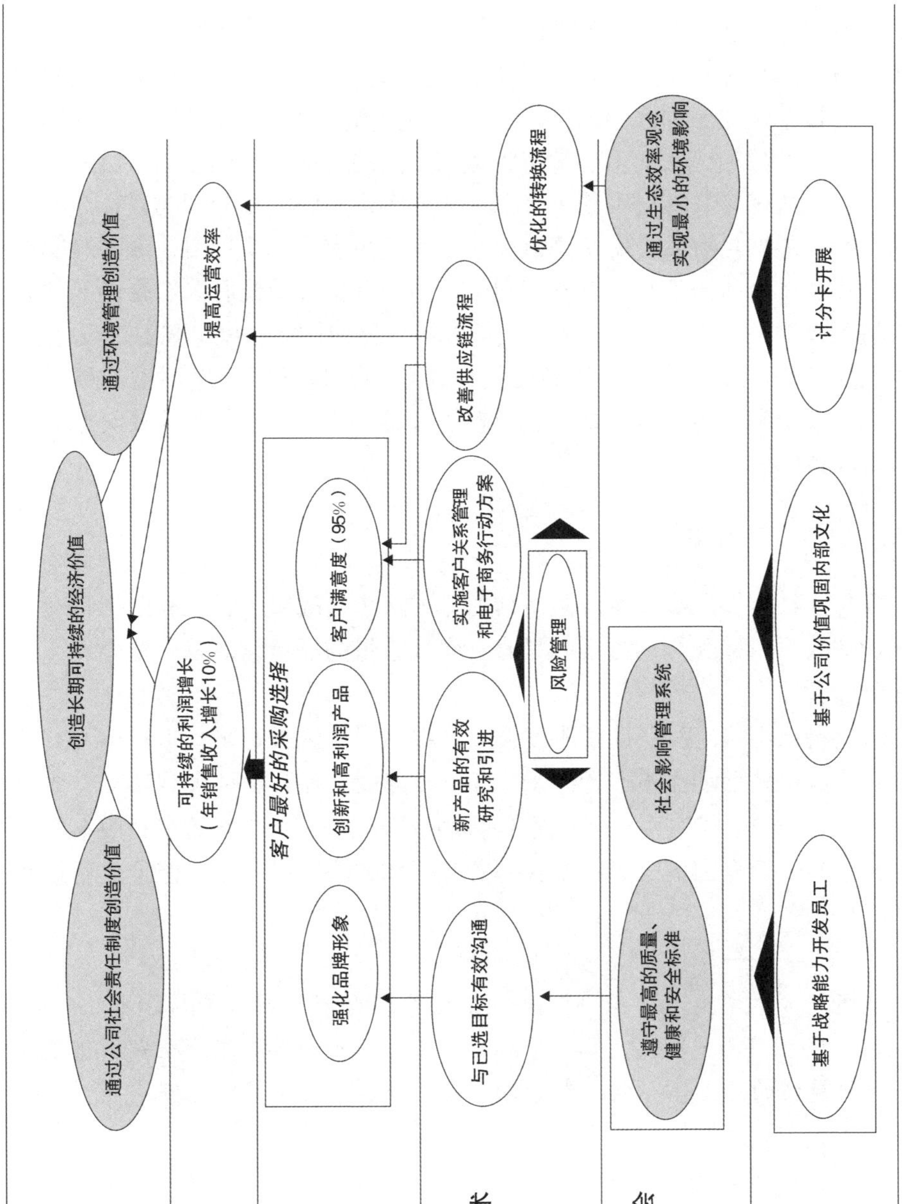

图 6-9 阿曼科公司的三底线战略地图

阿曼科对社会责任和生态效率的特别关注已经导致了第五个维度：环境和社会。在这个维度，阿曼科通过损失工时伤害频率来衡量健康和安全业绩。它的环境业绩目标基于生态效率观念来减少单位投入以及来自产品和流程的废物。它衡量单位能源和水的消耗以及原材料浪费和废料。除了对降低成本有所贡献外，阿曼科相信它的生态效率将增加产品的价值；它期望通过已植入公司品牌和标识的环境和社会责任来吸引更多的客户。它的社会影响目标与遍及拉美的社区发展项目有关。每个经营公司必须至少实施一个项目，或者与非政府机构合作，或者与当地社区合作。阿曼科想在其他公司没有采取行动的地区增加价值，特别是在与其核心业务有关的领域，比如住宅、供水和卫生设施。

人力资源维度包括工作满意度指标，该指标包含了工作环境、员工流失率、员工技术和能力。这个维度也包括了青春、资历、青年员工良好职业机会可获得性指标。

逸闻

公司已经能够以更为客观和清晰的方式来沟通战略了，这有助于管理者和员工理解战略目标和行动方案。具有三底线结果的可持续效果已经得到了很好的理解和管理。

阿曼科已经排定和实施了季度会议，根据当前的战略来管理和学习。战略管理会议因这些活动而被创造出来，年度战略规划流程将确保战略随需要而更新。阿曼科的CEO罗伯特·萨拉斯（Roberto Salas）说："在这个新版本中，平衡计分卡是一个有力的工具，使我们的员工和战略协调一致并监督战略目标的进展。"

平衡计分卡协会拉丁美洲Symnetics的会员马赛厄斯·曼盖尔斯（Mathias Mangels）和卡洛斯·格雷厄姆（Carlos Graham）帮助编写了这个案例研究。我们感谢阿曼科的CEO罗伯特·萨拉斯与我们分享了阿曼科的经验。

第三篇

无形资产

INTANGIBLE ASSETS

第七章

使无形资产与公司战略保持一致

在本章，我们将讨论无形资产如何成为持续性价值创造的决定性因素。词典对“无形”的定义是“不能被认识或确定”。这个解释指出了企业管理无形资产的难度。那么，如何管理不能被确定的无形资产呢？

平衡计分卡的学习与成长层面强调了保持公司无形资产与战略一致的作用（见图7–1）。这一层面包含了实施任何战略都必需的三种无形资产的目标和指标：

（1）人力资本。

（2）信息资本。

（3）组织资本。

这三个方面的目标必须与内部流程目标保持一致，并且彼此融合。无形资产应该基于其他无形和有形资产创造能力，而不是在没有任何共性之间创造独立能力。

协调

为了创造价值，无形资产必须与战略保持一致

无形资产只有在战略背景下才能表现其价值，它们被期望能帮助企业成功。例如，假定一家公司希望对员工培训进行投资，又进一步假定有两个选择，一个是全面质量管理培训项目，另一个是客户关系管理项目。那么，哪个项目可以创造最大价值呢？很明显，这个问题的答案有赖于战略。如戴尔、麦当劳这些追求总成本最低战略的公司，需要持续改进运营流程，以期从全面质量管理培训中得到更高价值。然而，如高盛（Goldman Sachs）和IBM这些追求

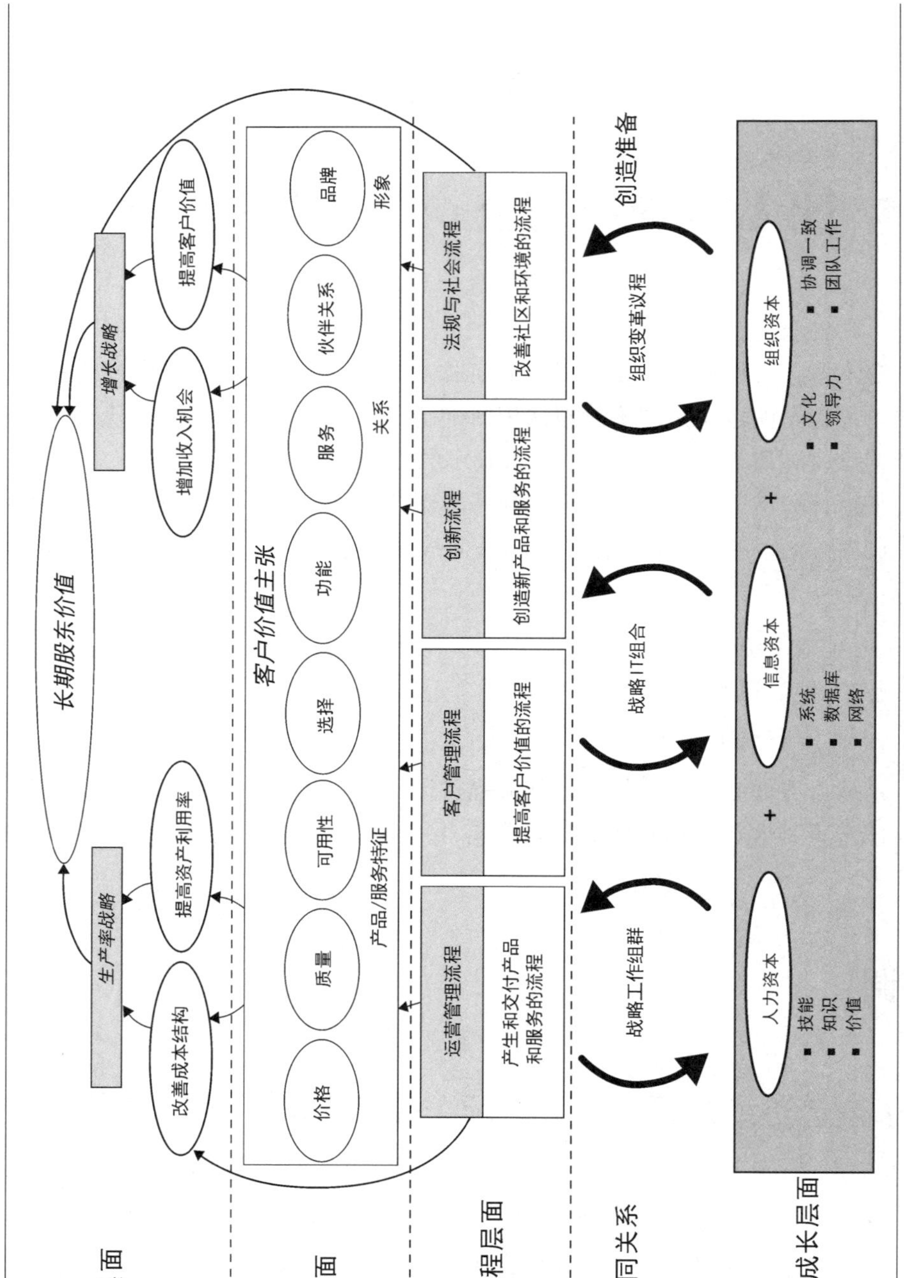

图 7-1　为了创造价值，无形资产必须与战略协调一致

客户解决方案战略的公司，将得益于对客户关系管理的培训。当培训计划与公司战略保持一致时，对培训计划的投资将获得更高的回报。战略协同是从无形资产中创造价值的最主要原则。

整合

无形资产战略作用的发挥不能只靠孤立的基础。公司所有无形资产的增长需要一体化计划的支持

当围绕人力资源（HR）或信息技术（IT）等职能将若干作业聚合在一起时，公司常常会创造出一些专门化“业务仓库”。不同职能部门的员工在各自的领域指望以专业模型来作为行动的参照点或标杆。显然，这种专门化有利于每个职能部门更加优秀。但是实践中，不同的职能单位为追求卓越而与其他单位彼此孤立。每个部门竞争组织的稀有资源；当一个部门提议增加员工培训时，另一个部门却力劝拓展技术能力。解决方案是在彼此孤立的状态下产生的，可想而知其结果是令人失望的。

如果没有人力资源培训和激励计划的协助，信息技术投资就不会创造价值。同样，如果没有现代技术工具的协助，人力资源培训项目也不会创造太多的价值。可见，如果公司想要实现最大潜在利益，就必须把人力资源培训和信息技术投资结合起来。

协调和整合为学习与成长层面的人力资本、信息资本和组织资本目标的开发提供了概念上的构造模块。然而，很少有公司从协调和整合无形资产中开发出潜在的竞争优势。我们对人力资源和信息技术经理所做的两份调查，可以使人更好地理解他们进行战略协调的方法（见图7–2）。只有1/3的公司报告说，它们的人力资源、信息技术优先任务与公司战略有较强的协同效应。为什么不能协调一致呢？原因在于为创造协调一致而设计的基本管理流程不能按照初衷来使用。没有几个公司的人力资源和信息技术部门能整合计划与战略、安排经理进行联系或把预算与战略联结起来。

对于协调和整合无形资产的需要，经理们没有争议。然而迄今为止，他们缺乏协调和整合的方法。在这一篇，我们以第二篇开发的内部流程目标为基础，来描述战略地图和平衡计分卡是如何帮助公司实现下列任务的：

- 描述无形资产。

●协调和整合无形资产。

●衡量无形资产及其协调一致性。

调查显示	信息技术调查	人力资源调查
人力资源/信息技术与公司战略协同		
1.职能部门优先任务与公司战略协同	34%	33%
2.被看作“战略伙伴”	28%	34%
协同技术		
3.采用一体化计划流程，决定人力资源/信息技术的战略优先任务	32%	23%
4.对业务单位的关系管理	33%	43%
5.职能部门优先任务与预算的协同	29%	17%

信息技术调查由平衡计分卡协会和CIO视点所作（634个参与者）。

人力资源调查由平衡计分卡协会和HR管理组织所作（1 266个参与者）。

图 7-2　人力资源和信息技术部门协同实践的概要

描述无形资产

无形资产可以被描述为：“存在于公司内，用来创造不同优势的知识”[1]或“公司员工满足客户需要的能力”。[2]无形资产包括专利、版权、员工知识、领导力、信息系统和工艺流程等不同的项目。我们已经研究了几百个战略地图和平衡计分卡的学习与成长层面。始终出现的六个指标是：

（1）战略能力。

执行战略活动所要求的技能、才干、技术诀窍等能力。（80%的平衡计分卡包括这一目标）

（2）战略信息。

支持战略所要求的信息系统、知识运用和基础设施的可用性。（80%的平衡计分卡包括这一目标）

（3）文化。

对执行战略所需的共同使命、愿景和价值的认识和内化。（90%的平衡计分卡包括这一目标）

（4）领导力。

调动公司朝着战略发展的各级高素质领导的可获得性。（90%的平衡计分卡包括这一目标）

（5）协调。

组织各级的战略与目标、激励协调一致。（70%的平衡计分卡包括这一目标）

（6）团队工作。

具有战略潜力的知识和员工资产的共享。（60%的平衡计分卡包括这一目标）

这些目标描述了重要的无形资产，为它们与战略的协调和整合提供了强有力的框架。

下面的例子阐述了达特克斯–欧美达（Datex–Ohmeda's）战略地图的学习与成长目标（见图7–3）。达特克斯–欧美达是成套器械公司（Instrumentarium Corporation）的最大分支机构，位于芬兰的赫尔辛基，制造业务遍布芬兰、瑞典和美国。20世纪以来，该公司已经生产了多种急诊器械。历史上，该公司具有多项世界第一，早在1924年就与梅奥诊所（Mayo Clinic）共同开发了第一台麻醉仪。该公司还造出了第一台Post–iron肺呼吸机。今天，达特克斯–欧美达产品线包括病人监视器，以及为麻醉、急诊设备、亚急性检查、麻醉仪器、呼吸机、药物配送系统、血氧定量计和各种附件等提供的网络系统。

产品创新使达特克斯–欧美达得到较好的运营。但是近几年来，公司面临着来自飞利浦、西门子和德尔格（Drager）等的激烈竞争，它需要为客户提供更多的服务。达特克斯–欧美达意识到发展和维持长期的客户关系（公司在有些方面非常卓越）对公司未来的成功非常关键。

对全球化公司来说，组织协调通常比较困难，对于达特克斯–欧美达公司更是一个挑战，因为公司大多数厂房和业务单位是通过合并而获得的，它们已经形成了各自的行事风格。历史上，达特克斯–欧美达管理着许多相对独立的业务单位和销售渠道。这些不同实体的目标常常存在冲突和分歧。2001年夏天，达特克斯–欧美达执行经理确定了公司战略，用战略地图来明确他们的思想。他们的计划会议确定了公司从关注创新战略转向关注客户关系战略。达特克斯–欧美达新的价值主张是基于对客户的全面了解，为客户提供合适的解决方案。这也意味着通过客户中心型流程把精力集中于对业务运营的支持，并使业务运营更加便利。战略地图描述了这些新方向。

图7–3所示的战略地图的财务层面显示了两个收入增长目标：获得新客户（F2）、扩大与现有客户的联系（F3）。达特克斯–欧美达在产品线扩大的基础上，通过“团队设计的诊断方案”（C1）来实现目标F3。两个内部流程目标描述了如何创造并传递这一价值主张：客户管理目标（P9）确定了整个公司以

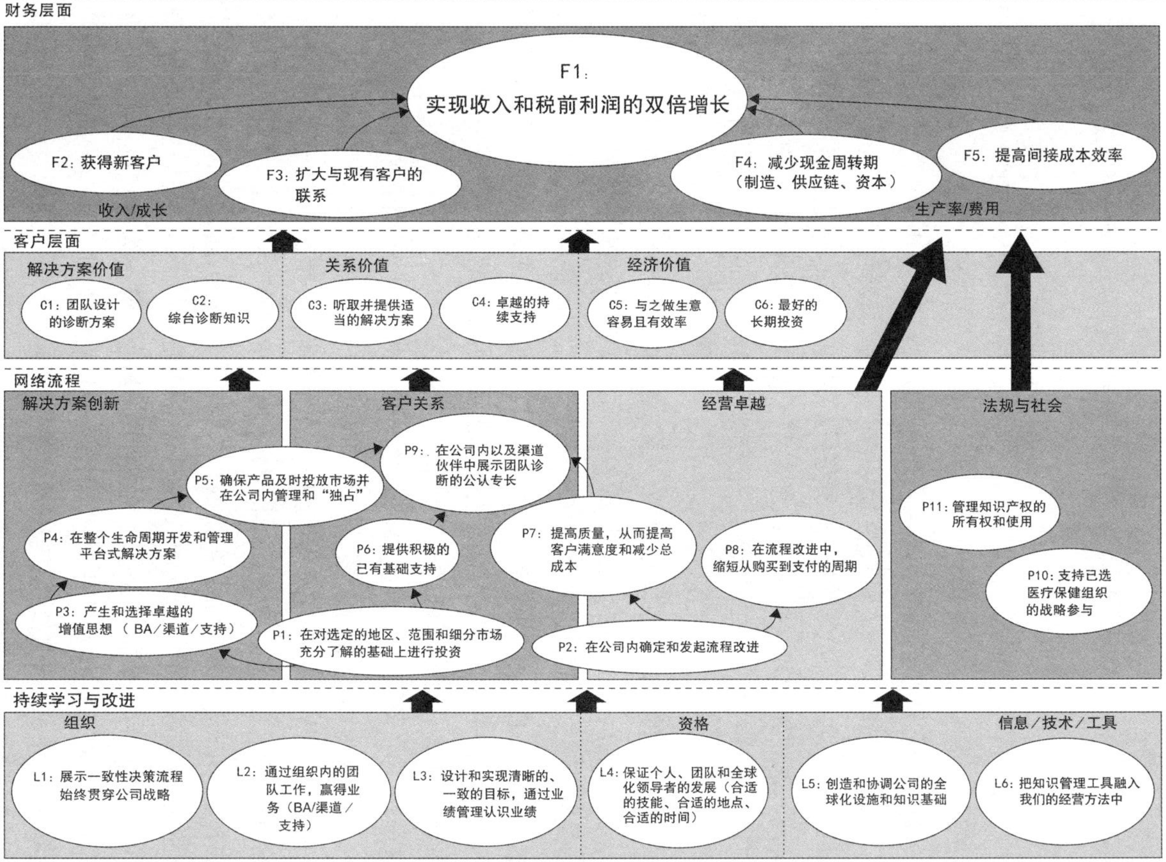

图 7-3　达特克斯-欧美达的战略地图

及与渠道伙伴的团队合作的流程；目标P4确定了“在整个生命周期开发和管理平台式解决方案”所要求的创新流程。同样地，这两个内部流程目标创造了对组织能力和文化的需要，这些能力和文化促进了新的人力资本和信息资本的开发，以及跨业务线和跨国的强大网络和团队合作。

达特克斯–欧美达的学习与成长目标，在“持续学习与改进”这一主题指导下，把无形资产与公司战略优先任务结合起来。目标L1、L2、L3描述了实施新战略所要求的组织资本。目标L1确定了产品交易平台战略所要求的决策流程的一致性；目标L2确定了团队解决方案战略所必需的团队工作；目标L3的焦点是个人与战略协调一致的流程。目标L4表达了新战略对人力资本的需要（合适的技能、合适的地点、合适的时间）。这些要求的细节必须体现在基层人力资本计划中。目标L5、L6关注信息资本要求，特别强调知识在整个组织的共享。

因此，利用战略地图，管理公司最重要无形资产的团体必须与公司战略密切保持一致。战略地图为协调人力资本、信息资本、组织资本和战略提供了框架，并为战略提供充足、具体的细节，使其成为有意义的、可衡量的和可运转的战略。

协调和整合无形资产

在《战略中心型组织》一书中，我们描述了一个试图实施新战略的全球化银行的案例。[3]银行的差异化战略是为全球客户（公司）提供创新的、复杂的金融产品服务，这些客户（公司）能从世界各地的网点得到服务。当实施这一战略所要求的复杂信息技术没有得到及时、有效的运用时，公司战略就失败了。然而，当信息服务部门的业绩受到质疑时，CEO回答说，按照平衡计分卡，这个部门运营得很好。但是，信息服务部门以它认为的世界最好的信息部门的业绩为标杆，设计了自己的计分卡。它采用了“高绩效”信息服务部门使用的标准。按照这一标准，银行的信息服务部门与其竞争对手比较，是“世界一流的”。然而，虽然信息服务部门相对于外部来说运营很好，但最终在传递新战略所需的必要服务时却败得很惨。因为缺乏协调，业务部门和全行战略未得以实施，并最终导致失败。银行的经验为那些没有使职能部门的战略及计分卡与整体目标保持一致的公司上了一课。

通过为公司战略提供共同的参照点，战略地图（见图7–1）创造了协同和整合。地图的内部流程层面确定了能为客户和股东创造预期成果的几个关键流程。无形资产必须与这些价值创造内部流程保持一致。我们已经使用了三个协同技术，来沟通战略地图和无形资产。

●战略工作组群：对于每个战略流程，总有几个工作组群对战略产生极大的影响。确定了这些工作组群，定义了各自的能力，保证了它们的发展，我们能加速实现战略成果。

●战略IT组合：对于每个战略流程，都有具体的IT系统和基础设施支持其实施。这些系统表达了技术投资组合，这些投资在资金和其他资源上已经接受了优先性检验。

●组织变革议程：战略要求文化价值内在（比如团队工作）和外在（比如以客户为中心）的变革。源自战略的文化变革议程，有助于新文化和新气氛的形成。

通过为少数几个关键战略流程开发、协同和整合人力资本、信息资本和组织资本，公司从无形资产中创造了极大的回报。

以消费者银行为例（见图7–4），它的战略地图在内部流程层面确定了7个战略主题，其中之一是“交叉销售产品线”。消费者银行的人力资源部经理管理着人力资源和支持战略所要求的开发人力资本的流程。在一次计划工作会议中，人力资源部经理确定“财务规划师”作为交叉销售流程的最重要工作。会议进一步确定支持这一工作的四个资格，即销售技能、关系管理、产品线知识和专业资格。

消费者银行信息技术部经理为使信息资本（网络、数据库和知识）支持战略，也做了类似的工作。信息技术部经理确定了四个技术优先任务：财务规划模型、客户盈利性系统、一体化客户档案和网络接口。

最后，消费者银行管理团队设定了组织资本的三个优先任务：基于客户伙伴关系的文化、员工个人目标与战略协调一致、为提高共享实践而促进团队工作。

利用战略地图作为参照点，消费者银行的人力资源部和信息技术部的经理把他们的注意力集中到几个对战略成功起决定性作用的流程（7个）上；每一个流程都构成一个战略主题。现在，经理们能够确定一组驱动关键流程业绩的重点战略工作组群和信息系统。这些重点沟通了职能责任和公司战略，而对战略明确的关注和协调简化了他们的工作。经理们现在能够把力量凝聚于“少数几个关键流程”，而不是集中于那些使他们焦头烂额的日常琐事上。

7个战略主题为战略提供了构造模块，描述了将如何实现战略的过程。如果每个主题都得以执行，银行将能为股东创造持续价值。影响组织价值的因素

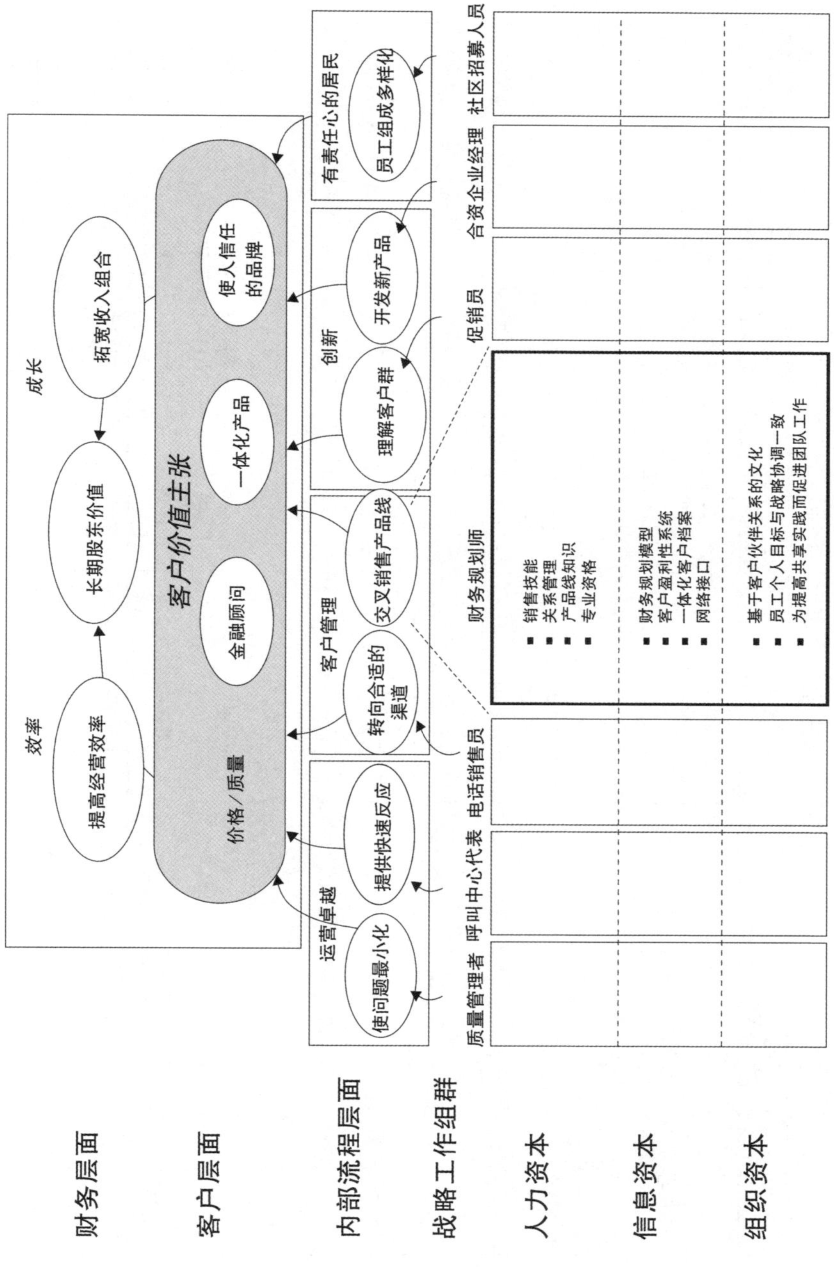

图 7-4　消费者银行无形资产与战略的联结

战略主题：交叉销售产品线					
	战略目标	指标	目标值	行动方案	预算
财务层面	拓宽收入组合	▪ 收入组合 ▪ 收入增长	▪ +10% ▪ +25%	—	—
客户层面	提高客户对我们金融咨询的信任度	▪ 细分客户份额 ▪ 荷包份额 ▪ 客户满意度	▪ 25% ▪ 50% ▪ 90%	▪ 细分行动方案 ▪ 满意度调查	$XXX $XXX
内部流程层面	交叉销售产品线	▪ 交叉销售比率 ▪ 与客户在一起的时间	▪ 2.5% ▪ 1hr/Q	▪ 财务计划行动方案 ▪ 一体化产品	$XXX $XXX
学习与成长层面	开发战略技能	▪ 人力资本准备度	▪ 100%	▪ 关系管理 ▪ 合格的财务规划师	$XXX $XXX
	易于获得战略信息	▪ 战略应用程序准备度	▪ 100%	▪ 一体化客户档案 ▪ 组合计划应用程序	$XXX $XXX
	协同个人目标	▪ 目标与平衡计分卡联结	▪ 100%	▪ MBO升级 ▪ 激励补偿	$XXX $XXX
				总预算	$XXX

图 7-5　消费者银行战略主题的行动计划

有：增加新的客户基础，开发新产品，安装销售解决方案界面，质量更加完善，发展不同技能的员工。战略的责任和义务是围绕战略主题，而不是围绕传统部门或职能目标组织起来的。

图7-5描述了交叉销售产品线主题的计划。成功的交叉销售要求客户对银行金融咨询保持较高的信任度。如果客户信任度提高，银行将能获得较高的客户业务份额，这将产生更高的收入增长和更广泛的收入组合。交叉销售流程依靠战略技能、信息和协调等无形资产。对于每个相互联系的目标，计划确定了指标、目标值，以及实现目标值所要求的行动方案和执行行动方案所要求的投资。

这个计划包括执行战略主题所要求的所有信息。更重要的是，它确定了支持战略所要求的无形资产和价值创造的结合。人力资源、信息技术和组织激励项目与战略保持一致，并详细说明了它们之间的整合过程。这些战略投资的经济合理性可以实施，但是并不采用传统方法。一般方法是基于独立基础："显示新信息技术应用程序的投资回报率（ROI）"或"列示从人力资源培训项目中获得的回报"。图7-5的战略项目计划显示了所有信息技术和人力资源项目如何混合，以便于从战略中创造共同的财务盈利——25%的收入增长。具体的人力资本、信息资本和组织资本行动方案（它们都要求对员工进行投资），对于实现收入增长非常必要。但是，每项投资或行动方案只是整个行动中的一部分，每一项虽然必需，但并不充分。通过对无形资产的整个投资组合中所获得收入的评估，这些无形资产将能从提高交叉销售流程中获得投资回报率，可以确定经济合理性。

衡量无形资产

乍一看，衡量那些由其无形性定义的无形资产，如员工能力和协同、信息技术、组织气氛和文化等，是令人沮丧的，但是一些衡量原则是清晰的。无形资产不应当用开发费用这一指标来衡量，它们的价值也不应当用对人力资源或信息技术资产的能力和价值的独立评估来决定。无形资产的价值源于它们如何与战略优先任务协调一致，而不是源于它们的开发成本或它们在独立情况下价值几何。如果无形资产与战略密切一致，它们将为企业带来更大价值；反之，将不会创造更多价值，即使对它们投入更多的资金。

要衡量无形资产，我们可以利用公司在资产负债表中衡量有形资产和金融资产所使用的原则。会计人员通过归类组织了资产负债表的资产方，如现金、应收账款、存货、房地产、厂房、设备和长期投资。资产按流动性进行排列，流动性是指资产变现的容易程度（见图7-6）。应收账款比存货更易于流动（快速变现），因为一般情况下，应收账款和存货在一年内变现，所以称它们为短期资产。长期资产，物如其名，需要花费较长时间收回对它们的投资，例如房地产、厂房和设备，为把原材料转换为存货提供了能力，这些存货销售出去，成为应收账款，最后变成现金。但是，在收回设备投资之前，需要许多次这样的转换。

通过增加销售收入和降低花费，战略地图框架可以帮助人力资本、信息资本和组织资本表现为最终转换为现金或流动资产的资产。我们引入“战略准备度”概念来描述无形资产支持组织战略的地位。战略准备度与流动性雷同，准备度状态越高，无形资产协助创造现金的速度就越快。

只有当内部流程创造了更高水平的收入和利润，战略准备度才能转换为有形价值。组织不可能将一项有意义的财务价值归因于“士气高昂且训练有素的

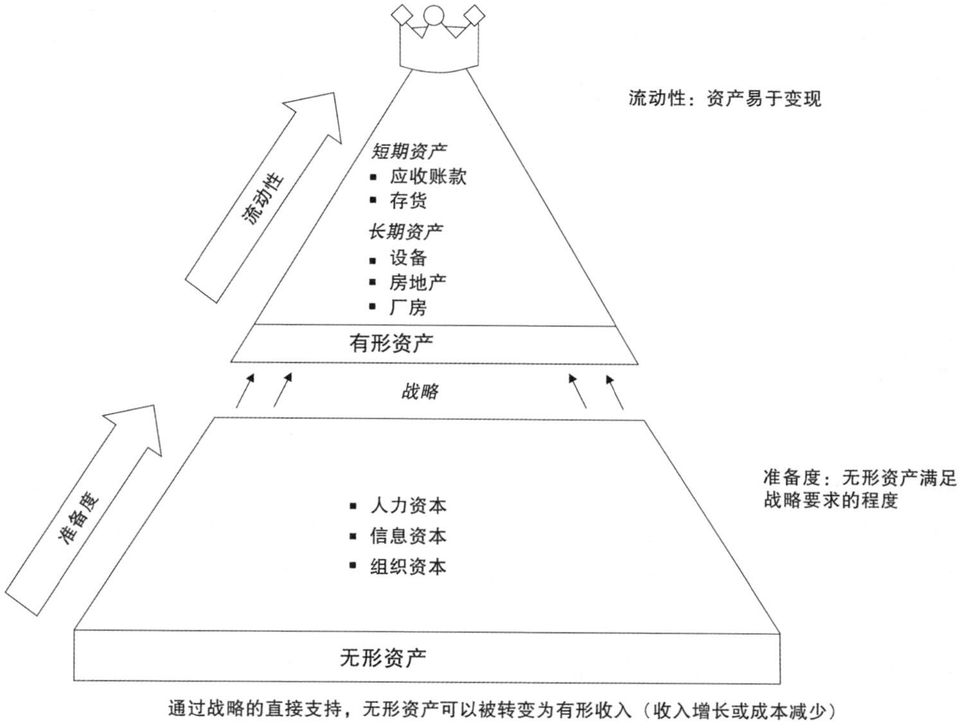

图 7-6　衡量无形资产的框架

员工”等无形因素，因为有形价值只能来自战略环境中。这一点是可能的：从战略地图的财务层面说明战略的成功执行对于收入增长是值得的或对于股东价值是值得的。已实现战略准备度满意水平的员工是一个因素，但它只是帮助收入增长或使股东价值创造得以实现的因素之一。因此，人力资源无形资产的准备度对于战略成功是必要条件，而不是充分条件。

在图7–4中，消费者银行为了支持战略内部流程的“交叉销售产品线”目标，为财务规划师确定了四个具体资格：

- 销售技能。
- 关系管理。
- 产品线知识。
- 作为一个特许财务规划师的资格。

对于内部流程，消费者银行需要衡量财务规划师的既有员工的准备度。假定执行战略需要100个财务规划师，消费者银行通过严格的实验发现，目标招聘、培训和开发计划的结果是：有40个财务规划师达到了执行交叉销售目标的熟练水平（见图7–7）。因为要有100个员工来执行这一战略，所以银行在这项战略上的人力资本准备度仅为40%。

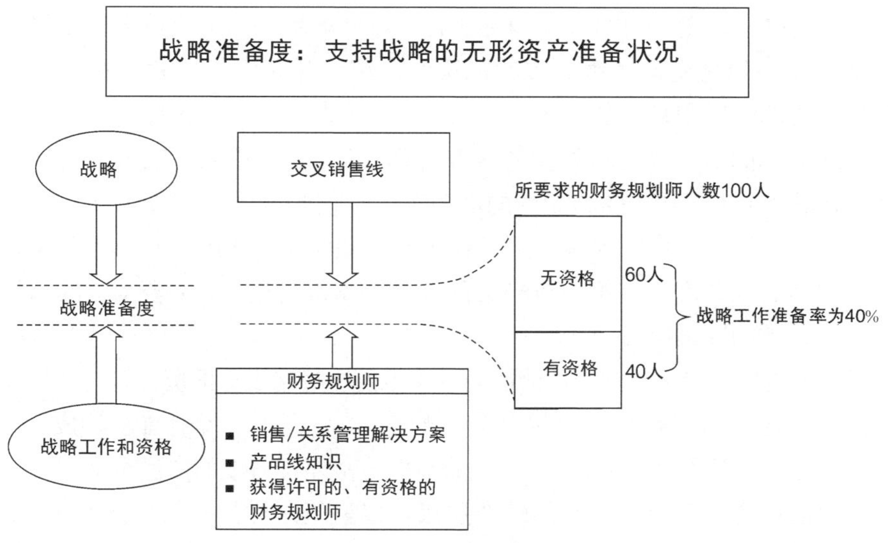

图 7–7　衡量人力资本的战略准备度

无形资产衡量可以采用层层分解模型，与公司在资产负债表中衡量有形资产和金融资产的方法类似。资产负债表的一级项目（Level 1），根据流动性对不同的资产进行归类，例如现金、应收账款、存货、房地产、厂房和设备。二级项目则表述了某一具体分类资产的组合，如应收账款可以包括以下次级项目：

- 信用期内（少于30日）。
- 逾期未付（30～60日）。
- 逾期未付（61～90日）。
- 逾期未付（超过90日）。

同样，存货可以分为原材料、在产品和完工产品等几个次级项目。每个次级项目的资产有不同程度的风险。最后，第三级描述了特定资产（如约翰·史密斯欠5 290美元，是30～60日逾期未付款；公司拥有价值6 000美元的特定购买项目或钢材）。

把这一资产负债表模型用于无形资产，第一级提供了人力资本、信息资本和组织资本这三种资产的总括信息；第二级描述了每个无形资产如何与目标内部流程相结合的信息；第三级描述了个别无形资产的特征。

图7–8显示了这些思想，表明了消费者银行的人力资本资产的二级细节。图中数字详细说明了为了适应其新的复杂战略，消费者银行人力资本的准备度状况。公司已经确定了每个战略内部流程中驱动业绩提高的具体工作组群。例如，财务规划师是交叉销售流程的最重要职位，呼叫中心代表是快速反应流程的最重要职位。消费者银行必须保证其7个战略工作组群的每一个都有足够的、技术娴熟的员工来支持相关的内部流程。如图7–8所示，银行的两个运营管理流程状态良好（100%和90%的准备度），但是人力资本能力在几个方面却准备不足：两个客户管理流程（只有40%和50%的准备度）和其中一个创新流程（20%的准备度）。第一级65%的人力资本准备度（以R表示）的总括指标是对7个战略工作组群的加权平均。

第三级指标确定了特定个体的能力——他们对战略工作的资格。与类别要求相比，个体能力是衡量组织人力资源资产的基本构成模块。个体能力构成了第二级和第一级，从而产生了一个所有人力资源资产战略准备度的广泛组合图。

公司信息资本和组织资本的三个层级可以进行同样的分解。图7–9提供的战略准备度报告样本，显示了无形资产各层级履行其战略作用的能力。正如一个军事单位不断地评估培训人员能力、设备、军火、智力和与设备相关的后勤，并把它们作为使命准备度的指标一样，公司必须评估图7–9中6个无形资产的地位，并把它们作为战略准备的指标。数字显示了公司在信息技术系统准备

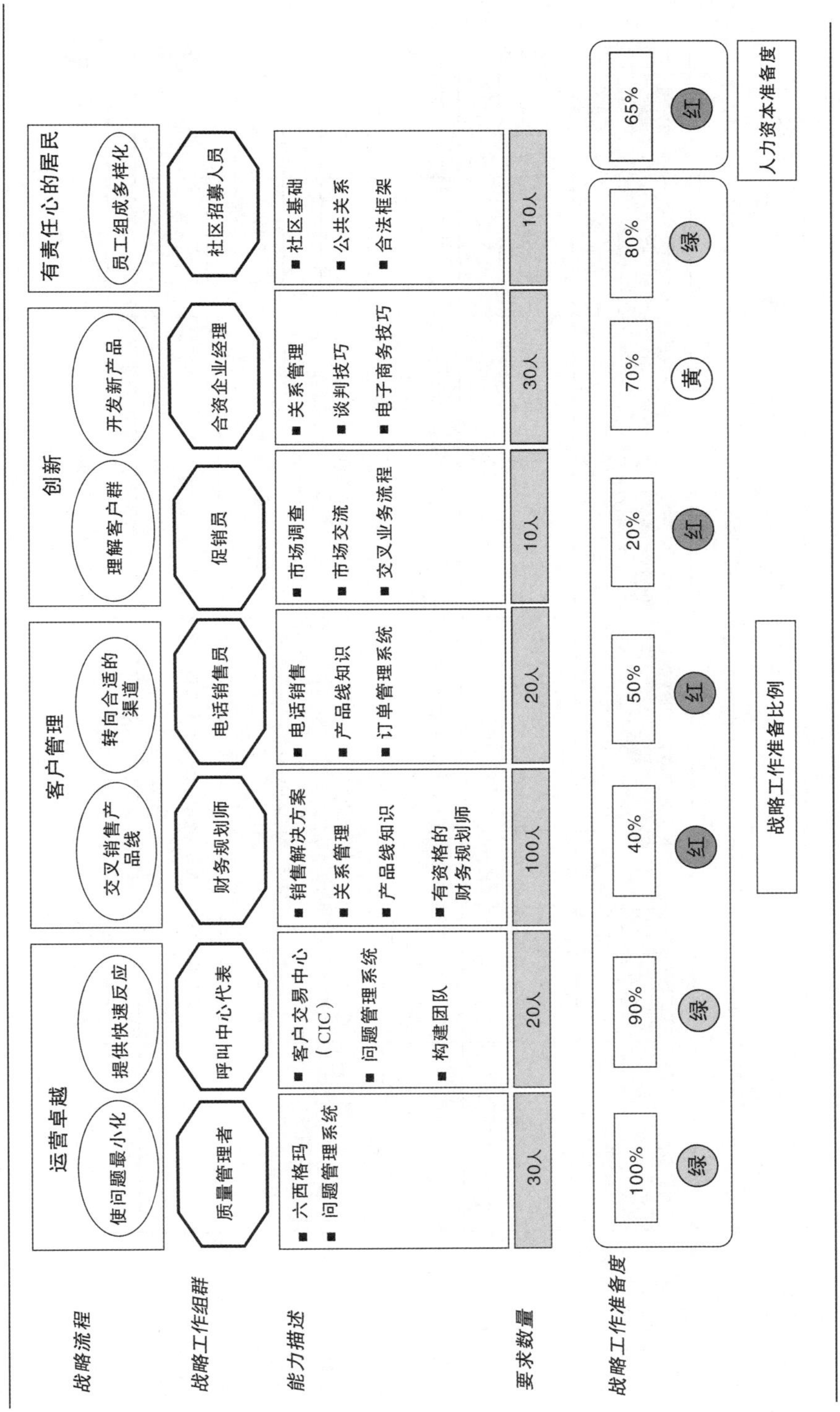

图 7-8 人力资本准备度：组合起点

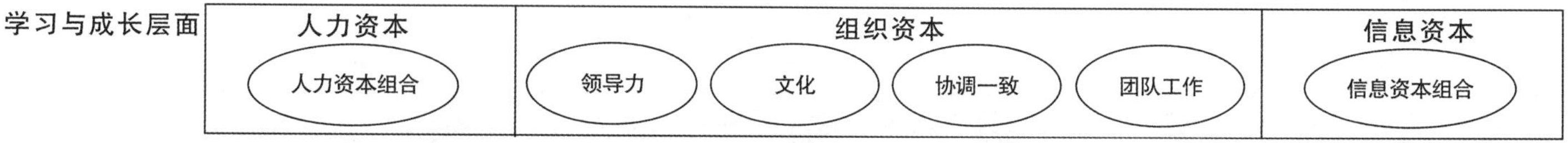

战略准备度报告					
资产	目标	指标	目标值	实际值	
人力资本	人力资本组合：了解和消除战略工作组群要求的能力和可获得的能力之间的差距	■ 战略工作准备度	75%	65%	黄
组织资本	领导力：构建促进组织向战略前进所要求的各级领导结构	■ 领导力差距	90%	92%	绿
	文化：对开发执行战略所要求的使命、愿景和核心价值的认识和内化	■ 实现的核心价值	80%	52%	红
	协调一致：确保目标、激励和战略在组织各级的协调一致	■ 战略认知度	80%	75%	黄
	团队工作：保证具有战略潜力的知识和员工资产的共享	■ 共享最佳实践	75%	80%	绿
信息资本	信息资本组合：提供战略所要求的信息技术应用程序的所有组合	■ 信息组合准备度	95%	70%	红

图 7-9　战略准备度报告

度方面存在重大缺陷。在新方向下使员工适应文化的教育和激励也是滞后的。这将对战略的执行形成可怕的障碍。

本章小结

战略准备度报告巩固了管理无形资产的必要因素：

- ●确定资产。
- ●无形资产与战略保持一致。
- ●衡量准备程度。

在这一篇的其他几章，我们描述了确定和衡量人力资本、信息资本和组织资本这三种无形资产准备度的方法。随后的案例研究说明了皇冠城堡国际（Crown Castle）所面临的情况，公司不得不改变企业文化，从一个独立单位的简单集合转变为一体化公司，因为一体化公司可以帮助公司从调整复合资产的能力中获得合力。

注释：

[1] Thomas A. Stewart, "Brainpower", *Fortune*, 3 June 1991, 44.

[2] Thomas A. Stewart, *Intellectual Capital: The New Wealth of Organizations*（New York: Doubleday, 1998）, 67.

[3] Robert S. Kaplan and David P. Norton, *The Strategy-Focused Organization: How Balanced Scorecard Companies Thrive in the New Business Environment*（Boston: Harvard Business School Press, 2001）, 163, 165.

案例研究

皇冠城堡国际

背景

皇冠城堡国际是一家领先的无线通信和广播设施的全球提供商。公司出租电视塔和天线，为众多著名的无线业务提供商和广播商提供广播发送服务和相关服务，其客户包括英国电信（British Telecom）、威瑞森（Verizon）、辛格勒（Cingular）、沃达丰（Vodafone）、T Mobile（Deutsche Telekom）和英国广播公司（BBC），公司为这些组织提供全面的电视发送服务，皇冠城堡国际为超过2/3的美国市场和超过90%的英国与澳大利亚人口服务，2002年总收入为9.015亿美元。

现状

皇冠城堡国际的成长与20世纪90年代中期无线数字的繁荣同步；公司的电视塔从127个增加到今天的15 000多个，员工从700人增加到今天的2 000人。当1998年公司公开招股时，其战略比较简单：猛烈地“攫取疆土”。通过兼并有战略地位的电视塔用来出租，并为客户提供外包服务，公司将帮助其电信客户快速进入市场。一旦弥补了固定成本，公司的收入就成为纯粹的现金流。公司在早期凭借这种方法获得了成功；但是当资本市场出现紧缩，预期75%的利润不能实现时，管理团队意识到通过兼并获得收入的做法已经走到了尽头。

战略

2001年6月，皇冠城堡国际推出了一个新战略——运营卓越，来配合其平衡计分卡行动方案。公司现在追求既有资产的收入最大化，实现更高效率，并通过提供诸如设备维修这样的增值服务来获得规模经济。约翰·凯利（John Kelly）于2001年出任公司CEO一职，他领导公司进行了变革，充分认识到皇冠城堡国际处于和无线电通信一样流动的行业，公司必须定期改变战略和计分卡。2002年，公司实行分权化管理结构，以产生关于核心资产发射塔的更为详细的数据和知识。增加的知识将是在三大洲卓越运营的关键。

战略地图

尽管运营卓越出现在公司最初的战略地图中，地图仍然体现了原来的合并战略。2003年早期，公司修订了地图，由不同区域的员工介入，更好地反映其运营卓越战略和新的分权化方法。团队加强了内部层面的目标，明晰了含糊不清的“总部讲话式”地图，重构了因果关系。结果是产生了一个更为明确、清晰的战略地图，该地图可以引导公司所有员工执行战略（见图7–10）。

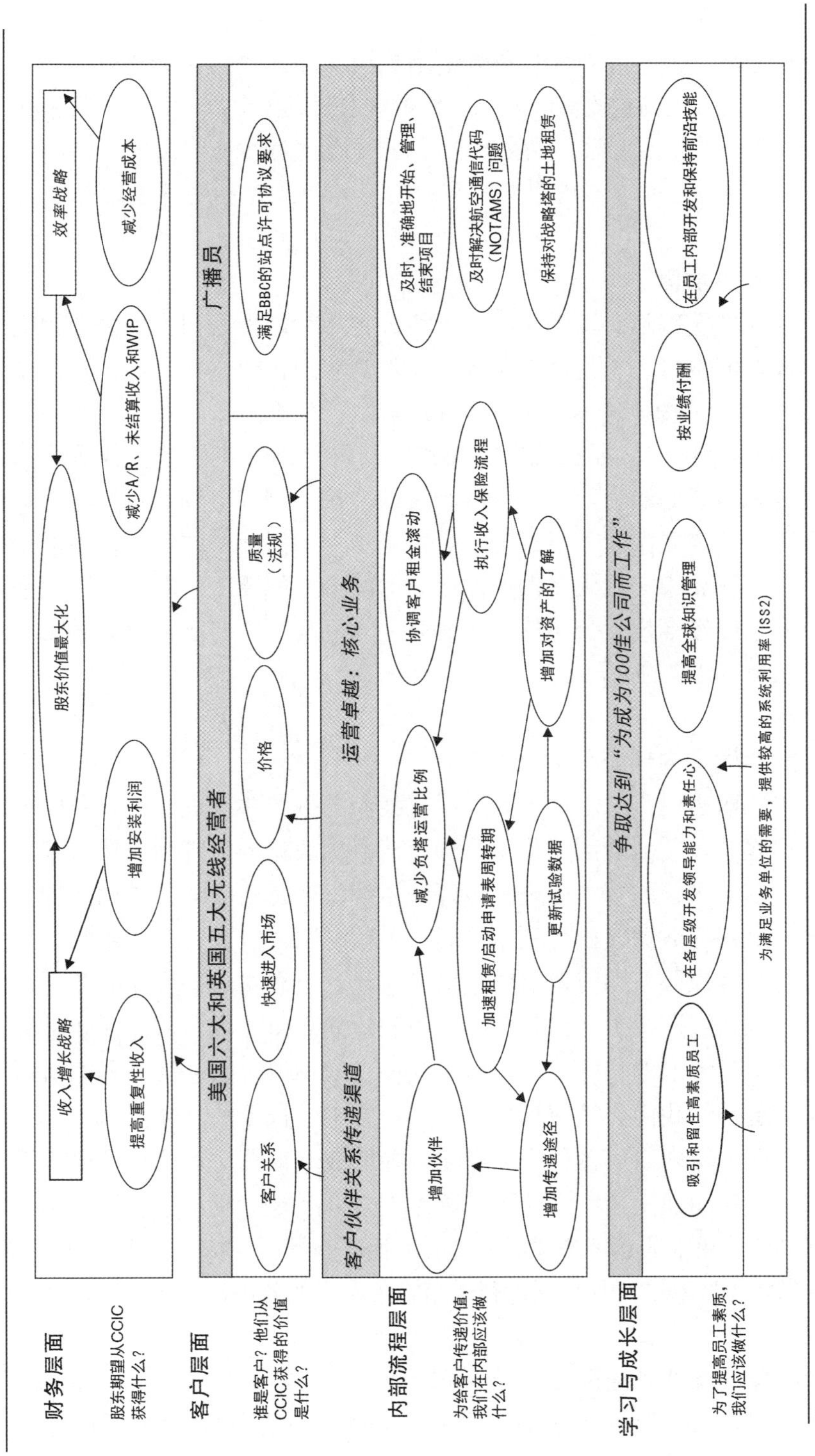

图 7-10 皇冠城堡国际的战略地图

1. 财务层面

皇冠城堡国际希望通过从既有资产获得收入的两个目标来实现收入增长。这两个目标是：提高重复性收入——从租赁中获得年金收入；增加安装利润—— 一个利润更高的收入来源。在效率方面，公司通过减少应收账款（A/R）、未结算收入（unbilled revenue）和再建工程（WIP），强化资产利用目标。

2. 客户层面

皇冠城堡国际有两类客户：无线经营者和广播公司。该公司预期没有新的客户和新的市场，于是就把伙伴关系作为客户价值主张。该公司的全球运营副总裁罗伯特·帕拉迪诺（Robert Paladino）写道："如果客户在一年中不得不推出1 000个站点，那么他们想知道他们的合作伙伴是否有合适的基础设施和快速进入市场的能力。"客户调查反映"快速进入市场"目标应该替代早期的目标——"与之做业务很好"。另一个增加的指标"质量"，不但是指一般概念，而且代表遵守规则（例如发送时间的准时程度）。对于英国广播公司这一最重要的广播客户，公司的目标是完全满足客户的要求，成为满足站点许可协议（SLA）要求的公司。

3. 运营（内部流程）层面

帕拉迪诺说："通过更好地了解我们的资产并改进流程，我们可以更好地为客户服务。"他的话解释了公司运营卓越战略的关键和支持"客户关系"这一运营层面主题的基本原理。更好地了解资产是新战略的基础，拥有了发射塔更多、更好的数据，如可利用空间、工程说明书以及客户利用状况，公司能够更好地为客户服务和使发射塔业绩最大化。公司对这一层面的几个目标进行了修改，从高层声明（如提高核心能力和建立支持流程，从而使效率最大化）转向更易引起诉讼的目标，如及时解决NOTAMS（航空通信代码）问题。帕拉迪诺又写道："我们必须衡量目前战略地图中已选择的具体流程。"强调专门化有助于在公司内使运营程序标准化，并使战略地图对地区经理更有用。同样，把"每次互动都使客户惊喜"明晰为"加速租赁/起动申请表周转期"。新的目标更具体，更能表达客户关心的主要方面。新目标支持了"降低负塔运行率（低效率塔楼）"和"增加传递途径（潜在承租人的新申请数量）"这两个目标。

4. 学习与成长层面

皇冠城堡国际的主题是争取登上《财富》杂志的"100家最佳雇主"榜，

公司希望为员工创造一个卓越的工作环境。学习与成长层面最著名的目标是中心目标：提高全球知识管理。2003年早期，公司实施了一个知识管理系统，这一系统将成为最佳实践的宝库和关键流程的业绩标准。它描绘了流程，如通过视频片段和文件可以进行站点检查。知识管理系统是皇冠城堡国际平衡计分卡的直接结果。帕拉迪诺说："我们从搜集数据转向理解信息，从而获得我们需要的知识。"信息系统和服务目标支持了学习与成长层面；公司没有单单把注意力放在最新的电子商务系统，而把服务和可能的技术解决方案看得同等重要。

成果

帕拉迪诺相信正是公司的计分卡和战略地图帮助公司在市场环境中得以生存，并使得四个竞争者中的两个宣告破产。的确，公司对费用和资本的富于进取心的管理——生产率战略的本质，使现金流从负值变为正值，增加了数百万美元。这些财务收入使皇冠城堡国际对主要行动方案充满信心：履行英国政府的命令，把电视转播变为数字转播；建立免费收视公司—— 一家用30个新频道为全英国提供免费数字电视的合资公司。皇冠城堡国际是平衡计分卡大家族的一员。

该案例由平衡计分卡协会的简·科奇（Janice Koch）和皇冠城堡国际的罗伯特·帕拉迪诺编写。我们也感谢约翰·凯利与我们分享了皇冠城堡国际的经验。

第八章

人力资本准备度

本章将描述公司如何开发人力资本（Human Capital，HC）准备度指标（见图8-1）。这一指标反映了员工技能、知识和诀窍的有效性，这些技能、知识和价值主要用来执行对战略成功至关重要的内部流程。我们介绍了组织确定战略所需人力资本要求的框架，估计了人力资本要求和当前员工准备度的差距，并判定了缩小当前准备度与要求之间差距的计划。

衡量人力资本准备度流程，从确定个人执行战略地图中每一个关键内部流程所要求的能力开始（见图8-2）。战略工作组群的位置表明，拥有这些能力的员工能对优化这些关键内部流程产生最大的影响。能力图解从细节上描述了这些工作的要求。评估流程描述了能力图解中组织在每个工作组群的当前能力。要求和当前能力之间的差距可表示为“能力差距”，这个概念定义了组织的人力资本准备度。组织可以实施人力资本开发计划来缩小这一差距。

第一步：确定战略工作组群

所有工作对于组织都是重要的，否则它就不会招聘员工来完成它们。然而，尽管许多工作提供了基本的能力要求，但是并不是相异的工作就可以创造差异化。组织需要卡车司机、计算机操作员、保管员、招待员和呼叫中心员工，并且清楚所有这些员工的贡献将提高组织业绩。但是经理们必须挖掘组织中每个员工的潜力，必须认识到有些工作比其他工作更能影响战略。战略人力资本管理流程必须确定和关注对战略产生极大影响的关键工作。威廉姆斯-索纳玛（Williams-Sonoma）的人力资源部副总裁约翰·布朗森（John Bronson）估计说，5个工作组群的员工决定了公司战略优先任务的80%。[1]

在我们的人力资本调查项目中，与几个组织的合作证实了布朗森的观点。下面看一下UNICCO公司的情况。UNICCO公司是一家一体化的家电服务管理

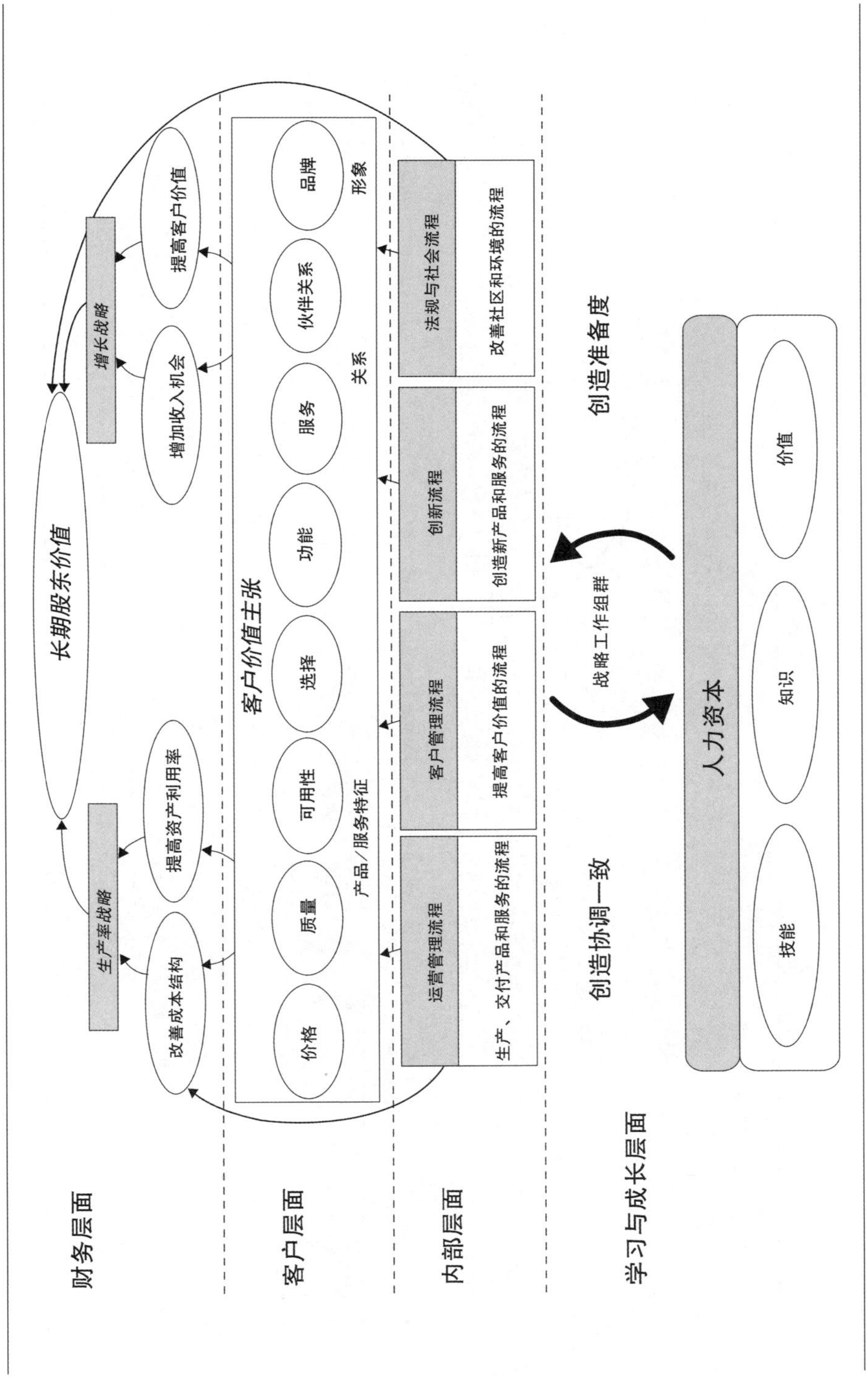

图 8-1　描述人力资本准备度的框架

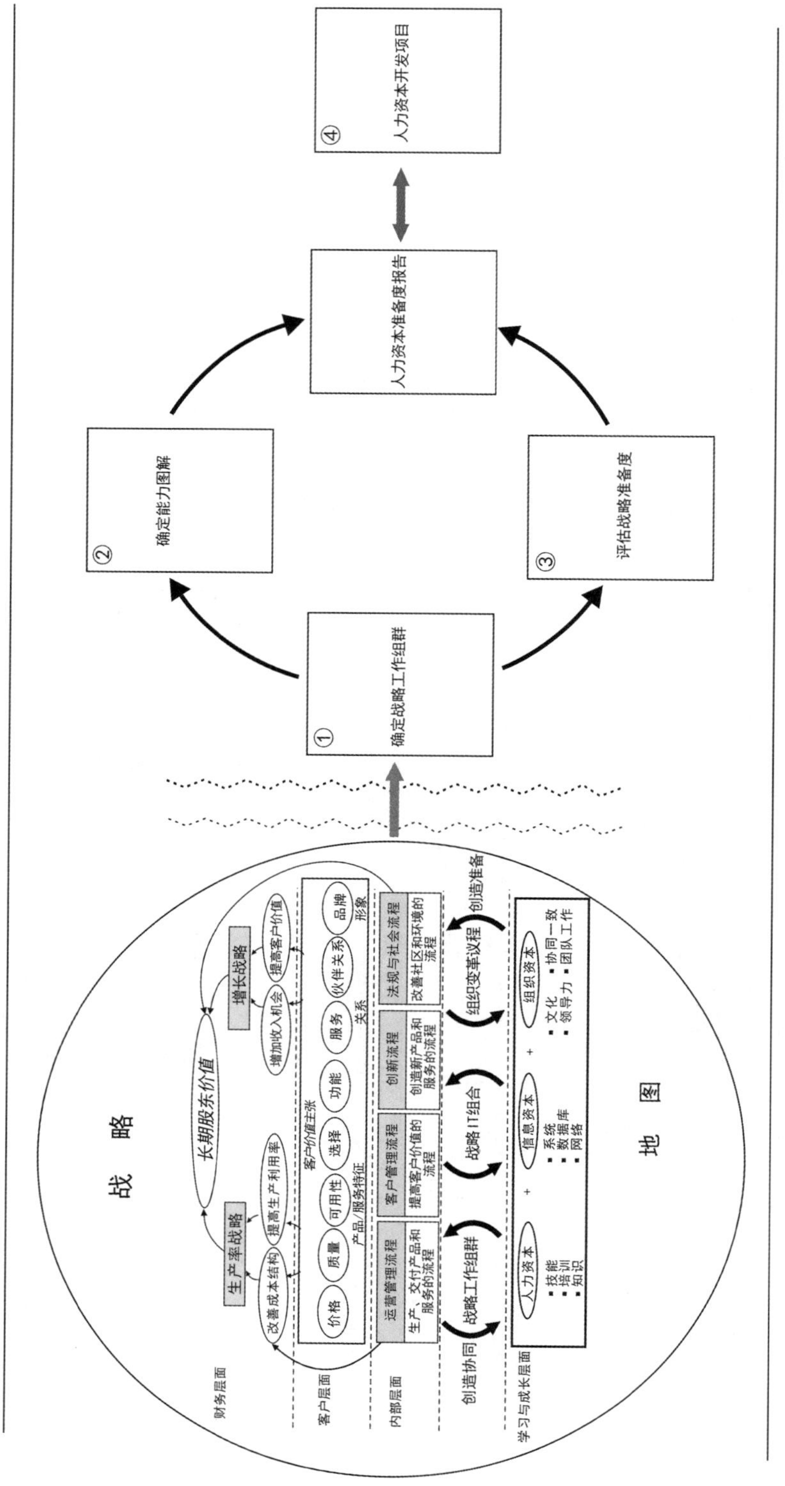

图 8-2 人力资本准备度模型

公司，经营范围从简单的清洗到复杂机器的维修。它的客户解决方案战略力求通过客户化和拓展每个客户的服务种类来实现成长。战略始于展示组织在质量、一致性和为客户传递基础服务可靠性等方面的突出能力。这一成功确定了UNICCO公司随后向新领域拓展的可行性。UNICCO招聘了6 000多名员工。该公司的人力资源副总裁金伯利·威廉姆斯（Kimberlee Williams）声明，3个工作组群为战略提供了关键调整点：项目经理视察具体客户的经营；经营主管拓展与现有客户的关系；业务开发经理帮助获得新客户。这3个战略工作组群只有215名员工，不到全体员工的4%。通过将人力资本开发活动聚焦于这些少数关键员工，UNICCO使人力资本投资更加重点明确并充分发挥了这些投资的杠杆作用。[2]

另一个更综合的例子是图8–3所显示的凯米科（Chemico）公司战略工作组群。凯米科公司是一家初级专业化学产品制造商。凯米科公司通过其工程师与客户工程师构建了个人和技术关系，从而传递了客户解决方案战略。凯米科公司工程师通过工程与新产品开发的联结，产生了解决客户问题的创新解决方案。

凯米科公司的创新主题有两个战略流程：合伙（促进新产品开发的多元化和速度）和应用研究（确保稳定的专有新产品流）。凯米科公司的管理者为每个战略创新流程确定了战略工作组群。

1. 产品开发合伙流程

合资企业项目经理：能有效管理复杂合资企业的员工。[3]

2. 应用研究流程

资深科学家：拥有缩小技术领域差距能力、开发新产品应用程序的个人。

凯米科公司的客户管理主题有两个战略流程，每个流程有其相关的战略工作组群。

3. 客户合伙流程

方案工程师：作为顾问，运用凯米科公司产品满足客户需要的工程师。

4. 订单履行流程

呼叫中心代表：与方案工程师合作来保证产品质量和交付及时性的专家。

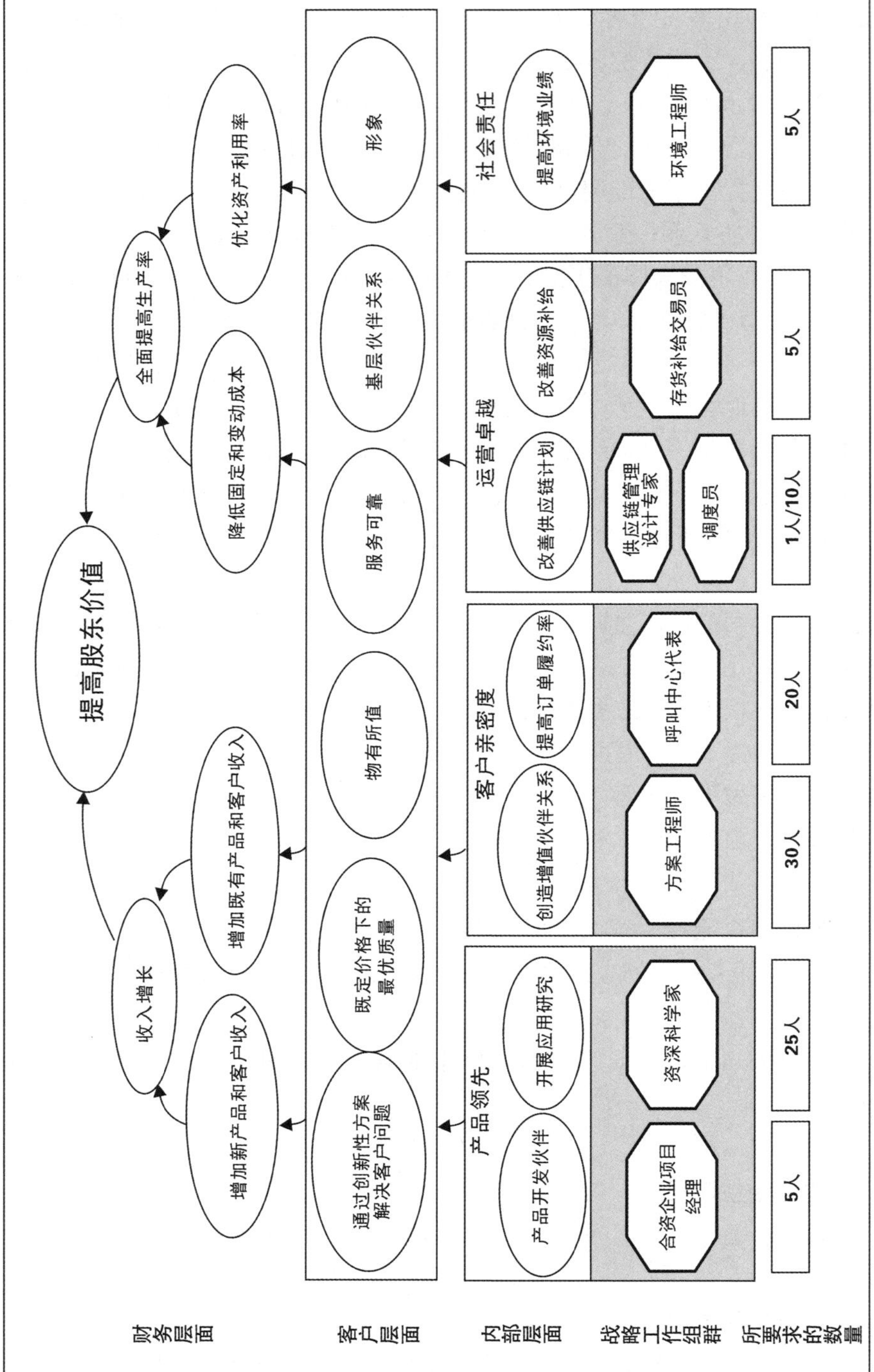

图 8-3 凯米科公司的战略地图

运营管理主题包括2个战略流程和3个战略工作组群。

5. 供应链计划流程

供应链管理（SCM）设计专家：能引导凯米科公司供应链流程再造的个人。

调度员：与供应商和客户共同工作，协调整个供应链日程的个人。

6. 存货补给项目

存货补给交易员：在新组建的能源贸易办公室工作，通过持续与现货市场联系以保证必需的存货补给，并实现最大限度成本降低的专家。

社会责任主题有一个战略流程和相关的工作组群。

7. 环境业绩项目

环境工程师：已经掌握了净化空气和水资源要求并掌握满足上述要求所需方法的一组专家。

总之，基于凯米科公司的战略地图，执行团队确定了8个战略工作组群。这些组群有100名员工，约占所有员工（1 500名）的7%。因此，组织战略的成功将取决于如何更好地开发不到总人数10%员工的能力。这就是战略重点的本质。

第二步：构建能力图解

在第一步中，组织确定了对战略成功至关重要的战略组群。第二步将详细确定这些工作的要求，也就是通常被称为工作图解或能力图解的任务。能力图解描述了某一职位成功所要求的知识、技能和价值。人力资源部门具有创造这一图解的不同方法，如会见能最好理解工作要求的个人。能力图解为人力资源部门招聘、培训和发展某一职位员工提供了参照物。

凯米科公司利用一个简单的图例说明了能力图解的三个部分（见图8–4）：

（1）知识。

执行工作所要求的一般背景知识。既包括具体工作知识（如学科专家），也包括使具体工作知识适合于环境和工作的外围知识（如了解客户）。

（2）技能。

弥补一般基础知识要求的技能，如谈判、协商和项目管理技能。

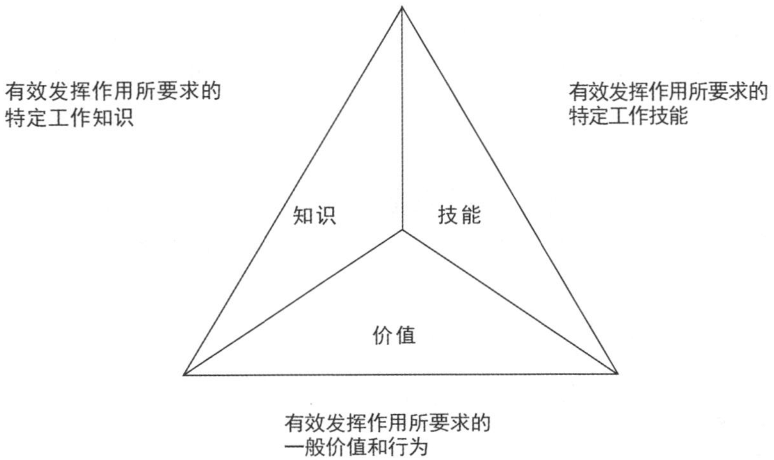

图 8-4 凯米科公司的能力图解模型

（3）价值。

在既定工作中能产生突出业绩的特性和行为。有些工作要求团队工作，另外一些则基于客户中心而组建。价值与工作的匹配是必需的。

图8-5显示了凯米科公司7个战略工作组群的简化能力图解。以方案工程师为例，方案工程师在他们为客户直接工作时的职能是顾问，他们利用凯米科公司的产品知识为客户解决问题。这些工作的一般知识要求包括对客户和业务模型的良好理解，也包括对化学产品线以及客户如何才能最优利用这些产品的类似理解。方案工程师需要有顾问技能，包括解决问题、项目管理、变革管理和关系管理能力。方案工程师的主要价值在于创造持续的、可信的客户伙伴关系。

第三步：评估人力资本准备度

在第三步，组织将评估战略工作组群中的员工能力。评估者可以采用不同的方法评估个人业绩和潜力。一个极端方法是，每个员工进行与工作要求相

	创新		客户管理		运营管理		社会责任
战略流程	产品开发伙伴	开展应用研究	创造增值伙伴关系	提高订单履约率	改善供应链计划	改善资源补给	提高环境业绩
战略工作组群	合资企业项目经理	资深科学家	方案工程师	呼叫中心代表	供应链管理设计专家	存货补给交易员	环境工程师
能力图解 知识	■ 行业知识	■ 学科专家 ■ 客户知识	■ 客户知识 ■ 产品知识	■ 客户知识	■ 得到承认的供应链管理专家	■ 学科专家 ■ 公司知识	■ 学科专家 ■ 公司知识
技能	■ 签约技能 ■ 谈判技能 ■ 关系管理技能	■ 经营能力 ■ 项目管理技能	■ 顾问技能 ■ 关系管理技能	■ 客户关系管理系统技巧	■ 商谈技能 ■ 项目管理技能 ■ 变革管理技能	■ 谈判技能	■ 项目管理技能 ■ 变革管理技能
价值	■ 结果导向	■ 团队队员	■ 客户伙伴关系	■ 结果导向	■ 结果导向	■ 结果导向	■ 团队队员
所要求的数量	5人	25人	30人	20人	1人	5人	5人
合格的数量	2人	15人	15人	15人	0人	1人	2人
人力资本准备度	40% 红	60% 黄	50% 红	75% 黄	0 红	20% 红	40% 红

图 8-5 凯米科公司的战略工作和能力

关的自我评估，随后与指导者或职业经理进行讨论。另外一个极端方法是，评估者可以就与员工业绩相关的不同主题从同级、上级和下属那里获得360度反馈。随后，反馈可以作为职业发展对话的基础。这些评估为员工目标提供了清晰的理解，为当前能力和业绩提供了有意义的反馈，也为其未来发展提供了实际方法。由于评估的重要性，在战略工作组群中评估员工战略准备度可以被看作组织中随处使用的日常业绩管理流程。

对于许多组织而言，通过战略地图的结构原理清楚地阐述战略是一个新的体验。在组织中关注变革和开发领域的战略常常揭示出一个现象，即目前组织内并没有许多战略工作组群。例如，凯米科公司中8个战略工作组群中的4个对于公司来说是全新的。合资企业经理和环境经理在过去几年中已经存在，但是为供应链和存货补给流程招聘员工是最近才有的。[4]

凯米科公司人力资源经理选择了一位主管来负责填写这些职位的行动方案。主管和人力资源经理一起实施了对员工准备度的评估，来完成已确定的新任务。就像图8-5底部位置所显示的那样，这些工作（资深科学家、方案工程师和呼叫中心代表）的战略准备度当前是40%～75%。人力资源经理实施了人力资本开发计划来缩小差距，并把这一计划与业绩管理相联结，使新的能力图解成为员工个人目标和开发计划的一部分。

第四步：人力资本开发计划

战略地图增加了对人力资源计划（招聘、培训和职业计划）的关注，这些人力资源计划可以发展组织的人力资本。如果没有战略地图的指导作用，大多数人力资源开发计划会试图去满足所有员工的需要，因而对那些有意义的工作投资不足。通过关注战略工作中少数人（通常低于10%）的人力资本投资和开发计划，组织能较快地实现突破性业绩，并比全面人力资源投资花费更少。

图8-6中总结的两种不同经营方法能用来创造战略协调。战略工作组群模型中，组织把人力资源计划集中于几个对战略至关重要的关键工作。这种集中对快速行动和有效花费有所贡献。但是这种方法意味着有90%的员工是非战略的，而且公司可能忽视他们的正当发展需要。战略价值模型是从每个人的工作出发，战略包括一系列能融入员工目标和行动的价值和优先任务。显而易见，这两种模型对于成功都是合理的和必需的，两种模型适合于我们确定重点，它们已经在实践中得到成功运用。但是根据我们的经验，它们不能作为一个整合计划来运用。在战略工作组群中，开发个人能力的计划应该进行分解和单独

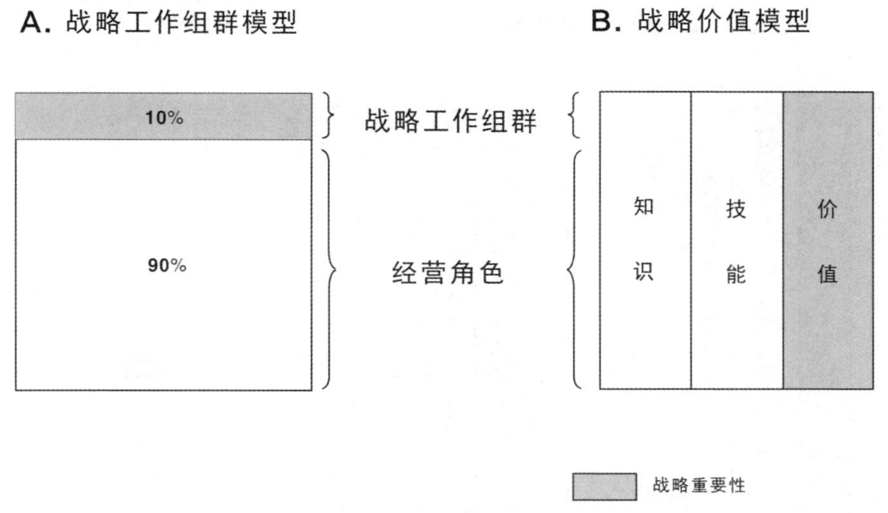

图 8-6　战略人力资本开发模型

进行资助，就像资本投资从年度经营费用计划中分离出来单独资助和管理一样。在战略工作组群中缩小能力差距的流程应该被作为战略人力资本准备度报告的基础。另外，战略价值模型为设定整个团队目标的修正业绩管理计划提供了基础。

图8-7描述了凯米科公司的人力资本开发计划。基于战略工作组群模型，公司希望在所有8个战略工作组群中实现超过90%的人力资本准备度。人力资源部门开发和管理了实现目标所要求的行动方案。凯米科公司人力资源战略团队被安排来支持这一流程，他们选择了四个战略行动方案：招聘新员工行动方案、正式的培训行动方案、在职开发行动方案和同级部门交流最佳实践经验的网络。人力资源战略团队为每个行动方案量体裁衣，以实现特定工作组群的战略准备度目标值。对每个战略主题负责的经理充当这些行动方案的客户（见图 8-7），为行动方案提供资金支持并评价其业绩。凯米科公司人力资本开发计划目前备受关注，并且与战略保持一致。

格雷–赛拉卡斯的战略工作组群

我们在第一章描述的格雷–赛拉卡斯是一家精密铸件公司，它是基于战略工作组群方法进行人力资本开发计划的另一个例子。它的员工设计铸件和选择合金来满足客户苛刻的要求。价值主张的附加条件包括高质量精密产品、及时交货和有竞争力的价格。员工能力包括使用复杂维度集成软件的计算机模型、

人力资本准备度报告	
人力资本目标	指标
开发战略能力	■ 人力资本准备度

人力资本开发计划			
目标值	战略行动方案	战略预算	领先指标
> 90%	■ 招聘 ■ 培训 ■ 开发 ■ 同级交流	$XXX $XXX $XXX $XXX	■ 完成率 ■ 培训时间（战略重点） ■ 参与同级交流

人力资本准备度（细节）			
战略主题	战略工作组群	要求数量	人力资本准备度
产品伙伴	■ 合资企业项目经理	5人	40%
应用研究	■ 资深科学家	25人	60%
客户合作	■ 方案工程师	30人	50%
订单履行	■ 呼叫中心代表	20人	75%
供应链	■ 供应链管理设计专家	1人	0
	■ 调度员	10人	70%
存货补给	■ 存货补给交易员	5人	20%
环境业绩	■ 环境工程师	5人	40%

战略行动方案（细节）			
招聘	培训	开发	同级交流
R1	T1		PC1
R2		OJ1	PC2
	T2	OJ2	PC3
	T3	OJ3	PC4
R3			PC5
R4			
R5		OJ4	PC6
R6		OJ5	PC7

图 8-7 凯米科公司的人力资本开发计划

冶金专长和铸造操作。运营管理流程之一集中于通过减少重复工作为客户提供高质量产品（见图8-8）。历史上，格雷-赛拉卡斯在生产流程的末端已经使用了弹性制造，铸件在生产流程的末端被完成。新战略将流程的前端确定为减少返工的主要机会。这意味着在铸模流程中引入了弹性管理方法。在铸模装配流程中，员工要在把由喷射模塑机产生的蜡状样品转变为金属合金之前，装配完蜡状样品。战略地图分析把铸模装配工（初级职位）作为这一流程的战略工作组群。基于员工在装配流程的手工熟练度，目前有30名员工受聘为铸模装配工。

铸模装配流程将弹性制造引入前端流程的战略要求一系列广泛新能力。如图8-8的②所示，这一流程有8种形态迥异的作业（称作单元）来生产不同类型的产品。例如，一个单元可能要求使用焊接设备、酸箱、X射线和热刀等，而另一个单元可能要求使用测量器、焊接设备和X射线。最简单的单元有 11项不同的技能，最复杂的单元有26项技能。利用日本著名的业内培训（Training Within Industry，TWI）制造技术，经验丰富的格雷-赛拉卡斯专家为每个单元开发了作业和能力图解，总结在业内培训模板中。当前所有30名装配工将不得不掌握每个单元所要求的技能。模板将指导他们的培训和评价。图8-8的③描述了评估装配工战略准备度的5个等级。

监督员、质量检查员和/或培训者利用业内培训模板对30名装配工进行月度和季度评估。他们的目标是尽可能使所有装配工达到3级（正在培训的），进而快速达到4级（注册的：单元内）。

格雷-赛拉卡斯通过对所有单元每名装配工的等级进行加总，从而设计了它的战略准备度指标：

准备度等级=∑［个人等级（每名装配工和每个单元）］

如图8-8的人力资本准备度报告所示，当计划在2001年实施时，准备度等级为400，每人每单元的平均等级为1.6。这一等级仅仅是阶段2目标的 40%。一年以后，准备度等级达到了810，平均等级为3.3，是阶段2目标的 84%。格雷-赛拉卡斯公司的人力资源主管保罗·史密斯把能力等级提高的速度归因于业内培训计划。史密斯说，格雷-赛拉卡斯是第一家从日本成功引入业内培训计划的美国独资公司。他估计业内培训计划将使战略准备度的实现时间缩短一半。在这一期间，返工率降低了76%，创造了极大的经济利益。

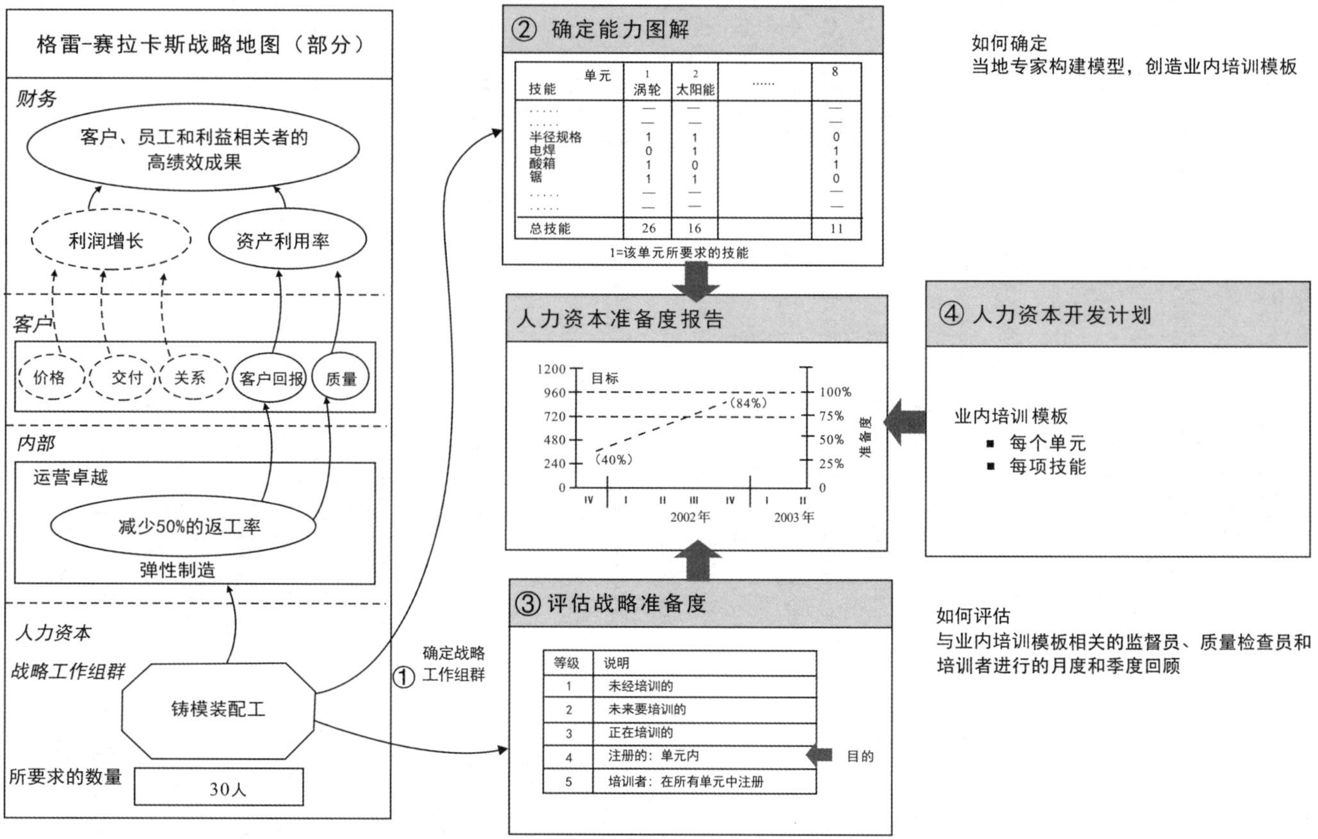

图 8-8　格雷-赛拉卡斯的人力资本准备计划

伯克利服务管理处的战略价值模型

加利福尼亚大学的伯克利服务管理处（Berkeley's Administrative Services group，BAS）提供了一个关于战略价值模型的好范例（见图8-9）。[5]伯克利服务管理处为支持学校的学术使命和校园优先任务提供全方位的服务。伯克利服务管理处部门包括物理实验室、公共安全、健康和咨询、人力资源、印刷和娱乐。实际上，伯克利服务管理处管理的对象相当于一个小城市。

作为一个支持组织，伯克利服务管理处追求客户解决方案战略。客户价值主张强调诸如“预期客户需要”“创建有效的解决方案”和“专家激发信心”等高效伙伴关系的特征。财务目标反映了在学术预算约束下实施战略的现实性。伯克利服务管理处为内部层面主题选择了三个战略主题：

战略主题	**流程**
开发伙伴关系	·客户关系
持续改进关键流程	·运营卓越
创造交易新方法	·创新

伯克利服务管理处学习与成长层面，也称作“关注员工”，有三个战略目标：

- 组建一个优秀的、多元化的工作团队。
- 营造高绩效服务文化。
- 在伯克利服务管理处内提供高效领导力。

伯克利服务管理处人力资源团队开发了6个关注客户目标，并使战略地图和战略价值图解服务于每个目标（见图8-10）。对于每个价值，项目团队确定了一个更为详细的目标。例如，“保证质量”隐含着员工“在承诺方面坚持到底”“坚持自负其责”“集中解决问题，不求全责备”和“保证最好的质量”。伯克利服务管理处在确定了管理层的这些战略价值之后，开始采用层层分解的流程来向下级传递价值。伯克利服务管理处变革传统管理方法和服务文化从讨论、澄清和内化新价值开始。一旦管理层彻底了解了这些环节，战略价值将融入各级的个人目标和业绩计划中。这将为360度反馈和战略准备度报告提供一个参照物。

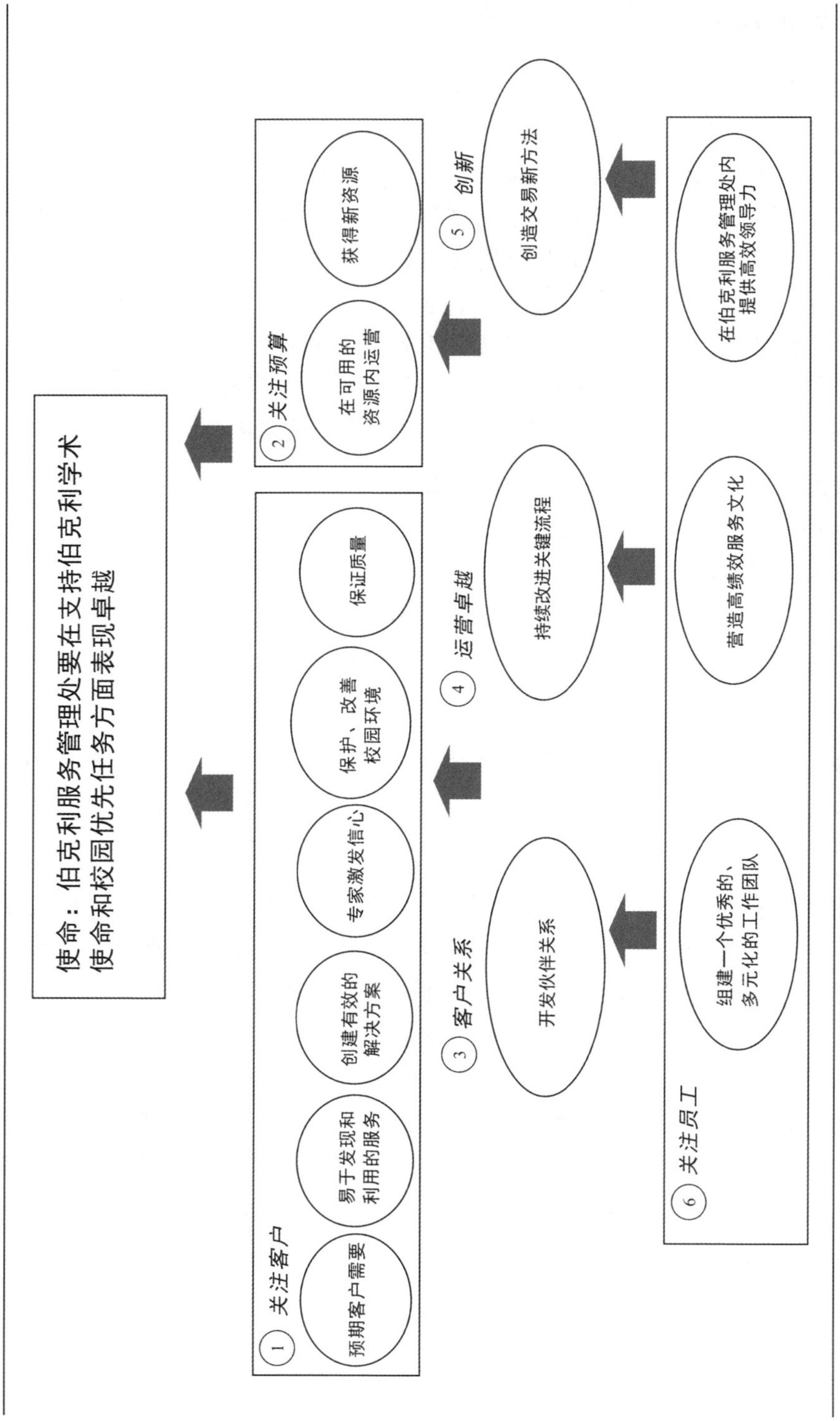

图 8-9 伯克利服务管理处的战略地图

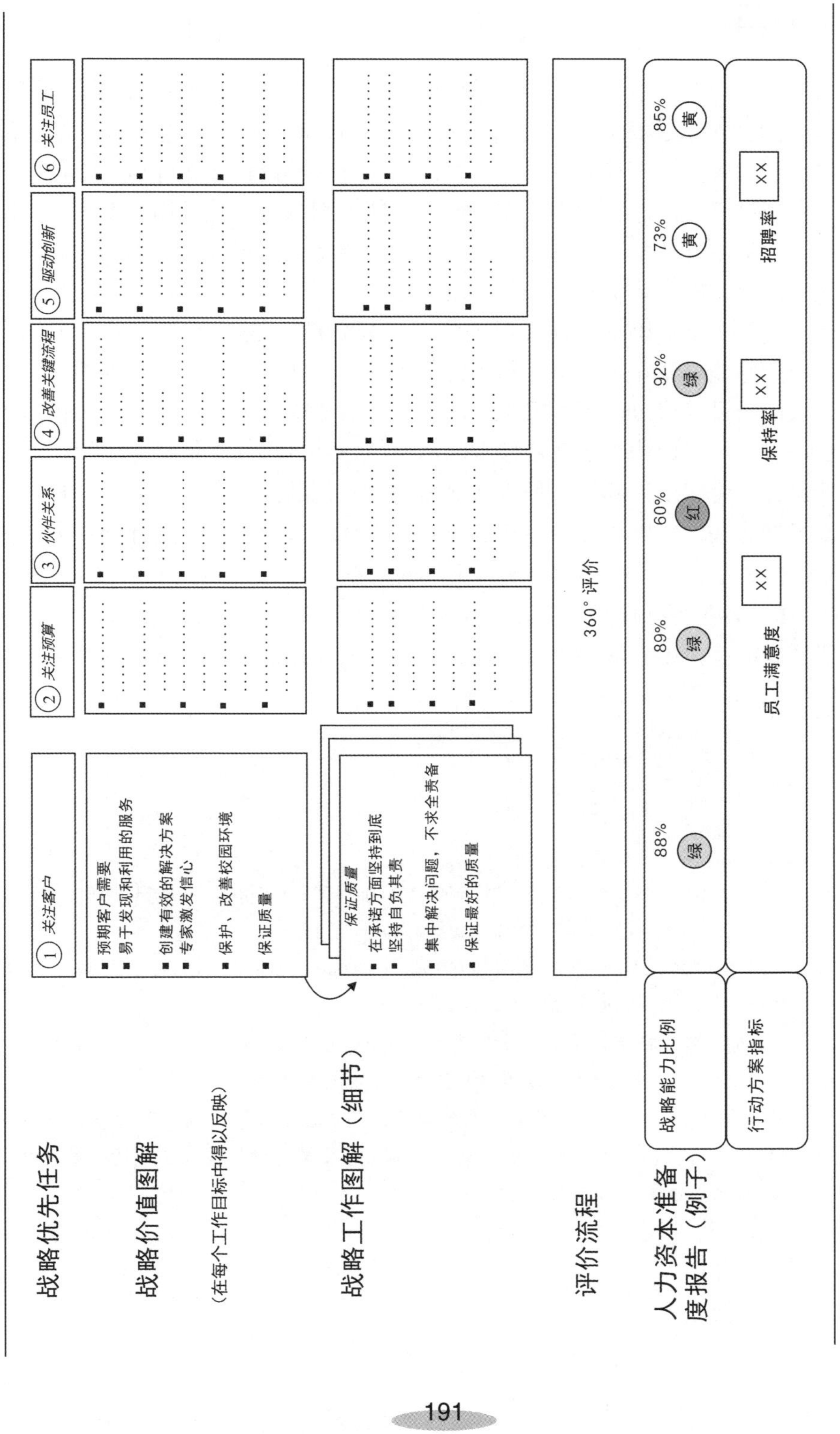

图 8-10 伯克利服务管理处战略准备度报告

本章小结

如果组织希望利用员工能力获得价值，那么人力资本就必须与战略协调一致。战略地图为战略确定了创造差异化的关键内部流程。这些流程决定了战略工作组群的重点，而战略工作组群可以使关键内部流程在例外情况下得以执行。人力资源经理能够为战略工作组群开发能力图解，并能运用标准评价方法来衡量人力资本准备度和战略能力差距。这个差距引出了人力资本开发计划议程，这一议程将提高组织的人力资本准备度。

格雷-赛拉卡斯和凯米科公司关注员工投资的方法在于关键战略工作组群。其中一些战略工作组群对公司来说是全新的，在公司开发战略地图的学习与成长层面时已经得以确定。凯米科所利用的战略价值方法向所有员工传递了新的客户中心战略，明晰了战略要求的新价值，并且将新价值贯穿于组织的业绩管理流程。组织应该利用两种方法努力构建它们的人力资本计划：一种是战略工作组群方法，它以集中和迫切的方式管理战略人力资本开发计划；另一种是战略价值方法，它使战略成为所有员工的工作。

随后的案例研究讨论的是国民城市银行（National City Corporation），该银行为了使新的客户中心战略得以成功，必须转型并使员工配合转变为“客户冠军。”

注释：

[1] John Bronson, Speaking at The Balanced Scorecard Collaborative Conference on Human Capital, Naples, Florida, 27 February 2002.

[2] Reported by Kimberlee Williams, Balanced Scorecard Collaborative Human Capital Working Group, 10 September 2002.

[3] 几个其他的工作组群支持了这一流程，但是合资企业项目经理对其成败影响极大。

[4] 留下的三个计划（实用研究、增值客户伙伴关系和订单履行）的实施。

[5] 正如伯克利服务管理处的战略地图所包含的，“关注员工”也将发生改变，保证人力资本将与整个战略协调一致。要了解伯克利服务管理处最新的战略地图，请登录网站：http://bas.chance.berke1ey.edu/BASexcels/index.htm。

案例研究

国民城市银行

背景

国民城市银行成立于1845年，是美国的第九大银行，员工超过3.3万人。银行总部设在俄亥俄州的克利夫兰，经营遍及俄亥俄州、宾夕法尼亚州、印第安纳州、肯塔基州、伊利诺伊州和密歇根州。零售分支机构超过1 200个，基本业务包括商业和零售融资、消费者金融、资产管理、抵押融资和服务，以及信用卡处理业务。它是一家拥有1 000亿美元资产的金融控股公司。2001年，公司的每股收益达到历史最高。国民城市银行每年都有盈利，权益报酬率经常达到两位数。

战略

国民城市银行正在进行文化转变，希望更多地关注客户的需要。银行也强调服务质量、创收和成本控制。为了更多地关注客户，银行创造了“客户冠军”品牌承诺。承诺声明：“国民城市银行关心的是去做对客户来说是正确的工作。”

在总部支持和建立内部客户品牌标准的背景下，人力资源部有了一个宣传品牌的独特机会。国民城市银行人力资源部面临着许多银行都面临的挑战：如何使人力资源部的战略与整个银行的业务战略保持一致。因此，人力资源部选择平衡计分卡作为一个工具，来阐明战略和衡量业绩。因为人力资源部承担着保证员工履行品牌承诺的战略准备度优先任务，所以公司希望在人力资源部开始实施平衡计分卡。

战略地图

该公司成立了一个核心团队，该团队与人力资源领导团队合作来把战略计划转变为战略地图（见图8–11）。团队发现，它们对人力资本战略有许多不同的理解和预期。因为人力资源部有300多名员工，所以描述人力资源部战略的方法至关重要。人力资源部是业务部门的关键伙伴，它必须抢先抓住业务单位的需要。人力资源部副总裁雪莱·赛弗特（Shelley Seifert）认为，人力资源部

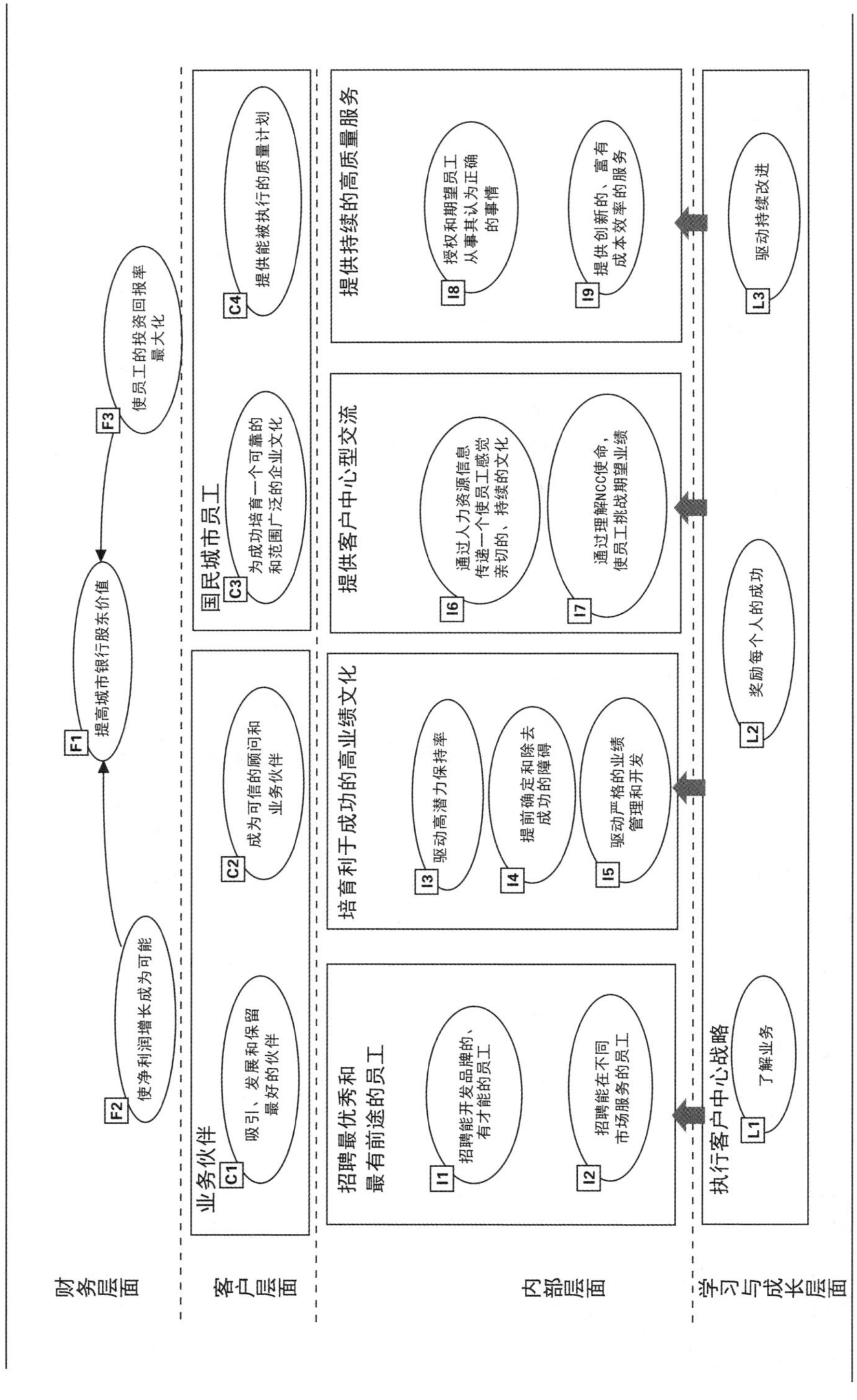

图 8-11　国民城市银行的人力资源战略地图

正在从以交易为中心的被动模式转向价值驱动的主动模式。

历史上，人力资源部并未一直处于考虑银行财务结果的前沿。国民城市银行人力资源战略地图的顶端是提高股东价值的目标。人力资源部只是创造股东价值的部门之一，但是赛弗特希望所有人力资源部人员在其头脑中对财务目标有清晰的认识。为了实现这一目标，人力资源部必须在传递财务结果方面更有效率和成效。支持目标包括：使净利润增长最大化和使员工的投资回报率最大化。这里的理念在于：从战略上对员工进行投资，财务回报将源源不断。

在客户层面，团队希望触及人力资源部的内部客户。战略地图阐明的客户价值主张反映了客户（从银行出纳员到资深副总裁）的看法。客户层面分为两个部分：业务伙伴和员工。这两类客户有不同的需要，人力资源部必须对不同的客户提供不同的服务。例如，业务伙伴需要人力资源部成为可信的伙伴和顾问，而员工追求质量服务。

内部流程目标有四个战略主题：

●招聘最优秀和最有前途的员工。

●培育利于成功的高业绩文化。

●提供客户中心型交流。

●提供持续的高质量服务。

“招聘最优秀和最有前途的员工”是国民城市银行“客户冠军”品牌承诺的核心部分。人力资源的关键战略目标是招聘能开发品牌的、有才能的员工。人力资源正在发挥领导作用，以保证为客户中心文化招聘到合适的员工。第二个主题是“培育利于成功的高业绩文化”，它对于员工保持率是关键的。这一战略主题也传递了对严格业绩管理和对员工开发关注的需要。“提供客户中心型交流”将是人力资源部的关键鉴别器。公司交流是人力资源部职能的一部分，交流团队正在帮助沟通公司方向和人力资源部执行公司战略的作用。最后的主题是“提供持续的高质量服务”，它是任何优秀人力资源战略的核心。很多人力资源部意识到，当公司正在变为战略伙伴时，做好基础工作对公司大有帮助。业务伙伴和员工期望从人力资源部获得高质量服务。

学习与成长层面对于人力资源部员工执行客户中心战略有一个全面的主题。三个战略目标是：了解业务、奖励每个人的成功和驱动持续改进。

逸闻

随着战略地图的开发，国民城市银行开始收集沟通平衡计分卡业绩的衡量指标数据。国民城市银行的人力资源平衡计分卡每月报告一次；领导团队开会讨论结果，并基于这些结果做出战略决策。

平衡计分卡流程也为人力资源部内部交流提供了新平台。国民城市银行实施了多维沟通战略，根据这一战略，管理层召开办公会和季度电视会议，并开发了一个企业内部网。他们宣称，他们的沟通活动是“通向卓越之路”。在这一时期，他们不仅交流人力资源部平衡计分卡行动方案，而且致力使所有350名员工为适应战略地图而确定其个人目标。

赛弗特说：

现在，所有人力资源部员工对他们的责任和公司目标都有一个直接认识。这一改善的透明度为人力资源部衡量公司价值提供了一个统一的焦点和重点。我们相信，人力资源在使国民城市银行人力资本价值最大化方面起到了关键作用，而平衡计分卡为我们完成使命提供了有用的工具。

主管机构管理的执行副总裁保罗·克拉克（Paul Clark）进一步总结了国民城市银行的经验，他说：

这次努力的关键成分是开发了指标、计分卡，找出了我们人力资源部解决和衡量流程的问题。计分卡为我们的领导进行交流提供了共同的语言。计分卡帮助我们衡量产出，最重要的是，衡量产出是什么。人力资源部的计分卡有点像业务损益线——如果你不使用计分卡，你就不能管理人力资源部。

该案例由平衡计分卡协会的卡桑德拉·弗兰戈斯（Cassandra Frangos）编写。我们也感谢雪莱·赛弗特与我们分享了国民城市银行的经验。

第九章

信息资本准备度

信息资本（Information Capital，IC）是新经济时代创造价值的原材料（见图9-1）。它包括信息系统、数据库、图书馆和网络在内的信息资本，使组织可以享用丰富的信息和知识。像人力资本一样，信息资本只有在战略背景下才会有价值。一家追求总成本最低战略的公司将从关注质量、流程改进和员工生产率的信息系统中获得最高回报。客户解决方案战略得益于揭示客户偏好和行为知识的信息系统，也得益于增强客户联系、服务和保持率的信息系统。而奉行产品领先战略的公司要求信息资本借助三维模型、虚拟原型和CAD/CAM等工具，来优化产品设计和开发流程。因此，像人力资本一样，信息资本必须与战略保持协调一致。我们利用以前为无形资本引入的通用框架来组织本章的结构：

（1）描述信息资本。

（2）使信息资本与战略保持协调一致。

（3）衡量信息资本准备度。

描述信息资本

图9-2中描述的四层框架为描述信息资本提供了一个有用的分类方法。[1]信息资本包括两个部分：技术基础设施和信息资本应用程序。技术基础设施包括能有效地传递和利用信息资本应用程序的技术（如中央服务器和通信网络）和管理专长（如标准、防灾计划和安全）。信息资本应用程序就是由信息、知识和技术组成的程序包，它建立在技术基础设施之上，支持组织在创新、客户管理、运营管理以及法规与社会方面的关键内部流程。

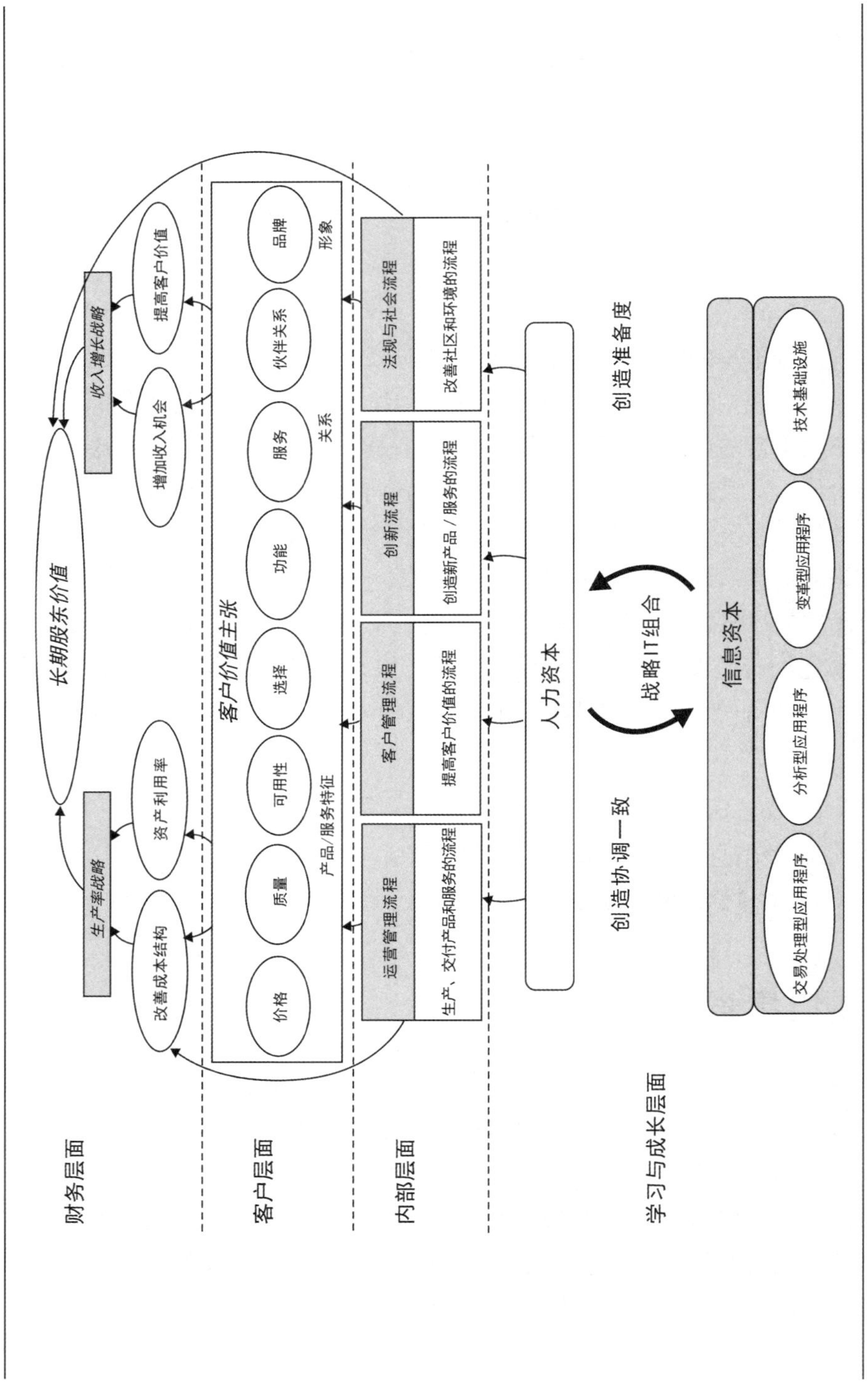

图 9-1 描述信息资本准备度的框架

信息资本种类	描述
技术基础设施	促使有效传递和使用信息资本应用程序所要求的共享技术和管理专长
交易处理型应用程序	使公司基本的重复交易自动化的系统
分析型应用程序	促进信息/知识分析、解释和共享的系统和网络
变革型应用程序	变革公司主流业务模式的系统和网络

图 9-2　描述信息资本的框架图

我们确定了三个类别的信息资本应用程序。交易处理型应用程序，如ERP系统，使企业基本的重复交易自动化；分析型应用程序促进了对信息与知识的分析、解释和共享；变革型应用程序则转变了企业盛行的业务模式，它自身可能既是交易型的又是分析型的，前者如李维·施特劳斯（Levi Strauss）为个别客户定制牛仔服使用的交互式系统，后者如家庭购物网络（Home Shopping Network）衡量商品销售的“每秒利润”所使用的实时系统。区分变革型应用程序的标志是，它们对战略目标的重要潜在影响以及为获得变革利益组织做出变革的程度。

综上所述，技术基础设施和信息资本应用程序构成了信息资本组合。管理者必须知道如何为战略计划制定优先任务，以及如何管理支持战略所需的信息资本组合。

就像人力资本目标一样，战略地图为信息资本目标提供了参照物。以图 9-3所述为例，战略地图的内部层面为创新流程、客户管理流程和运营管理流程确定了战略目标。[2]

支持创新流程的信息资本组合可能包括：①交易型的CAD/CAM和产品开发渠道管理系统；②分析型的知识管理系统（KMS），在产品设计者之间分享最佳实践信息；③变革型的交互系统，允许客户直接设计其产品（如戴尔的客户界面）。技术应用程序的完整组合支持了创新流程。

一般情况下，支持客户管理流程的信息资本组合开始于交易型的客户关系

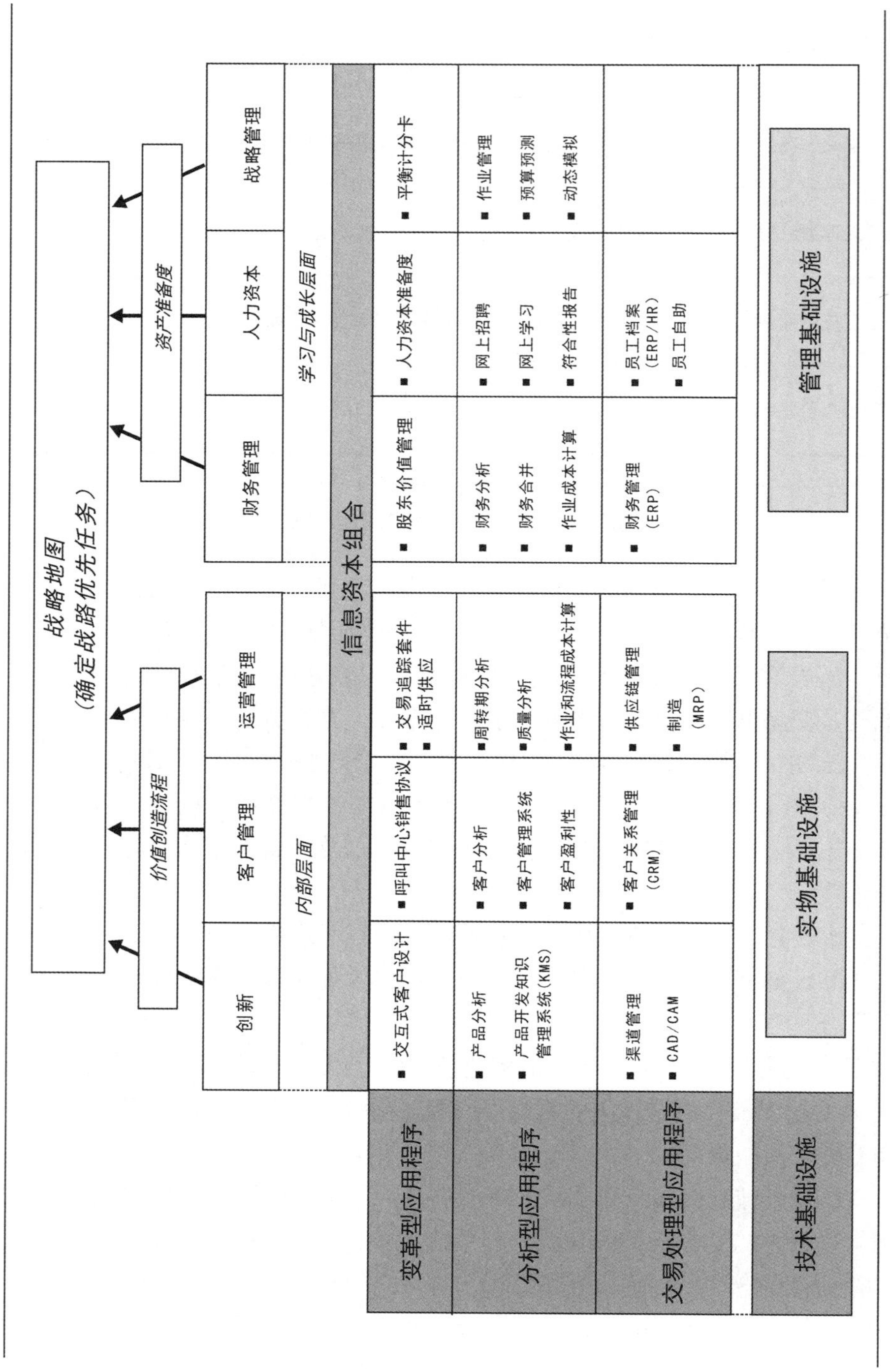

图 9-3 典型的信息资本组合应用程序

管理系统（CRM）。客户关系管理软件提供了一套应用程序，包括销售人员自动化、订单处理和呼叫中心管理。分析型应用程序包括客户盈利性指标体系和细分客户的数据挖掘能力。变革型应用程序可能是呼叫中心销售支持协议，如Lands'End用来确定客户购物模式以及在销售流程中帮助呼叫中心操作者的协议。

供应链管理（SCM）和物料需求计划（MRP）是支持运营管理流程的典型交易系统。这些应用程序整合了诸如存货控制、订单流程、采购和产能计划等一系列以前分散的系统。分析型应用程序可能包括下列分析系统：产品和流程质量、作业和产品成本、提前期和周转期以及投诉分析。像UPS和联邦快递（FedEx）引入的跟踪应用程序包则属于变革型应用程序。

管理其他无形资产、有形资产和财务资产战略准备度的员工团队也需要信息资本。这些团队包括财务、人力资源和战略计划部门。在20世纪90年代，通过大多数组织采用交易型ERP系统，具有潜在影响的新型应用程序被引进到财务管理领域。这些交易型系统支持诸如作业成本法和财务分析等应用型程序，也支持诸如股东价值和价值管理等变革型财务管理框架。ERP系统的引入对人力资源管理也产生了类似的积极影响，使员工档案和福利管理更加流畅。基于网络的人力资源系统允许员工直接控制各自福利收益计划的若干部分。ERP系统也容许向监管机构呈送守法报告和兼容网络招聘等分析型应用程序。主要战略应用程序包括第八章中讨论的开发战略工作组群能力的定制学习计划。变革型应用程序包括管理人力资本准备度的计划。战略计划流程有赖于通过数据库与其他流程集成的交易系统。作业管理、预测模型、情景计划和动态模拟等分析型应用程序极大地改善了战略计划流程。新管理报告系统和为战略管理会议提供战略议程的平衡计分卡软件正在被证明是变革型应用程序。

只有得到众多应用程序共享的技术基础设施支持，信息资本应用程序才能发挥作用。彼得·韦尔和玛丽安·布罗德布特对这一主题的研究处于领先地位。基于对全球100多家企业的研究，他们确定了公司必须积极管理的10类基础设施（见图9–4）。[3]

实物基础设施包括：

●应用程序基础设施（如电子邮件、互联网能力等共享应用程序）。

●通信管理（宽带网、内部网）。

●数据管理（集中的数据仓库）。

●安全和风险（安全政策、防灾计划和防火墙）。

●渠道管理（网址、呼叫中心）。

●设备管理（大型主机、服务器和局域网）。

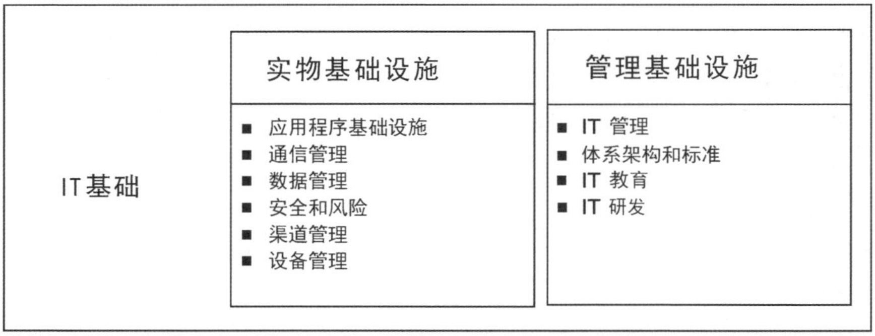

图 9-4 IT基础设施的组成部分：韦尔-布罗德布特模型

管理基础设施包括：

●IT管理（IS计划、服务协议、供应商谈判）。

●体系架构和标准（针对数据、通信、技术等）。

●IT教育（培训、管理教育）。

●IT研发（新兴技术）。

一般情况下，技术基础设施投资几乎占IT支出的60%。但是这些花费很少直接与有形利益相关。利益源自IT基础设施顶部的应用程序（或源自防止盗窃、灾难和安全方面的损失）。管理者必须懂得如何对基础设施进行投资才能有助于IT应用程序组合，也必须懂得不同基础设施如何对IT应用程序施以限制条件或引起若干选择。例如，如果没有全球网络能力，公司就不可能开发出允许全球专业人员分享经验和专长的知识管理系统。

使信息资本与战略保持协调一致

管理者必须保证信息资本应用程序组合与组织战略地图中的战略性内部流程保持协调一致。几个组织在开发了最初的战略地图之后，通过召开一系列专题研讨会获得了成功。在每次研讨会上，参加者为战略地图的某个战略主题开发了一体化信息资本计划，如提供快速反应或了解细分客户。研讨会参与者来自组织的直线单位，以及人力资源部门和信息技术部门。采用这种方法，IT专家和其他专家的专长被聚集到每个战略要素所要求的信息资本方面。这些专题研讨会的结果随后在实施计划的各个部门中进行交流。

重新回顾一下第七章所讲的消费者银行（见图7–4），该银行正追求客户解决方案战略，客户解决方案以客户和财务规划师之间建立个人关系为基础（见图9–5）。对于客户管理主题的交叉销售流程，研讨小组确定了客户组合自我管理系统，并把这一系统作为可以帮助客户分析和控制财务计划的变革型应用程序。团队为交叉销售确定了分析型应用程序——客户盈利性系统，并确定了变革型应用程序—— 一体化客户档案。了解细分客户流程不仅分享了客户盈利性系统，而且分享了直接市场研究的独立客户反馈系统。专题研讨会不能为这一流程确定任何变革型应用程序。

转向合适的渠道需要一个强有力的交易型系统基础，包括客户关系管理套装软件，内含客户线索管理、订单管理和销售员工自动化模块。对于运营管理主题提供的快速反应流程，参与者确定了一个变革型应用程序——客户自助，也开发了分析型应用程序——在电话销售员中共享成功销售技术的最佳实践社区知识管理系统。问题最小化流程需要一个分析型应用程序——服务质量分析来确定问题，也需要两个相关的交易型系统——事故跟踪系统和问题管理系统。

这个应用程序组合要求几个信息技术基础设施要素。几个应用程序是集成客户关系管理软件包的附加模块。研讨会指派信息技术部门负责获得、安装和维护软件包。信息技术部门也应该对几个应用程序的网络化和把这些应用程序应用到银行整个网络建设中负责任。交互式语音响应技术，不仅是内部R&D项目要求的，也是客户自助应用程序所要求的。信息技术部门也被确定为领导部门，负责保证新技术得以成功消化吸收。信息技术部门还将领导实施一项较新的银行技术——计算机–电话集成系统。

因此，银行执行的IC战略计划流程确定了由14项独特应用程序和5项信息技术基础设施项目组成的IC组合。基于单位的战略地图关键内部流程来选择应用程序和基础设施组合，管理者能保证公司信息资本与战略保持协调一致。

为战略IC投资分配资源

30多年来，各个组织对信息技术的投资稳步提高。但是在一个典型的信息技术预算中，这笔相当大的年度支出的90%被锁定于操作和维护既有应用程序。一般来说，只有10%可以用来自由投资。然而，正是这些自由信息技术投资创造了战略协调一致。

图9–5中，我们确定了消费者银行支持战略所需要的一组信息资本应用程序和信息技术基础设施项目。项目清单是合理和正当的，但是每一项都需要明确的资金和人员投资来获取、开发和安装软件。信息技术战略计划流程的创造性

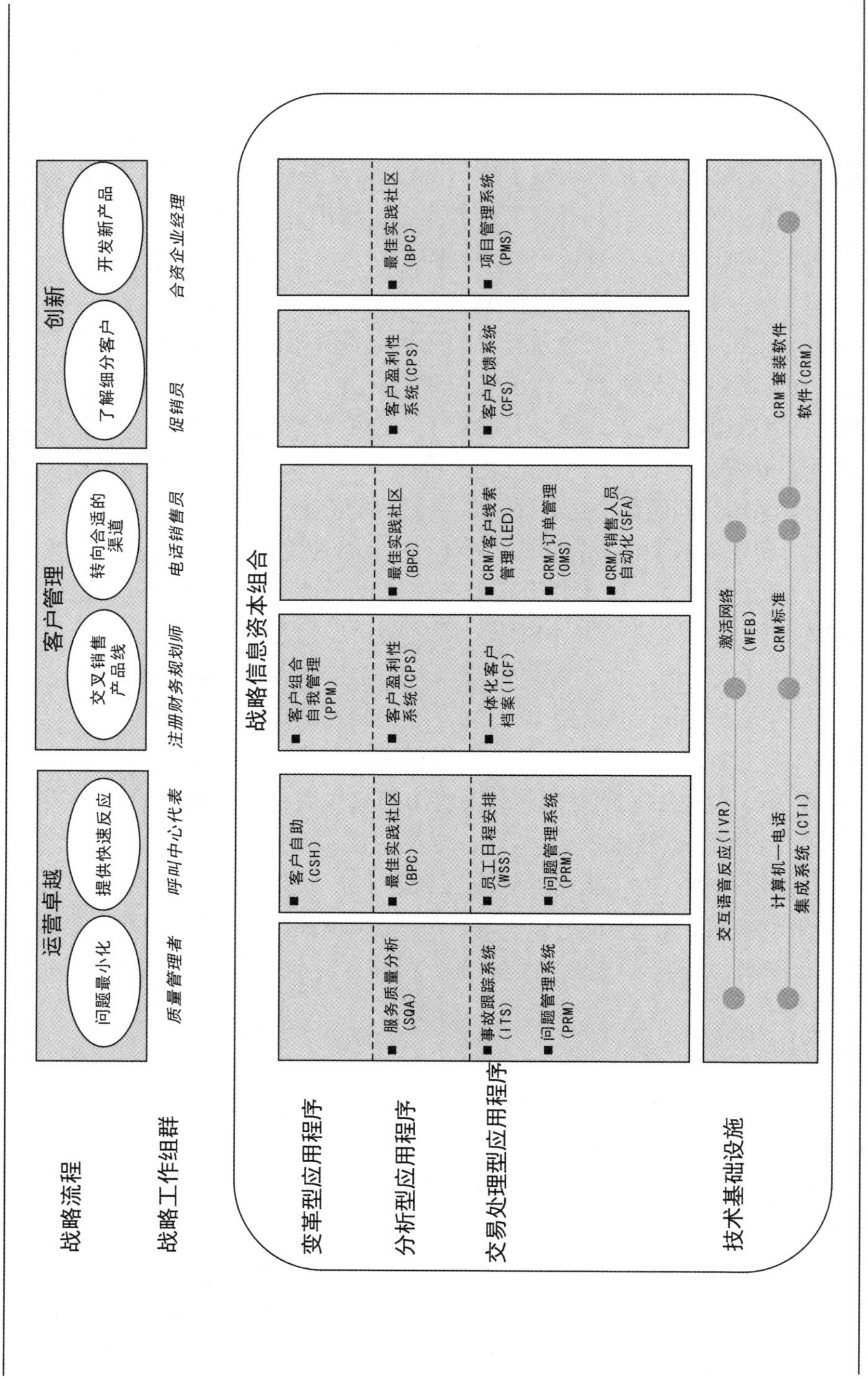

图 9-5 战略信息资本组合：消费者银行

必须与组织的经济现实共存。图9-6中列示的开发信息资本投资战略的指导方针必须说明下列事项：

- 新信息资本项目的投资总水平。
- 战略流程所期望的投资组合。
- 信息资本类别所期望的投资组合。

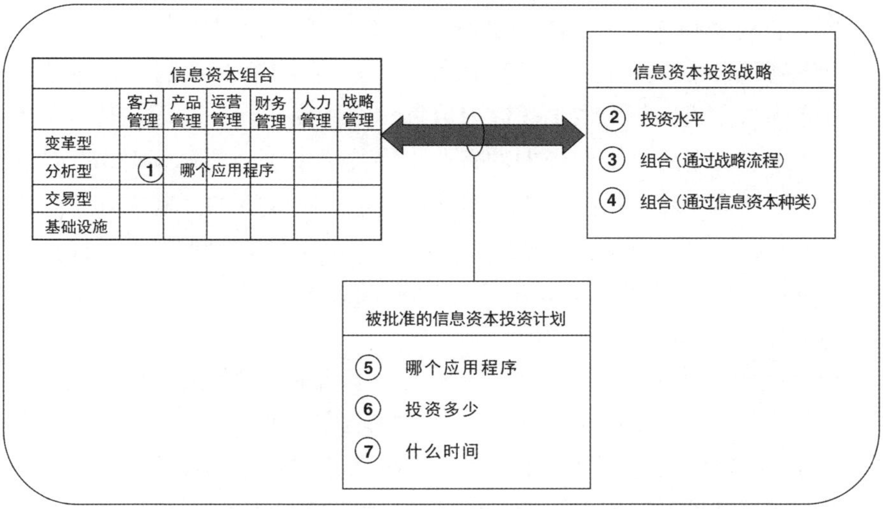

图 9-6 开发信息资本投资战略

最近的标杆研究显示，典型的企业把大约4%的收入用于信息资本相关的活动。[4]这个数目因行业不同而有较大变化，金融服务公司大约为7%，制造业公司为 1.7%，而零售公司为销售额的1%。我们注意到，这个数目中大约90%不是自由投资，因为它必须支持操作和维护过去安装的应用程序和基础设施。然而，公司应该不断改进既有系统，并且及时放弃那些已经过时的应用程序。

自由支出支持了战略所需要的新信息资本应用程序和项目。的确，公司如果在信息资本上花费太少，那么公司就会处于风险之中。信息技术的前进仍然是新经济背后的驱动力。每21个月芯片生产成本降低50%，新的应用程序和用途不断出现。[5]例如，在不远的将来，移动和无线计算的技术突破将对经济产生重要影响。

另一个极端是，一些公司会在信息资本应用程序和项目上花费太多。为了捕捉潜在利益，每项软件投资必须与重大的公司改革和新的人力资本能力开发相适应。因为公司在既定时间范围内仅仅能专注于有限的改革，所以试图快速开发新的信息资本将导致新投资的大部分被浪费。调查显示，引进昂贵而复杂的客户关系管理套装软件的公司中，有70%不能从中获益，这主要是因为软件投资没有和改革管理行动方案联系起来。[6]

对新信息资本应用程序的投资反映了两种基本现象：最新技术代替过时技术（如ERP系统）和全新技术的应用（如电子商务）。技术的替代和新技术的应用将要持续到可预见的未来，所以公司必须对新信息资本应用程序的投资进行严密的战略指导。利用类比的方法，投资者通常对R&D的投资水平与标杆公司进行比较，从而评估公司的创新能力。在快速变革的、技术驱动的行业，如英特尔公司每年对R&D投资为销售额的12%～15%；而在传统的制造业——一个比较稳定的、变化较慢的行业，如英格索兰公司每年对R&D的投资只占销售额的 2%。根据我们对新应用程序信息资本投资的经验，如果对R&D的投资少于5%（占整个信息资本花费的比例），将可能低于关键群体；15%将是公司可接受的上限。因此，新信息资本投资应该占整个信息资本投资的5%～10%。

信息资本投资计划的第二个指导方针确定了技术基础设施和信息资本之间的投资组合。图9–7列示了韦尔和布罗德布特开发的标杆，是通过对多家公司调查得出的。一般公司的信息资本花费分配给信息技术基础设施的比例大约为58%，而分配给其他3个应用程序的比例分别为12%、16%、14%。关注成本降低战略的公司对信息技术基础设施的投资达42%，对交易处理型应用程序的投资相当多（40%），而对变革型应用程序的投资相当少（5%）。追求弹性和敏捷战略（加速把产品打入市场或提高交叉销售）的公司，对交易处理型应用程序的投资为11%，而对信息技术基础设施的投资为58%。所以说，关注敏捷性的公司对信息资本的投资超出行业平均水平，而关注成本降低的公司对信息资本的投资低于行业平均10%～20%。

来看一下图9–8显示的消费者银行期望的信息资本组合部分。组合对所有潜在项目的投资将占整个信息资本花费的20%，超出了推荐投资的高边界。图9–8的B部分反映了三种不同的备选方案：低投资（信息资本总支出的5%）、适度投资（信息资本总支出的10%）和高投资（信息资本总支出的15%）。适度投资要求缩减一半提议的应用程序，而留下的另一半服从于下一年的安排。在此案例中，支出约束要求有一个规则来适当地管理变革比率。适度投资情况下，要求对交易处理型应用程序和信息技术基础设施的投资较多，分别为50%和30%，反映了构建成套客户关系管理应用程序的重点。很多战略流程要求有

信息资本	典型的价值来源	典型的预算组合	关注成本降低	平衡成本和敏捷性	关注弹性和敏捷性
变革型应用程序	快速上市或优质优价导致员工平均收入更高	14%	5%	15%	17%
分析型应用程序	为公司管理提供信息，对信息密集型企业（客户信息、产品质量）特别重要	16%	13%	20%	14%
交易处理型应用程序	主要关注成本降低	12%	40%	15%	11%
信息技术基础设施	创造业务弹性和集成，促进交叉销售、新产品引入	58%	42%	50%	58%
信息资本总支出	支出水平（IT支出/收入） 所有行业 金融业 制造业 零售业	 4.1% 7.0% 1.7% 1.0%	信息资本总支出 低于行业平均水平的10%~20%	等于行业平均水平	信息资本总支出 高于行业平均水平的10%~25%

图 9-7 信息资本组合的标杆经济学：韦尔-布罗德布特的研究

不同的客户关系管理软件模块。如果能获得更多资金，那么应该对变革型和分析型应用程序进行更多投资。尽管并没有绝对的指导方针和标杆，信息资本投资战略和信息资本组合的相互影响也要求管理者检查成本与效益之间的权衡，最后获得一个经济上可行的信息资本投资战略。

衡量信息资本准备度

信息资本应用程序和信息技术基础设施的战略准备度是衡量信息资本价值最有意义的指标。与人力资本战略准备度一样，信息资本战略准备度衡量了支持公司战略的信息资本准备程度。

人们可以冥思苦想出一个谱系式信息资本组合衡量方法。最容易和最常用的方法就是确定每个应用程序地位的简单数字指标。图9-9描述了一个6级方案。1级和2级是正常的和可操作的。3级和4级描述了已经确定并投资的新应用程序，开发活动正在进行中。开发计划积极地缩小了差距。5级和6级是问题领域，战略需要应用程序来支持，但是没有采取行动来创造和传递能力。

对信息资本开发项目负责的经理为图9-9中列示的简单衡量系统提供了主观判断。首席信息官（CIO）负责对报告数字的完整性最后把关。衡量系统把精力放在开发流程上，以确保尽最大努力创造战略准备度。图9-10显示了消费者银行的个人应用程序和基础设施计划的准备度指标如何形成了投资组合状

A. 信息资本投资组合（候选）

战略信息资本组合							信息资本总投资
种类	产品管理	客户管理	运营管理	财务管理	人力资源管理	战略管理	
变革型应用程序		PPM	CSH	SVA	HCR	BSC	$WWW
分析型应用程序	CPS BPC	CPS BPC	SQA BPC			ABC	$XXX
交易处理型应用程序	CRM/CFS PMS	CRM/ICF CRM/LED CRM/SFA CRM/OMS	ITS WSS PRM				$YYY
信息技术基础设施	实物：▪ CRM ▪ WEB ▪ CTI			管理：▪ IVR（R&D） ▪ CRM标准			$ZZZ

B. 信息资本投资战略

低投资	适度投资	高投资	标杆（支出组合）
–	10%	+	14%
–	10%	+	16%
–	50%	+	12%
–	30%	+	58%

	信息资本总投资	低投资	适度投资	高投资	标杆（支出组合）
新信息资本总投资	$XYZ	25XYZ	5XYZ	75XYZ	
新信息资本投资（总量的%）	20%	5%	10%	15%	
总支出（信息资本/收入）	6.6%	5.7%	6.0%	6.3%	6.0%

图 9-8　消费者银行信息资本组合/投资战略

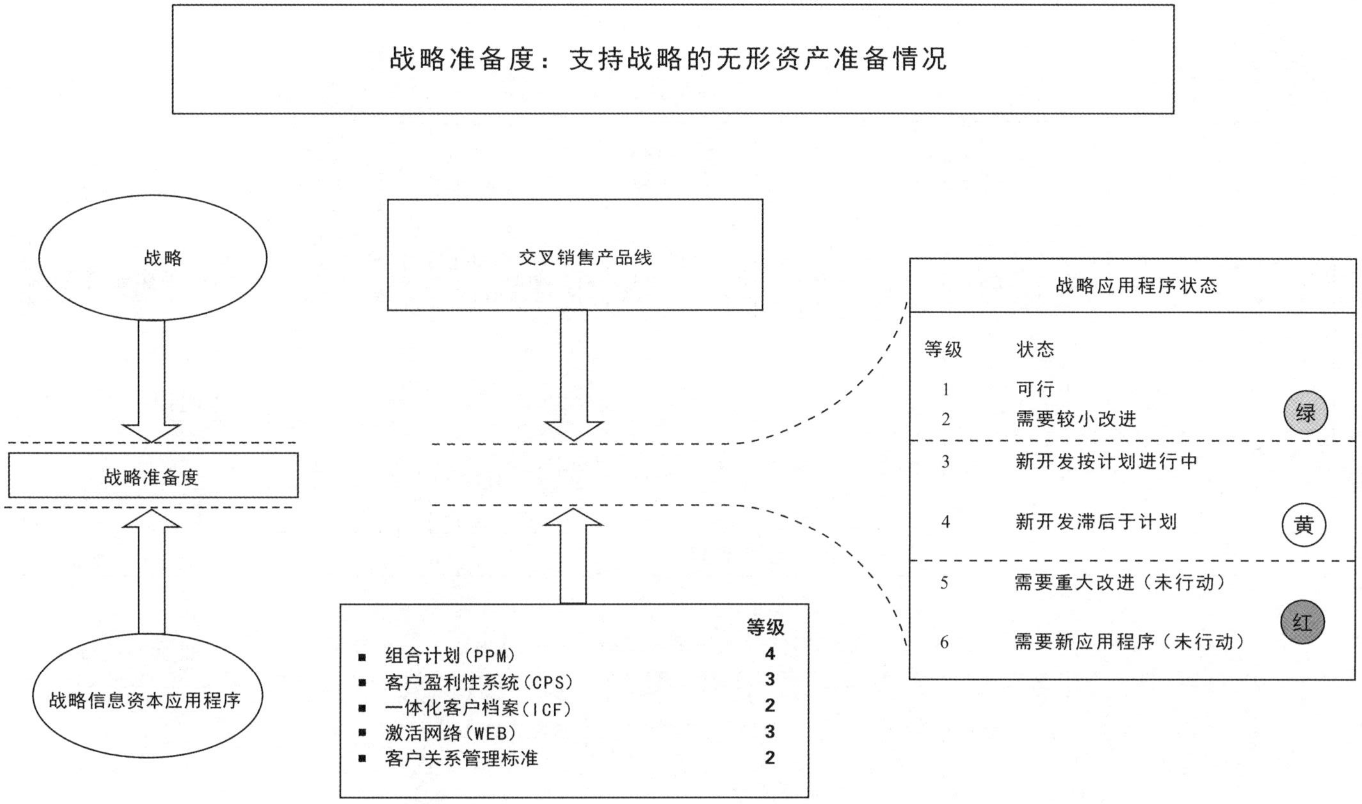

图 9-9 衡量信息资本的战略准备度

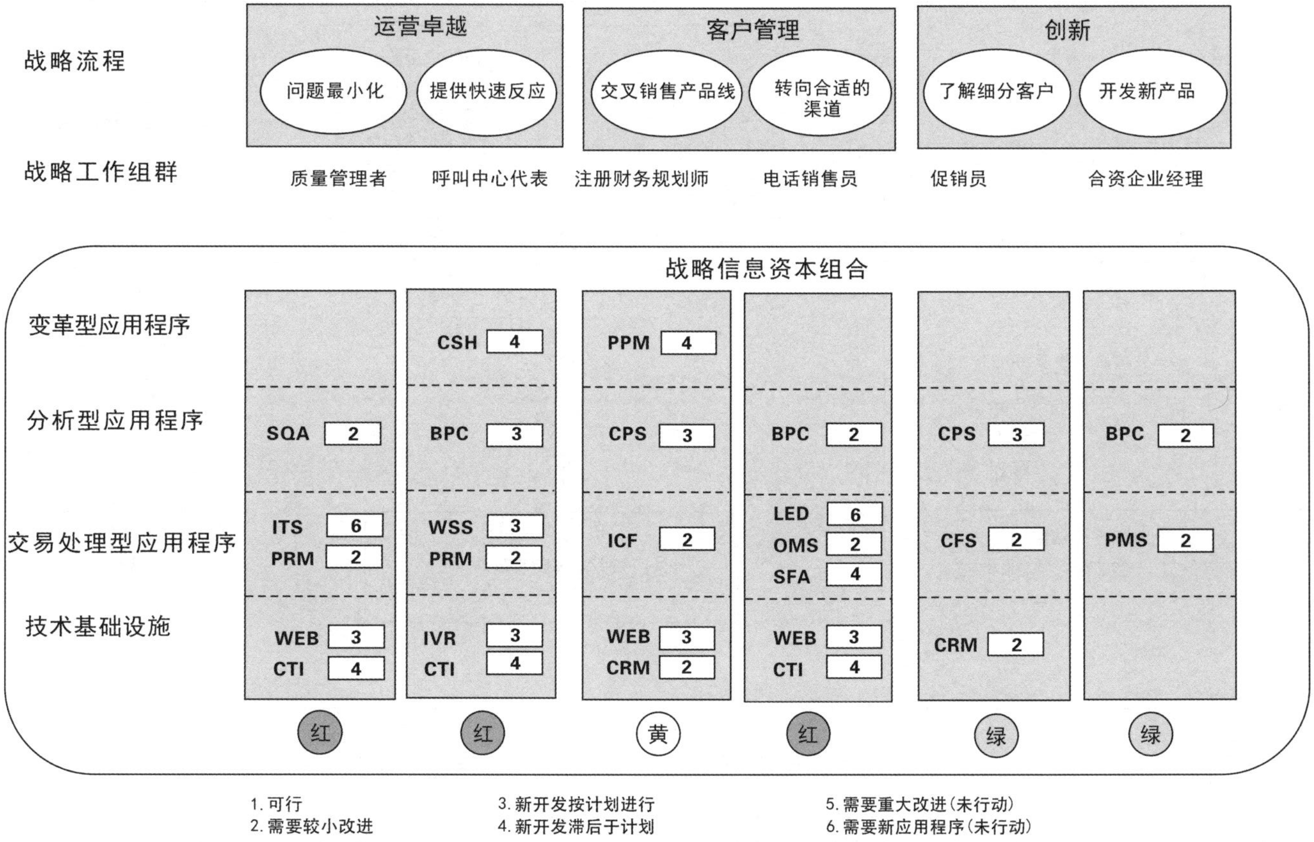

图 9-10　消费者银行的信息资本准备度

态报告。管理者只需看一眼报告就可以确定组织信息资本的战略准备度，以及哪些领域必须加以关注。报告为监督信息资本开发项目组合提供了一个卓越工具。

与谱系式衡量方法相反，许多复杂的信息技术组织对它们的应用程序组合进行更量化、客观的评估。它们可能通过调查使用者来评估使用者对每个应用程序的满意度。它们能执行财务分析来确定每个应用程序的操作和维护成本。还有一些人利用技术审计来评估编码的基本质量、可操作性、文档和每个应用程序的失败频率。从这一侧面来看，组织能为管理既有信息资本资产的组合构建战略，正如一个人可以管理诸如机器和汽车等实物资产组合一样。例如，应用程序的高级维护可以被简化，应用程序的高运作成本可以被优化，而使用者极不满意的应用程序可以被代替。这一更为综合的方法对于管理那些已经可操作的应用程序组合极为有效。

本章小结

本章所建议的衡量方法为管理信息资本的开发和配置创造了新的思想。焦点从利用成本和可靠性统计数据来衡量信息资本业绩转向衡量战略协调一致性：衡量信息资本如何对组织战略目标产生贡献，特别关键的是为战略地图的内部层面确定了差异化流程。信息资本必须像资产一样被管理，它的价值应该被衡量，这种衡量是通过评估它如何为创造竞争优势的组织战略做出贡献来进行的。本章描述的组合协调一致技术为保证信息资本资产与公司战略目标协调一致提供了一个实用方法。

随后的案例研究为普信资产管理公司（T.Rowe Price Asset Managemnet Company）的信息技术团队描述的战略地图。项目团队利用战略地图使传递能力提升的公司信息技术战略与直线部门保持一致。

注释：

[1] 有用的信息技术分类概览，参见“利用衡量指标来描述IT的业务价值”（Stamford，CT：Gartner Group，2000）。

[2] 法规与社会流程虽然不在此处列示，但它们也需要由信息资本来驱动业绩。

[3] Peter Weill and Marianne Broadbent, *Leveraging the New Infrastructure: How Market Leaders Capitalize on the New Information Technology*（Boston：Harvard Business

School Press，2000）.
[4] Ibid.，38.
[5] B. Schendler，“Intel’s $10 Billion Gamble，” *Fortune*（November 2002）：98.
[6] Scott Nelson，“Seven Reasons Why CRM Fails，” Gartner Group Report 0702-0117-103570；D. Rigby，F. Reichheld，and P. Schefter，“Avoid the Four Perils of CRM，” *Harvard Business Review*（February 2002）.

案例研究

普信

背景

普信是一家位于巴尔的摩的资产管理公司，它是为个人投资者和公司退休计划提供投资服务的领先公司，在2001年末管理的资产达到1 563亿美元。普信为超过800万个机构和个人客户提供投资咨询服务，这些客户投资于普信管理的以资产净值出售的互助基金和其他投资组合。公司有600名员工和承包人，年度支出超过1 000万美元。公司的投资技术部——普信投资技术公司（T.Rowe Price Investment Technologies，Inc.，TRPIT）是普信的一家独资子公司，它在普信中为业务单位提供关键使命信息和技术管理服务。

现状

2000年末，普信阐明了“提供世界一流服务”的公司级目标。虽然它长期以来一直拥有突出的基金业绩，但是日益拥挤的个人和机构基金管理市场需求更多。通过为客户提供更多基金选择和强大技术支撑的高实用性服务，富达投资（Fidelity Investments）和先锋（Vanguard）等大公司已经瓜分了大片市场。普信管理层不得不做出决定来保护和增加其市场份额。

除了支持公司目标，普信投资技术公司面临的挑战通常在公司级信息技术组织也能看到：向客户、业务单位传递和展示技术价值，并在整个公司高效且富有成效地安排和运用稀缺信息技术资源。为了处理这些相矛盾的压力，普信投资技术公司高级管理层致力改进流程。在流程中，管理者们选择、巩固并与利益相关者交流其业绩指标，以及为业务决策提供信息。因此，他们选择了平衡计分卡管理框架。

战略

平衡计分卡推广小组和普信投资技术公司的一小部分领导者共同开发和设计了一组战略目标：

- 向业务单位展示价值。
- 在所有层级达成对普信投资技术公司战略的共识。
- 在业务部门内部和业务部门之间，保证更快、更全面地实现战略协调一致。
- 定期评价业绩和交流结果。
- 建立更强的责任感。
- 更快、更有效地评估行动方案并排出优先顺序。
- 实现世界一流服务。

随着普信投资技术公司平衡计分卡的形成，这些目标经常在利益相关者之间进行交流，以此解释他们的努力成果。为了使模糊的战略易于理解，推广小组与普信投资技术公司内部和业务部门的主要领导进行了会谈。普信投资技术公司成功所需的关键变革成为开发战略地图的基础。

普信投资技术公司变革议程：

	从	到
普信投资技术公司价值主张	基金业绩	基金业绩和客户服务
普信投资技术公司作用	战术支持	战略伙伴
普信投资技术公司战略	模糊	清晰地交流
普信投资技术公司知识	技术能力	技术能力和业务知识
来源重点	普信投资技术公司作为主要来源	普信投资技术公司作为方案经纪人
信息技术成本重点	普信投资技术公司弥补成本	普信投资技术公司展示业务价值
普信投资技术公司文化	问题分析和讨论	方案确定和执行
项目管理	缺失的评价和目标值	业务单位共有的风险和问题
工作量管理	太多项目	战略优先任务和资源分配

战略地图

虽然普信投资技术公司只是普信整体财务业绩的几个贡献者之一，战略地图中还是把公司利润（税息折旧及摊销前利润，EBITDA）作为普信投资技术公司的主要财务目标（见图9-11）。管理信息技术支出有助于公司管理基金业绩，因为基金业绩的一部分是基金支出的结果。业务部门价值创造最大化涉及从吸引基金资产（通过卓越客户服务）到实现更好投资业绩（通过为基金经理及时提供信息）的全部过程。

根据客户（业务部门经理）的谈话，普信投资技术公司推想出四种客户（或伙伴、目标）。在普信投资技术公司被看作利用创新技术方法实现业务部门战略的可信赖伙伴之前，客户们表达了在服务成本和质量方面对普信投资技术公司管理和满足预期业绩的需要。

内部流程目标围绕三个主题统筹安排了对客户目标的传递内容：运营卓越、业务部门联合和解决方案领导力。对开发和管理解决方案的持续挑战支持了提供可靠和实用的信息系统的目标，解决方案使用了一套重点清晰的应用程序、数据架构、硬件平台和业务流程。另一个关键目标阐明了该部门作用的转变，即从一个首选提供商向目标经纪人、无缝集成商和内外部原始方案管理者的转变。提高普信投资技术公司对业务部门运营的理解是管理业务部门关系并对其成功做出贡献的关键基础。有了这一理解，普信投资技术公司能较好地按计划传递新的功能，能确定和实施业务价值创造方案，并以创新方式利用技术传递卓越的客户服务。

创新是普信投资技术公司学习与成长层面三个目标的潜在势能。当公司文化从评估问题分析转向认可和奖励方案提供者时，普信投资技术公司鼓励才华横溢的员工进行创新。另一个重要目标是普信投资技术公司承诺创造一个环境，用来鼓励、授权和期望所有员工无须考虑权威和责任而进行交流和做出表率。最后，学习与成长层面的三个目标传达了对天才员工的需要，他们能在以贡献为导向的文化中领导和交流。

战略地图开发之后，普信投资技术公司很快开始收集数据和交流结果。在一次由40名高层和中层经理出席的全天会议中，普信投资技术公司的高层领导和公司CEO实施了一个详细的交流计划，用来保证每名员工理解战略地图，而且说明他（她）的贡献如何与公司的蓝图相适应。

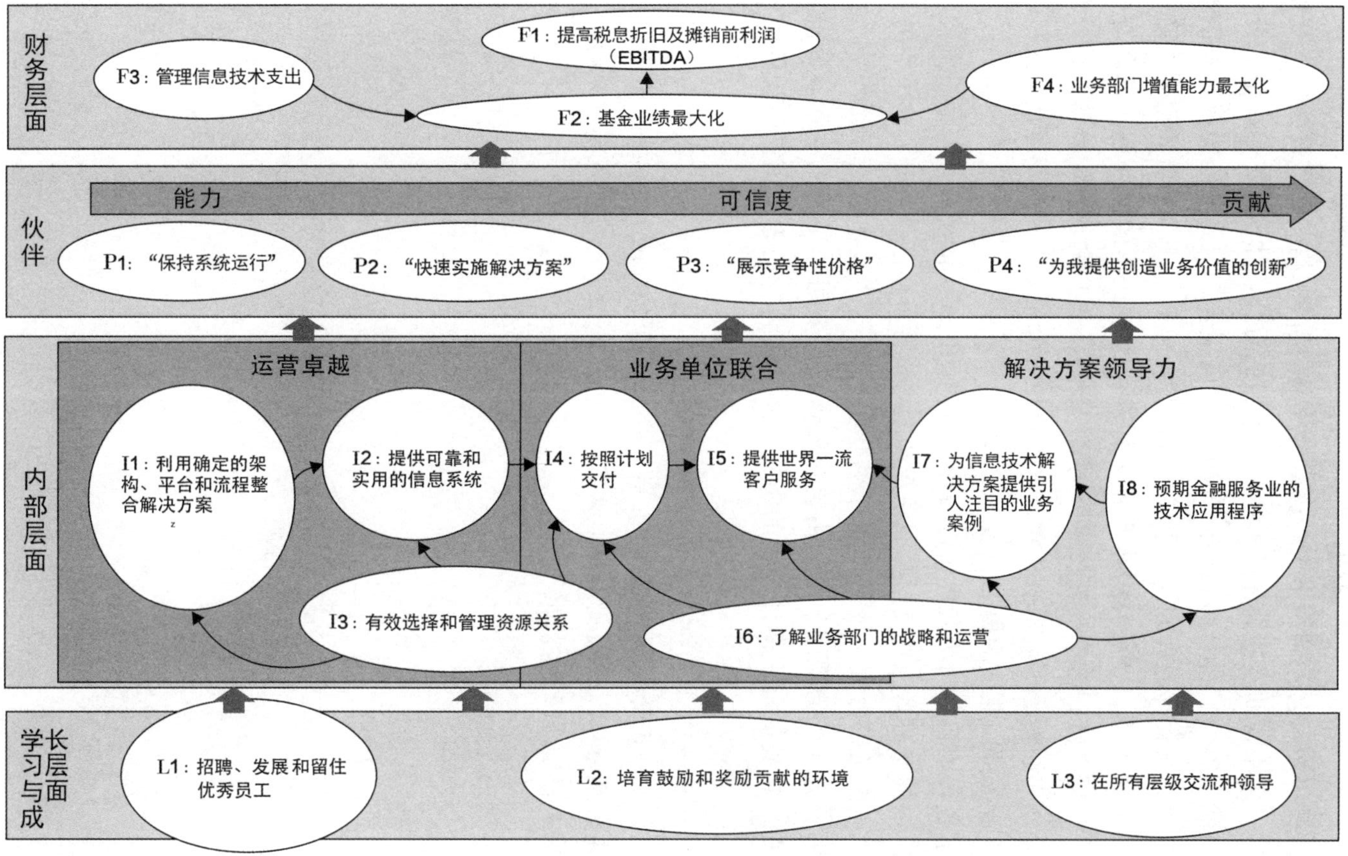

图 9-11 普信投资技术公司的全球业务战略地图

逸闻

普信投资技术公司利用一个与PowerPoint链接的表格，快速开发了交互性季度报告，用来帮助经理们和员工通过每个目标看到业绩指标、目标值和分析报告。虽然“9·11”事件导致公司缺失了一期报告，但是它已经成为普信投资技术公司战略管理流程的一个重要部分。公司创立了一个衡量和排列战略行动方案的正式流程，平衡计分卡促使公司高度关注成本效益分析、标准符合性、项目管理责任和普信投资技术公司部门贡献。客户满意度调查作为计分卡的一部分，它们为经理们提供了对普信投资技术公司流程的定期反馈，这些流程有助于业务部门业绩的提高。

为了履行P4目标（为我提供创造业务价值的创新）的实质，普信投资技术公司客户中的支持者与普信财务、法律和人力资源等职能部门齐心协力，共同来确定和绘制关键流程，理解和排列改进机会，并开发技术解决方案。

最后，公司CFO采用了一套由普信投资技术公司开发的成本收益分析工具和规则，它支持了平衡计分卡的实施，并且成为行动方案预算流程的组成部分。

该案例由平衡计分卡协会的罗伯特·S. 戈尔德（Robert S. Gold）和普信的帕姆·麦金尼斯（Pam McGinnis）编写。我们感谢帕姆·麦金尼斯和她的同事与我们分享普信的经验。

第十章

组织资本准备度

前面的两章讨论了对战略内部流程至关重要的两种无形资产——人力资本和信息资本的开发和协调。为了补充能力和技术的这种协同，管理者也必须开发组织资本（见图10–1），并把组织资本定义为执行战略所要求的动员和维持变革流程的组织能力。组织资本为整合提供了能力，所以个人的无形人力资本和信息资本资产以及有形实物资产和财务资产，不仅要与战略保持协调一致，而且要为实现战略目标集成起来共同工作。拥有较高组织资本的公司对公司愿景、使命、价值和战略有共同的认识，它们围绕战略创造了业绩文化，并且在组织高层、基层以及整个公司共享知识，保证所有员工共同工作且方向一致。相反，一家没有较高组织资本的公司将不会在优先任务的沟通和建立新文化方面获得成功。创造积极组织资本的能力是成功战略执行的最好预报器之一。

在我们所研究的战略地图和平衡计分卡数据库中，大多数公司为学习与成长层面确定了3～5个组织资本目标。典型的目标有“构建领导团队”“工作团队协调一致”“共享知识”和“关注客户”。但是设定这些目标通常是特别的和本能的努力。管理者通常没有一个通用的框架来把他们的注意力集中于组织文化和气氛，特别是使它们与战略保持协调一致。然而，尽管在他们所采用的方法中缺乏框架，并存在极大的差异，我们还是确定了重要的、被大多数公司使用的共同成分。我们把这些共同成分综合为一个新的但是仍然处于测试阶段的框架，用来描述和衡量组织资本。

一般情况下，组织资本有四个组成部分：

（1）文化：执行战略所需要的使命、愿景和核心价值的意识和内化。

（2）领导力：各层级中动员组织朝着战略发展的合格领导的可获得性。

（3）协调一致：个人、团队和部门目标和激励与战略目标的实现相结合。

（4）团队工作：整个组织共享的、具有战略潜力的知识。

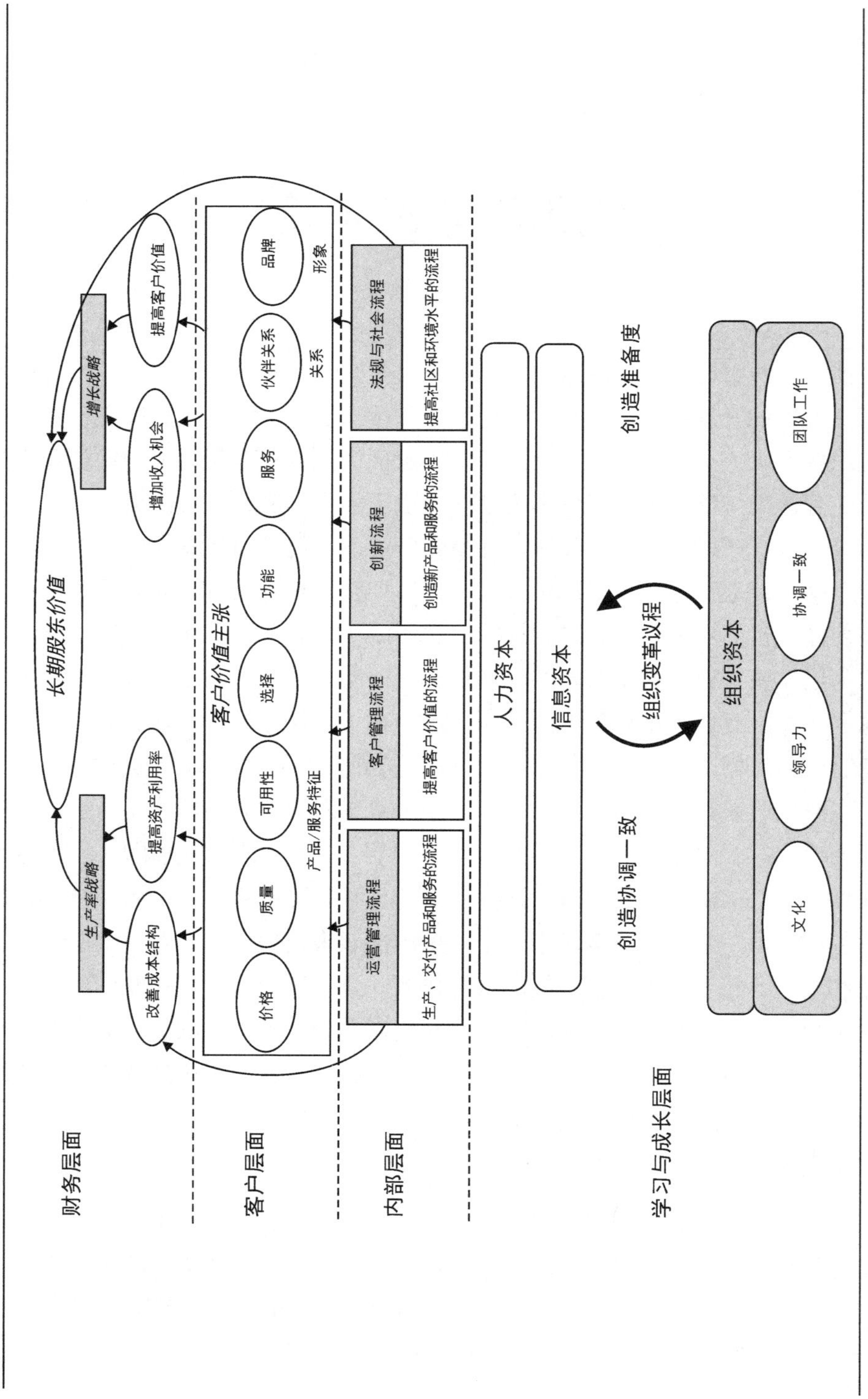

图 10-1 描述组织准备的框架

战略地图描述了战略所要求的变革，如新产品、新流程和新客户。同样地，这些变革确定了团队所需要的新行为和价值。开发组织资本战略的第一步是确定主要战略所隐含的变革议程，这一变革确定了战略所要求的组织气氛转变。图10-2总结了我们数据库中出现的变革议程。目标有两类：为客户和股东创造价值所需的行为变革；执行战略所需的行为变革。下列三种不同的行为变革是价值创造所持续强调的：

（1）关注客户。

（2）有创造力和创新性。

（3）传递结果。

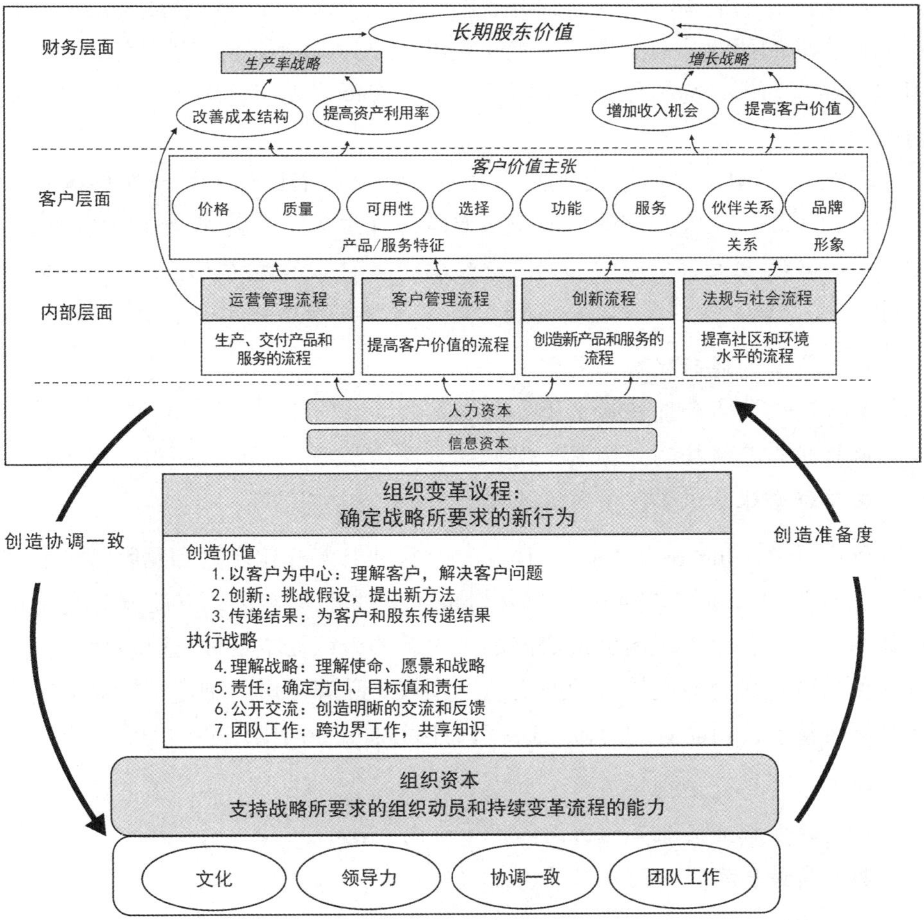

图 10-2 组织变革议程

与执行战略相关的另外四种行为变革为：

（1）理解使命、战略和价值。

（2）创造责任性。

（3）公开交流。

（4）像团队一样工作。

没有任何一个组织把这7个方面作为它的变革议程。一般情况下，一个单一组织为它的平衡计分卡确定2～4个变革议程。例如，像公用事业单位或通信公司这些解除管制的行业特别强调以客户为中心和创新性，因为这些对它们来说是新行为。以前它们的文化是有效运营、防止风险，并与管理者进行有效谈判，从而使它们的垄断收入能弥补成本。长期以来被支持创新战略的职能和学科能力驱动的药业公司，现在也关注更以客户为中心和更富有创造性，以期在组织内共享知识。为了保证新战略的实施，变革议程应该确定3～4项最重要的行为变革。

在图10-3中，我们给出了三家公司的组织资本目标。皇冠城堡国际通过合并获得了快速成长。它的新战略是通过提升为客户传递的价值，转向内生的增长。这一转变要求组织内部的广泛变革。皇冠城堡国际使用了四个组织资本目标：

- 与员工沟通新战略（文化）。
- 开发领导力和责任心（领导力）。
- 报酬与业绩挂钩（协调一致）。
- 改进全球知识管理（团队工作）。

英格索兰（Ingersoll-Rand，IR）是一家拥有多样化产品和品牌的工业制造商，它希望创造新的“唯一公司”（one-company）文化，以便充分利用每个品牌的力量在整个组织内创造协同。公司总的组织资本目标可以表示为：“通过双重品牌身份充分发挥公司威力。”“双重品牌身份”是指维持对个别品牌和对英格索兰公司品牌的忠诚。这一总目标通过三个组织资本目标得以实施：

- 例示英格索兰指导原则（文化）。
- 充分发挥交叉业务的协同作用（协调一致）。
- 共享最佳实践（团队工作）。

通用媒体是一家多媒体通信公司，它通过集中管理印刷、电视和在线媒体业务的战略来实现区域市场（美国西南部）的协同。公司用两个目标表达了组

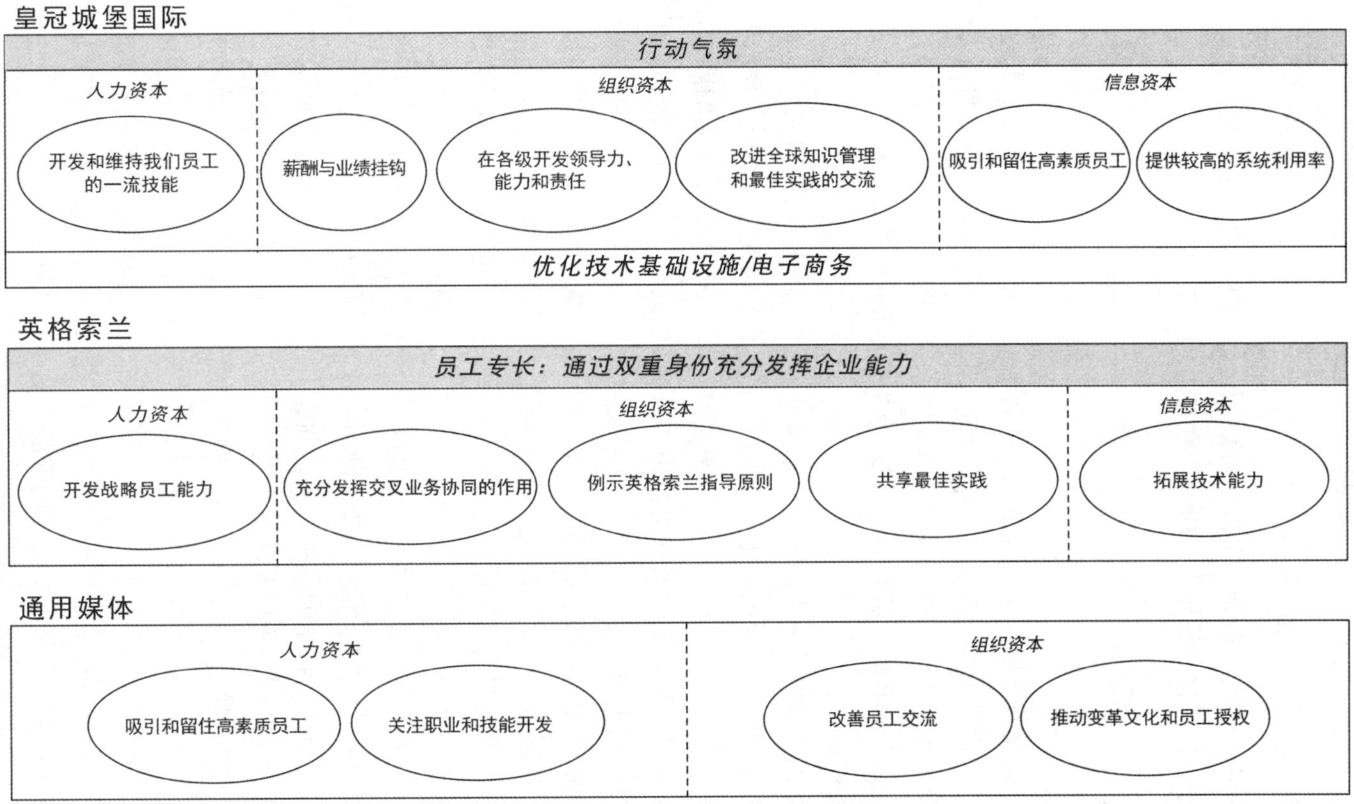

图 10-3　典型的组织资本战略图解

织资本的作用：

- 推进变革和授权文化（文化）。
- 改善员工沟通（协调一致）。

利用组织资本框架和实践中的应用范例，我们现在可以更为详细地检查四个部分——文化、领导力、协调一致和团队工作。

文化

文化反映了刻画团队或组织职能特征的主导态度和行为。“塑造文化”在我们的平衡计分卡数据库的学习与成长层面，是最频繁引用的优先任务。通常，管理者认为：①在执行业务时，战略要求基本变革；②在组织各级，战略必须通过个人执行；③作为这些变革的先决条件，新态度和行为（文化）在团队内将被需要。

文化既可能是一个障碍也可能是一个促成因子。研究表明，很大一部分并购在传递协同方面是失败的，[1]一个主要的原因就是“文化不兼容”。[2]然而，像思科这样的公司，则以其将新购入公司融入公司文化的能力而著称。IBM服务公司和电子数据系统公司（EDS）都建立了强大而成功的外包业务，它们把外包单位的员工融入了公司文化。是文化决定战略，还是战略决定文化？我们更相信后者。很显然，在IBM、电子数据系统公司和思科等案例中，把新组织融入公司文化的能力是公司成长战略的资产。但是，大多数战略并不是忙着把新组织融入公司既有文化。它们要求公司既有文化的戏剧性变革。为了新战略的成功，领导团队必须在所有员工中引入新态度和行为。

看一下信息管理服务公司（IMS）的经验，在20世纪90年代早期，它是一家主要通信公司的内部信息技术部门。随着对通信行业管制的解除，母公司把信息管理服务公司从成本中心变为利润中心。现在，公司不得不为内外部客户而竞争。转眼间，公司要从令人艳羡的管制行业垄断客户供应商变成一个无依无靠的独立部门，前者的成本提高能以更快的速度得以收回，后者将以客户为中心并处于激烈的市场竞争之中。数年的文化、价值和管理方法变得过时。文化的这种根本变化也发生在技术瓦解之中，也就是信息技术从集中的、主机式服务平台转向分散的、移动式客户机／服务器计算平台。客户也在发生变化，他们寻求的是信息技术供应商的解决方案而不是新技术。

图10-4综合了信息管理服务公司面临的业务模式变革。过去，信息管理

服务公司可以通过母公司对经营分部分配的管理费弥补成本；现在，公司必须基于客户增值的竞争性收费、反应速度和服务，赚取利润和获得业务。公司必须构建新文化的传递流程。文化变革的含义是明显而又生动的。新信息管理服务公司不再把客户看作“俘虏”。公司不得不与电子数据系统公司、埃森哲（Accenture）和IBM进行竞争，使其内外部客户确信公司是一个完美的知识型伙伴。信息管理服务公司的职员也必须转变，过去衡量员工成功的标准是按预算和进度计划交付增强的信息系统，现在他们必须转变为以行动为导向的、企业家式的知识型客户伙伴，这将有助于他们从信息技术解决方案中获得保底收益。这些新态度和行为是战略成功的基础。信息管理服务公司为保证战略成功必须引入许多变革，新技术、新流程和新技能是必需的。但是，如果这些转变不能通过文化变革（从垄断的供应商转向追求利润的公司）得以实施，那么战略将注定失败。

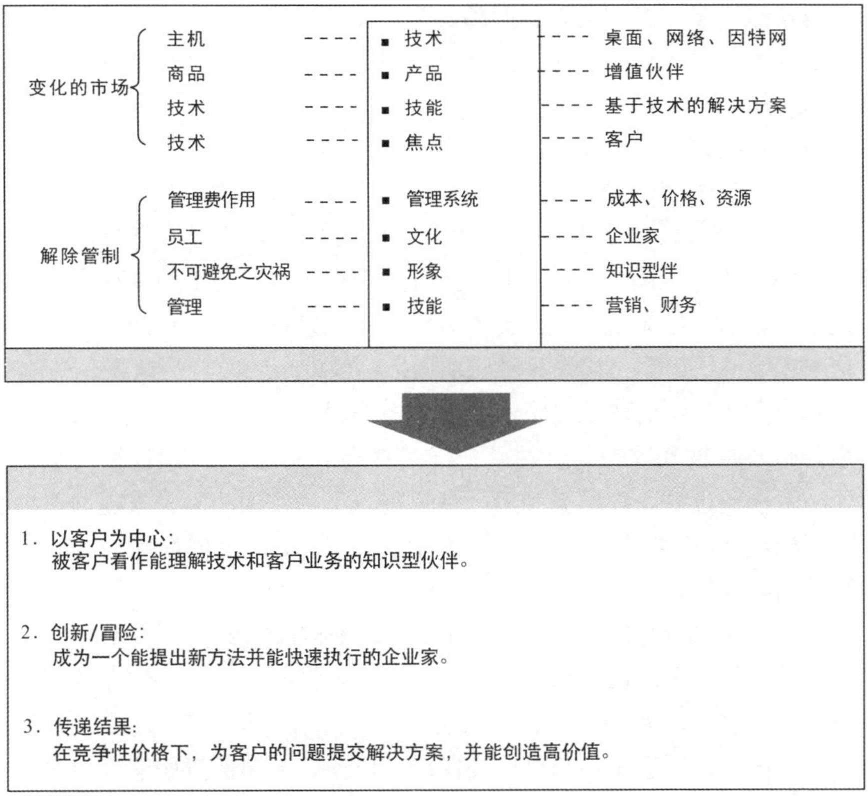

图 10-4　信息管理服务公司战略所需的变革

我们也看到许多面临与信息管理服务公司一样问题的公司进行了文化变革。图10-5展现了这些公司最常用的共同文化转变目标。关注客户是最常见的变革，特别是在很多服务公司，如通信、金融、医疗保健、交通、能源和公用事业等公司，它们如今都在解除管制的环境下竞争。组织A实施了一个区域健康计划，试图通过强调“领导与客户相处的时间”来为管理者创造以客户为中心的文化。一线员工已经与客户关系密切，但是如果管理者希望成为更有效率的领导，他们也必须花费更多的时间与客户在一起。组织B是一家区域银行，希望其员工以解决方案为导向而不是以交易为导向，以保证员工与目标客户构建更为密切的顾问关系。

尽管关注客户看起来对那些转向全面客户解决方案战略的公司是最合适的，但是我们也观察到了与其他战略相关的目标。例如，在一致性和可靠性方面竞争的公司，将最有可能构建一种质量和持续改善文化。持续成本降低文化与追求总成本最低的公司相关，特别是对无差别产品。而那些努力保持产品领先的公司希望构建一个创造力和产品创新文化。即使这些文化各有不同，员工也应该继续保持对客户的关注，保持对如何创造价值主张和如何为目标客户传递价值的关注。

创新和冒险目标为员工传递了一个信号，即挑战现状是可行的。组织D和组织E是两家已解除管制的公用事业单位，利用像“企业家”“创新”“创造力”等词语来强调其新领域所要求的行为。引入股东价值计划的公司希望有一个关注结果的文化。组织G是一家化学公司，希望把它的员工从工程文化转向能运用技术传递财务结果的文化。组织H是另外一家新的解除管制的公用事业单位，利用“生产结果”一词来显示成功指标已经发生了改变。

理解使命和战略对职能专家组成的公司来说非常重要，职能专家必须努力保证维持自我卓越和同时与公司其他部门整合的平衡。组织I计划实施一个健康计划，希望通过对医疗员工和后勤员工进行更为密切的整合来提高业绩。组织J是一家专业的服务公司，其技术部门已经引入了一个创新性的、以网络为基础的顾问服务体系，从表面上看，该体系对公司的咨询师产生了威胁，因为这些咨询师只习惯于通过与客户面对面的互动来传递结果。

不管公司是原来的以内部为中心或处于高度管制下，还是现在的以客户和市场为导向，责任心对公司都起着重要作用。组织L是一家制造公司，拥有国际客户和全球化的制造工厂与供应商网络。以前，公司通过职能确定责任，利用基于成本的转移价格来衡量供应链上的制造单位成功与否，因此，没有人对最终的利润和业绩负责。L公司的新战略简化了组织，提供了更多的原料来源

	组织变革议程	战略目标	战略指标	组织
创造价值	1. 客户驱动	(A) 创造以客户为中心的文化	■ 员工调查 ■ 客户认知调查 ■ 领导与客户相处的时间	医疗保健
		(B) 构建一个授权的、关注方案的、以社区为导向的文化	■ 员工调查	区域银行
		(C) 培育以客户为中心的行为	■ 员工排名（公司采购者）	保险
	2. 创新 / 冒险	(D) 培育一个持续改进的、具有创新性和创造力的文化	■ 变革准备调查	公用事业
		(E) 促进企业文化	■ 新服务交付培训（员工百分比）	公用事业
		(F) 确保负责的同时，推动冒险精神	■ 公开的“共享知识”的数量	制药
	3. 传递结果	(G) 创造成果气氛	■ 气氛调查（领导力组成）	化学
		(H) 产生结果	■ 平衡计分卡目标的实现	公用事业
执行战略	4. 理解使命、愿景和价值	(I) 保证所有员工知道我们的战略方向	■ 员工调查	医疗保健
		(J) 理解我们独特的业务模型和不同的贡献	■ 战略意识(调查)	专业服务
		(K) 明确确定预期和责任与战略优先任务协调一致	■ 能确定组织重点领域的员工比例	医疗保健
	5. 责任	(L) 通过责任心创造高业绩并鼓励风险与报酬挂钩	■ “总裁俱乐部”员工的数量	制造
		(M) 创造价值驱动的高业绩文化	■ 员工调查	服务
	6. 公开交流	(N) 通过双向交流与教育创造一致的思想	■ 具有交叉业务重点的员工数量	制药
		(O) 作为持续交流的结果，创造忠诚的团队	■ 气氛调查(沟通)	银行
	7. 团队工作	(P) 通过双重身份充分发挥企业能力	■ 最佳实践共享的数量	制造
		(Q) 一个团队——一个梦想	■ 被轮换的员工百分比	服务

图 10-5　确定和衡量文化价值：一些实例

和购买判断方式，以投入和产出的市场价格来衡量每个单位的业绩。

公开交流对要求高度整合战略的公司至关重要。组织N是一家药业公司，正努力增加从商品部门到产品开发团队的知识和市场经验。团队工作对那些从战略角度重新确定了不同单位作用的变革议程更为重要。组织P是一家多分部制造公司，它拥有许多卓越品牌，希望通过更多的市场整合在这些品牌之间创造协同。双重品牌身份在为截然不同的品牌及其成为公司形象的一部分的宣传中发挥了“一箭双雕”的作用。组织Q利用“一个团队、一个梦想”思想，显示了具有某些不同局部目标的不同分支机构如何仍然能为全球公司战略的成功做出贡献。

衡量文化

文化价值的衡量很大程度上依靠员工调查。平衡计分卡的美妙和复杂在于，衡量行为促使公司更为精确地确定诸如文化和气氛等有些模糊和不明确的概念。尽管这两个概念可以经常交换使用，学者们还是认为它们存在差别。气氛的概念通常用于社会心理学中。克里斯·阿吉里斯（Chris Argyris）在一项对银行气氛的研究中，把它确定为“在生存复杂的自保持系统中发挥作用的正式组织政策以及员工需要、价值和人格”。[3]

气氛概念在20世纪60年代持续发展，而现在一般被理解为对员工动机和行为的组织影响。它包括组织结构、报酬体系以及上级的态度和同事的温暖。气氛是对公司政策、实践和程序的正式和非正式的共同感知。气氛包括对组织目标的阐明和用来实现这些目标的方法。

最近的一本书确定了描述生产性工作环境的12个问题。[4]

（1）我知道什么是我在工作中所期望的吗？
（2）我拥有工作所必需的材料和装备吗？
（3）我有机会在每天的工作中做我最擅长的工作吗？
（4）在最近七天，我因为工作出色获得过承认和表扬吗？
（5）我的上级或其他人在工作中关心我吗？
（6）有人在工作中鼓励过我的开发吗？
（7）工作中，我的建议被采纳了吗？
（8）公司的使命/目的让我感到工作重要了吗？
（9）我的同事承诺做高质量工作了吗？
（10）我在工作中有最好的朋友吗？
（11）在最近的六个月，有人在工作中谈到我的进步吗？
（12）最近一年，我在工作中有机会学习与成长吗？

对这些问题的回答能提供对一个健康组织气氛的衡量。[5]

文化源自人类学。它在组织意识（或潜意识）中确定了象征符号、神学、故事和礼仪。[6]文化试图捕捉组织的共同意义、假设和价值系统。一般来说，文化是描述性的，气氛是一个结构，该结构以人类学家开发的仪器为基础，用来解释为什么有的组织比其他组织更有效率。当这两个概念清晰地结合时，气氛更多是指员工体会到的组织政策和日常生活；而文化是指员工之间分享的对目标、问题和实践的共同意义集合。某些人认为气氛是可以观察的文化表现，而另一些人坚持文化是更深刻的、较少有意识控制的意义集合。[7]例如，文化可以指组织驱动员工动机所持有的假设，而气氛将包括组织使用的实际的业绩和报酬系统。

开发了文化概念的人类学家，通过广泛的描述和讲故事的形式使文化具备可操作性。显然，讲故事对于平衡计分卡的指标和目标值来说太一般了。然而，组织行为学者试图来衡量文化。但是，在衡量之前，组织应该区分价值和社会准则。价值是高级管理层倡导的信仰，如沟通、尊敬、正直和卓越。[8]文化反映在员工共享的社会准则中，它可以与价值或不与价值联结。这一区别迫使管理者在决定文化应该是什么时更加深入。文化要求管理者更清楚他们执行战略时所必需的具体态度和行为。而价值自身太模糊了，以至于它在揭示员工对公司的真正信念和应该如何行动方面显得很无力。所有员工都同意诚信和客户服务是重要的，却不知道在他们每天的工作中这些价值对他们意味着什么。努力衡量和管理具体态度和行为比价值更可取。[9]

查尔斯·奥赖利（Charles O'Reilly）和他的同事已经开发了衡量工具——组织文化组图（Organizational Culture Profile，OCP），包括一组描述可能存在的组织价值的声明。[10]公司要求员工列出他们能体察自身重要性和相关性的54个价值声明。这54个价值声明可以帮助公司在考虑可靠性和有效性的接受程度上，把组织文化分为8个独立部分：

（1）创新和冒险。
（2）关注细节。
（3）结果导向。
（4）积极进取和竞争能力。
（5）支持力。
（6）增长和报酬。
（7）协作和团队工作。
（8）决定性。

组织文化组图声明基于社会标准，也就是说，基于员工对具体态度和行为的期望。他们询问员工对诸如以下问题的看法：“为获得成功，企业真正需要什么？”“在公司内不成文的规则有哪些？”一个单位或组织对回答这些问题的共识说明了该单位或组织的文化。因此，组织可以衡量其文化是否和战略相一致，缺乏一致性则说明公司缺乏共同的文化。

一个组织的不同部门可能需要不同的文化。例如，R&D部门与制造部门应该有不同的文化，新兴部门的文化与成熟部门的文化也有所不同。而且，组织也希望那些取决于职能和业务战略的准则有些不同。但是，管理者可能会期望在诸如正直、尊敬和同事相处等价值问题上达成组织共识。因为这些价值观是公司级文化的缔造者。

像组织文化组图这样的工具存在，说明文化现在已经成为一个可衡量的概念。但是，像组织文化组图这样的工具已经受到了强调动机和气氛概念的心理学文献的影响。因为战略文献没有认识到文化对有效实施的重要性，现存的衡量文化的工具没有捕捉到个人对战略的益处和理解。为了使文化更紧密地与战略结合，而不是把战略仅仅看作执行每天业务工作的方法，组织文化组图类型工具的价值声明应该加以修改，即允许员工从本章所确定的维度来评估公司，包括评估构成战略基础的价值主张。我们已经提出了一些可能性，如文化是否主要是持续改进和质量提高，是否是创造力和创新，是否是对个别客户偏好和需要的更深理解。显然，开发一个改进的工具，从与战略相关的各个维度来衡量文化，将是进一步工作的机会。[11]另外，组织将必须开发和依靠可以衡量这一重要维度的特别调查问卷。

领导力

领导力，特别是管理转型变革的领导力，是成为战略中心型组织的核心要求。整个团队的动员和凝聚对于成功的变革非常重要。高效的领导班子将有机地组织和支持转型计划。

我们也注意到一些公司利用两种方法来确定领导力作用：领导力开发流程和领导能力模型（可以确定领导特征）。来看一下第一种方法的例子，图10-6描述了几个组织用来管理领导力开发流程的战略目标和指标。公司A是一家区域银行，它关注领导继任计划；公司B是一家快速增长的制造公司，它监督从外部吸引优秀管理人员来弥补内部管理者需求增长的能力；公司C是一家军事医疗保健组织，它已经有一个领导力开发计划，因此它强调的是在整个组织中渗透和贯彻该计划；公司D是一家药业公司，它希望在公司基层培养领导者，因此关注自我指导的工作团队的建设。这些例子和图10-6中的其他例子，描述了与领导力开发流程相关的目标和指标。

战略目标	战略指标	组织
(A)深度开发领导力	▪ 没有确定接班人的关键位置的百分比 ▪ 流程与领导力开发计划	区域银行
(B)开发独特的领导力图解	▪ 内部与外部的管理层招聘	制造
(C)开发领导者	▪ 坚持领导开发生命周期的人事部门百分比	军事医疗保健
(D)使领导力成为一个参与性流程	▪ 自我指导的工作团队管理的项目数量	制药
(E)开发有效的领导力	▪ 空缺率 ▪ 员工调查	医疗保健
(F)在各级培育领导力环境	▪ 决策需要的提议数量	医疗保健
(G)提高高级管理者的领导技能	▪ 在员工调查中，有利于领导力的得分比率	电信
(H)取得所有权并执行战略	▪ 领导力开发评价（360度反馈）	区域银行

图 10-6　领导力模型：关注流程

第二种方法——领导能力模型，关注的是公司渴望从领导者身上获得的独特能力。这种方法并不监督如何开发领导者，而是试图描述领导是什么。它确定了领导者为优秀业绩做出贡献时所应展现的特点。从平衡计分卡数据库中，我们把渴望的能力划分为三个通用的种类（见图10-7）：

一般特征	描述	作用
创造价值 ▪ 客户为中心 ▪ 创新/冒险 ▪ 传递结果	▪ 理解客户，解决客户问题 ▪ 挑战假设，提出新方法 ▪ 为客户和股东传递结果	创造组织准备度
执行战略 ▪ 理解战略 ▪ 责任 ▪ 沟通 ▪ 团队工作	▪ 明确确定使命、愿景、价值和战略 ▪ 设定方向，目标值、责任 ▪ 沟通公开化，提供反馈 ▪ 跨边界工作，共事知识	
开发人力资本 ▪ 学习 ▪ 指导/开发 ▪ 个人贡献	▪ 向别人学习，向自己学习 ▪ 花费在向别人学习上的时间 ▪ 模范指导．设定个人高标准	创造人力资本准备度

图 10-7　领导力模型：关注能力

- 创造价值：拿出实质性利润成果的领导者。
- 执行战略：动员和指导变革流程的领导者。
- 开发人力资本：为组织建立能力并设定高标准的领导者。

前两类——创造价值和执行战略的领导者，通过强调我们刚提过的文化变革议程，从而提高了组织资本。第三类——开发人力资本，支持了提高组织能力和强化价值的目标。我们利用三家公司开发的领导力组图例子，说明这三个领导力目标的应用。这三家公司分别是：Hi-Tek，一家制造和服务公司（见图10-8）；Finco，一家全球化金融服务公司（见图10-9）；风险管理公司（Risk Management，Inc.，RMI），一家财产和意外保险公司（见图10-10）。

创造价值

在我们的数据库中，几乎所有领导模型都是从关注客户开始的。Hi-Tek要求它的领导者们通过客户的眼睛看世界。领导者应该花更多的时间与客户在一起，以便他们能预期客户未来的需求和有机会发现新的解决方案。为了给客户直接传递价值，Finco希望它的领导者们与能创造增值新方法的外部团体建立关系。这些团队可能包括公司客户产品的最终客户（保险购买者）和创造新产品和服务的公司。风险管理公司确定了市场和需求的变革本质，有利于公司领导者们预期这些改变。

创新和冒险是创造价值的另外一个优先任务。每家公司都认识到公开变革和思维新方法的重要性。

第三个优先任务是底线导向，以交付结果。Hi-Tek强调了更好、更快和最低成本的工作。Finco努力为所有利益相关者传递卓越结果。

执行战略

领导者利用四个独特的行为动员和指导其他人的行为。首先，他们必须阐明组织使命、战略和价值。Hi-Tek公司的领导者们设定方向，构建目标和保持责任心。同样地，风险管理公司的领导者们也构建了一个高绩效环境。Finco公司的领导者们理解动态环境，在这种环境下，公司管理并调整所属单位的行动与战略，使其与外部环境变化相适应。

责任心和协调一致把公司战略和个人业绩相联结。在风险管理公司，领导者们坚持他们自己及其他人对传递结果的责任。他们设定了挑战性目标值，提供奖励高业绩和惩罚低业绩的反馈。Finco的领导者们努力使职能卓越与有效的战略实施相一致。

一般特征	领导能力
创造价值	
■以客户为中心	■客户洞察力：杰出的领导者理解他们的客户。他们牢记他们的客户，愿意花时间了解客户现在和未来的需求，并提出解决方案
■创新/冒险	■突破性思想：杰出的领导者向传统的思想挑战，关注能力。他们处理复杂事务，确定和开发新的解决方案，并培育创造力和创新性
■传递结果	■驱动成功：杰出的领导者善于寻找以高质量、低成本快速完成工作的方法。他们为自己和其他人设计了挑战性目标，并能承担提高业绩带来的可计算风险
执行战略	
■理解战略	■团队领导力：杰出领导者的使命与公司的使命相一致。他们领导变革和创造紧迫意识来迎接挑战和实施战略。他们设定方向，建立目标并富有责任心
■责任	
■沟通	■公开交流：杰出的领导者实话实说，他们公开与同事、经理和下级共享信息，通报“整个”实事，并不单指他们的状态。他们在做正确的事情方面起着模范作用
■团队工作	■团队工作：杰出的领导者在整个组织内与他们的团队共同工作，他们授权他们的团队以实现卓越
开发人力资本	
■学习	■构建能力：杰出的领导者善于描述公司的长期能力来产生和维持卓越的成果。他们关注学习
■指导/开发	■指导/开发能力：杰出的领导者善于帮助别人为现在和未来建立一个强有力的团队。他们通过表达预期、提供反馈和追求学习机会进行指导
■个人贡献	■个人奉献：杰出的领导者执行支持公司目标和战略的方法。他们使自己的需要与公司的需要相一致，支持对整个公司的利益有利的强硬决策
	■决策：杰出的领导者快速、紧迫和坚韧地执行公司的强硬决策。他们向做出卓越决策的决策流程输入所需资源
	■对业务充满热情：杰出的领导者对业务、赢得市场，以及能为世界提供技术和服务等充满热情

图 10-8　Hi-Tek（制造/服务业务）的领导能力图解

一般特征	领导能力
创造价值 ■以客户为中心 ■创新/冒险 ■传递结果	■关注客户价值：提交能满足客户需求的高质量解决方案，维持强有力的客户关系 ■开发关键关系：构建和维持能促进公司市场表现和影响的关系 ■驱动创新：促进创新对于变革是公开的 ■传递结果：为所有利益相关者生产和提交卓越的结果
执行战略 ■理解战略 ■责任 ■沟通 ■团队工作	■全球化愿景：对公司业务环境有广泛的认识，在专长领域的全球开发是最新的 ■塑造战略：理解愿景是如何通过相关职能战略和实现可持续竞争优势的行动计划来实施的 ■激励和构建忠诚：沟通是公开和有效的，获得其他人的支持来共享和支持公司愿景和核心价值 ■促进整合和团队合作：跨个人、组织和文化的团队工作成效表明了公司的文化交流能力
开发人力资本 ■学习 ■指导/开发 ■个人贡献	■培育组织学习：通过知识转化和智力资本的提高，保持业务的持续性 ■财务和业务专家：理解他们自己业务领域潜在的财务业绩要素——关注创造价值

图 10-9　Finco（金融服务）的领导能力图解

一般特征	领导能力
创造价值 ■以客户为中心 ■创新/冒险 ■传递结果	■在变化的市场中战略性思考：预期和认识对风险管理公司业务目标有贡献的机会和关键市场趋势。在不确定的形势下，创造一系列与公司愿景和目标保持协调一致的未来行动 ■挑战和冒险：在各级直接挑战员工的假设和理念。愿意站在可能产生冲突和不流行的一面，鼓励这些行为 ■学习变革和创新：领导员工、结构、流程的变革，帮助公司从现在的“在哪里”转向“我们想去哪里”。预测和应对变革产生的机会，通过追求、产生和鼓励新工作方法，产生额外的成果
执行战略 ■理解战略 ■责任 ■交流 ■团队工作	■构建高业绩环境：在这个环境下，使命和愿景能清晰确定，业绩目标值富有进取心，能够得到反馈并将其用于提高业绩，奖优罚劣是看得见摸得着的 ■负责地实践承诺：提高对公司产生极大影响的行动方案的责任心。做出具体承诺并贯彻执行。确保直接下属兑现承诺。阐明自己和他人的作用 ■跨边界工作：在各层级、各部门和各职能单位建立伙伴关系，从而实现最优的业务结果
开发人力资本 ■学习 ■指导/开发 ■个人贡献	■树立内外部标杆：与其他外部组织或单位比较风险管理公司的实践，衡量和比较产品、服务、战略和流程 ■发展自我和他人：创造一个能培育、加强把开发和学习的重要性作为业务优先任务的环境。持续地自我评估和改进是楷模，积极寻找带来发展和成长的挑战性机会，支持这一流程的直接报告

图 10-10 风险管理公司（财产和意外保险公司）的领导能力图解

领导者们需要有效地进行沟通。领导者们所形成的信息和语调影响着其他人自愿做出提高公司长期价值的日常决策。诚实的交流可以使通过社会化、共享信念、准则和价值进行控制成为可能。Finco公司的领导者交流愿景和核心价值。Hi-Tek的领导者们说了实话："是整个过程，而不是他们的状态；他们是做正确事情的表率。"

领导者们促进团队工作。Finco公司的领导者们在包括不同个人、组织和文化的团队中有效地运营。风险管理公司和Hi-Tek公司的领导者们跨组织、地域和职能领域工作。

开发人力资本

我们数据库中的许多公司期望领导者们提高他们公司的人力资本。他们指导和开发员工能力。Hi-Tek和风险管理公司的领导者通过指导和反馈的支持，创造了产生开发机会的环境。领导者们也创造了学习环境。Finco特别关注通过在组织内共享知识开发智力资本。风险管理公司提高内外部标杆，以便于学习最佳实践。

领导者们也提供个人卓越的表率。Hi-Tek公司强调奉献、果断和热情等个人特征。Finco确定学科专家如何为创造股东价值提供有价值的构造模块。

衡量领导力

衡量领导力开发流程比衡量领导能力更直接。图10-6为领导力开发流程确定了一组典型的指标。大部分指标是可观测且可证实的，如缺少继任者的关键职位数目、外部招聘数目、坚持领导开发生命周期的人事部门百分比。相反，领导能力模型要求对一些软问题做出判断，如沟通质量以及领导指导和鼓励团队工作的能力。组织通常利用员工调查来衡量这些特点。图10-8、图10-9和图10-10列示的三家公司，利用了360度反馈计划来量化领导能力组图。员工和外部部门通常从下级、同事和上级那里获得领导者掌握关键能力的信息。尽管这些个人信息反馈主要被用来指导和开发个人能力，但是部门也从个人评论中汇总细节性（和秘密的）数据，以便撰写组织的关键领导能力状况报告。

邦尼维勒电力管理处（Bonneville Power Administration，简称"邦尼维勒"）提供了一个领导力衡量流程的卓越范例（见图 10-11）。邦尼维勒从两个维度衡量领导力：

● 员工、客户和利益相关者理解邦尼维勒的使命和目标。

战略目标：领导力要求设定明晰的方向、关注员工努力和塑造高业绩行为。组织成功依靠各层级展示的领导力。邦尼维勒领导者必须提供战略意识和保持协调一致，以便更好地定位未来：邦尼维勒领导者联结员工与战略，联结内外代理商。邦尼维勒也期望领导者们能提交出代理商和工作团队成果。

衡量意图：决定客户、利益相关者和员工理解机构使命和方向的程度，决定邦尼维勒领导者们产生所需成果的成功程度。

成果：

内部员工组织评估调查
领导力和质量指数

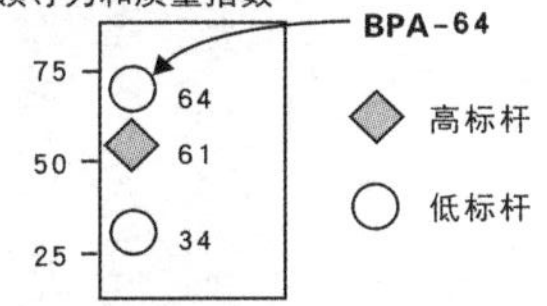

内部员工组织评估调查反映的主要问题：

“员工对组织使命、愿景和价值的理解。” 77%赞同

“领导者们让员工知道他们的工作如何对公司使命和目标做出贡献。” 66%赞同

卓越工作场所调查

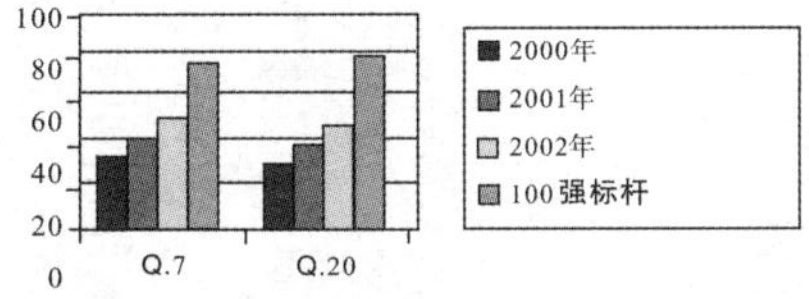

卓越工作场所调查的关键问题（代理商打分）：

Q.7　“管理层使期望变得明晰。” 2002年52%赞同（2001年为42%）

Q.20　“管理层对公司将达到什么目标和如何达到有清晰的认识。”
2002年49%赞同（2001年为41%）

客户和利益相关者满意度调查

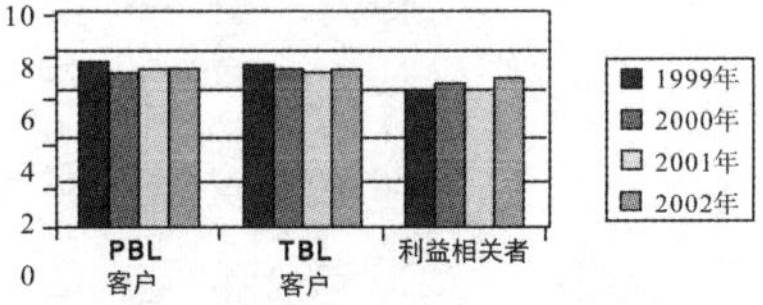

每年客户和利益相关者调查的关键问题：

Q.5　“[PBL/TBL] 与你的交流方式是直接的。”
2002年 7.5 PBL、7.6TBL

Q.8　“BPA清晰地沟通了使命和政策。”
2002 年为7.0，2001年为6.5

实现的成果：

2001年“代理商成功共享”目标值的平均完成率：75%
2001年“团队共享”目标值的平均完成率：基本目标值的88%，挑战性目标值的67%

图 10-11　邦尼维勒电力管理处的领导能力图解

●领导者提交期望的成果。

内部员工组织评估调查（Organization Assessment Survey，OAS），说明员工对机构使命的一般理解。回答结果超出了为这一指标确定的高标杆目标值。第二种调查的标杆是：将卓越工作场所（Great Place to Work，GPTW）调查的结果与来自北美一流公司员工的相同调查的结果相比较。邦尼维勒在这一指标上低于标杆（进入前100名），但是它正在快速缩小这一差距。邦尼维勒也对客户和利益相关者进行单独年度调查，来监控他们对公司使命和目标的理解。对这一指标业绩中的任何不足，都会激励邦尼维勒的领导者更进一步努力与关键利益相关者进行更为有效的交流。最后，邦尼维勒的领导者通过将其业绩与平衡计分卡目标值相比较，来衡量领导者创造期望结果的能力。成功共享和团队共享都是团队奖励计划，这些奖励计划在每年年初根据平衡计分卡的四个层面设定目标值（通常为6～10个）。按照预先设定的公式，超过目标值将会在年底给予奖励。对这些团队成就的奖励应该等于对每个代理商和团队成员的奖励的总和。

总之，这部分描述了组织利用的两个领导力模型：关注领导者如何开发他们必备能力的领导力开发流程模型；描写组织希望领导者是什么样的领导能力模型。当然，每一种方法都包括“是什么”和“如何”两个部分。关注开发流程的公司必须拥有一个能指导开发流程的领导能力模型，而关注领导能力的公司也必须有一个领导力开发计划。

协调一致

“协调一致是进行授权的必需条件……个人将授权整个团队。”[12]彼得·圣吉（Peter Senge）在《第五项修炼》（*The Fifth Discipline*）中强调一个基础广泛的组织变革要求协调一致，即团队的所有成员都有一个共同的目的、一个共享的愿景和一个对个人作用如何支持整个战略的共识。一个协调一致的组织鼓励员工授权、创新和冒险精神，因为个人行为受实现高水平目标的引导。而一个不协调一致的组织如果鼓励和授权个人行动方案将会导致混乱，因为创新的冒险者们会把组织引向矛盾的方向。这种效果与一位新上任的商学院院长对其工作的描述十分相似：“带着60只没有系项圈的小狗散步。”

协调一致通常要求分两步：①创造意识；②建立激励。首先，领导者必须利用所有员工都能理解的方法沟通高层战略目标。其次，领导者必须保证个人和团队有局部目标和报酬。如果局部目标实现，将对实现高层目标的目标值做出贡献。领导者通过多层面沟通计划创造战略意识，该沟通计划包括多个机制，如小册子、通信、联席会议、指导和培训计划、主管谈话、公司内联网和公告牌等。[13]通常情况下，组织利用员工调查来确定员工是否明白和理解高层战略目标（见图10-5的第四个组织变革议程“理解使命、愿景和价值”）。组织通过把个人目标设定和补偿/报酬机制与业务单位和公司的目标相联结来实现战略协调一致。[14]

图10-12为战略意识和战略协调一致提供了典型的目标和指标。因为这些例子来自实施平衡计分卡的组织，所以当你看到意识和协调一致都是围绕计分卡目标和指标确定时就不足为奇了。例如，组织把协调一致定义为：“个人目标与平衡计分卡联结的员工百分比。”

特征	战略目标	战略指标	组织
战略意识	（A）保证全体员工理解战略	■能确定战略优先任务的员工百分比（调查）	医疗保健
战略协调一致	（A）加强方向，强化紧迫感和目标感	■个人目标与平衡计分卡联结的员工百分比	共同基金
	（B）通过评价和激励协调努力	■目标与战略一致的员工百分比（主管及以上级别）	医疗保健
	（C）打造热情高涨和训练有素的员工队伍	■有个人平衡计分卡的员工百分比	加工部门
	（D）协调个人目标	■目标与平衡计分卡联结的员工百分比	国民银行
	（E）员工授权	■培训和开发与平衡计分卡联结的员工百分比	城市政府（交通）

图 10-12　确定和衡量战略意识和战略协调一致

图10-13显示了有代表性的公司如第一社区银行（First Community Bank，FCB）是如何描述其协调一致战略的。第一社区银行的学习与成长层面有四个目标：两个（L1和L2）关注开发人力资本；一个（L3）关注创造组织资本；一个（L4）关注信息资本。第一社区银行把“战略协调一致”确定为首要的组织资本目标。公司计划层层分解公司级平衡计分卡，先到社区团队（Community Group，CG），再到社区团队的分部，最后到小组和个人。层层分解计划有三个部分：

- 战略理解：所有个人理解第一社区银行、社区团队和分部战略的关键要素。
- 组织协调一致：第一社区银行、社区团队和分部目标是内在协调一致的。
- 个人协调一致：所有个人都有与社区团队和分部协调一致的目标。

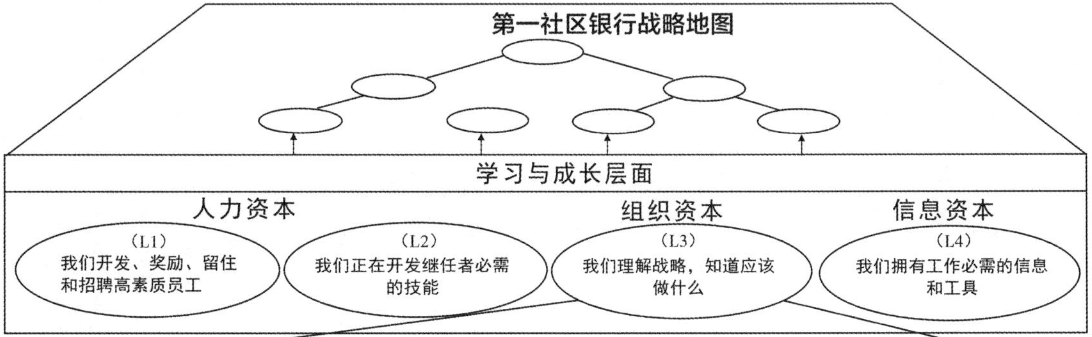

			指标
L3	我们理解战略，知道做什么	第一社区银行将通过平衡计分卡沟通战略，并随时间的推移，将战略层层分解至合适的层级。这将确保每个员工知道第一社区银行的战略是什么，知道战略如何与第一社区银行的宏图相关，知道如何利用它来为日常行动方案排列优先顺序。第一社区银行领导层将努力工作，保证战略沟通的公开、清晰和一致	■ 理解战略 ■ 组织协调一致 ■ 个人协调一致

理解战略	组织协调一致	个人协调一致
Q1 我理解公司战略 Q2 我正定期获悉的战略 Q3 我理解第一社区银行的战略 Q4 我理解我的使命目标 Q5 我理解我的部门如何帮助第一社区银行实现战略	Q6 第一社区银行的目标能很好地与公司战略保持协调一致 Q7 我部门的目标能很好地与第一社区银行的战略保持协调一致 Q8 我部门的目标能很好地与第一社区银行其他部门的目标保持协调一致 Q9 我部门与第一社区银行其他部门有效合作，以满足客户需要 Q10 从第一社区银行，其他部门很容易获得帮助来满足客户需要 Q11 在第一社区银行，部门之间提高协同程度是高度优先任务	Q12 我理解公司在实现战略过程中如何做是最好的 Q13 我理解第一社区银行在实现战略过程中如何做是最好的 Q14 我理解我的部门在实现战略过程中如何做是最好的 Q15 我理解我的日常工作如何帮助第一社区银行实现战略 Q16 我理解我的日常工作如何帮助我的部门实现其目标 Q17 我个人的目标是在第一社区银行战略和我部门目标的基础上设定的

图 10-13　第一社区银行衡量战略意识和战略协调一致

第一社区银行实施团队设计了一个员工调查工具来衡量这三个目标。团队为大约300个高层和中层经理设计了关于组织协调一致的17个问题（见图10–13的下部）。团队利用相同的工具定期进行再调查，以衡量战略协调一致计划的状况和进程。

团队工作和知识共享

再没有比一个好主意只用一次更大的浪费了。对一个组织来说，再没有哪样资产比所有员工共享公司知识有更大的潜力了。今天，很多公司利用正式的知识管理系统在整个公司创造、组织、开发和分配知识。[15]

创造知识

创造知识包括确定与组织的其他人相关的内容和使员工为电子数据库提供相关材料。大多数组织不得不通过文化变革，从储存知识转向共享知识。通用电气的前任首席学习官（Chief Learning Officer，CLO）史蒂夫·克尔（Steve Kerr）注意到，杰克·韦尔奇管理系统的一个主要部分是它能在整个组织（垂直和水平）打破障碍，以便产生知识转化。[16]韦尔奇在年度回顾中询问经理这样一些问题：“你从别的部门获得了哪些主意？你对别的部门提出了哪些建议？”

组织知识

使用者易于获得的信息必须被组织起来，以便它们能以电子形式再现。知识共享系统，包括知识数据库以及诸如搜索引擎、用户界面和分类方式等导航设备，为统筹组织有价值的信息提供了一个系统方法。知识数据库必须通过学科专家加以筛选、提取和过滤，持续维持和更新以保证信息的及时性与相关性。

开发知识

学科专家应该筛选和批准其他人递交的信息。这样的研究提高了系统中发布的材料的有效性，验证了知识的重要性和它代表的最佳实践，并推荐知识在整个组织应用。

分配知识

知识管理系统必须保证使用者便于使用知识数据库。组织利用两种方法分配知识。第一种方法是“推力系统”，对使用者的需求进行归类，并有选择地分配信息，当意识到信息对使用者的潜在作用时，通常采用电子邮件的方式分配信息。虽然这种方法有点逼迫的性质，但推力系统的设计者意识到大多数使用者太忙和太专注于直接工作，而没有时间采用第二种方法“拉力系统”来搜索与他们直接需要相关的和有价值的既有信息。

知识管理系统一般包括：

- 收集和储存知识的数据库和数据库管理系统。
- 重新获得和传输知识材料的沟通和消息系统，它们独立于知识来源。
- 允许员工远距离搜索数据库（即使利用公共设施）的安全浏览器，当然要排除未经许可的利用。

如何激励个人将他的思想和知识整理成文档是一个挑战，文档化的思想和知识对别人来说是可利用的。这种思想的简单性与其实施的艰难性不成比例。但是，困难并没有阻挡平衡计分卡数据库中的大多数公司把团队工作和知识共享作为学习与成长层面的战略优先任务。图10-14显示了最佳实践知识共享的目标和指标的代表性例子。组织A是一家化学公司，监督已确定和利用的最佳实践思想的数量，它也衡量员工平均产出，来评估知识共享的经济影响；组织B是一家国际保险公司，利用公司大学转化知识，衡量每名员工接受培训的时间；金融服务公司C监控在工作完成流程中转化知识的员工百分比，这种方法在通用电气普及之后被作为模板；药业公司D和软件公司E利用知识管理系统转化知识和衡量系统利用程度，公司E也监控知识管理系统的最新材料处于怎样的状态；金融服务公司F关注业绩数据库中信息的综合性和及时性。

图10-14的所有公司（A除外），都是利用输入或流程指标而不是利用流行的结果或产出指标衡量知识共享状况。它们要么相信衡量知识共享或知识管理流程的产出太难以至于无法衡量，要么认为知识共享是一个流程，该流程的产出在战略地图中的业绩改善得以显现。然而看起来，组织能更好地衡量产出，如被采用的新思想数目、与其他团队和组织单位共享的新思想和实践的数目。

特征	战略目标	战略指标	组织
	(A) 开发一个学习型组织	▪ 确定的最佳实践数量 ▪ 员工人均产出	化学
共享知识	(B) 持续地开发和转化知识	▪ 员工人均培训时间	国际保险
	(C) 保证最佳实践思想的交流	▪ 参与测试流程的员工百分比	金融服务
	(D) 促进跨公司交流	▪ 利用共享知识渠道的员工百分比	药业
	(E) 为共享知识创造并利用一个共同的全球化系统和流程	▪ 知识银行的项目流量 ▪ 知识银行的点击次数	软件
	(F) 保证在公司内获得精确、一致的信息	▪ 在公司内获得想要的指标、数据和统计资料百分比	金融服务
组织整合	(G) 整合员工	▪ 跨部门调动的百分比	制造

图 10-14　确定和衡量团队工作和知识共享

特征	战略目标	战略指标	目标值	实际值
领导力	提高各级领导者的可用性，动员组织朝着战略发展	■ *领导力差距* （在能力模型中排在底端之上的关键特征百分比）	90%	92%（绿）
文化	开发执行战略所需的使命、愿景和核心价值的意识并使之内部化	■ *以客户为中心* （客户调查：理解我们使命的客户百分比）	80%	68%（红）
		■ *其他核心价值* （员工变革准备度调查）	80%	52%（红）
协调一致	在各层级保证目标、激励与战略的协调一致	■ *战略意识* （能确定组织战略优先任务的员工百分比）	80%	75%（红）
		■ *战略协调一致* （目标和激励与平衡计分卡联结的员工百分比）	100%	60%（红）
团队工作	保证知识共享和具有战略潜力的员工资产	■ *共享最佳实践* （知识管理系统点击/员工数量）	5.0	6.1（绿）

图 10-15　组织资本准备度报告

组织资本准备度报告

本章一开始，我们把组织资本确定为执行战略所要求的动员和支持变革流程的组织能力。我们已经讨论了每个战略地图和平衡计分卡在以变革流程为基础的情况下，如何包含文化、领导力、协调一致和团队工作。在图10–15中，我们列示了组织资本战略准备度的全面报告。

本例中，领导力指标源于领导能力模型，并且展示了领导力关键特征实现的百分比。报告中，文化有两个指标。关注客户是一个主导维度，报告用调查来衡量客户对公司使命的理解和协调一致。文化的第二个指标是对公司核心价值的员工调查，包括诸如“创新”“冒险”“责任心”“团队工作”等价值。协调一致追求两个维度：员工理解战略；员工目标和动机与战略协调一致。第一个维度——战略意识，通过确定理解战略的员工百分比的员工调查得以衡量。第二个维度——战略协调一致，监控着平衡计分卡中员工个人目标与动机和战略目标与指标的结合程度。最后，团队工作通过共享最佳实践所要求的组织知识管理系统的利用程度来衡量。

我们在实践中已经开发和观察到的战略地图，并不是都利用四个组织资本指标。本章中，大部分战略地图首先进行的是阐明框架。我们相信一个好的案例应该是每个方面至少包括一个指标。组织资本为实施战略所要求的变革创造了气氛。很难想象一个不依靠文化价值、有效领导、协作团队、团队工作和知识共享的综合变革计划会是什么样子。得到衡量的就能得到管理，没有得到衡量的就被忘记或失去。组织资本的每个部分看起来都对战略的成功执行至关重要。

组织资本的人力资源作用

一旦明确了组织资本准备度报告，领导团队必须为每个指标建立目标值。目标值应该代表对既有业绩的重大提高，刺激对实现每个指标的目标业绩所要求的行动方案进行讨论。一般情况下，人力资源部门对实现组织资本指标的目标值所要求的行动方案负责。通常，人力资源部门的每个职能团队（如招聘）将根据目标、指标和目标值来确定具体行动方案。人力资源领导团队从各职能团队获得建议之后，将与业务部门经理讨论计划的选择和权衡，最后确定支持战略的最有成本效益的行动方案。例如，为了开发组织资本准备度，公司能在培训既有员工、招聘新员工和促进知识共享方面进行选择。这种行动的产出是开发组织资本的综合性计划，如图10–16所示。开发计划保证人力资源部门投资

组织资本准备度报告	
特征	战略准备度指标
领导力	■ 领导力差距（关键特征）
文化	■ 以客户为中心 ■ 核心价值
协调一致	■ 战略意识 ■ 战略协调一致
团队工作	■ 跨边界共享 ■ 最佳实践 ■ 关键员工 ■ 团队 ■ 报酬

组织资本开发计划			
目标值（例子）	战略行动方案	领先指标	战略计划预算
90%	■ 领导力开发 ■ 继任计划 ■ 管理流程 ■ 战略管理	■ 内外部招聘百分比 ■ 领导力课程参加者的百分比	$XXX
80% 80%	■ 沟通 ■ 变革管理 ■ 领导力开发	■ 定期被调查的员工百分比 ■ 文化评估	$XXX
80% 100%	■ 业绩管理 ■ 全面补偿和报酬 ■ 积极的工作环境	■ 与平衡计分卡联结的个人目标（百分比） ■ 得到奖金者的百分比	$XXX
100% （与计划比）	■ 知识管理 ■ 组织效率 ■ 员工轮换	■ 利用共享知识渠道的百分比	$XXX

图 10-16　开发组织资本准备度的战略计划

与公司战略保持一致，成为人力资源部门和业务经营部门之间的合同。这个流程也允许人力资源部门内的不同科室理解它们支持行动方案的作用，而该行动方案可以帮助经营部门实现公司战略目标。人力资源与组织战略成功保持协调一致在很长时间内已达成共识，但是很少能被实现。本章中，我们已经讨论了一个把平衡计分卡学习与成长层面的目标与指标和组织成功结合起来的流程。

本章小结

学习与成长层面是每个组织战略的基础。这一层面的指标是最终的先导指标。通过与组织战略的协调一致，它们代表了创造价值的无形资产。这就是为什么只是平衡计分卡而不是财务指标能量化无形资产创造的价值。当人力资本集中于那些实施组织战略最关键流程的战略工作组群时，它们得到了提升；当信息资本提供关键的基础设施和应用程序，协助人力资本在战略内部流程方面创造卓越业绩时，信息资本是最有价值的。当然，更多的无形组织要素，如文化、领导力、协调一致和团队工作对成功的战略实施也是至关重要的。引入新价值主张的组织必须创造客户中心型文化。新战略的转型要求组织内有杰出的领导力。组织新方向要求沟通与业绩管理系统和组织希望达到的方向协调一致。如果关注少数关键流程的突出业绩，就必须要求团队工作和学习。

一些公司避开衡量这些无形资产——人力资本、信息资本和组织资本，因为根据其特点，这些资产比持续利用财务指标衡量组织业绩更“软性”，或更主观。平衡计分卡行动鼓励组织应对这种衡量挑战。现在，公司能衡量它们想衡量的，而不是仅仅限于当前能衡量的。组织已经认识到，仅仅试图衡量员工能力、知识系统和组织资本，不管是否精确，都可以宣传这些活动对创造价值的重要性。本章所描述的方法例示了组织如何开发出新方法来衡量，接着又创造出它们的组织资本。学习与成长指标激励了无形资产方面的行为变革，而无形资产是变为成功战略中心型组织的必需基础。

随后的案例研究——英格索兰公司为组织资本在业务战略中的作用提供了一个有力的范例。

注释：

[1] S. Chadturi and B. Tabrizi, Capturing the Real Value in High-Tech Acquisitions, *Harvard Business Review* (September-October 1999).

[2] Jeffrey A. Schmidt, *Making Mergers Work* (Alexandria, VA: Towers Perrin/SHRM, 2002).

[3] C. Argyris, "Some Problems in Conceptualizing Organizational Climate: A Case Study of a Bank," *Administrative Science Quarterly* 2 (1958): 501-520.

[4] Marcus Buckingham and Curt Coffman, *First, Break All the Rules: What the World's Greatest Managers Do Differently* (New York: Simon & Schuster, 1999).

[5] 衡量健康组织气氛的进一步工作，参见：D. Pratt, *The Healthy Scorecard: Delivering Breakthrough Results That Employees and Investors Will Love!* (Victoria, BC: Trafford Publishing, 2001)。

[6] 气氛和文化的描述来自：Aaron Reichers and Ben Schneider, "Climate and Culture: An Evolution of Constructs," in *Organizational Climate and Culture*, ed. Ben Schneider (San Francisco: Jossey-Bass, 1990)。

[7] Edgar Schein, *Organizational Culture and Leadership: A Dynamic View* (San Francisco: Jossey-Bass, 1985).

[8] 事实上，这些价值得到安然公司（Enron）高级经理的支持。

[9] 我们感谢斯坦福大学商学院的查尔斯·奥赖利（Charles O'Reilly）关于价值和准则区别的讨论。

[10] C. O'Reilly, J. Chatman, and D. Caldwell, "People and Organizational Culture: A Profile Comparison to Assessing Person-Organization Fit," *Academy of Management Journal* (September 1991): 487-516.

[11] 例如，可利用的方法参见：Thinkshed, (http://www.thinkshed.com), which draws upon the scholarly work of O'Reilly, Caldwell, and Chatman。

[12] Peter Senge, *The Fifth Discipline: The Art and Practice of the Learning Organization* (New York: Doubleday, 1990), 235.

[13] 沟通方法在《战略中心型组织》一书的第八章有所描述。

[14] 战略和个人目标与报酬联结的细节在《战略中心型组织》的第九章和第十章有所描述。

[15] 知识管理流程内容来自：D. Garvin and A. March, "A Note on Knowledge Management," Note 396-031, Harvard Business School, Boston, November 1997。

[16] S. Kerr, "Transformational Leadership: Lessons in Mastering Change at General Electric," talk given at the Balanced Scorecard Collaborative North American Summit (October 2002).

案例研究

英格索兰

背景

英格索兰（IR）是一家全球性、多样化的工业和商业设备制造商，专攻诸如安全和保险装置、气候控制、行业解决方案和基础设施等全球主要市场。

英格索兰的历史可追溯到1871年，当时其主要从事建筑和采矿业。多年过去了，公司建立了骄人的声誉。因此，今天的英格索兰可谓一支多元化的豪华舰队，由一系列拥有市场领先品牌的跨国业务组成。它的产品组合包括许多知名品牌，如Schlage锁具与安全解决方案、Thermo King传输温度控制设备、Hussmann商业和零售制冷装备、Bobcat压缩设备、Club Car高尔夫汽车和公共汽车、Power Works小型涡轮机、英格索兰工业和建筑装备。目前，英格索兰是一家年收入100亿美元，在全球拥有5.6万名员工、130个制造设施的工业企业。

现状

到20世纪80年代中期，英格索兰几乎2/3的收入来自制造建筑和采矿设备等传统业务。但是，华尔街有不同的看法。英格索兰的股票交易就像Caterpillar和John Deere牵引车一样循规蹈矩。作为一个业务更宽泛的投资集团，英格索兰对如何充分发挥数年来获得的大量不相关品牌的潜力仍然保持着不确定性。

1999年10月，赫伯·亨凯尔（Herb Henkel）成为公司的总裁兼CEO。他制定了英格索兰的使命，即“全球化工业公司”。但是，亨凯尔认识到，如果要实现这一目标，公司必须从产品驱动的控股公司转变为解决方案驱动的运营公司，拥有协同的业务和集成的解决方案组合。

战略

亨凯尔在组织内引入了一个共同的战略计划流程。标准计划流程本身并不能产生预期的结果。“增长”和“解决方案”的基本新方向并没有得到较快发展，这使管理团队感到非常沮丧。因此，他们引入了一个集成的战略和业绩管理系统，用来组织战略的执行情况。战略地图和平衡计分卡成为在组织内阐明和沟通战略的关键工具。

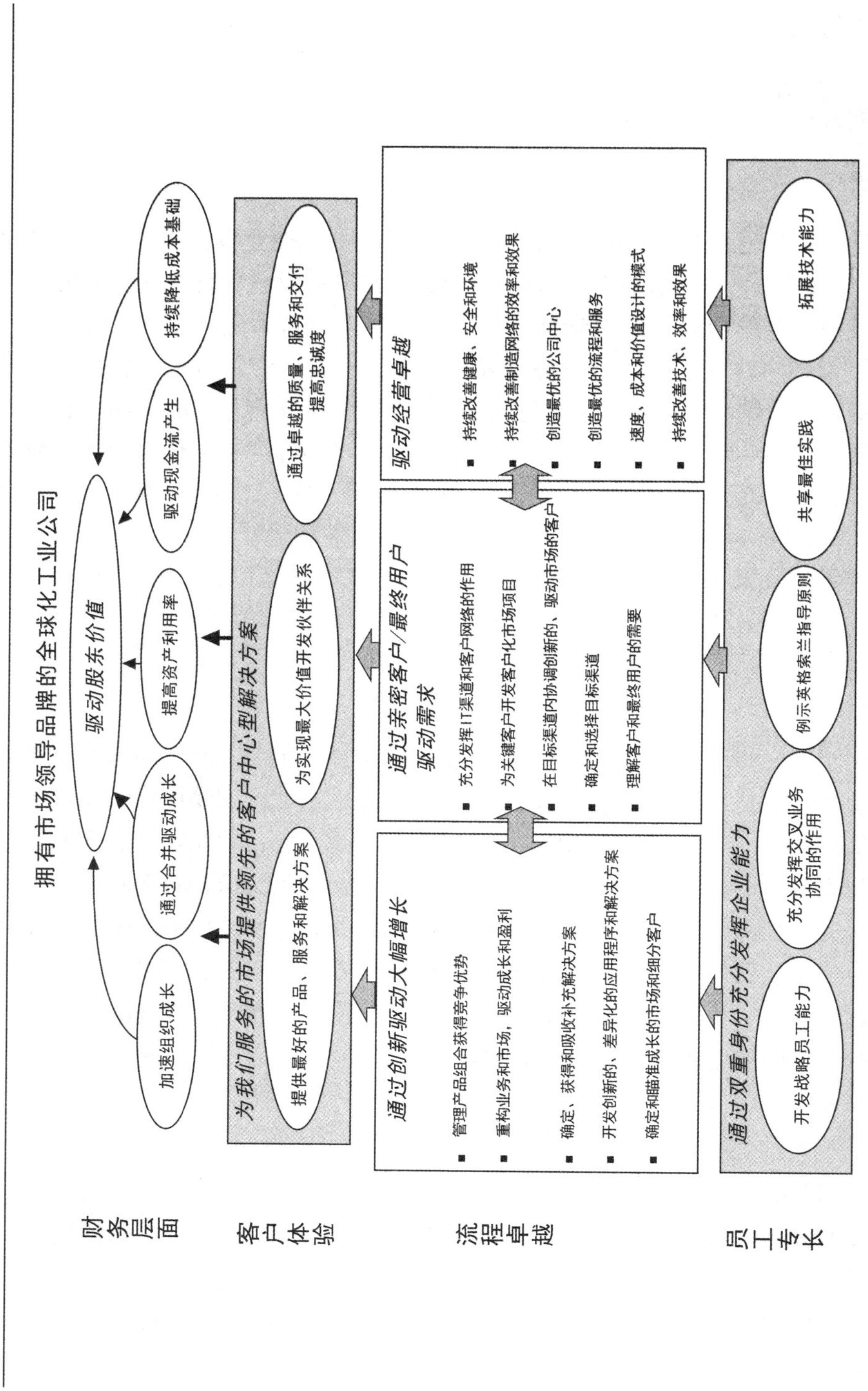

图 10-17　英格索兰的战略地图

战略地图

英格索兰的使命——成为“拥有市场领先品牌的全球化工业公司”，列示在战略地图的顶部（见图10–17）。在财务业绩层面，英格索兰将通过实现巨大的增长、有组织的推动和协同的并购，驱动股东价值增长，并持续降低成本。通过积极管理收入增长和生产率之间的平衡，英格索兰追求的是改善资产利用率和驱动现金流产生。

英格索兰把自己从一个产品中心型制造商转变为一个客户中心型解决方案提供者，从而实现了财务目标。在客户体验层面，英格索兰的价值主张包含三个主题：①将市场领先的增值服务与创新产品打包，为客户提供最优的解决方案；②开发与客户的真正双赢伙伴关系，使英格索兰能够实现最大价值，实现价格、业绩和服务之间的真正平衡；③通过优秀的质量、服务、交付以及无缺陷执行，阻止客户转向其他厂商，从而培养长期客户忠诚度。

英格索兰将加强几个内部流程，来传递客户价值主张并为英格索兰提供竞争优势。流程卓越层面围绕三个主要的战略主题来构思：

●驱动运营卓越。这将通过在英格索兰所有的运营部门追求持续改进来实现。这一主题关注核心流程。深嵌这一主题的是能作为基本“整合防错和精益生产”（blocking and tackling）的关键战略目标。然而，英格索兰领导层相信这些是整个战略的关键要素，它们不能被忽视。驱动运营卓越主题强调关键业务流程，如安全、健康、环境、制造、产品开发、信息技术和公司级共享服务。

●通过亲密客户/最终用户驱动需求。这将通过与关键客户建立伙伴关系、管理价值链和扩大服务来实现。这一主题关注市场细分、设定目标值、渠道管理和客户关系管理。

●通过创新驱动大幅增长。通过关注客户的创新解决方案，从而在创新基础上驱动大幅增长。这一主题开发和管理了公司的产品和服务组合，促使公司获得长期竞争优势。

为了支持这些内部流程能力，英格索兰在战略地图中设计了一个员工专长主题，来明确文化优先任务、管理关键员工技能和传递可行的基础需要。在员工专长层面，英格索兰将通过双重身份（业务部门和公司）充分发挥公司能力。双重身份加上所有员工的才干、能力和热情，将使英格索兰有别于其他公司，因为个别业务的合力将使公司更为强大。

逸闻

英格索兰不仅采用平衡计分卡，还开发和实施了公司级战略管理系统（Strategic Management System，SMS），目前战略管理系统已经嵌入了公司的日程。英格索兰的战略管理系统包括下列几个集成管理流程：

- 战略计划。
- 运营计划和预算。
- 战略行动方案管理。
- 季度和月度运营回顾。
- 内外部交流。
- 业绩管理。
- 职业开发计划。
- 继任计划。

作为外部交流的一个例子，英格索兰围绕战略管理系统的主要因素构思了2001年的年度报告。年度报告内容是对平衡计分卡框架和战略地图的解释。下面的内容节选自年度报告：

英格索兰的战略管理系统包括三个主要部分：战略地图、平衡计分卡和业绩管理流程。每个英格索兰业务部门都创造了各自独特的战略地图，每个地图在组织层级中与其他地图保持协调一致，从而保证公司以一种协调的风格朝着我们的使命发展。

本案例由平衡计分卡协会的迈克尔·克拉克（Michael A. Clark）和英格索兰的人力资源部副总裁唐·赖斯（Don Rice）编写。我们也感谢赫伯·亨凯尔和他的同事与我们分享了英格索兰的经验。

第四篇

构建战略和战略地图

BUILDING STRATEGIES AND STRATEGY MAPS

第十一章

为你的战略定制战略地图

现在，我们已经确定了内部流程和学习与成长流程的整套目标，它们是所有战略的基础。从前面章节的讨论中可以看出，没有哪个企业希望仅在一个单一目标上成绩优秀。另外，基于战略的各内部流程的优先任务有所不同。例如，一家以产品领先为竞争点的公司会把创新流程作为最重要的事情；而以低成本为竞争点的公司则将强调运营管理流程。即使某一特定战略较为强调某一组特定内部流程，所有组织流程也应该在传达差异化价值主张时保持协调一致。迈克尔·波特认为，战略的本质在于作业——与竞争对手比，要选择不同方法执行作业或选择执行不同的作业。[1]他还认为：

不同作业之间的战略契合不仅是竞争优势的基础，而且是战略优势持久的基础。对于竞争对手来说，使一组连锁的作业相互配合要比单纯模仿一种销售方法、学会一个加工技术或复制一组产品特征要难得多。定位于系统性作业要远比定位于个别作业有持久性。[2]

企业的战略地图应当遵循这个原则。内部流程和学习与成长层面的战略目标不能单独予以优化。它们必须以企业战略为基础，与价值主张相结合。在本章，我们列示了几个通用战略流程。当然，在具体运用中，企业必须使这些通用战略地图与其独特的情况相适应。

波特在最初的论文中，明确了两个基本的可持久性战略：低成本和差异化。[3]虽然波特在随后的论文中对差异化提供了不同的次级分类，但这两个分类还是经受住了时间的考验。迈克尔·特里西（Michael Treacy）和弗雷德·威瑟姆（Fred Wiersema）提出了三种基本战略：运营卓越（对波特低成本战略的解释）和两个差异化战略——客户关系和产品领先。在以前的书中，我们采纳和阐明了这三个通用战略。[4]阿诺德·海克斯（Arnoldo Hax）和迪安·怀尔德（Dean Wilde）提出了第四种通用战略——“系统锁定”，也就是公司吸引互补者达到公司标准，这些互补者能弥补公司的产品和服务。[5] 虽然诸如英特尔（Intel）、维萨（Visa）和易贝（eBay）已经从使其他企业接受它们的标准中获益，但通过系统锁定获得成功的最显著例子是微软公司。钱·金（W. Chan Kim）和雷内·莫伯格（Renée Mauborgne）提出的“价值创新”提供了战略设计的另一个层面。[6] 价值创新下，公司依靠选定客户群体偏爱的产品特征或服务特性的突出业绩，从而实现卓越的、持续的业绩，同时通过减少对客户满意度不甚重要的特征以保持成本、价格与卓越业绩相适应。对任何一种战略方法，公司都应当开发代表它们价值主张的特定战略地图，同时使内部流程和能带来卓越财务业绩的学习与成长能力保持协调一致。

一般情况下，任何战略都像图11-1所列示的，是一个基本原则的运用。观察整个价值链，从上游的供应商通过公司到下游的客户，我们能确定价值的创造：客户愿意支付的最高价格减去供应商（包括员工）提供的产品和服务的成本。整个价值创造可以分为三个部分：

●供应商获取的价值：付给员工和供应商的价格减去为公司提供产品和服务的机会成本（销售给其他客户的实际费用加上被忽略的利润）。

●公司获取的价值：从客户收到的净价减去付给员工和供应商销售产品和服务的费用。

●客户获取的价值：客户愿意为产品和服务支付的价格和他们实际支付价格的差额。

整个价值链创造的价值在这三个价值链参与者之间分配，每个参与者分配多少取决于他们的相对实力和讲价能力。这种动态性反映在波特著名的“五力”模型中[7]。例如，微软和英特尔公司是PC机生产商的供应商，它们在价值链中获取了大部分价值，这是因为它们在PC机操作系统、微处理器和关键部件上几乎处于垄断地位。因为那些生产无差别产品的生产商之间的激烈竞争，PC机用户也获得了一部分价值。在零售业，沃尔玛进行了艰苦的谈判，使供货商产品供应价格接近于供货商机会成本，从而使沃尔玛提供给客户的价格不仅远低于竞争者（为客户创造价值），而且仍能保持从客户接受的价格和支付给供应商（员工、供货商和不动产开发商）的成本之间获得可观的利润。

各种各样的战略，如价值创造战略中的总成本最低、产品领先、全面客户解决方案、系统锁定或产品和服务特征的独特组合，都是公司在价值链中定位的备选方法，这种定位可以帮助公司从客户接受的价格和供应商提供产品和服

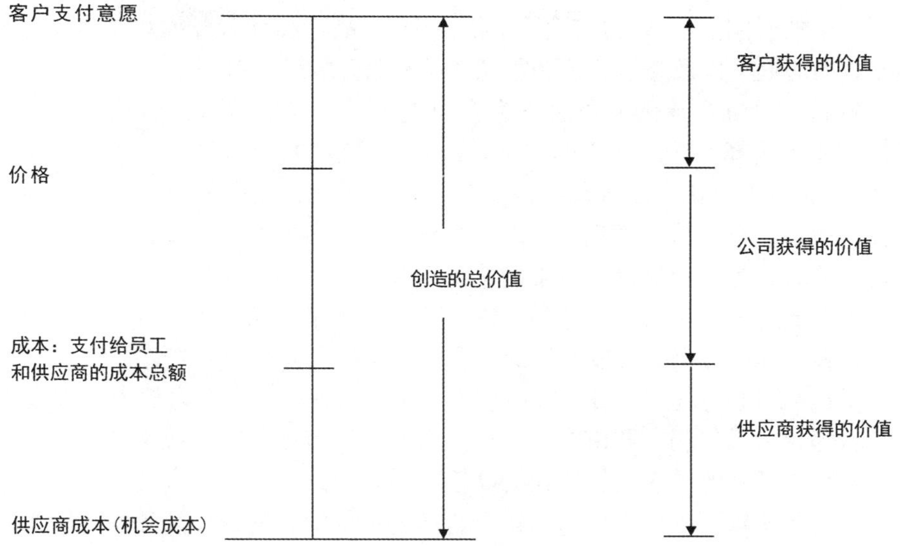

图 11-1　跨供应链创造价值

务所花的成本之间获得可观的利润。如果公司的产品相对于竞争者并不独特，那么可以把力量转向能创造更多价值的客户那里。无差别的公司在微利状态下经营，因为它们只能从客户接受的净价和支付给供应商和员工的成本中获得较低的利润。

最后，一个成功的业务单位战略决定了公司在竞争环境中的定位，从而使其能获取大量的利润。一旦找到了定位，公司就能把战略转化为战略地图和平衡计分卡。我们采用几个通用战略来说明这个流程。

总成本最低战略

西南航空、丰田汽车、戴尔计算机、先锋共同基金、麦当劳和沃尔玛等公司都使客户感受到“总成本最低”的购买体验。[8]它们提供的高竞争性价格与稳定的质量、快速购买和虽不全面但极好的产品选择相结合。竞争性价格是总成本最低战略的显著特征，但是单一的低价并不足以促使竞争成功。20世纪80年代，Yugo汽车是美国最便宜的汽车，却因为汽车质量太差，客户不愿意在任何价位上购买而停产。客户获得和使用产品和服务的总成本包括失败成本、发现和修正缺陷成本。遵循总成本最低战略的公司必须保证质量可靠，从而使客户发现和修正缺陷的成本最低。客户成本的另一部分是购买和收到产品和服务所需要的时间。总成本最低公司缩短客户订购产品和服务的时间、收到产品和服务的时间，以及缩短订购和收到产品和服务的经过时间。

最后，总成本最低公司通过为客户提供虽有局限但可以满足大部分目标客户需要的选择而缩减他们的成本。沃尔玛提供的仓储式单位（StockKeeping Units，SKUs）要比全服务超市或百货商场少得多；西南航空公司在美国有限的较小城市飞行，从而避免了高成本和更大、更多的机场阻塞；丰田汽车追求卓越业绩时，为客户提供了有限的选择和颜色；麦当劳仅仅出售少数不同种类的汉堡。通过减少项目和服务的范围，公司减少了产品和服务成本，从而促使公司为客户提供杰出的总成本最低价值主张。[9]

图11-2反映了总成本最低战略的通用战略地图。关键内部流程发生在运营管理部分。沃尔玛、开市客、丰田汽车和麦当劳等遵循总成本最低战略的公司，必须和卓越的供应商保持长期联系。另外，这些公司应该拥有高效的运营流程，这些流程可以把供应商的输入转换为提供给客户的产品和服务输出；转换流程应当不仅在行业内成本最低，而且必须稳定、优质、快速反应，以及用最短周期把输入或客户要求转换为输出。对客户的分销流程也必须是低成本、及时和零差错的。公司管理运营风险，使可用性最大化和客户损害最小化。

总成本最低战略要求客户管理流程为客户提供便利。目标包括简单易行的订购流程，如网上订购和开票（如戴尔和亚马逊书店），航线、旅馆和汽车租赁机构的快速登记。总成本最低公司不仅要为诸如票据、交货情况、缺陷和返还率等运营事务提供优秀的售后服务，而且必须了解最大客户群偏爱哪些产品和服务。例如，沃尔玛公司对任何一类产品，常常在自己的零售品牌产品之外只备有两种领先品牌；戴尔公司给出了计算机每一部件有限的选择范围（处理器、键盘、显示器）；丰田汽车公司为了减少自己必须生产和经销商必须储存的不同种汽车，把选择权捆绑为几个宽泛的选择包并且提供较少的汽车颜色选择。这些公司擅长市场调查，了解最大客户群最希望得到的产品和选择，并且通过提供有限的产品和服务来降低运营成本。

总成本最低公司是产品的追随者而不是领导者，它不会在产品和服务创新上投入大量的资金。公司为了不使产品和服务过时，必须能复制产品领导者的创新。例如，20世纪20年代，尽管福特汽车的价格比提供更多颜色选择的通用汽车低得多，消费者还是厌倦了福特汽车单一的黑色T型车。总成本最低公司在推出新产品时，为了能在行业中以最低价格获得最大利润，必须强调生产设计选择。创新的焦点在于流程而不是产品。公司继续追求流程创新，这些创新可以降低成本，提高质量，以及改善订单、转换、分销和客户管理流程。一旦业务扩展，它们能快速、有效地提升能力，在采购、运营和分销流程等方面获

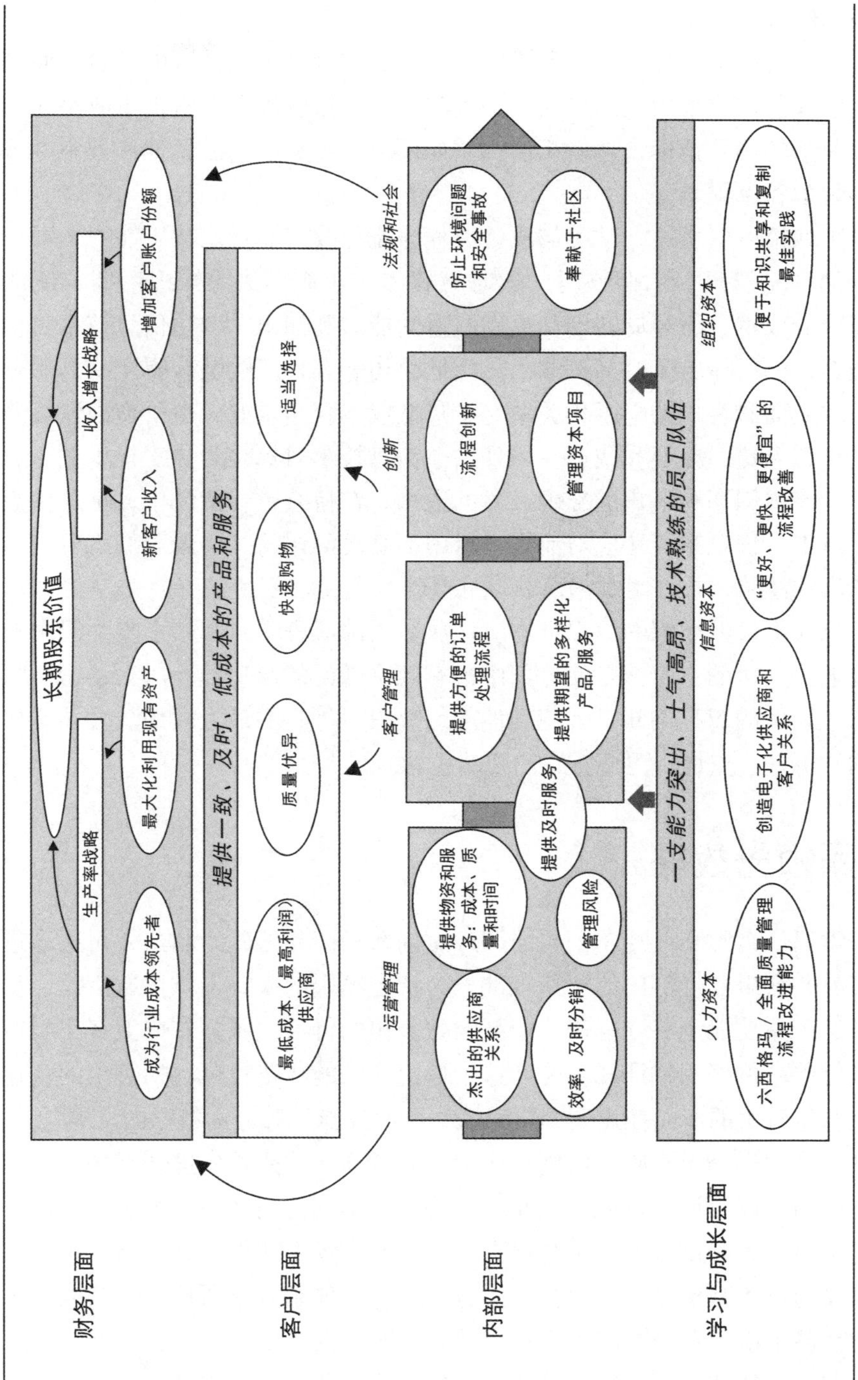

图 11-2 战略地图模板：总成本最低

得规模经济。

法规与社会流程业绩至关重要，不仅能减少员工和社区的危险，而且可以防止引起公司成本增加的事故和环境问题。高层管理者常常把事故率作为未来运营业绩的领先指标，他们相信："如果员工不关心自己，他们就不会关心公司的装备和流程。"

正如第三章所述，学习与成长流程为流程改善而强调员工能力。对员工进行全面质量管理、六西格玛、适时管理和作业成本法等知识培训，使他们能获得降低成本、缩短周转期和提高质量的能力和知识。公司信息技术目标涉及加强客户购买体验（容易订购）、降低公司和客户订购及获得产品与服务的成本。供应商和客户的电子化关系对于降低成本相当重要，电子交换使订购和分销流程无差错、方便和快速。另外一个信息技术目标是为员工提供关于成本、质量、流程周期和客户的准确及时的数据，在持续改善活动中，把这些数据授权给员工。信息系统还应对流程进行内部基准测试，这样经理们就可以识别最好的实践经验，并在组织内部共享这些经验和流程创新。

总成本最低组织的组织资本应该放在局部流程学习和共享整个组织的最佳实践上，其目的不应该是使公司中最有效率部门的成功经验成为秘密，而应该是引入最优的流程创新，并使其他部门获得对创新的最大利用。公司文化应该强调"更好、更快、更便宜"的战略主题。[10]

产品领先战略

索尼、奔驰和英特尔公司强调产品创新和产品领先。制药公司还通过开发新产品并获得监管部门的快速批准，为特定类别的疾病提供优质治疗，从而在卓越的产品功能上展开竞争。产品领先公司的价值主张强调前卫客户看重并愿意支付更高价格的特征和功能。这个价值主张的战略目标包括突出的表现，以及比竞争对手的产品在速度、精确性、尺寸或能耗等方面特性的优越性。

产品领先公司希望它们创新或增强的特征和功能首先进入市场。由于是首次，公司可以对那些重视该产品独特功能的早期使用者定出高价，也可以通过在这个以巨大转换成本或系统锁定为特征的市场上获得较高的市场份额，并且不需要通过大减价就能捍卫占先优势。另外，如第五章所述，产品领先公司也努力在多个市场细分群体中拓展产品的卓越功能。

图11–3描述了产品领先公司的通用战略地图。关键内部流程在创新部分，公司必须在预测客户需求和为优秀产品与服务发现新机会方面表现优秀。它们

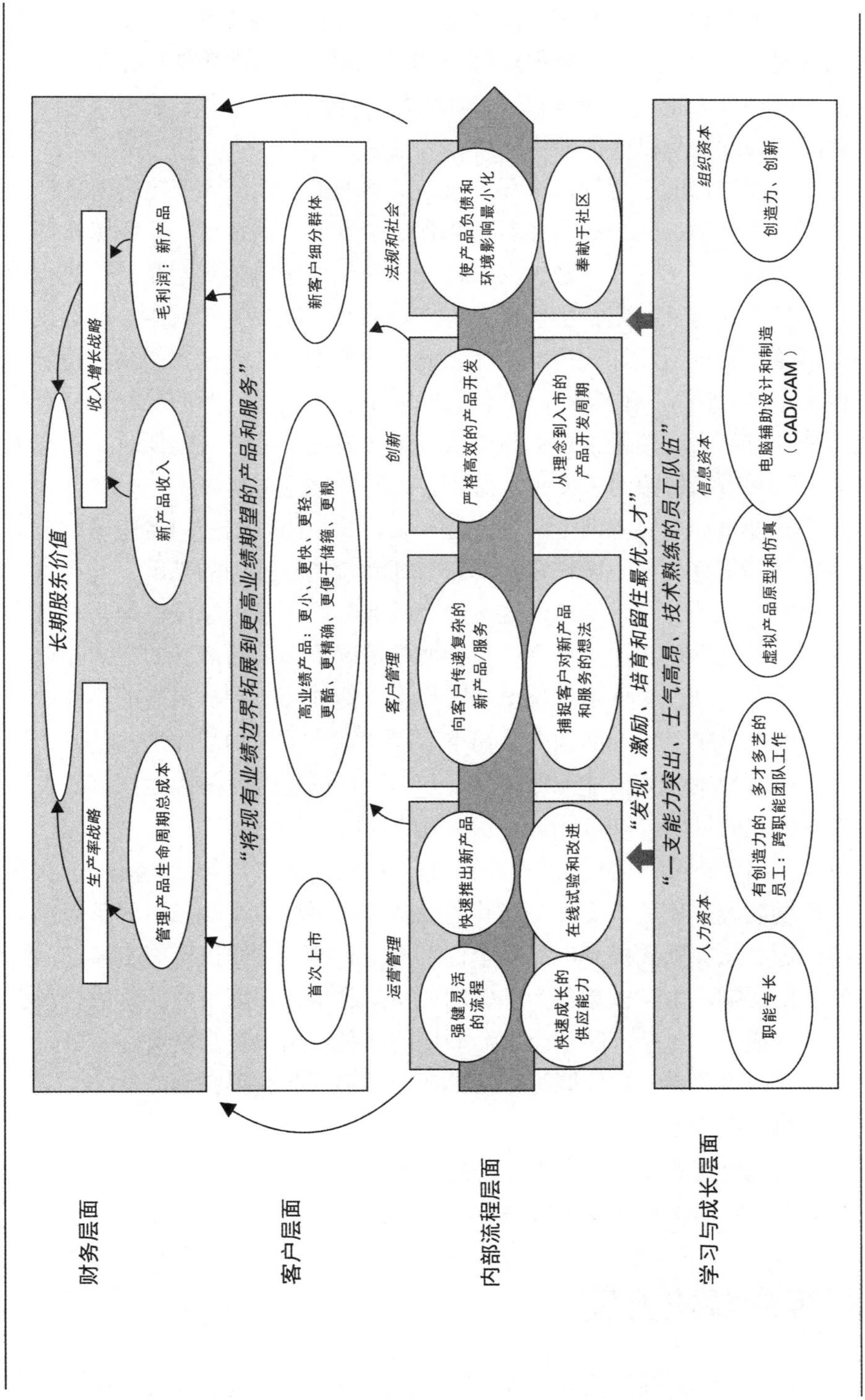

图 11-3　战略地图模板：产品领先

必须在三个方面维持最佳平衡：①基础研究创造新的科技突破；②在新产品平台引入这些突破；③通过递增的但仍然创新的衍生产品来提升现有平台的产品。公司必须拥有把产品快速打入市场的优秀产品开发流程，也必须精于专利申请和品牌管理流程以保护创新产品。

产品领先公司的运营管理流程不再是成本最低，而应该坚定地对新产品进行持续开发。产品领先公司希望运营流程快速发展，保证市场份额渗透不再受生产能力的约束。运营流程必须灵活，允许基于市场反馈对产品特性进行较小变动。一旦产品特征稳定，公司也允许进行试验来减少生产成本。所有这些都说明运营流程的灵活性和改善对产品领先公司的重要性要远大于高度稳定产品的低成本生产。公司从创新产品的创新特征中获得的边际利润除补偿较高的产品成本外还有结余。但是推迟创新引入或生产发展的运营流程僵化，将会因为高利润收入和市场份额的丢失而增加产品领先公司的成本。

客户管理目标主要有两个关键流程。第一，产品领先公司希望确定前卫客户并从中获得信息，前卫客户常常对新特征和功能有独到的见解，与有价值客户保持紧密联系的公司将能赋予这些新产品或功能更多的想法。但是，既有客户并不永远是获得新想法的最好源泉。通常情况下，创新产品的能力相比于既有产品有很大差别，即使最有价值的客户也可能体会不到从提高的功能中获得的益处。因此，第二，产品领先公司也需要让客户了解功能改进的益处，客户代表必须向客户阐明如何才能捕捉到新产品特征的价值。捕捉客户自身在这一过程中的变化的目标可以印证新产品功能的成功。

持续推出新产品的公司必须警惕与新产品相关的法规与社会流程。在新产品打入市场或客户使用方面没有经验的公司，必须尽力避免产品的负面影响。公司的目标必须关联到提高产品安全性、员工和客户健康以及减小新产品短期生产的环境影响。由于以创新为基础的公司产品生命周期很短，这些公司必须对总的环境成本，包括产品整个生命周期的产品退出保持高度关注。公司也必须有良好的政府关系，这样既可以帮助新产品和服务获得必需的批准，又可以把批准时间缩至最短。

产品领先公司关于人力资本、信息资本和组织资本的学习与成长目标已在第五章讲解，它们被概括在图11–3的底部。

全面客户解决方案

第三种价值主张强调建立与客户的长期关系。有了这个价值主张，客户感觉公司会理解他们的业务或个人事务，相信公司会开发适合于他们的客户化解决方案。例如，从20世纪60年代到80年代，IBM主宰着计算机行业。公司既没有提供最低价格，也没有及时推出新产品，并且IBM的产品也并不具备最优技术、最大威力和最快的特征。但是IBM为客户提供了最好的信息技术服务，以及人格化的全面解决方案，方案涉及硬件、软件、安装、野外服务、培训、教育和咨询等。这种与客户的关系帮助IBM公司在很长一段时间内赢得了额外的收入，直至技术变革的到来。由于IBM没有对技术变革做出快速反应，这种竞争优势逐渐减弱。

精于客户关系的公司还有金融服务业的高盛公司（Goldman Sachs）和石油业的美孚公司（Mobil）。后者提供卓越的购物体验，包括为快速接入提供许多油泵的大加油站、方便快速付款的通道、杰出的便利店、干净而安全的休息室、明亮的站区和友好的员工等。

提供“客户解决方案”价值主张的公司，它们的目标关联到解决方案的全面性（销售多种捆绑在一起的产品和服务）、额外服务（售前和售后）和客户关系质量。通常情况下，通过单一的、低水平的产品获得新客户的成本是较高的，公司一旦高代价地获得了新客户，就必须通过诸如加深与客户的关系、围绕多种相关产品和服务的销售来拓展客户关系等方法来留住客户（每年的保持成本要比获得一个全新客户的成本低得多）。因为较高的获得成本，获取客户的当年，从客户那里获得的利润可能为负。但是，企业的目标是抓住和留住客户，以产生更高的长期利润。

图11–4说明了采取客户解决方案战略的公司的通用战略地图。关键内部流程在于客户管理。公司充分理解了什么是客户价值，与客户建立了牢固而又可信的关系，并把既有的产品和方案融入个别的客户化方案，最终帮助客户取得成功。运营管理流程通过为客户提供一个更为宽广的产品和服务线支持了客户管理流程。这个过程包括捆绑供应商的产品和服务，捆绑公司自己的产品和服务，以及通过无缝的分销渠道把供应商和公司自己的捆绑式产品和服务传递给客户。与产品领先战略一样，采用客户解决方案战略的公司，其运营流程在行业中不要求成本最低，只要较高成本的流程对提升客户购买、使用公司产品和服务的体验有所帮助。公司创新流程的重点是找到一个为客户创造价值的新方法。对理解客户未来需求和偏好，调查比基本的产品创新更有说服力，调查也可以直接为客户接触与使用公司产品和服务找到一个新方法。

对于采取全面客户解决方案战略的公司来说，其法规与社会流程的重点是获得法律批准，扫清横跨传统行业的障碍来提供服务。许多在过去25年中已经

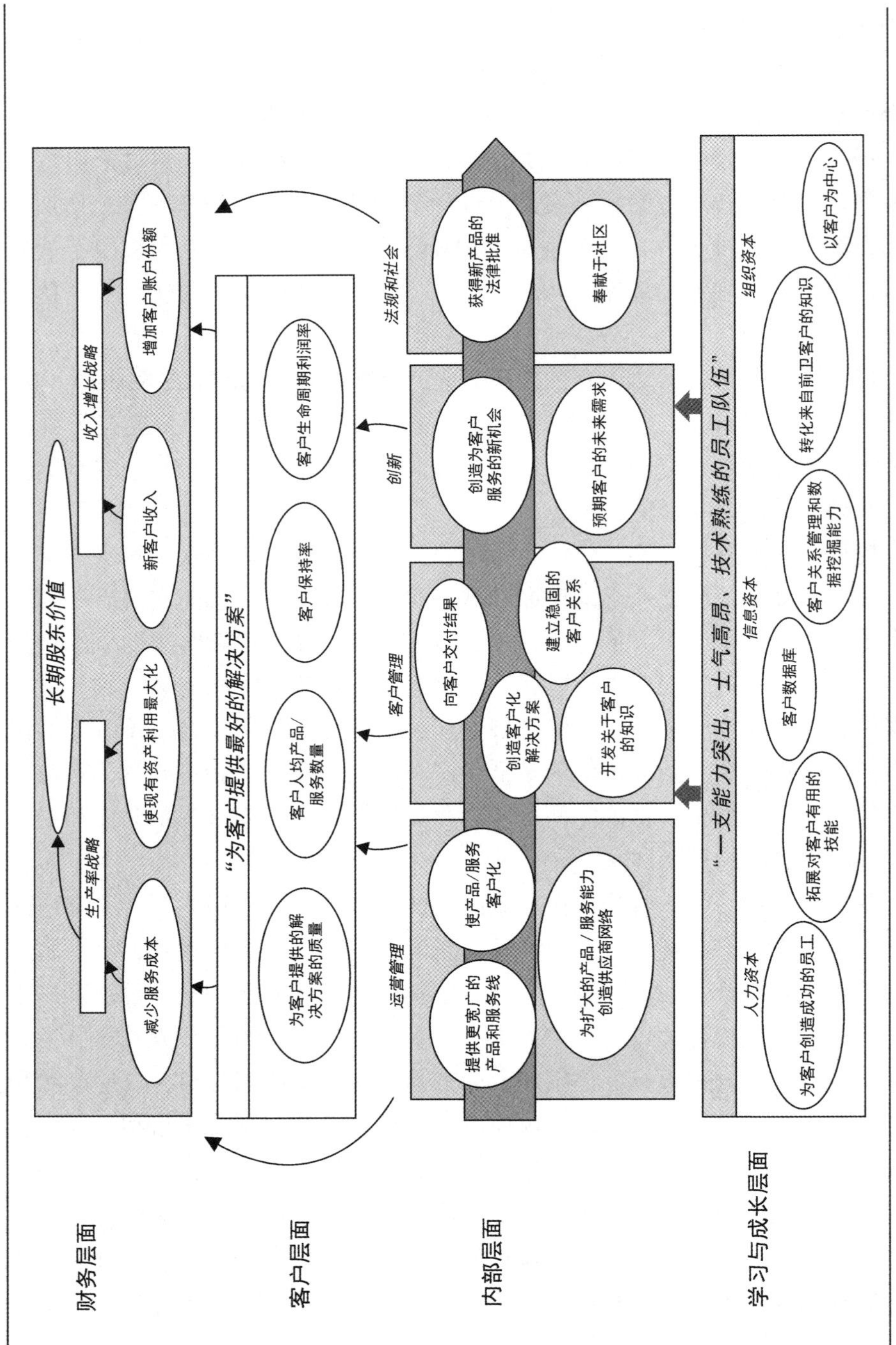

图 11-4　战略地图模板：全面客户解决方案

解除管制的服务行业，如电气和天然气公用事业、电信、金融、医疗保健和运输公司等，希望拓展产品和服务的领域。由于旧法规的残余仍然存在，公司必须得到法律批准为客户提供新服务。这些公司也希望利用其卓越的服务能力在其所运作的社区创造较高的社会价值。

员工能力强调员工具有为目标客户群提供不同产品与服务的技能和知识。员工也必须对目标客户及其偏好有高度的敏感性，他们应该有宽泛的技术基础，保证客户能通过一个业务代表而不是通过许多代表获得服务。

信息技术关注客户数据和分析能力，以获得更多关于客户偏好和购买品种的资料。广泛而又更可取的客户数据库可以为客户中心型公司提供具有竞争优势的可持续资源。客户关系管理软件可以使公司对每个客户与公司的交易概况有一个完整、全面的了解。通过客户关系管理软件和作业成本系统，公司能准确地衡量每个客户的盈利性，并能获得有价值的信息。这些信息可以帮助公司把不盈利的客户关系转变为盈利的客户关系。数据挖掘能力帮助公司基于个人偏好和购买行为，在确定客户群和向客户销售方面拥有独特的洞察力。知识管理系统关注的重点是把从前卫客户处获得的知识转化为开发新产品与服务品种以及更好地为其他客户服务。

组织资本目标反映了在客户之间培育客户中心型气氛和文化。员工必须理解客户的重要性和与客户保持长期关系的价值。

锁定战略

20世纪90年代，软件、计算机硬件、互联网和电信等以信息技术为基础的“新经济”行业日益增长的重要性，使第四种通用战略——锁定（Lock-in）得以流行。[11] 在锁定战略下，公司通过为客户创造较高的转换成本，从而产生长期的可持续性价值。转换成本可能产生于不同的方式。试图把微软视窗兼容计算机转变为苹果牌麦金托什机的客户，会丧失许多仅能在视窗操作系统下运行的软件程序；那些选择易贝以外的拍卖服务购买或销售产品的客户，会丧失大批仅使用易贝拍卖服务的买主和卖主；一个客户拥有较大的数据库，该数据库可在IBM计算机的软件包上轻易操作，如果试图购买其他配置不同数据库软件系统的计算机，会面临较高的成本和极大的不确定性；而一个想用其他信用卡代替主流维萨卡和万事达卡的客户，在购买需要的商品时，可能要冒许多经销商不能划拨款项的风险。上述例子都是企业已经创造出来的高障碍，用以阻碍其客户转向竞争者的产品。

锁定战略并不是在所有情况下都可行。一般情况下，锁定战略只适用于某一行业的特定时间和特定细分客户。但是，企业应当注意到，如果企业采用一个成功的锁定战略而使企业获得丰厚回报，那么企业的战略是可行的。微软和思科公司的股票市场价值比其有形资产的账面价值高出数千亿美元，很大程度上是因为它们的软件和硬件不仅已成为行业标准，而且竞争者很难复制，同时客户的转换成本也较高。

当然，锁定战略在个人电脑或互联网发明之前，能维持较长时间。吉列公司数十年来采用低价策略销售剃须刀架，以至于客户能持续购买它的剃须刀片。因为它的剃须刀片与获得专利权的吉列剃须刀架配合得最出色。宝丽来通过销售胶卷而不是客户初次购买的照相机来赚钱。电梯、通信和医药设备制造商通常从维修、维护和软件售后服务中而不是从销售设备中赚钱。这种锁定战略的价值要求专利、许可证协议或专有知识阻止竞争者提供能为制造商带来巨大且持续利润的售后产品和服务。因为这种锁定战略是最成功的，所以制造商应该是后续产品和服务的唯一的供应商。

豪斯（Hax）和怀尔德（Wilde）在他们关于德尔塔（Delta）战略模式的著作中，描写了一个他们称之为“系统锁定”的强力锁定方式，这种方式在公司核心专利产品成为行业标准时才得以创造出来。[12]豪斯和怀尔德把Windows操作系统和思科网络标准作为系统锁定战略的模板。当客户对公司产品特有的能力和资源做出重大投资时，系统锁定战略就发生了。例如，客户可以开发应用程序和创造复杂的大型数据库，这种数据库只能在特定的软件操作程序中运行。又如，电信公司可以开发、购买和安装软件，该软件只能在一家制造商的模拟数字转换系统中使用。在这些案例中，客户保持与原始供应商的联系，保持购买维修服务与产品升级，从而防止服务中断、延迟以及付现成本，这些事件只有在客户转向其他供应商购买基本软件和硬件时才会发生。

系统锁定战略要求竞争者不能模仿核心产品，因为核心产品拥有合法保护和复杂结构及持续升级的秘密。通过专有标准，系统锁定战略创造价值，随着客户参与的增长，这些价值非线性地提高。这是一个“胜者为王”的竞争例子，胜者可以从竞争者那里享受日益增加的回报和保护。

豪斯和怀尔德以亚当·布兰登伯格（Adam Brandenburger）和巴里·内尔巴夫（Barry Nalebuff）的工作为基础，以辅助厂商（complementor）的活动为特色，来强调系统锁定战略。[13]辅助厂商是公司的另外一些供应商而不是客户，但是它们通过向公司客户销售一些兼容的、有价值的产品，或者通过向公司既有的供应商购买附加服务，来为公司创造巨大价值。例如，为微软操作系统编写应用程序的2万多家公司都是微软公司的辅助厂商。还有一些例子，如有的公司通过提供对掌上设备使用者有用的程序和性能来加强掌上操作系统的能力，有的公司基于英特尔奔腾处理器平台来提供软件和硬件产品。联合航空公司和美国航空公司在争夺客源方面确实存在较大竞争，但它们又是供应商（如波音）的辅助厂商。通过协调它们的购买承诺，它们可以帮助波音公司实现足以开发新一代航空器的规模经济。

辅助厂商，如为微软操作系统编写应用程序的数以百万计的程序员，当他们愿意为最多客户使用的操作系统编写程序时，不仅极大地增加了他们的利润，而且创造了系统锁定战略；而客户也愿意使用那些有最多辅助厂商持续编写新的应用程序的操作系统。因此，具有单一操作系统的均势方案将占主导地位，并且很难排除。当然，如果富有创新精神的竞争者能够发现一种可以降低客户和辅助厂商转换成本的方法，竞争将不可避免。例如，Linux通过公开操作系统源代码，已成为微软公司不折不扣的竞争者，Linux操作系统吸引了大量具有创业精神的程序员，这些程序员又强化和开发了Linux的应用程序。

当一家公司为买卖双方提供一个交易平台时，系统锁定战略的另一种方式产生了。随后，该公司就成为信息、资金和实物进行交易的唯一平台。易贝就是一个成功的例子，拍卖会上的买方希望有一个拥有最多卖者的平台；同样地，卖方也希望能有一个拥有最多潜在买者的平台。对于信用卡，消费者希望信用卡能被大多数商店接受；店主希望接受被大多数人拥有的少数信用卡。较量的结果仅仅使少数信用卡存活下来（如维萨和万事达信用卡）。对于电话黄页，虽然解除了在通信管制地区存在的竞争，商家还是希望在大多数消费者使用的电话簿上做广告；消费者也希望使用罗列最多数量当地商家的电话簿。

像瑞士达沃斯世界经济论坛年会这样的盛事可谓主流交易平台的另一范例。商人、政治家和新闻记者希望参加一年一度的国际会议，他们将选择最有机会与最重要和最有影响力的人士交换信息的平台。一旦目标人群中的关键人物参加了达沃斯会议，许多人都希望排除他人参加会议。

英语作为第二语言的优势是提供主流交易平台的便利。随着商业的全球化，芬兰人需要对中国人讲话，日本人需要对荷兰人讲话，而瑞典人需要对瑞士人讲话。许多不讲英语的商人已经决定学习英语，以便于他们能与大多数只说英语的美国人交流。随后，当这个关键群体与来自不同大洲的人们（即使不是美国人）交流，他们对于其他群体将英语作为默认语言起到了推波助澜的作用。事实上，当所有人把英语作为第二语言时，即使没有美国人或英国人参加，英语也会成为交谈的语言。在这些环境下，一个交流平台（或一个标准）

将典型地成为赢家。

成为一个主流交易平台的关键因素是通过抢在竞争对手之前与大批买卖双方签订协议来利用先入为主优势。这样的话，后来的买卖双方会发现在你的交易平台（已有大量根植于此的买卖双方）进行交易的收益要远远高于在只有少数买方和卖方的交易平台进行交易的收益。随着参与和使用的增长，交易平台的价值得到非线性增加。为了保持先入优势和消除竞争，交易平台提供者应当持续努力提高便利性和使用价值，有效地使转换成本越来越高。否则，竞争者就有机会提供一个便利性和使用价值更优的交易平台，该交易平台的优势足以克服消费者转换到较小平台的成本。

基于上述锁定战略的背景，我们可以确定锁定战略地图的目标和指标（见图11–5）。

财务

在财务层面，锁定战略更强调收入增长而不是生产率。从实施成功锁定战略获取高利润和市场份额的机会远远超出从降低成本中获取的利润。但是，因为成功要素之一是快速扩大市场份额，公司利用低价吸引客户和辅助厂商。因此，锁定战略公司的生产率目标是降低供应入门级产品的成本，收入增长目标如下：

- 新客户收入。
- 向基础产品使用者销售二级产品和服务（如剃须刀片）的高利润收入。
- 为第三方提供公司大规模忠实客户群接入的收入。

客户

奉行锁定战略的所有公司将有与客户获得率、保持率和深化关系相关的客户结果目标。快速的客户获得创造并维持了锁定优势。公司可以衡量使用专有产品或标准的客户增长数量及百分比。除了衡量新客户数量或客户群增长的百分比，公司还应该努力衡量新获得客户的生命周期净现值。客户获取花费较大，追求可获利锁定战略的公司应该以低成本获得客户，这个成本应当低于客户关系生命期内所产生的收益。

加强锁定是另一客户结果目标，其目的是保持和扩大公司与既有客户的业务范围。公司可以通过建立忠诚度计划来增加客户业务份额，忠诚度计划将奖励大额、累积的采购。衡量指标包括忠诚度计划中的客户比例、参与忠诚度计划的客户销售额、在该计划中属于中坚力量的客户比例；还有一些其他指标如

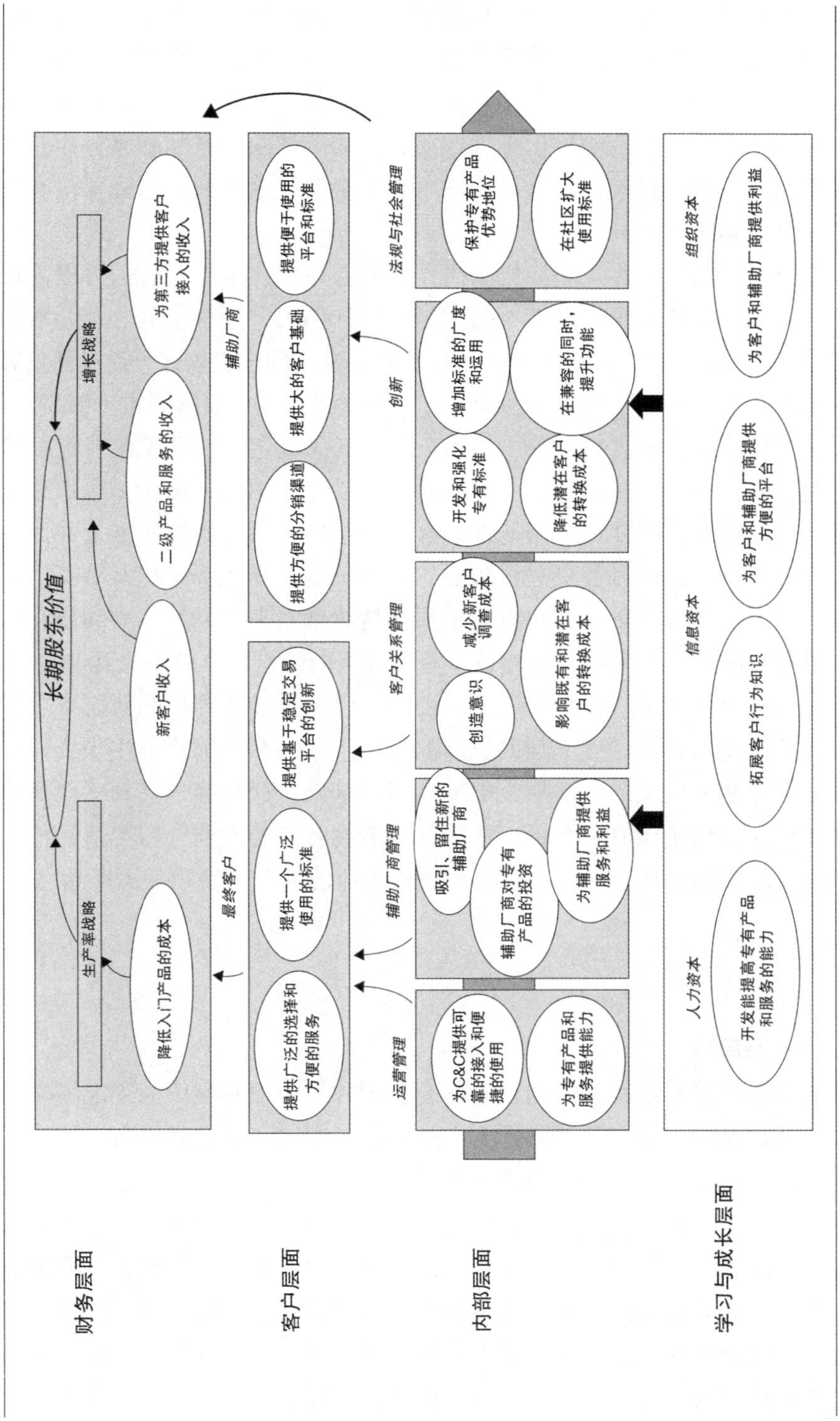

图 11-5 锁定战略地图模板

客户人均产品数、从公司二次产品和服务中获取的客户人均收入。客户账户份额（客户在公司指定产品中的总花费），是另一个可以使公司处于有利地位的强有力指标。为了保证公司从既有的客户群中获取利润，公司可以对新服务的销售份额和既有服务的销售份额进行比较，如果从二次产品和服务中获取的利润低于其基础服务份额，那么说明竞争者正截获较多利润，而公司没有彻底挖掘已形成基础的优势。

当公司提高既有客户转换成本时，客户保持率产生了。公司可以衡量接受公司产品和服务知识培训的客户员工数量（或比例）。公司还可以衡量客户为了运用公司的专有产品，对数据库、软件等互补资产的投资程度。通过衡量客户损耗率和客户动摇率（丧失客户的比例），公司意识到客户转换成本不够高。

除了这些通用的客户结果指标，公司还必须确定吸引和保持专有标准客户的价值主张。第一，标准对客户来说必须是易于使用的；第二，客户必须相信标准也被其他人广泛使用，因此他们有机会交换文件（软件标准）并面对使用相同标准（例如，通过易贝进行买卖，参加年度世界经济论坛，讲英语）的其他人。而对于专有标准，客户将希望通过持续创新来加强其威力和便利性，同时希望与从前的版本兼容，这样在专有标准上的既有投资就不会荒废。

公司应当把辅助厂商看作客户。公司可以衡量最终客户的获得率、保持率和与辅助厂商的关系深度。辅助厂商的价值主张和客户的价值主张类似。辅助厂商看重那些大规模的、已形成的最终客户基础，这些客户基础同样是他们的潜在客户。他们希望有一个可以接触这些最终客户的便利分销渠道，他们也重视广泛使用的标准平台，这个标准平台便于他们进行开发和分销产品。

内部层面

1. 创新流程

锁定战略要求强有力的创新流程。公司首先必须开发作为锁定战略基础的专有产品和保护标准。公司必须为产品和服务提供一个交易平台，这个平台便于辅助厂商和公司后续产品使用。其目的是提供便于客户和辅助厂商之间进行交易的平台，但是，不应该对客户和辅助厂商的工作施加压力。一旦公司确立了某种产品或服务作为专有标准或主流交易平台，那么它的创新流程就应该持续加强核心产品的功能——保持传递价值和提高客户转换成本，同时，保持与以前产品的兼容性，这样客户对人力和互补资产的大笔投资就不至于因为购买新产品而遭到损失。否则，客户转换成本就会降低，而且容易遭受竞争，每一次都要引入新产品。

创新流程也应该寻找方法来拓宽核心产品的运用，从而吸引更多的客户、辅助厂商和先发制人的竞争者。例如，Real Player程序开始可以通过互联网播放音频文件，但是随后提升了产品功能，可以播放数字视频文件。创新应该努力发展产品性能，即运用竞争产品来降低客户转换成本，如在不废弃客户以前对竞争产品的投资的前提下，允许客户接入公司的核心产品。例如，微软Word最后成功超越WordPerfect，不仅是因为在微软办公产品中植入了Word，而且因为其允许WordPerfect的使用者继续使用它们的旧文件，并且允许在处理与学习Word时可以继续使用熟悉的WordPerfect命令。

最后，创新流程，尤其是软件，应该找到办法来阻止未授权的产品使用，这些使用发生在那些不付费的客户和辅助厂商身上。法规与社会流程的法律保护可以为公司提供减少未授权使用的司法程序，但这种行动往往代价较大，而且并不完全有效。更好的办法是公司找到一种方法，使公司能完全限定产品只被授权用户使用。未授权和未付费使用的估计数以及盗版损失等指标提供了指示器，表明公司在这个维度缺乏成功。

2. 管理辅助厂商

辅助厂商通过提供有价值的产品和服务为系统锁定战略的持续发展提供了一个关键来源，这些产品和服务要求客户利用公司的专有产品和标准。辅助厂商数量及辅助厂商的产品与服务销售额等指标量化了这一目标。为了使系统锁定战略获得成功，公司必须有能力影响不是公司员工的人，并能影响非公司所有的资产。

辅助厂商保持率的一个驱动因素是辅助厂商在公司专有产品或技术上的投资。投资包括辅助厂商员工在专有技术上的培训和技能，也包括其在软件、设备、研究和开发方面的投资。吸引和留住辅助厂商的驱动因素是公司提供的服务和利益。辅助厂商从使用公司核心产品和技术中获得的收入就是一个例子。比如，对于维萨卡的使用，银行的收益和利息收入取决于用户对信用卡的接受程度；或者来自构建在微软专有操作系统上的辅助厂商的软件收入。

3. 管理客户

采取锁定战略的公司希望通过降低转换成本来吸引新客户，同时也希望为既有客户设置高转换成本。为了吸引潜在客户而降低转换成本，客户管理目标应该是降低研究成本和扩大对公司产品的认识。引用次数、点击次数、在流行搜索引擎上的调查排名等指标显示了公司产品易于接入和使用的信号。公司应该尽力吸引有影响力的客户，从而提高专有产品和技术的可信度。像苹果电脑、20世纪60—70年代的数字设备公司（Digital Equipment Corporation），通过为大学和小学提供专有产品，提高了其产品的知名度和销售额。那些比较容易接受新技术的年轻人，将逐渐熟悉该公司产品并在毕业后的工作中选择这些产品。为了防止公司在获得新客户方面投资过多［例如，美国在线（AOL）公司在20世纪90年代进行30天内免费使用软件和免费网络服务的“地毯式轰炸”］，客户获取成本指标值得包含在客户管理内部流程中。

公司通过对既有客户的员工进行专有产品和技术的培训，或者通过对客户所做出的对具体人力资源知识和技能投资的补贴，从而提高转换成本。公司专有技术中，已培训的客户员工数量指标说明了客户对公司的具体投资。

4. 管理运营

从成功的锁定战略所获得的高利润，对行业内最有效率的运营流程施加了较小的压力。在不向供应商分包的情况下，运营流程有能力开发出专有产品和服务是相当重要的。一旦专有技术向供应商公开，极有可能被竞争者模仿或利用。可口可乐通过成为可乐秘方的单源（sole-source）提供者，锁定了瓶装公司和分销网络。如果瓶装公司也与可口可乐签订了生产原汁的合同，该产品的秘密和独特性还能维持一个世纪吗?

运营流程还应该提供一个易于被客户和辅助厂商使用的产品和服务平台。如果公司产品很难得到或使用，客户和辅助厂商与公司联系就会产生高成本，这样就有可能降低它们转向竞争者的成本。例如，像易贝和美国在线这样的公司，其重要的电脑系统一旦瘫痪，将对公司客户忠诚度产生致命影响。这些公司必须对客户接入和使用产品的任何问题做出快速反应，以免客户受到诱惑而转向竞争对手。系统可靠性、等待时间和服务速度是有价值的接入便捷性指标。最后，公司希望通过核心产品或服务持续吸引新客户，因此，质量和成本的持续改进可以使公司在保持较低入门价的同时能够获利，或者至少限制在新客户初始销售额上的损失。

5. 管理法规与社会流程

追求锁定战略的公司有两个关键的法规目标。第一，必须保护其专有产品免遭竞争者模仿和使用，免遭未授权客户、辅助厂商和供应商使用。这就要求有较强的司法保护，公司必须不遗余力地保护和加强其产品的唯一性，保证公司能从成功的锁定战略中获得利润。公司还必须执行合同和惩罚违反者，保证客户、供应商和辅助厂商不背离或违反公司的专有标准和交易规则。

第二，成功系统锁定战略的“胜者为王”方面可以形成高的市场份额，该市场份额将不可避免地吸引政府机关和公司民事诉讼律师等反托拉斯者的注意力。拥有高市场份额不是不合法的，但是拥有高市场份额的公司必须对其业务活动极为关注。公司必须争取其核心产品的“金凤花”（goldilocks）价格：价格太高可能被认为利用其垄断地位吸引消费者（也就是说，消除所有被消费者获得的价值，见图11–1）；价格太低可能被看作对竞争者的掠夺；价格必须是适中的。公司必须防止对客户进行产品和服务的不合法强迫捆绑销售，一般情况下，这种行为违背了反托拉斯法。就像微软公司在20世纪90年代、IBM在20世纪70年代、AT&T公司在20世纪80年代一样，反托拉斯诉讼费用巨大，不仅毁坏了公司的信誉，还分散了公司维持和加强系统锁定战略优势的精力。高市场份额的公司不得不经常告知公司员工哪些业务行为容易使公司陷于反托拉斯诉讼。容易使公司陷于反托拉斯诉讼的事件应该由公司的法律顾问及时发现，潜在司法事件指标类似于许多公司使用的环境和安全事件指标。

至于管理社会流程，公司应当把社区投资直接用于支持公司专有技术的行动。我们已经在本书提到苹果电脑公司如何向私立学校捐赠电脑，思科公司为培训电脑网络管理员如何利用“特定环境”慈善事业建立了思科网络学院。社区投资在为城市高中毕业生提供有吸引力的工作机会的同时，也弥补了管理和维护复杂网络的合格员工的短缺情况，思科路由器也顺便在网络建设中得以使用。公司能够衡量其强化锁定业务模型的社会投资程度，这种“特定环境”慈善事业的目标值是要达到100%，但是公司希望“特定环境”慈善事业的花费为零的目标值是不可能的。

学习与成长

1. 人力资本

锁定战略的人力资源条件，对任何战略来说，都必须与战略的关键内部流程相一致。对于创新，公司必须拥有在专有技术方面优秀的科学家和工程师。对于管理客户和辅助厂商来说，公司需要拥有利益相关者业务和需求知识的员工，他们能为利益相关者设计和提供有吸引力的服务；对于管理流程，员工必须高度以客户为中心，提供卓越的服务和快速反应，提高客户与辅助厂商的忠诚度。这些行动在关键利益相关者之间保持较高的可感知转换成本。

对于管理法规流程，成功锁定高市场份额的公司员工必须对那些可能导致诉讼和政府限制的行动了如指掌。他们必须保证他们和客户与辅助厂商的活动始终在法律允许的范围之内。基层员工甚至可以在电子邮件中采取行动或做出声明，这些邮件如果在司法和法规程序中暴露，将会引起极大的损害。

2. 信息资本

信息资本常常是系统锁定战略的核心。信息资源为客户、辅助厂商和竞争者提供了平台。理想的信息平台应该是复杂的，这样竞争者就难以模仿，但是，客户和辅助厂商又希望平台容易使用。因此，复杂而又容易使用的界面对公司信息技术来说是一个挑战。

当公司对客户和辅助厂商行为有深刻认识时，系统锁定战略得以加强。客户关系管理系统和客户数据库，常常是锁定公司的有价值资产。

3. 组织资本

执行锁定战略公司的文化应当以客户和辅助厂商为中心。成功的关键是提供额外的服务和快速反应，这样，客户和辅助厂商总是可以觉察到，如果他们转向另外一家公司，这家公司能否提供卓越的服务将充满不确定性。完整的组织必须保持为既有客户提高转换成本，并为潜在客户和辅助厂商降低转换成本。这一文化必须为所有员工所理解，因为它影响创新流程、客户和辅助厂商管理流程、运营流程、法规与社会流程。

本章小结

构造良好的战略地图应当明示组织内部流程和创造持续竞争优势的无形资产之间的内部联系。如迈克尔・波特所说，当集成和协调一致的作业集合可以使公司提供优于竞争者的价值主张（总成本最低、产品领先、全面客户解决方案、系统锁定）时，战略是最成功的。我们在本章已经说明了战略地图对采用不同战略的公司来说，价值主张在客户层面、关键内部流程层面，无形资产在学习与成长层面是如何截然不同的。我们曾经强调，组织的战略地图和平衡计分卡应阐明公司的战略，以及使公司有别于竞争者的独到之处。本章为我们的这一观点提供了可操作性。

接下来的案例研究以四家采用不同战略的公司为例。塔塔汽车塑料公司（Tata Auto Plastics，TAPS）采用了总成本最低战略，尽管在追求卓越方面存在着有趣的扭曲，公司仍然致力管理产品开发流程，这样能为其客户提供完整的生命周期解决方案；MDS是一家多样化的健康和生命科学公司，其战略是在新市场中以创新和成长为特点；博伊斯办公解决方案公司（Boise Office Solutions）不希望在标准办公产品的低成本供应方面竞争，而是通过稳固和整合业务部门并充分发挥核心分销网络作用的客户关系管理战略来为客户提供产品和服务的无缝接入；汤姆森金融公司（Thomson Financial，TF）通过为客户提供可以全面和易于接入其产品和服务的电脑界面，在金融行业为关键客户提供了整合的信息和解决方案。

注释：

[1] Michael Porter，"What Is Strategy?" *Harvard Business Review*（November-December 1996）: 64.

[2] Ibid., 73.

[3] Michael Porter, *Competitive Advantage: Creating and Sustaining Superior Performance*（New York: Free Press, 1985）.

[4] Michael Treacy and Fred Wiersema, *The Discipline of Market Leaders*（Reading, MA: Addison-Wesley, 1995）; Robert S. Kaplan and David P. Norton, *The Strategy-Focused Organization: How Balanced Scorecard Companies Thrive in the New Business Environment*（Boston: Harvard Business School Press, 2001）, Chapter 3, especially: 83-99.

[5] A. Hax and D. Wilde, *The Delta Project: Discovering New Sources of Profitability in a Networked Economy*（New York: Palgrave, 2001）, 81-104.

[6] W. C. Kim and R. A. Mauborgne, "Value Innovation: The Strategic Logic of High Growth," *Harvard Business Review*（January 1997）: 103-112; "Creating Market Space," *Harvard Business Review*（January 1999）: 83-93; and "Strategy, Value Innovation, and the Knowledge Economy," *Sloan Management Review*（Spring 1999）: 41-53.

[7] M. Porter, *Competitive Strategy: Techniques for Analyzing Industries and Competitors*（New York: Free Press, 1980）.

[8] 特里西和威瑟姆将这个战略称为"运营卓越"。现在我们同意波特的观点，即运营卓越不是战略。任何组织为了实现其特定的战略都必须保持运营卓越。价值主张必须反映组织为其客户提供的东西，而不是组织如何管理其内部流程。现在我们重新诠释或标明特里西和威瑟姆的"运营卓越"战略为总成本最低战略。

[9] 实际上，作业成本法揭示了结构高度复杂的成本，因为传统成本法的扭曲，许多企业无法认识到这种成本。见：Robert S. Kaplan and Robin Cooper, *Cost & Effect: Using Integrated Cost Systems to Drive Profitability and Performance*（Boston: Harvard Business School Press, 1998）。

[10] 这条信息中的“更好”指更高的质量（符合规格），而不是产品领先公司提供更高业绩意义上的“更好”，或更加客户化地满足单个客户需要意义上的“更好”。

[11] 锁定战略在Carl Shapiro和Hal Varian, *Information Rules: A Strategic Guide to the Network Economy*（Boston: Harvard Business School Press, 1999）的第五章和第六章被描述。

[12] Hax and Wilde, *The Delta Project*，尤其是在第五章。

[13] Barry Nalebuff and Adam Brandenburger, *Co-Opetition: A Revolutionary Mindset That Combines Competition and Co-Operation: The Game Theory Strategy That's Changing the Game of Business*（New York: Doubleday, 1996）.

案例研究

塔塔汽车塑料公司

背景

印度的塔塔集团在多种不同的产业都居于领先地位，包括制造（材料、能源、工程、化学和消费者产品）和服务（电信、计算、运输、金融服务和医疗）。塔塔汽车塑料公司是塔塔集团所属的一个经营机构，与法国的佛吉亚集团（Faurecia Group）和意大利的福吉尼集团（Foggini Group）联合创办。塔塔汽车塑料公司的客户包括像福特、佛吉亚、罗孚（MG Rover）等世界上主要的汽车公司，还包括塔塔工程、印度菲亚特、Bajaj Auto等印度本土的公司。

塔塔汽车塑料公司提供具有欧陆风格的仪表盘、门垫、排气管和缓冲器等世界一流的汽车内部和外部产品。客户要求质量优异且稳定、适时交货和成本逐年减少。塔塔汽车塑料公司采取了总成本最低的战略。

战略地图和平衡计分卡

塔塔汽车塑料公司的财务层面简单明了，包括提高超出公司资本加权平均成本（Weighted Average Cost of Capital, WACC）的占用资本报酬率（Return-On-Capital-Employed, ROCE）这一高水平目标。公司通过增加既有客户和新客户业务（盈利大于WACC），以及为收入增长和利润而扩大出口业务等目标来支持公司的高水平目标。生产率部分强调行业成本领先和资产利用率最大化（见图11-6）。

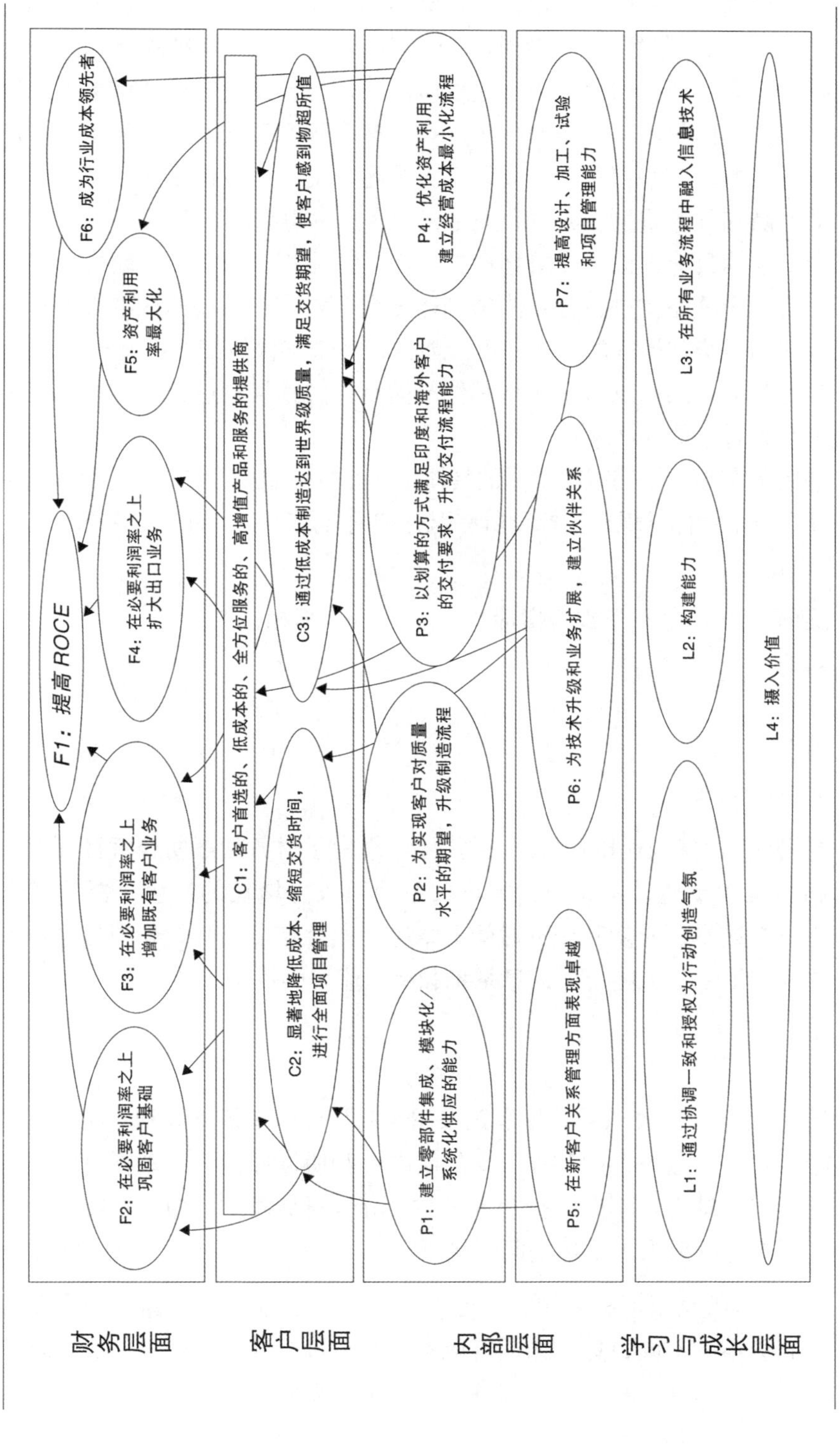

图 11-6　塔塔汽车塑料公司的战略地图

客户层面确定塔塔汽车塑料公司必须如何满足客户对质量、成本和交货的要求，从而实现其收入、成长和利润的目标。塔塔汽车塑料公司其中一个目标是保持公司目前在印度作为一级供应商的地位，并成为全球市场的二级供应商。客户层面的核心是全面服务（从产品概念到产品开发、产品生产和产品交货）的低成本。塔塔汽车塑料公司努力为客户提供全方位服务，通过提供世界一流的产品和服务质量、成本和交付，使客户觉得物超所值。

内部层面目标强调为支持客户目标而创造流程和获得必需能力。它的内部能力围绕两个战略主题设计：渗透到印度和全球客户市场的成本较低；通过创新来构建满足全球标准的设计和生产能力，为未来价值链的提升打基础。

学习与成长层面支持了实现其他层面目标的气氛营造，在所有流程中构建了能力并整合了信息技术。

塔塔汽车塑料公司战略地图的具体目标和指标如图11–7所示。公司有35个指标，其中11个指标是现有指标（所有财务和内部层面），有24个指标对公司来说是全新的。

层面	现有指标	新指标
财务	7	2
客户	0	6
内部	4	10
学习与成长	0	6

塔塔汽车塑料公司的现有指标狭隘地集中于财务和短期经营目标上。新的战略指标集中于通过构建新的客户关系获得收入增长的机会，新的客户关系要求不仅在成本、质量和交货时间上卓越，而且在产品开发和项目管理方面卓越，并要求加强员工能力、信息系统和组织流程的协调一致。

结果

塔塔汽车塑料公司的管理者正采用平衡计分卡平衡不同利益相关者的期望（见图11– 7）。战略地图和计分卡的明晰性和协调性使公司现在可以把重心放在关键战略业绩上。不同的行动方案与计分卡目标联结，使重点突出，并使团队实现了更好的成果。下边是两个例子。

（1）塔塔汽车塑料公司在财务层面的行业成本领先目标已经帮助公司确定了控制成本的不同目标，如销售成本率和超过标准成本部分的成本降低完成情况。对这些指标一月一次的回顾已经确定了需要提升的方面。不同的行动方

	目标	指标
财务层面	F1：提高ROCE	■占用资本报酬率
	F2：巩固客户基础	■新OEMs ■新OEMs销售额
	F3：增加既有客户业务	■既有OEMs销售额（营业额） ■既有OEMs的新产品销售额
	F4：扩大出口业务	■出口业务销售额
	F5：资产利用率最大化	■资产周转率
	F6：成为行业成本领先者	■销售成本率（销售额） ■超过标准成本部分的成本降低完成情况，按产品组
客户层面	C1：客户首选的、低成本的、全方位服务的、高增值产品和服务的提供商	■作为全方位服务（FSS）的模块化/系统化供应商受邀报价（RFOs）价值 ■FSS的订单价值
	C2：显著地降低成本、缩短交货时间，实行全面项目管理	■从全面项目中获得的RFOs价值 ■从全面项目中获得的订单价值
	C3：通过低成本制造达到世界级质量，满足交货期望，使客户感到物超所值	■客户满意指数 ■反映在J.D.Power报告上的质量问题
内部层面	P1：构建零部件集成、模块化/系统化供应的能力	■能力指数
	P2：为实现客户对质量水平的期望，升级制造流程	■每百万件（PPM）客户拒绝
	P3：以划算的方式满足印度客户和海外客户的交付要求，升级交付流程能力	■及时充足的送货百分比 ■能力指数 ■与标准成本相比，物流成本的减少
	P4：优化资产利用，建立经营成本最小化的流程	■总装备效率 ■脱离标准成本的材料成本 ■能源成本占销售收入百分比 ■直接人工成本占销售收入百分比
	P5：在新客户关系管理方面表现卓越	■客户关系指数
	P6：为技术升级和业务扩展，建立伙伴关系	■通过客户关系获得的新技术数量 ■通过伙伴关系增加营业额
	P7：提高设计、加工、试验和项目管理能力	■能力指数 ■产品开发的提前期的逐年缩短
学习与成长层面	L1：通过协调一致和授权为行动创造气氛	■关键业绩评估与战略目标相挂钩的员工数量 ■授权指数 ■授权给下级的关键业务流程数量
	L2：构建能力	■战略技能覆盖率
	L3：在所有业务流程中融入信息技术	■使用IT技术的流程百分比 ■IT效率满意度调查

图 11-7　塔塔汽车塑料公司的平衡计分卡

案已经开始执行，这些方案包括减少能源和材料消耗的六西格玛项目、减少材料浪费、为完善已实施的信息管理而改进信息技术系统。除了从行动方案中获得的这些重要有形利益，也在部门和职能层面创造了成本控制权。

（2）学习与成长层面的建立能力目标，导致在关键职能领域确定了知识和技能的差距。公司开发了路线图来缩小这个差距。

我们感谢塔塔集团的拉吉夫·贝克什（Rajiv Bakshi）和创新媒体的CEO穆罕默德·芒内尔（Muhamed Muneer），他们为我们提供了支持和帮助。

MDS

背景

总部设在多伦多的MDS，是一家为疾病预防、诊断和治疗提供产品和服务的国际性健康和生命科学公司，是一家在纽约和多伦多股票交易所上市的公司。它的经营地域遍布23个国家，员工1万多人，2002财政年度的收入为18亿加元。MDS进行多元化经营，主要业务有三项：MDS同位素部门为原子医药学提供成像剂，为绝育体系提供材料，为癌症治疗的计划和实施提供治疗系统；MDS诊断部门提供疾病预防、诊断和治疗的实验室信息和服务；MDS医药研发部门为医药业提供合同研究服务，开发辅助新药上市的分析仪器，在发现全新方法方面首先采用功能性水解蛋白培养法开发新药。

MDS的收入和利润稳定增长具有很长的历史。然而，管理层感到公司必须变得更擅长执行战略。对MDS来说，执行战略的成功意味着两件事：第一，它必须传达财务成功，即在滚动的5年基础上实现利润15%的复合年度增长率（CAGR），同时维持收入15%的CAGR；第二，MDS必须改变自己，MDS的管理者相信他们的市场和地位为公司从一家非常“优秀”的公司（吉姆·柯林斯语）转变为真正“卓越”的公司提供了巨大的机会。成为一家卓越的公司将要求MDS把重心放到那些战略上重要的方面，取消许多不必要的行动，并且作为一个组织从上到下协调一致。

战略地图

作为一家业务多元化的公司，MDS每一个业务部门都有不同的客户价值主张和为客户创造价值的不同方法。而且，MDS拥有基于业务部门和客户基础的战略集合（客户亲密、运营卓越、创新）。因为公司战略地图代表了一个战略组合，所以其范围有意宽泛一些。战略地图中矩形部分的成分（核心价值和共享的战略目的）是共同且不变的（见图11-8）。战略地图在股东价值和激情文化之间表达了一个平衡。尽管每个业务部门都有创造价值的不同方法，公司战略还是保证财务、客户、内部流程和员工层面优先任务得以共同发展。

构建一个持久性的、全球化的健康和生命科学公司：顶层的MDS愿景是建立一家伟大的全球化健康和生命科学公司。成为全球化公司要求更好地拓展加拿大和北美之外的市场。

对我们正在共同建立的这家公司充满热情：MDS员工所共有的热情使公司有别于其他公司并具有极强的竞争力。持续性的热情将构建卓越的股东价值和提前实现建立持续发展公司的目标。

建立卓越的股东价值：MDS在滚动的5年基础上实现每股盈余15%的复合年均增长率，从而建立卓越的股东价值。

F1：收入增长。

收入增长是驱动股东价值的关键财务成功目标。MDS制定了在滚动的5年基础上实现平均收入15%的年复合增长率。

F2：提高资本收益率。

MDS正在成为一家资本密集型公司，它必须在资本运用上更加熟练和严格。它应该消除无效率的业务流程，并为获得较高的收入而充分发挥技术的作用。

F3：营业利润增长。

如果花费可以增加收入，MDS还是准备进行投资，但要管理营业费用。其优先任务是消除无效率的非增值作业。

C1：构建持续性关系。

所有的业务部门，虽然各自有不同的客户价值主张，但都把重心放在吸引、增进和保持客户关系上。业务部门将传递强调密切客户关系、创新解决方案和提供卓越服务的客户价值主张。

I1：更好地理解客户和市场。

高深的客户和市场知识可以驱动所有的业务流程。市场包括竞争者、供应商、监管者、当前客户和潜在客户。拥有了这些知识，MDS能更好地进入新市场，提供创新解决方案，满足客户期望并持续改善。

I2：有战略地进入新市场。

当MDS把有价值的资本、知识和网络带入新的市场机会时，这一目标对于未来增长潜力是至关重要的。进入新市场的时间比较重要，并需要在收益减损

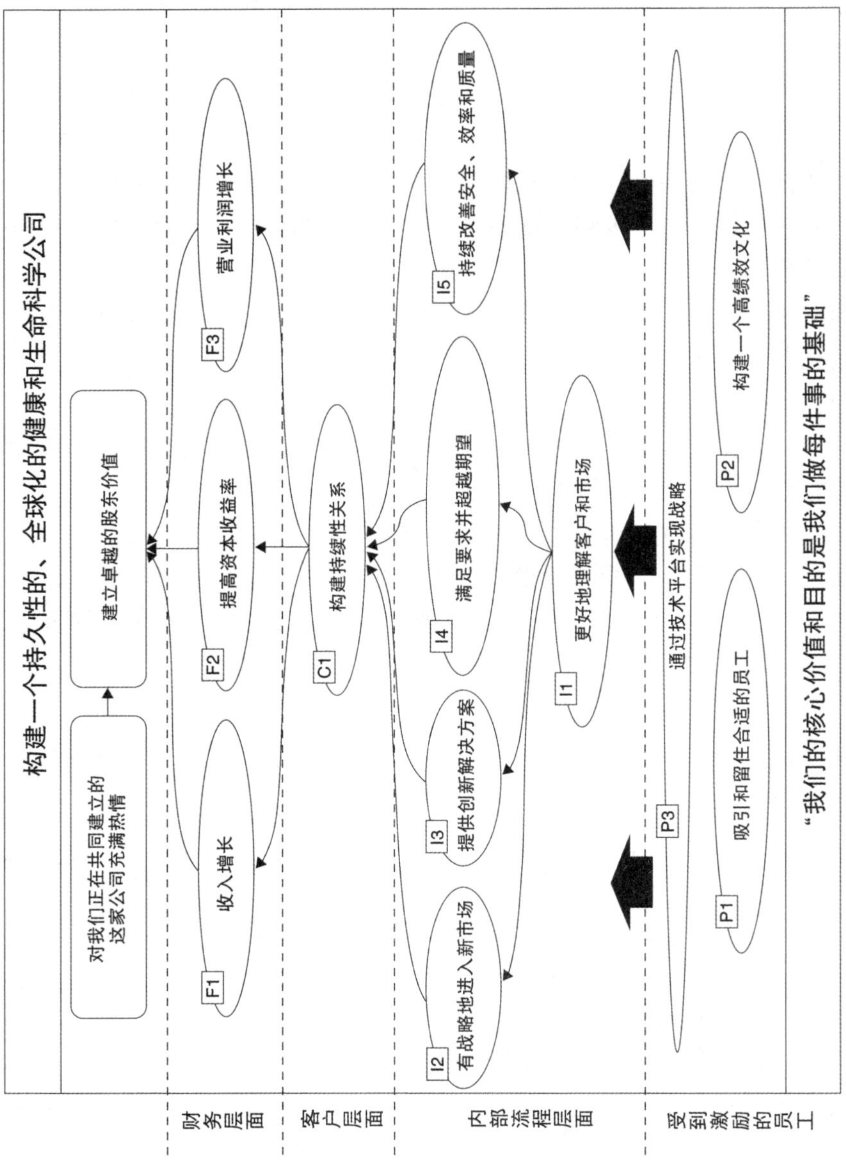

图 11-8 MDS的战略地图

影响与市场机会生命周期之间进行平衡。

I3：提供创新解决方案。

通过内部努力和合作，MDS整合了科学、调查和技术来提供增值的创新解决方案。

I4：满足要求并超越期望。

将客户承诺坚持到底对于建立持续性客户关系非常重要。MDS将满足客户对规格和性能协议的要求，并始终致力让客户享受到超出他们期望值的体验。

I5：持续改善安全、效率和质量。

为了成为卓越的公司，MDS必须找到能持续改善运营安全、效率和质量的方法。

P1：吸引和留住合适的员工。

MDS持续成功的关键在于培育和开发人才渠道的能力。“合适的员工”将拥有与MDS文化和战略协调一致的能力和价值。

P2：构建一个高绩效文化。

对MDS的未来至关重要的是培育一种价值驱动的、高成就的、团队导向的、能发挥员工潜力的文化。

P3：通过技术平台实现战略。

技术对于实现战略非常重要。正确的技术平台能提高资本回报率，并能保证更好地把重心放在构建持久的客户关系上。

“我们的核心价值和目的是我们做每件事的基础”：MDS的核心价值在整个组织内是共同的和共享的。MDS所做的每一件事都要与其核心价值和战略协调一致。

成果

MDS在1998年实现了10亿美元的收入，并制定了到2003年实现20亿美元收入的目标。MDS在2001年实施了平衡计分卡。2002年的结果显示，经营现金流量和每股利润这些主要财务指标，在过去5年内是最高的。MDS的目的是实现2003年20亿美元的收入目标值。高层管理者把成功归因于平衡计分卡，并指出：“利用平衡计分卡和战略地图的巨大战略价值在于，阐明了公司战略的作用，以及描述了业务部门的战略与业绩期望值，所有1万名员工通过个人或团队的平衡计分卡与公司的战略保持协调一致。”

该案例由平衡计分卡协会的迈克·内格尔（Mike Nagel）和杰伊·韦瑟

（Jay Waiser）编写。我们感谢鲍勃·哈里斯（Bob Harris）、约翰·罗杰斯（John Rogers）和他们的同事与我们分享MDS的经验。

博伊斯办公解决方案公司

背景

博伊斯办公解决方案公司（以下简称“博伊斯”），是一家年收入35亿美元的办公和技术产品、办公设备、纸产品分销商，它通过兼并获得了发展。这一发展传统使其形成了不同的、独立的业务运营线。其客户把办公产品看作以最低价格购买的商品。

战略

博伊斯采用了新的客户关系管理战略，该战略能巩固和整合其业务部门，并在调整核心分销渠道的基础上，通过无缝接入为客户提供所有产品和服务。它设定的目标是，确定高价值客户服务（采购管理流程）和有限客户价值之间的差别，以便于提高利润率，重点放在每单位产品定价上。公司采用一对一的营销方法来提高客户价值，这种营销方法通过使用独立于客户使用的传统渠道创造了个性化体验，并能预测客户的个别需求和偏好，从而提供定制产品。博伊斯通过流程创新减少运营费用，并减少这些创新在业务部门之间复制的费用。为了使这个新战略成功，博伊斯需要投资于以客户为中心的信息技术，并通过新的客户解决方案业务模型重新调整、重新聚焦和重组员工队伍。

战略地图

博伊斯的战略地图表达了新客户解决方案战略（见图11-9）。财务层面反映了收入增长和运营效率目标的正常结合。通过衡量个别客户的增长、利润贡献和服务成本，战略地图强调细分客户的重要性。图11-10显示了战略地图中每个目标的指标。

在客户层面，博伊斯通过对关系、服务、易于接入等方面的客户满意度调查衡量了客户价值主张；这些满意度调查的内容是新客户价值和服务方向的核心要素。第二个客户目标是创造独特的客户价值，它的衡量指标有：在目标市场成功地获得新客户，在目标市场保持客户，客户生命周期价值的估计。衡量指标决定了公司阻止商品定价螺旋式下降的成功。

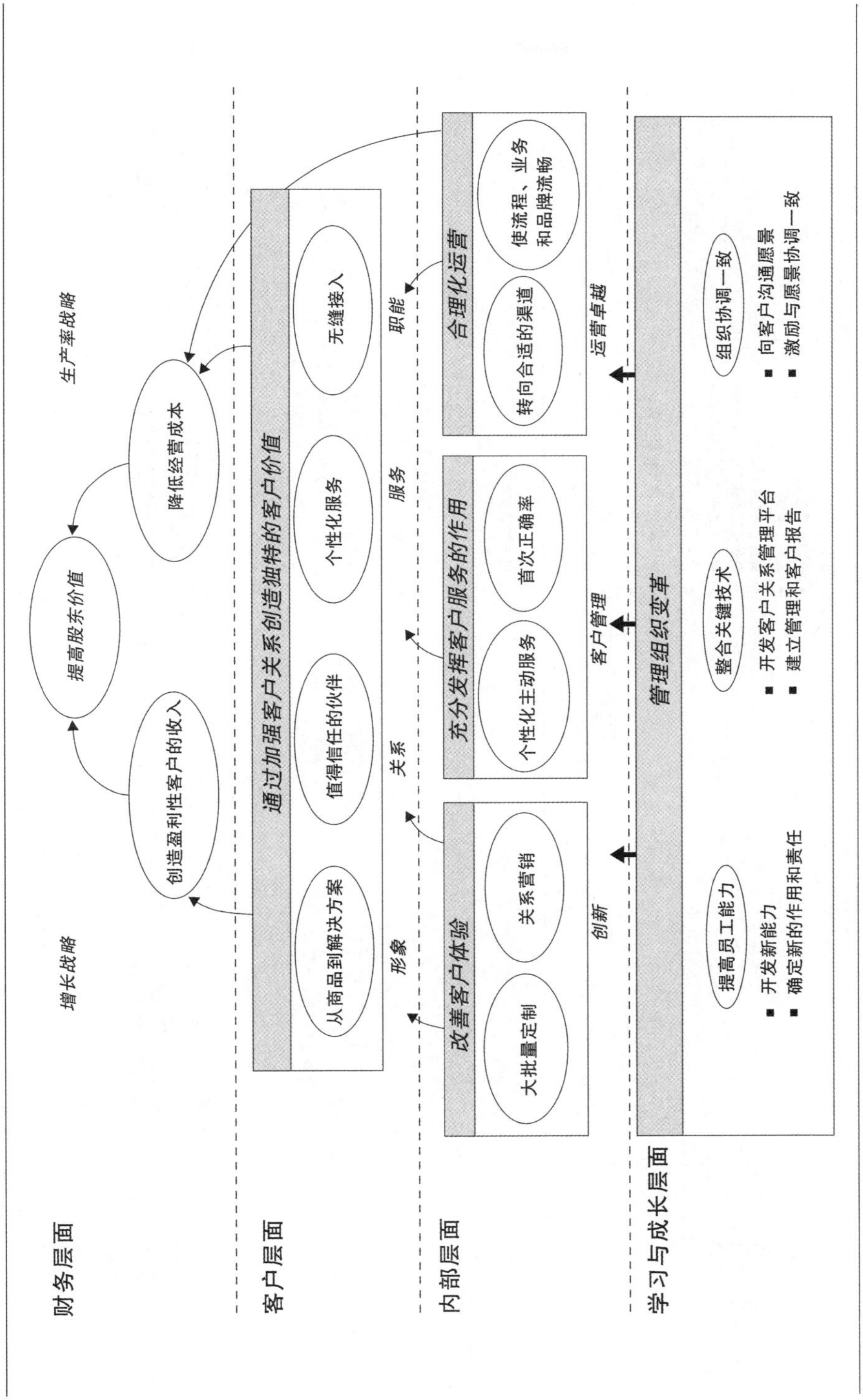

图 11-9　博伊斯办公解决方案公司的战略地图

	目标	指标
财务层面	F1：利润增长	■ 经济增加值 ■ 税息前利润
	F2：有机增长	■ 有价值细分客户的增长 ■ 有价值细分客户的利润贡献和价值影响
	F3：降低成本	■ 有价值细分客户的服务成本 ■ 渠道的服务成本
客户层面	C1：价值主张	■ 客户调查（通过销售代表） ■ 细分客户获得率
	C2：创造差异	■ 细分客户保持率 ■ 细分客户生命周期价值
内部层面	*改善客户体验* I1：大批量定制 I2：一对一营销	■ 对活动的响应率 ■ 利用PIN的客户数量
	充分发挥客户服务的作用 I3：一次完成率 I4：人性化主动服务	■ 减少客户事件数量 ■ 对非促销战役的反应
	合理化运营 I5：优化渠道组合（订单、服务和问题） I6：流程流畅	■ 渠道组合 ■ 有价值细分客户的互动渠道百分比 ■ 必须细分客户的互动渠道百分比 ■ 消除冗员百分比 ■ 节约额
学习与成长层面	L1：提高员工能力	■ 接受“一个博伊斯”技能培训的员工百分比 ■ 满足“一个博伊斯”新工作条件的员工百分比
	L2：围绕“一个博伊斯”使组织协调一致	■ “一个愿景”员工调查——战略参与程度 ■ 激励与战略协调一致的员工百分比
	L3：整合关键技术	■ 客户关系管理技术与计划（R1、R2、R3等） ■ 实施“一个博伊斯”报告百分比 ■ 对客户实施“一个博伊斯”报告百分比 ■ 为管理实施“一个博伊斯”报告百分比

图 11-10　博伊斯办公解决方案公司分部的客户关系管理平衡计分卡

博伊斯内部流程目标有三个主题：

- 运营卓越：合理化运营。
- 客户管理：充分发挥客户服务的作用。
- 创新：改善客户体验。

在合理化运营方面，公司希望更多的客户采用电子商务渠道。电子商务渠道可以更方便客户，提高与客户的联系效率，降低博伊斯与客户保持联系的运营成本。这些目标的成功与否通过使用电子商务渠道的目标市场业务百分比来衡量。博伊斯对于减少运营成本这一目标，不仅衡量资金节约，而且衡量通过巩固联系消除多余运营环节的数量。

对于充分发挥客户服务的作用，博伊斯希望使订购体验个人化，减少互动总数，并使互动更加便捷全面。公司采用的衡量指标有：一次完成率（在一次呼叫中完成客户全部需要的能力）、及时交货、服务业绩、公开客户问题及关注事项的数量。它也考虑将客户对营销和销售战役的反应写成逸事趣闻，促进服务水平提高（并不基于价格或促销），以决定公司成为令人信服的、高增加值的供应商。

在创新方面，博伊斯通过示范客户如何实现办公用品费用的全面管理控制，以期重新设定客户价值期望值。要做到这些，必须发现对大批量定制和一对一营销有效的新方法。博伊斯衡量了参与合同购买计划的客户区域数量和比例，又衡量了参与全面客户购买模式的客户数量和比例，并每年将这些指标与客户所在行业、国内平均水平对比，从而评价每个客户组织的购买模式。

在学习与成长层面，能力必须集中于以客户为中心的新战略。衡量员工能力的指标有：为新战略（“一个博伊斯”内部沟通战役）接受技能培训的员工比例，把对战略的理解转化为客户联系和价值主张的能力。新战略技术要求在整个公司实施综合客户关系管理软件的能力，衡量信息技术能力的一个指标是报告实施关键信息技术行动方案的主要事件，另一个指标是已经在三个关键区域得以实施的报告百分比。这三个关键区域分别是现场销售力量、客户区域和博伊斯管理。组织协调一致的衡量指标有：激励与新战略保持一致的员工和衡量员工对于“一个博伊斯”战略的意识和调查参与情况的员工。

逸闻

负责营销的高级副总裁戴夫·高奇（Dave Goudge）汇报说：博伊斯办公解决方案公司的总经理和销售经理已经快速地接受了“一个博伊斯”这一以客户为中心的战略。他们甚至能为敏感型客户提供集成办公产品解决方案，该方案提供的价值高于低价策略竞争者提供的价值。战略证明了内部信息技术行动方案是正确的，该方案强化了为销售代表提供更好客户信息的销售流程。高奇利用平衡计分卡为公司高级管理层衡量和沟通从“一个博伊斯”战略中获得的回报。

平衡计分卡协会的兰迪·拉塞尔（Randy Russell）编写了该案例。我们感谢戴夫·高奇、斯科特·威廉姆斯（Scott Williams）和他们的同事与我们分享了博伊斯办公解决方案公司的经验。

汤姆森金融公司

背景

汤姆森金融公司是汤姆森公司四个主要市场集团之一。汤姆森公司拥有员工4.4万人，经营范围涉及53个国家，公司在为商业和专业客户提供一体化信息解决方案方面居于全球领先地位，2002年收入超过 78亿美元。公司提供具有支持技术和应用程序的关键信息，帮助客户快速、更好地做出决策。公司有2 000多万个信息用户，涉及法律、税收、会计、高等教育、参考信息、公司培训与评估、金融服务、科学研究和医疗保健等领域。

到2001年底，汤姆森公司的CEO迪克·哈林顿（Dick Harrington）已经在公司内部完成了主要的变革行动。他抛弃了公司90%的基于打印的业务，为了完善变革战略，公司到2005年要使80%的业务电子化；为了使每个市场集团达到规模，他兼并了哈考特（Harcourt）等公司令人满意的重要技术性资产；目前，在追求运营效率的同时，为了驱动公司增长，他正在寻找一种能够增加汤姆森金融运营体系活力的框架。正是最后一条——驱动公司发展，说明了公司对可靠的、已被证实的战略执行框架——平衡计分卡的需要。2001年后期，公司决定把平衡计分卡作为一个公司发起项目，在公司内部贯彻。

作为一家为世界金融业提供一体化信息和解决方案的提供商，汤姆森金融公司的年收入达15亿美元，客户包括投资银行、资金管理公司、公司投资者的相关部门，以及其他大大小小的公司，它们要求公司提供及时的金融信息以支持买卖决策。历史上，汤姆森金融公司是一家以产品为中心的公司，与路透社（Reuters）和彭博（Bloomberg）等公司竞争。直到最近，公司才跻身于市场上的领先品牌如ILX、证券数据（Securities Data）、第一呼叫分析师（First Call Analyst）和AutEx的行列。很明显，这是公司在20世纪80—90年代积极兼并多个成功的、小型的技术密集型业务的结果。到2002年底，汤姆森金融公司在世界25个国家拥有大约9 200名员工。

现状

在2002年早期刚刚采用平衡计分卡之初，汤姆森金融公司已在应对急剧变化的市场环境。市场正经历着技术改变（网络技术使用激增）、法律变革和经济变革（2000年3月的股票市场泡沫和9月11日的大跌），行业受到了冲击：金融交易越来越少，大多数公司正在裁减员工和缩减开支。那些过去愿意支付佣金获得汤姆森金融公司内容丰富的订阅服务的老客户，也开始寻求合并账户和减少成本。汤姆森金融公司在重组技术基础和组织结构满足更多客户需求的过程中，必须更有效率地提供价值。的确，在平衡计分卡开始实施时，汤姆森金融公司就具有了通过开发“一个汤姆森”战略满足客户需求的能力。

汤姆森金融公司的CEO戴夫·沙夫（Dave Shaffer），又是汤姆森公司的执行副总裁和首席运营官（Chief Operating Officer，COO）。作为COO，他强力支持协调公司所有资产，引导汤姆森金融公司变革业务的早期努力转向“一个汤姆森”这一战略。

战略

2001年底，汤姆森金融公司新的战略方向在某种程度上是扩大重组，成为一个面向客户的战略单位（Strategic Customer-Facing Units，SCUs）。SCUs包括投资管理集团、银行和经纪集团、公司集团和一个以世界50强公司为目标客户的全球销售和客户管理团队。汤姆森金融公司的方法也包括为这三个客户细分群体制定它们内部及相互之间的客户工作流程，充分发挥适当资产的作用，开发贯穿价值链的公司级解决方案。当差距变得明显时，汤姆森金融公司打算从战略上与客户和其他供应商合伙，以提供一体化信息解决方案。这些将使汤姆森金融公司成为客户的战略伙伴，而不是日益商业化市场中的产品销售者。汤姆森金融公司的COO莎伦·罗兰兹（Sharon Rowlands）在2002年中期的员工备忘录中指出：“当前业务环境的积极影响是客户正持续转向与单一提供商（像汤姆森金融公司）结成伙伴关系，采购高价值的一体化解决方案，以便更好地管理它们的成本。”

战略地图

因为传统上业务部门已经具有执行战略的作用，所以汤姆森金融公司采用了一个单一的战略地图。该战略地图为把它们整合为一个共同战略的目的服务，这个共同战略的核心是，提供量体裁衣的桌面技术。该技术捆绑了工作流程应用程序，同时集成了“必有”的信息（见图11-11）。“一个汤姆森”地图包含一组可以贯穿整个公司的目标：

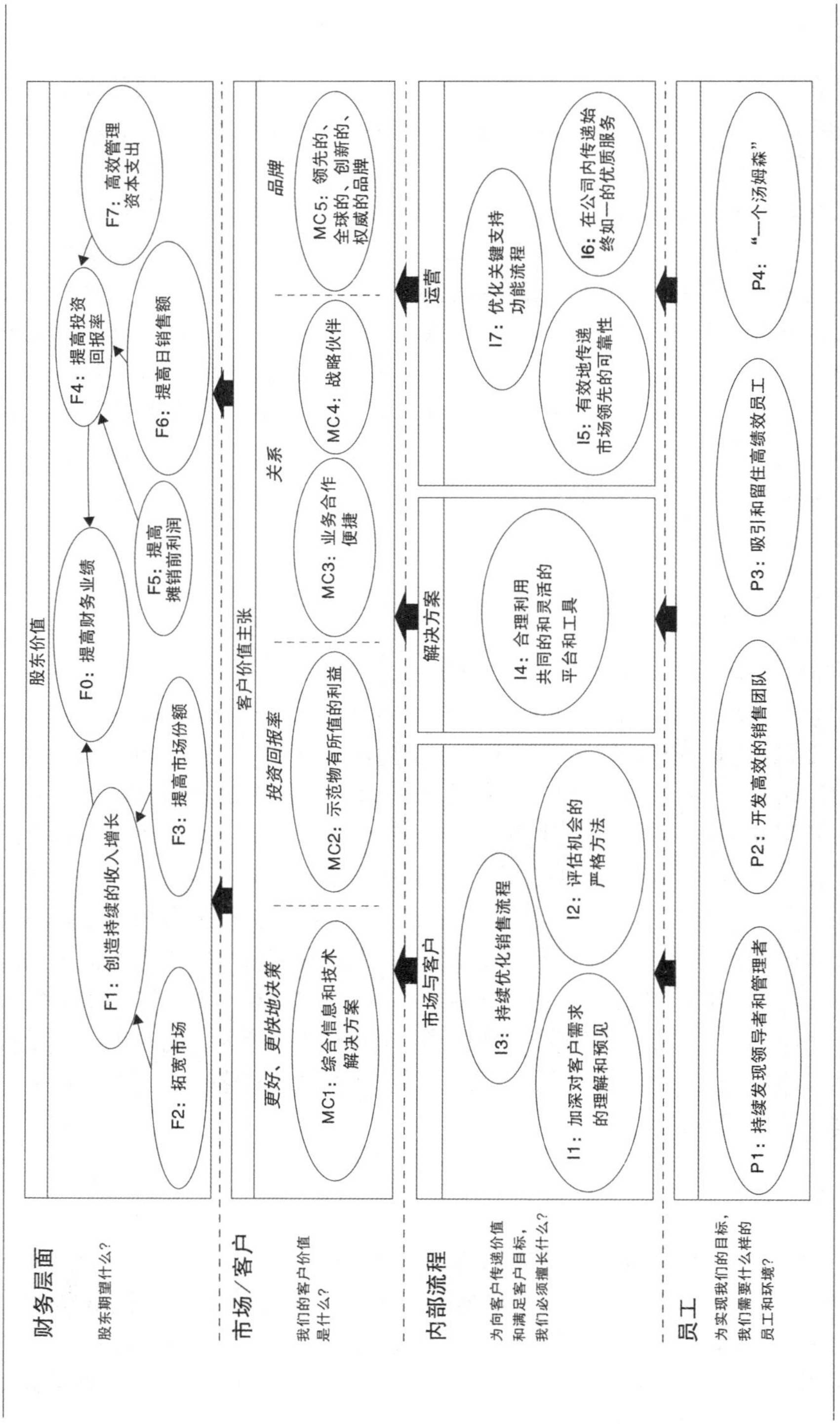

图 11-11 汤姆森金融公司（TF）的战略地图

（1）财务。

在扩大的市场中增加收入，也就是说，提高地域和产品出现率，进而增加市场份额。生产率方面，通过提高息税折旧和摊销前利润、管理应收账款和资本支出来提高资本回报率。

（2）客户。

在适当的时间为客户提供适当的信息和技术，帮助他们更好、更快地做出决策，获得确定的收益。与主要客户保持战略关系，为把汤姆森变为领先的、全球的、创新的和权威的品牌而努力。

（3）内部流程。

市场与客户：通过价值链分析，理解客户工作流程，传达产品开发、交叉销售潜力和伙伴关系机会。

解决方案：通过巩固平台、组成要素和工具，使技术合理化。

（4）员工。

发现领导者和管理者，吸引和留住高绩效员工（特别是那些拥有行业经验的人），拓宽销售技能（包括产品知识）。最后，创建和加强一种共同的战略中心型文化。

逸闻

因为变革管理行动方案经常变动，平衡计分卡最初招致了许多质疑和管理理念碰撞，它被看作一个指标项目。汤姆森金融公司的几个主要管理者在以前的公司已经经历了计分卡实施过程，认为公司的一些方案是无效率的。

按照CFO戴维·特纳（David Turner）的说法：

> 当我2001年进入公司时，汤姆森金融公司是一家分权化组织，缺乏基本的集权流程，各个部门都有独立的战略和衡量指标体系。平衡计分卡的引入不仅使我们理解了分权的成本，而且知道了变革以及指导变革的清晰路线图的好处，从本质上为使我们的战略、员工和流程协调一致提供了约束和激励。

汤姆森金融公司也构建和协调了经营业务部门层面的月度报告，报告那些驱动季度计分卡结果的关键指标和主要行动方案。这些在各业务部门之间是一致的，只是在反映业务部门特性上有几个较小的差异。

现在，一个组织严密的计分卡项目主管团队和其他参与者每个季度开会分享最佳实践。汤姆森金融公司将能继续在组织的其他方面充分发挥这一流程的作用，拓展计分卡的使用，以在未来创造更多的价值。

本案例由平衡计分卡协会的巴纳比·唐隆（Barnaby Donlon）、罗德·摩西（Rondo Moses）以及汤姆森金融公司的罗·帕夫里克（Ro Pavlick）编写。我们也感谢迪克·哈林顿和戴夫·沙夫与我们分享了汤姆森金融公司的经验。

第十二章

规划战役

在前面的章节，我们已经讨论了战略和价值创造的构造模块。我们阐明了内部流程如何为目标客户创造和传递多样化的价值主张。我们也例示了如何使无形资产（人力资本、信息资本和组织资本）与关键内部流程协调一致，以保证价值主张持续提高。然而，这些联系仅仅反映了价值创造的静态模型。我们将在本章介绍价值创造的动态模型。

为了表达战略的动态性，战略地图必须增加三个要素。

（1）量化：在战略地图中建立目标值和确定因果关系。

（2）确定时间线：确定战略主题如何创造短期价值、中期价值和长期价值，以维持平衡、持续的价值创造。

（3）选择行动方案：选择能够帮助公司在一定的时间内实现目标业绩的战略投资和行动。

如果没有量化，战略目标就仅仅是企业意向的消极声明。例如，“缩短产品开发周期”，表明如果战略要得以持续，产品开发是需要改善的关键流程之一。“把产品开发周期从3年缩减为9个月”，表明公司要求有激进的、超出常规的思想，来实现这一突破。“到第4年把产品开发周期从3年缩短到9个月”，表明这是一个长期计划，目标要在从现在起4年以后实现。如果公司打算在既定的时间内实现目标，就必须有具体的行动计划。例如，公司必须重新设计产品开发流程，必须获得新技能和新技术。图12-1确定了Hi-Tek制造公司在加强内部流程这一战略主题下，实现总体目标所要求的具体行动方案和相应预算。

设定目标值是任何规划的一部分，但是通常的方法都是支离破碎和非累积的。例如，当人力资源部设定了留住关键员工的目标值时，工程部门设定了缩短产品开发周期的目标值。战略地图允许公司采用全面的视角。在阐明某一战

战略主题：内部产品开发

	战略地图	平衡计分卡			行动计划	
		目标	指标	目标值	行动方案	预算
财务层面	收入增长	■ 提高新产品收入	■ 年收入增长 ■ 新产品收入百分比	+25% 30%	■ XX ■ XX	
客户层面	创新产品	■ 满足客户对一流能力的需求	■ 客户保持率 ■ 荷包份额	80% 40%	■ 关系管理 ■ 赢得份额计划	$AAA $BBB
内部流程层面	世界级内部产品开发	■ 加速新产品开发	■ 首次进入市场 ■ 快速进入市场	75% 9个月	■ 年度行业展示计划 ■ 开发周期再造	$CCC $DDD
学习与成长层面	稳定的高素质员工	■ 获得、开发、保持战略技能	■ 具体能力可利用性 ■ 关键员工保持率	100% 95%	■ 能力模型 ■ 新招聘计划 ■ 管理培训 ■ 利益计划	$EEE $FFF $GGG
	内部产品开发				*总预算*	*$HHH*

图 12-1　量化Hi-Tek制造公司的战略

略主题的全部价值创造逻辑后，现在公司已经有了能够为实施战略整合不同流程的框架：设定目标值、界定和选择实现目标业绩的行动方案以及批准行动方案预算。正如图12-1所示，某一战略主题下由相互联系的目标、目标值、行动方案和预算组成的集合，为战略的相应部分提供了一个独立完整的业务案例。

战略主题是战略的构造模块，创造了战略某一维度的微观经济模型。但是，战略要求几个价值创造主题同时发生作用。Hi-Tek制造公司的战略地图（见图12-2），确定了7个互补的、同时发生的主题，每个主题在不同时点创造价值。创新主题在3～5年内创造价值，“内部产品开发”主题（如前所述）和“技术伙伴”主题保证了在未来持续增长的新产品流。客户管理主题——“销售解决方案”和“关系管理”，在1～3年内改变与客户的联系。运营管理主题——“适时制造”和“弹性制造”，通过降低成本和提高生产率，快速地创造价值。负责的公民主题——“建设社区”，通过保证高素质员工能力，实现长期的成功。每个主题都有其不同的微观经济行动计划。

运用一个军队的比喻，每个战略主题相当于一次战斗；战略包括改善销售解决方案的战斗和缩短产品开发流程的战斗。战斗是军事战役的组成部分，但是如果这些战斗没有按照一定的逻辑组织，一个人可能赢得几次战斗，但仍然会输掉战役。这类似于我们的公司战略模型，管理者能成功地执行一个主题、战略的一个部分，但是不能实现预期的业绩。他们输掉了战役，因为他们没有执行或协调其他的战略主题。

公司战略地图为规划整个战役提供了宏观经济模型。我们在战略地图中量化目标值和建立行动完成时间线的原则，同样也可运用到整个战略地图。

在我们早期的作品中，提到的信诺（Cigna）案例是动态管理平行战略主题的卓越例子。[1]格里·伊索姆（Gerry Isom）在1993年出任了信诺财产和意外险部（Cigna Property & Casualty）的董事长一职，当时这个部门正处在崩溃的边缘，业务亏损增加，该部门几乎破产。到1998年，伊索姆和他的管理团队已将该部门转变为一个高利润部门，很多业务单位的利润业绩都排名于同行的前1/4。伊索姆通过为信诺财产和意外险部勾画未来5年的愿景来实现该部门的巨大转变。他使用了“专家”一词来定义创造成功的战略基本变革；在未来，该部门将只在承保风险的专业知识超出整个行业时，才进行承保。前1/4确定了成功的目标值，这对正处于破产边缘的组织是很难理解的，但正是这一目标值重振了员工为高业绩组织工作的士气。5年目标给出了实现前1/4的挑战性目标值的现实时间窗口。

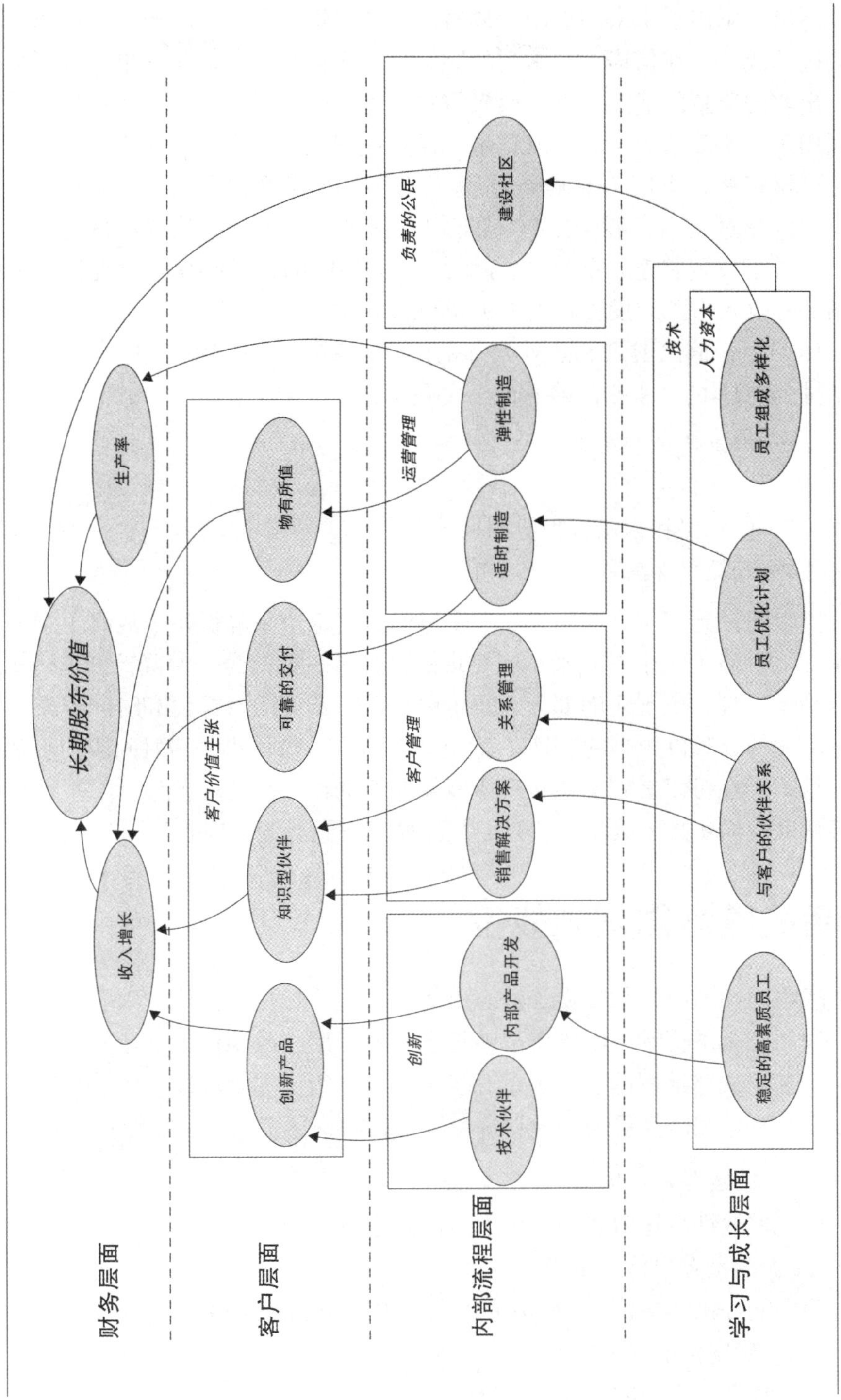

图 12-2　Hi-Tek制造公司的战略地图

愿景勾画出了未来的宏图。战略确定了愿景如何实现的逻辑。愿景和战略是关键的成分。在信诺，伊索姆的愿景是令人神往的，但是如果管理者们不能设计出实现愿景的战略，这一愿景将缺乏可信度。当伊索姆量化他的愿景时，他利用了一个简单而又聪明的技术。保险业把混合比率指标作为利润率的替代指标。该指标是支出（索赔支出+运营费用）与保险收入之比。理想状态下，保险收入超过支出，混合比率将低于1。但是，因为从保险费获得的现金在索赔之前处于投资状态，前1/4执行者的混合比率可以达到103%，他们主要依靠提供额外收入来源的投资收入来实现利润率。

1993年，信诺财产和意外险部的混合比率达到近140%。伊索姆实现混合比率排名前1/4的高水平战略有四个主题（见图12–3）：

（1）提高代理商生产率。

（2）关注目标市场。

（3）使承保和索赔流程协调一致。

（4）升级承保流程。

伊索姆设计了一个时间表和一个近似的目标值来降低每个战略主题的混合比率。他打破了一个看起来不能实现的目标——把混合比率降低37%，使之成为更易于管理、更现实的部分，每个部分都有具体的目标值和时间框架。愿景不是巨大的、难以逾越的前1/4，而是成为包含一组更小、多时间段的步骤的战略。组织现在可以看到一条实现伊索姆愿景的可行路径。他说：“平衡计分卡框架帮助我们明晰了战略，使我们关注如何将愿景变为现实。”

利用战略地图规划战役

战略地图为公司战略做了静态的简单描述。量化目标值、为业绩设立时间线、计划和批准行动方案帮助战略地图在整个期间成为价值创造的动态代表。我们已基于战略地图的因果关系开发了一个名为“规划战役”的六步骤流程，可以在绘制地图时开展情景规划练习。图12–4描述了这六个步骤：

（1）确定股东价值差距。

设定挑战性目标值和必须缩小的价值差距。

（2）调整客户价值主张。

确定能提供客户价值新来源的目标客户群和价值主张。

（3）确定价值提升时间表。

在规划范围内说明如何缩小价值差距。

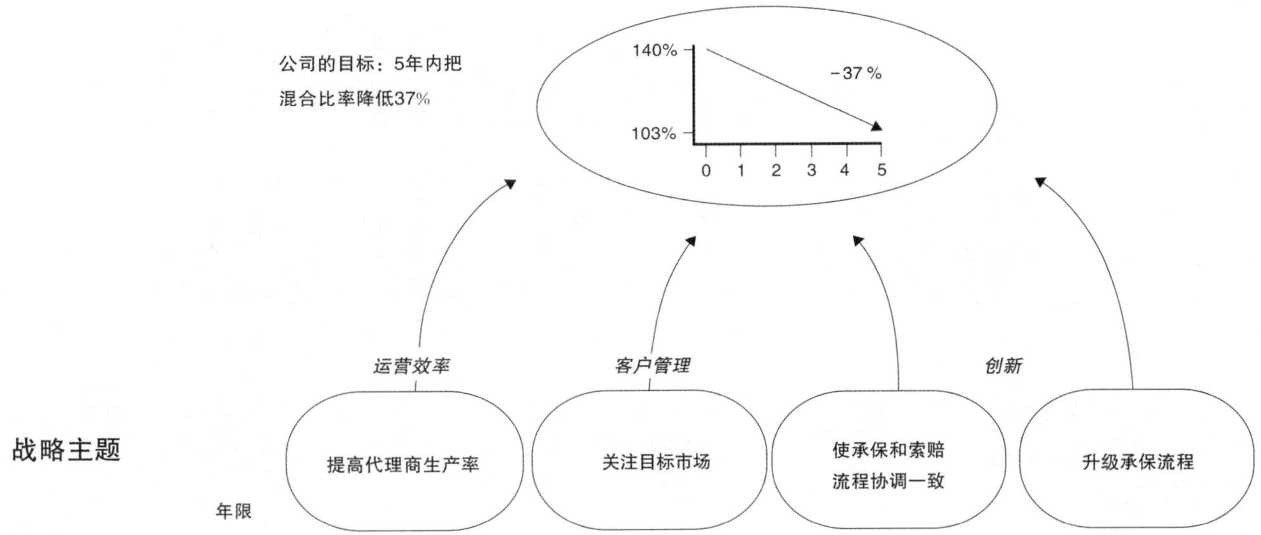

年限	提高代理商生产率	关注目标市场	使承保和索赔流程协调一致	升级承保流程	总计
1					
2	−11%	−6%			−17%
3			−4%	−2%	−6%
4			−4%	−5%	−9%
5			−2%	−3%	−5%
总计	−11%	−6%	−10%	−10%	−37%

图 12-3　信诺财产和意外险部的战役规划

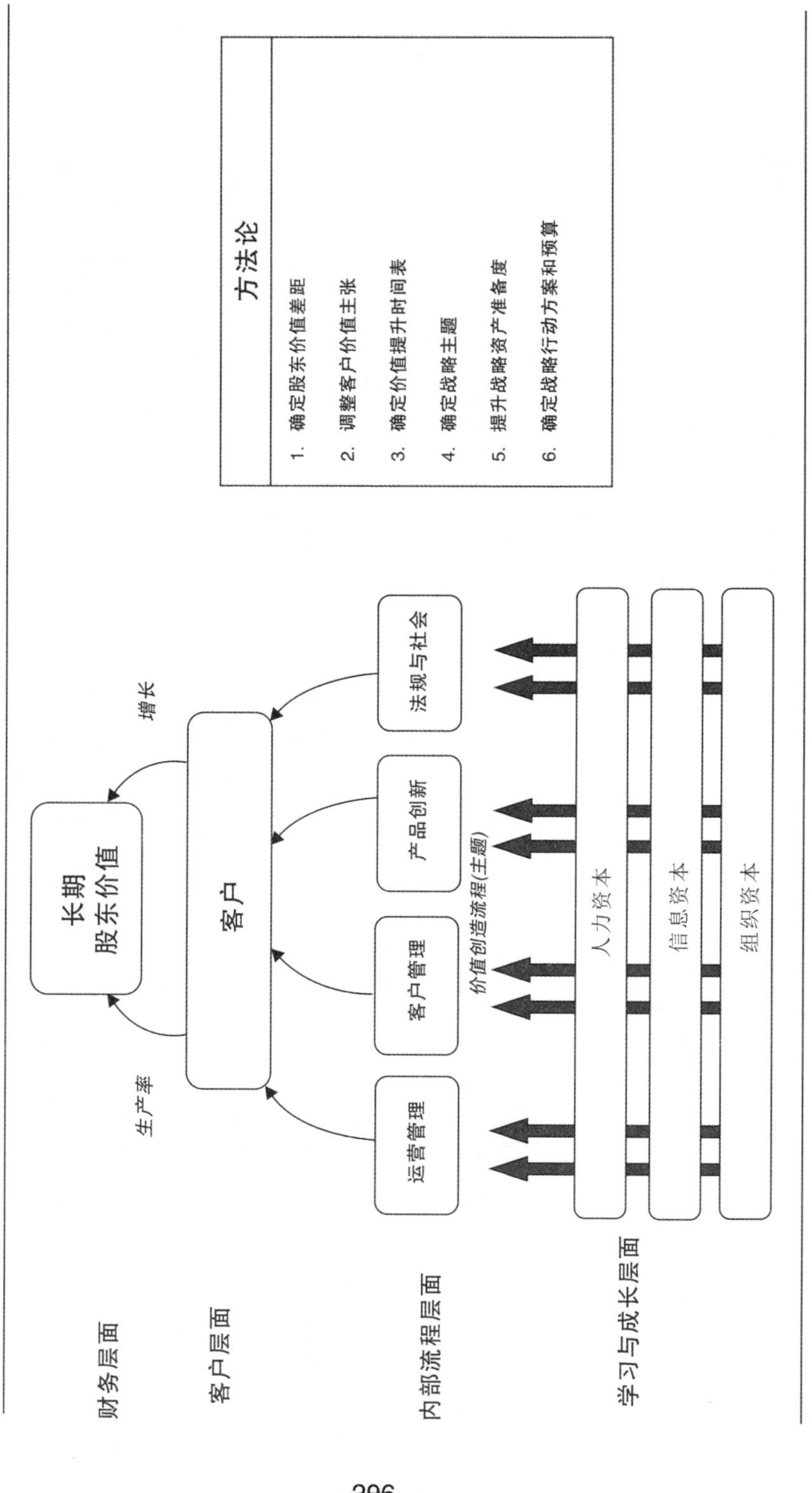

图 12-4 利用战略地图规划战役

（4）确定战略主题。

把价值差距分配到各战略主题。

（5）提升战略资产准备度。

确定在人力资本、信息资本和组织资本方面的准备度差距。

（6）确定战略行动方案和预算。

为战略行动方案安排预算。

这些流程为企业战略地图和平衡计分卡中的每个战略提出了一组包括目标值、行动方案和资源在内的行动计划。我们使用第七章和第九章的消费者银行案例研究来例示六步骤方法。

第一步：确定股东价值差距

（1）确定高层的财务（或使命）目标和指标。

（2）确定目标值和价值差距。

（3）把价值差距分配到增长和生产率目标。

财务层面，战略地图始于创造股东价值的两个财务目标：长期收入增长、从生产率提高获得的短期收入。图12-5显示了消费者银行的财务目标。顶层的股东目标是“显著提高每股收益”。这一目标的挑战性目标值是“5年内净利润提高到1亿美元”。挑战性目标值产生了价值差距——未来期望和当前现实的差异。价值差异向整个组织宣传了巨变的必要性，因为挑战性目标值不可能仅仅依靠持续改善来实现。

确立价值差距的大小是一门艺术。管理者必须权衡来自显著提高股东价值这一挑战的利益与可能实现的现实。一个不切实际的挑战性目标值不仅无法激励员工，而且实际上可能使员工失去动力，员工会认为管理者不是脚踏实地，而是想入非非。

当管理团队把总的价值差距分配给不同的次级财务目标时，可行性试验的第一步就发生了。消费者银行设计了三个次级目标来支持收入增长这一高层目标：①“降低单位客户成本”的生产率次级目标；②“提高单位客户收入”的增长次级目标；③“增加和保留高价值客户”的另一个增长次级目标。这三个次级财务目标的目标值是：

（1）把单位客户年成本从100美元降至75美元。

（2）把单位客户年收入从200美元提高到300美元。

（3）把高价值客户从20万个增加到60万个。

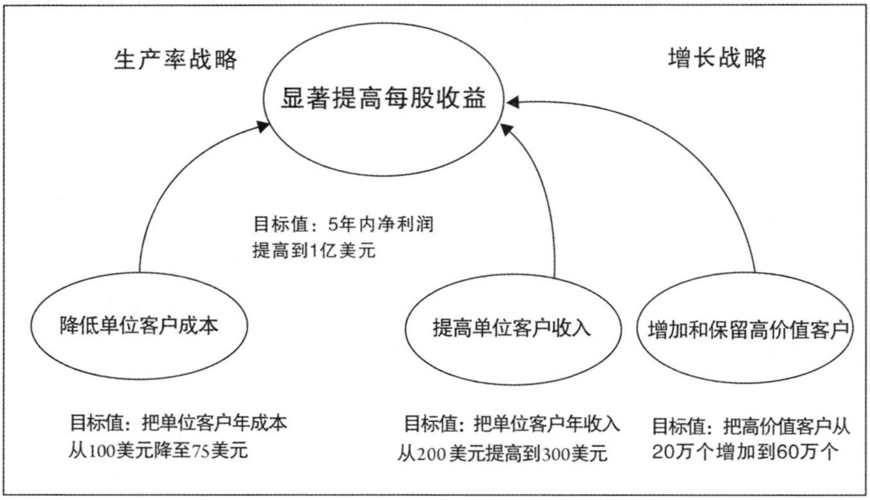

图 12-5　案例研究：确定消费者银行的价值差距

如果消费者银行能在5年内实现次级财务目标的目标值，它就可以实现"净利润提高到1亿美元"的目标。尽管这一高水平安排为细分总的挑战性目标值提供了一些突破，但是公司中很少有人了解三个次级财务目标值如何实现，甚至是否能被实现。这就需要发挥战略地图其他三个层面的作用。高层财务目标值决定了战略的其他方面如何被界定。在完成了其他三个层面的目标和目标值后，管理层可以得出结论，财务目标值无法实现并且必须被修改。因此，高层股东价值目标值的细分要求几次反复。另外，设计企业的挑战性目标值将激励企业基层的创新思考，引导它们的业绩水平快速超越过去。创造财务业绩的价值差距可以激励管理者和员工共同思考这样一些问题：如何从根本上加强客户关系、内部流程以及人力资本、信息资本、组织资本，以获取期望的业绩水平。

第二步：调整客户价值主张

（1）明确目标客户群。
（2）阐明客户价值主张。
（3）选择指标。
（4）使客户目标和财务增长目标协调。

成本和生产率改善相对容易确定和计划。毕竟，企业目前的花费是显而易见的，可以作为与其他企业成本流程比较的基准。因此，成本和生产率改善的机会应该是切实的。比较困难的是如何实现收入增长目标值。收入增长要求明确地关注目标客户群，包括向既有客产销售更多产品和向全新客户销售产品。这样的增长不可能自发完成，或仅仅因为公司已经批准了一个基于电子表格软件的财务计划而实现，该计划假设年收入增长11%。公司必须确定目标客户群体的价值主张，以实现期望的收入增长。

图12-6说明了消费者银行在市场上的变化。为了实现提高单位客户收入的目标值，消费者银行计划让它的员工成为可信赖的金融顾问，帮助客户制订和实施长期财务计划。在构建这些关系时，消费者银行应该主动向客户介绍一个量体裁衣的集成服务包，而不是像过去那样坐等客户申请个别产品和服务。消费者银行过去的战略吸引了交易型（群体A）客户，这些客户仅仅在他们需要时才使用很小一部分银行服务。大多数客户（大约70%）在信用卡、抵押、投资、退休计划和保险等方面使用了其他金融服务提供商。通过对关系型（群体B）客户提供交叉销售多样化集成服务，消费者银行将提高单位客户收入。消费者银行制定了目标值，5年内70%的客户将基于关系价值主张。客户视角以及新目标客户群的确定，使交叉销售既可信又高效的价值主张，以及客户保持率和交叉销售目标值，成为内部层面及学习与成长层面中目标、目标值和行动方案的关注焦点。

第三步：确定价值提升时间表

（1）确立实现成果的时间表。

（2）把价值差距分配给不同主题。

图12-7显示了消费者银行的价值时间表，即如何通过不同的内部流程在整个时期内创造价值。战略实施的总时间为5年。运营管理流程将减少单位客户成本。这个战略的主要影响在前两年可以显现出来，两年内单位客户成本从100美元降至80美元。如果这一目标值实现了，公司净利润在前两年内将翻一番，从0.2亿美元增加到0.47亿美元。客户管理流程可以增加关系型（群体B）客户的数量。虽然每年收入都有增长，但是较大的增长出现在第3年，净利润将从第2年的0.47亿美元激增到0.96亿美元。创新流程引进新的产品和服务，最终使单位客户年收入从200美元增加到300美元。开发新产品需要2～3年，因此创新流程的影响主要体现在第三年、第四年、第五年。到第五年，战略的每个部分都已完成，帮助消费者银行实现甚至超过最初制定的净利润超过1亿美元这一富有进取心的挑战性目标值。把挑战性目标值分配给不同内部流程的做

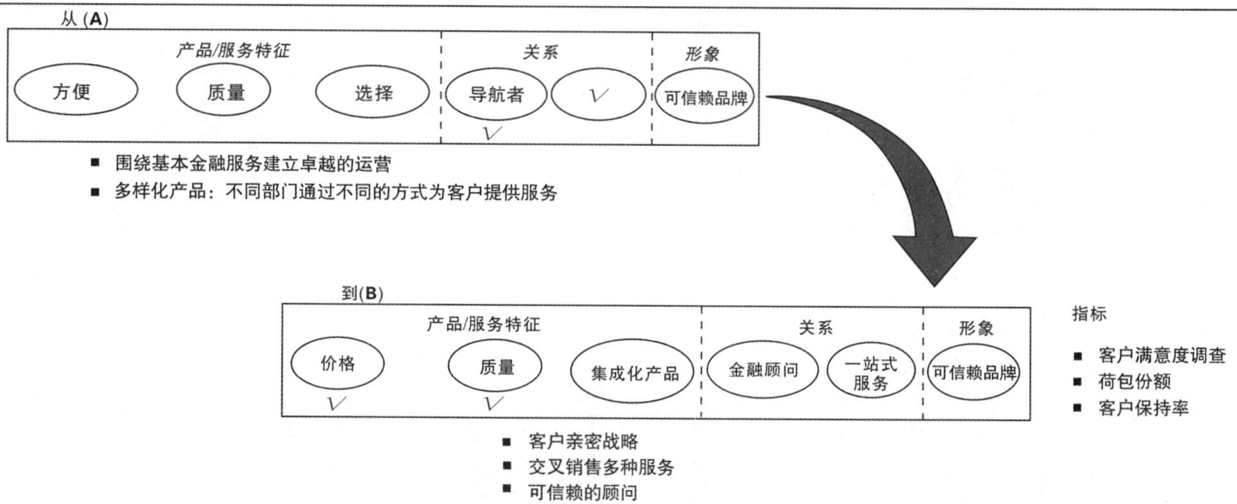

客户细分		
细分	现在	5年后
(A)交易型	70%（140 000）	30%（180 000）
(B)关系型	30%（60 000）	70%（420 000）

图 12-6　案例研究：消费者银行调整客户价值主张

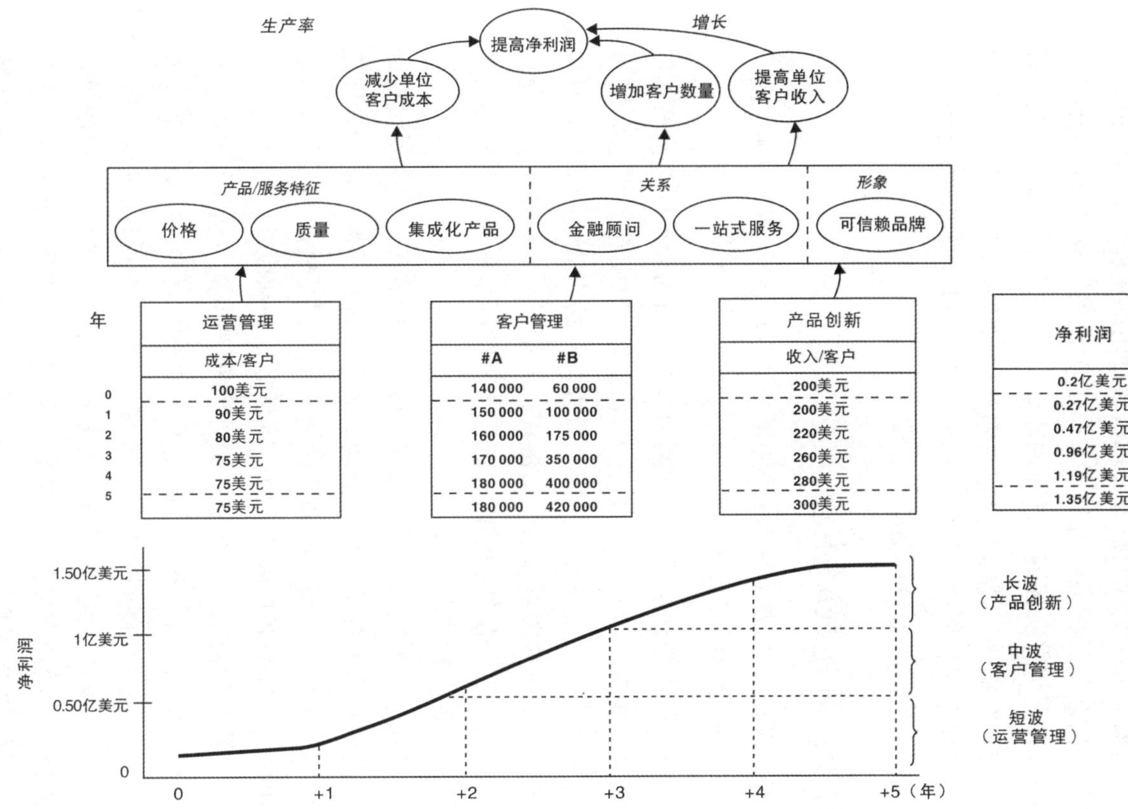

图 12-7 构建消费者银行的价值时间表

法，帮助每个人认识到目标值是可以实现的，而且5年中每年的收入增长都在计划之内。

把高层财务目标值细分为具体内部流程的目标值允许在更低层次进行可行性实验。现在，公司可以评估财务层面（非营利组织和公共部门是利益相关者层面）的高层目标值是否可以实现或是否需要进一步细分。根据我们的经验，某些看起来不可能实现的财务目标值通过内部流程层面目标值的综合，最终能被实现。当财务目标最初宣称“双倍股东价值”或“将净利润提高6倍”时，公司内所有人都有所怀疑。这样的业绩水平在过去永远不可能实现，将来又有什么不同呢？财务目标值本身很难内在化和产生激励作用。只有将财务目标值分解为内部流程和战略主题的目标值，并与具体的时间框架相联系，公司的所有人才能坦然对待总目标值的可行性。

第四步：确定战略主题

（1）确定对战略实现有重要影响的少数关键流程（战略主题）。

（2）设定指标和目标值。

客户价值主张确定了公司如何为客户进而为股东创造价值；价值时间表描述了这个价值如何在计划内通过内部流程得以实现。尽管大部分公司必须认真对待所有流程，但是并不是所有流程都对特定战略的成功具有决定性作用。第四步确定了少数关键价值创造流程，希望对客户价值主张和财务效率目标产生极大影响。这一步使关键内部流程（驱动因素）与实现财务与客户目标（结果）的目标值保持协调一致。

图12–8总结了消费者银行选择的价值创造流程。消费者银行为了满足既有客户的需求和为财务层面提供预期的效率，选择了两个运营管理流程：“提供快速反应”（以要求履行时间来衡量）允许银行转向网络自助服务技术；“问题最小化”在提高客户满意度时，降低差错率和成本。

客户管理流程把客户基础从交易型/便利型购物者（群体A）转变为关系型客户（群体B）。消费者银行确定了三个关键流程：“了解细分客户”（客户选择）把重心放在阐明客户价值主张、细分市场和在目标市场向潜在客户宣传信息上；“转向合适的渠道”（客户获得率）是银行选择的第二个关键客户管理流程，电话销售战役已经使客户从老式的“公章印泥式”业务处理转向更节省成本的“点击式”方法；第三个流程——“交叉销售产品线”（客户增长），其衡量指标为单位客户产品数量，它关注那些能为客户提供全面服务的关系管理流程。

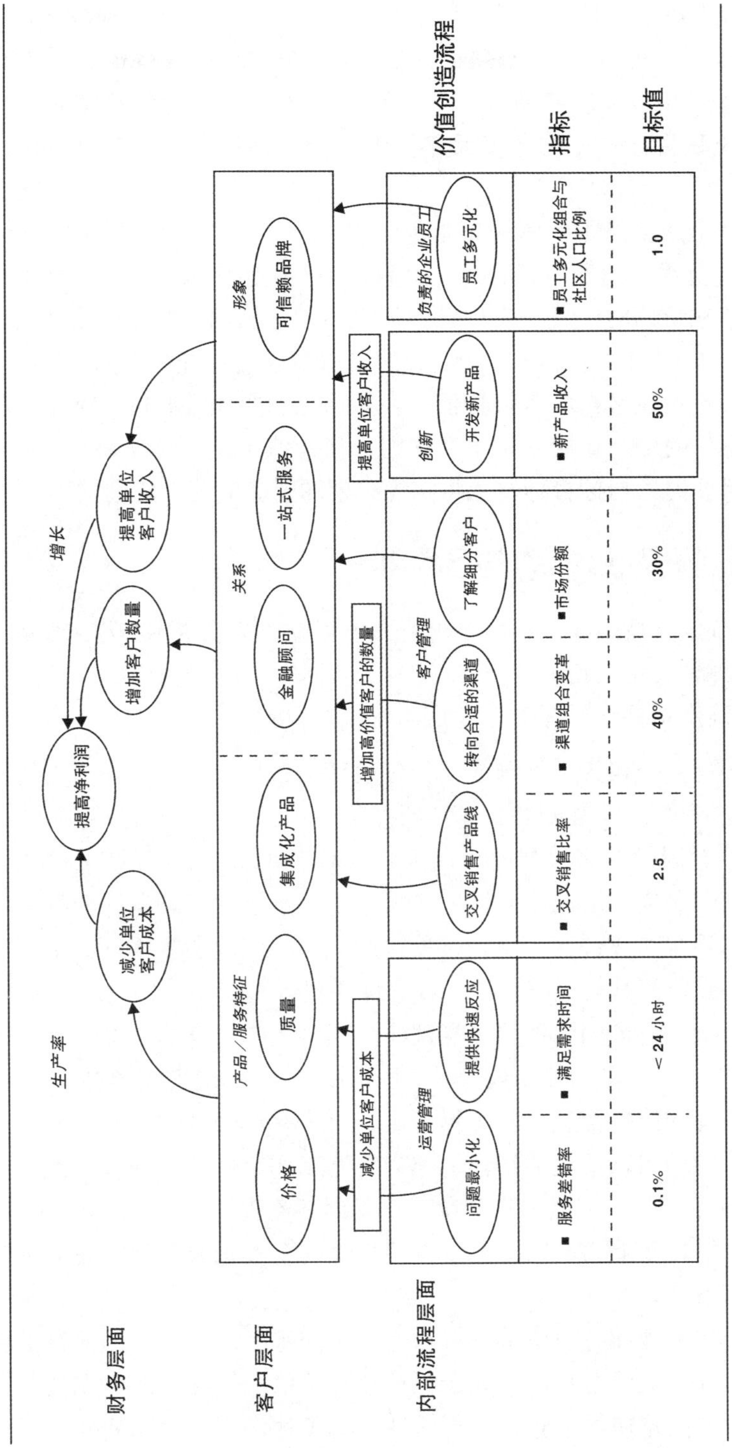

图 12-8 案例研究：确定消费者银行的价值创造流程

创新流程的目标值——把单位客户收入提高50%，要求银行开发出额外服务，使销售代表可以销售给目标（关系）客户。银行选择的“开发新产品”（创新流程）将以“新产品收入”来衡量。最后，银行确定了一个关键的法规与社会流程目标——构建多元化员工队伍，来反映其经营社区内的人口构成情况。

因此，第四步说明把净利润提高1亿美元的消费者银行战略如何被分解为7个价值创造流程。消费者银行为7个流程指标设定目标值，并进行了可行性实验，这对于在价值时间线内实现目标值足够了。例如，30%的市场份额、客户人均2.5个产品的交叉销售比率和40%的渠道组合变革将在目标客户群中产生预期收入，实现单位客户收入目标值。在战略地图中相关联的目标、指标和目标值可以使消费者银行确定和测试高层财务目标值（5年内把净利润提高到1亿美元）与一组非财务指标目标值（将实现预期的财务业绩）之间的因果关系。

第五步：提升战略资产准备度

（1）确定支持战略流程所要求的人力资本、信息资本和组织资本。

（2）评估支持战略的资产准备度。

（3）确定指标和目标值。

在第五步，公司为学习与成长目标设计了目标值，学习与成长目标为人力资本、信息资本、组织资本和无形资产创造准备度并使其协调一致。图12-9描述了消费者银行的学习与成长目标。针对第四步中确定的7个价值创造内部流程，管理团队提出了两个问题：①哪些工作组群对管理这一流程是关键的？②哪些信息系统对改进这一流程是关键的？这些问题的答案确立了开发人力资本和信息资本并使其与战略协调一致的优先任务。

根据上例，管理团队把质量经理作为战略工作组群的一部分，用来管理运营管理流程，以实现“问题最小化”。同样地，也确定了事故追踪系统作为这个关键流程的战略信息技术应用程序。对于客户管理流程的“转向合适的渠道”目标，管理团队把电话销售员作为战略工作组群的一部分，把客户关系管理/线索管理系统作为战略信息系统。对于创新流程的“开发新产品”目标，战略工作组群是那些能为新产品开发寻找伙伴的合资企业经理，而关键信息系统是项目管理系统。

对于文化、领导力、协调一致和团队工作等组织资本，消费者银行设定了两个文化目标：关注客户，致力于银行核心价值。领导力的优先任务是使银行的领导能力与战略协调一致。个人协调目标关注两个方面：战略意识——每个

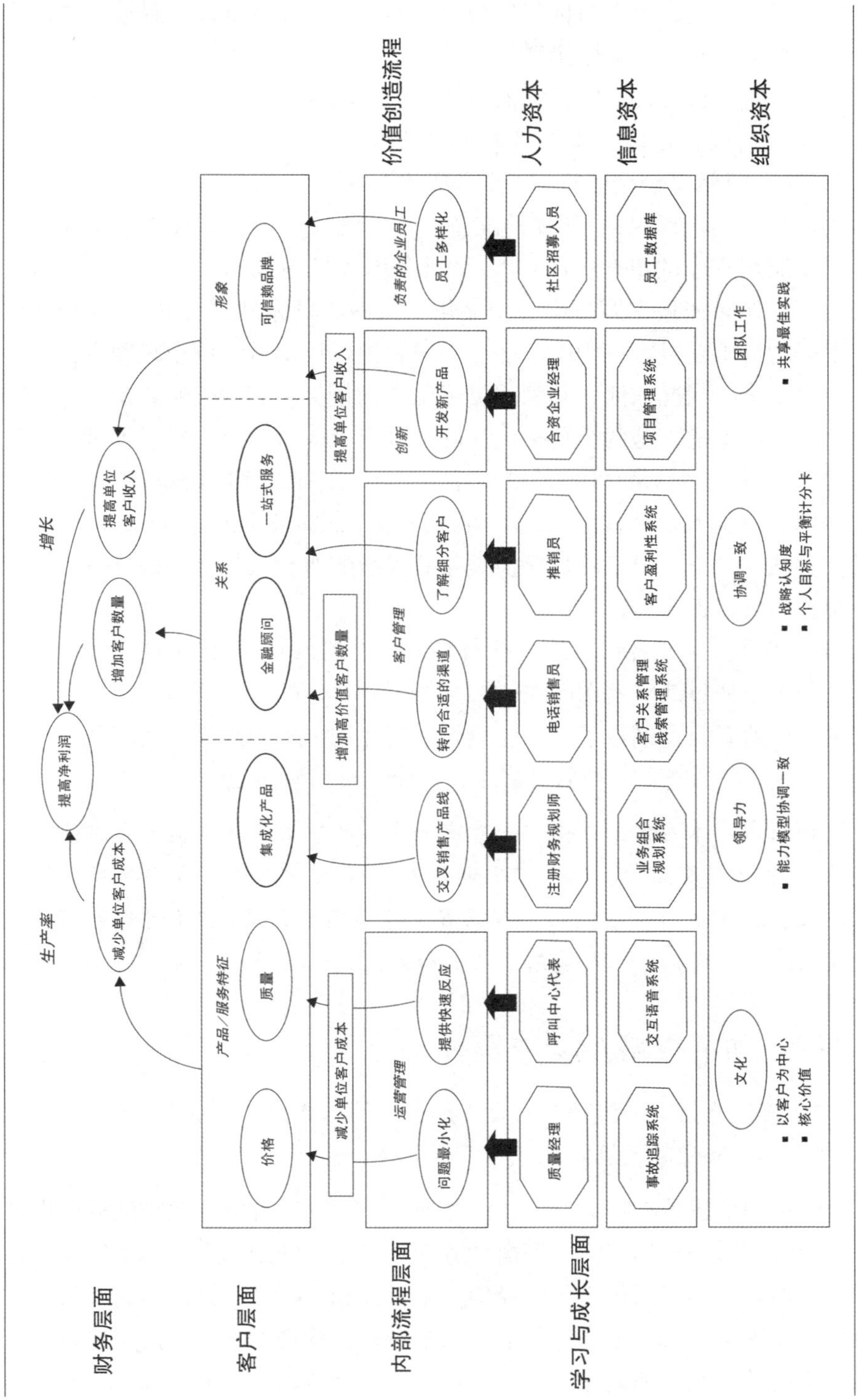

图 12-9 确定消费者银行的战略资产准备度

人理解战略的程度，个人目标与平衡计分卡协调一致的程度。最后，团队工作目标是在整个企业内共享最佳实践。

为学习与成长目标设定目标值所使用的方法与其他三个层面所采用的方法不同。学习与成长目标为了促进关键内部流程的改进，必须处于高准备度状态。图12-10显示了消费者银行选择的指标。对于人力资本，目标值是为实现战略工作组群的选择提供100%的准备度（见图12-9）。同样地，也要为战略信息技术应用程序的组合提供100%的准备度（见图12-9）。消费者银行通过直接的客户调查衡量“客户中心型文化”指标。目标是要100%的客户相信消费者银行的员工是以客户为中心的。消费者银行运用员工调查来确定其领导者满足能力要求的状况如何，并利用员工调查衡量员工的“战略意识”——70%和90%的目标值是为这两个目标设计的。设定个人目标流程应保证员工与战略的协调一致性。目标是100%的员工个人目标与平衡计分卡相联结。最后，消费者银行通过引入知识管理系统（Knowledge Management System，KMS）来提高最佳实践的分享；设定的目标值是相关组织的所有人都是知识管理系统的积极使用者和贡献者。

图12-9反映消费者银行的完整战略地图。图12-10描述了补充战略地图的平衡计分卡。通过战略地图的逻辑关系拓展到具体的人力资本、信息资本和组织资本，消费者银行创造了一个完全与战略协调一致的组织。战略既是可理解的又是可执行的。正如一位管理者在这一流程结束时所说：

> 在加强客户体验方面，我们一直有着这样的战略目标：提升员工能力和对信息技术给予更多投资。但是，当面临短期收入压力时，这些项目最早被砍掉。现在，我们所有人都明白，如果我们希望有任何实现5年财务目标值的机会，我们必须从现在开始对员工、系统和文化进行投资。

第六步：确定战略行动方案和预算

（1）确定支持业务流程和开发无形资产的具体行动方案。

（2）明确和保障预算需求。

战略地图描述了战略的逻辑，清楚地显示了创造价值的关键流程，以及支持关键流程所需的无形资产。平衡计分卡为战略地图的每个目标确定了指标和目标值。但是，不能仅仅因为已经确定了目标和目标值，就以为这些目标和目标值可以实现了。对于平衡计分卡的每个指标，管理者必须确定实现目标值所需的战略行动方案。他们必须提供成功完成每个行动方案的资源——人员、资

层面		战略目标	战略指标	目标值
财务层面		F1：提高每股收益 F2：增加和保留高价值客户 F3：提高单位客户收入 F4：减少单位客户成本	■ 净利润（与计划比） ■ 收入组合（按目标群体） ■ 单位客户收入 ■ 单位客户成本	+1亿美元 30%(A);70%(B) 300美元 75美元
客户层面		C1：成为可信赖的金融顾问 C2：提供卓越的服务 C3：客户保持率	■ 客户满意度（调查） ■ 荷包份额 ■ 目标客户保持率	90% 50% 90%
内部流程层面	客户管理	I1：了解细分客户 I2：转向合适的渠道 I3：交叉销售产品线	■ 客户份额 ■ 渠道组合变革 ■ 交叉销售比率	30% 40% 2.5
	产品创新	I4：开发新产品	■ 新产品收入（百分比）	50%
	运营管理	I5：问题最小化 I6：提供快速反应	■ 服务差错率 ■ 需求满足时间	0.1% <24小时
	负责的企业员工	I7：建设反映多元化的社区	■ 员工多元化组合与社区人口比例	1.0
学习与成长层面	人力资本	L1：保证战略工作准备就绪	■ 战略工作准备度	100%
	信息资本	L2：保证战略信息可利用性	■ 信息组合准备度	100%
	组织资本	L3：创造以客户为中心的文化 L4：组建领导班子 L5：组织协调一致 L6：共享最佳实践	■ 客户调查 ■ 360度调查（领导力模型） ■ 战略意识调查 ■ 个人目标与平衡计分卡协调一致（百分比） ■ 知识管理系统利用率/流通率	100% 70% 90% 100% 100%

图 12-10　消费者银行的平衡计分卡

金和能力。行动方案创造了结果，它们是成功战略执行的基础。

例如，消费者银行目前正面临着3%的服务差错率，导致许多重要客户流失。消费者银行设定了一个把差错率降到0.1%的目标值，确定了两个完成这个目标值的战略行动方案：安装一个新问题追踪系统，重新设计几个流程的前端。通过确定和管理这些行动方案，消费者银行不久就实现了差错率为0.1%的目标值。差错率的降低阻止了客户流失，并且成功地传达到了战略的各个部分。

为战略行动方案确定和提供资源的行动计划必须围绕战略主题（图12-9）保持协调一致，并且必须被视为一个集成化的捆绑式投资组合，而不是作为一组孤立的项目。每个战略主题应该代表一个独立的业务案例，企业围绕它们协调和整合流程和行动方案。图12-11描述了消费者银行其中一个主题的行动计划，该主题是“使客户转向合适的渠道”。这一主题要求一个吸引新客户的电话营销计划并使客户使用习惯转向技术支持的服务。这一主题影响了客户价值主张的一部分，具体地说，就是影响了金融顾问和一站式服务的关系。这一主题最初的财务影响是目标市场新客户的获得率。在这一主题下，要使电话营销流程获得成功，消费者银行必须提升相关工作组群——电话营销员的技能，为他们提供合适的信息系统，并重塑公司气氛。图12-11显示了帮助计划执行的平衡计分卡的部分指标和目标值。每个指标至少有一个帮助实现目标值所必需的战略行动方案。消费者银行详细说明了每个行动方案必需的资金和人员，以及主要负责管理行动方案和提交结果的员工（行动方案主管）。

考虑“使客户转向合适的渠道”这一流程。它的目标是实现40%的渠道组合转换，这需要三个战略行动方案：①电话营销战役；②潜在客户获得率；③直接邮寄支持系统。这一主题还需要一个开发具体营销技能的培训计划、几个新信息系统，以及一个征求客户反馈意见的新调查工具。

每个行动方案对整体成功都是必要的。行动方案集合所要求的资源必须被看作一组绑定的投资组合，而不是独立的改进计划。今天，有很多企业孤立地按照职能区域看待投资和行动方案。信息技术投资的审查与人力资源投资相互割裂，对二者的审查又与营销和实物能力投资相分离。这种割裂的方法不利于战略的成功实施；每个战略行动方案只是复合处方的一个组成部分，该处方的成功有赖于各行动方案同时发挥作用。这又从另一个方面解释了为什么试图把全面价值创造归因于个别的人力资源或信息技术投资是无效的。价值通过一套集成化的流程得以创造，而每个流程又有几个集成化的行动方案支持。消费者银行渠道组合主题的目标值是在5年内把客户基础从20万个提高到60万个。客户基础增长每年贡献了大约6 700万美元，大约是整个财务目标的2/3。把有形的财务结果与全部行动方案的必要投资（图12-11中的$MMM）联系起来创造战略主题：“使客户转向合适的渠道”

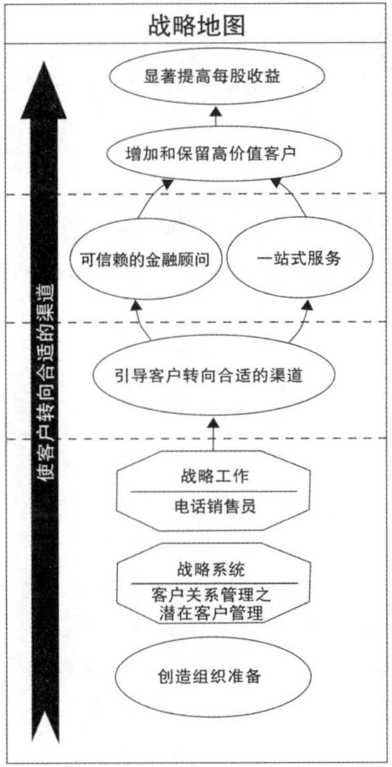

平衡计分卡		行动计划	
指标	目标值	行动方案	预算
■ 净利润增长（营业额） ■ 收入组合（关系型客户）	+1亿美元 +0.67亿美元 70%	■ 客户盈利性数据库	$AAA
■ 客户满意度 ■ 荷包份额	90% 50%	■ 细分客户行动方案 ■ 改进的客户调查	$BBB $CCC
■ 渠道组合变革	40%	■ 电话营销战役 ■ 订单购物 ■ 直接邮寄支持	$DDD $EEE $FFF
■ 战略工作准备度	100%	■ 电话销售员技能培训计划	$GGG
■ 信息系统可利用性	100%	■ 客户关系管理系统展示	$HHH
■ 以客户为中心的文化认知度 ■ 领导力调查 ■ 战略意识 ■ 共享最佳实践	100% 70% 90% 100%	■ 内部培训 ■ 领导力开发项目 ■ 员工团体 ■ 每周员工会议	$III $JJJ $KKK $LLL
		总预算	$MMM

图 12-11　案例研究：消费者银行的战略行动计划

了财务业务案例，这些投资加强了关键内部流程并支持了无形资产。战略地图的因果逻辑关系使这种联系更清晰。

本章小结

通过对企业战略提供清晰而又全面的描述，战略地图强化了管理者执行战略的能力。如果你不能衡量，那么你就不能管理；如果你不能描述，那么你就不能衡量。战略地图解决了这一难题，它提供了一个简单到只有一页纸的描述框架，反映了战略结果目标和驱动因素目标之间的因果关系。接下来，战略地图中目标的文字声明被转化为平衡计分卡的指标、目标值和行动方案。战略地图和平衡计分卡可以帮助公司内所有人对战略达成共识。对于本书中的很多公司来说，战略地图通过将管理流程和清晰界定的战略联结起来，促进了业绩突破。

然而，战略地图本身只是战略的静态体现，它确定了价值创造的成果和驱动因素。本章描述了战略地图如何作为一个动态管理工具来使用。设定目标值为战略增加了时间和速度维度。目标值确定了必须缩小的业绩差距，以及变革必须发生的时间范围。在战略地图中设定目标值和确定目标值成功的驱动因素，允许战略进行可行性实验。

制订战略行动方案是缩小目标业绩和当前业绩之间差距所必需的行动。行动方案是变革的最终驱动因素。业绩目标不能单靠衡量来实现。执行战略要求积极管理行动方案。整合战略地图指标、目标值和行动方案为价值创造提供了一个完整的描述，也就是说，提供了对公司战略及其成功执行的完整描述。

本章的美国陆军案例研究，阐明了一系列挑战，如捕捉冲突、并存的战略维度、为短期任务做好准备，以及转向应对未来威胁和承诺所必需的新能力。

注释：

[1] Robert S. Kaplan and David P. Norton, *The Strategy-Focused Organization: How Balanced Scorecard Companies Thrive in The New Business Environment* (Boston: Harvard Business School Press, 2001):73-75.

案例研究

美国陆军

历史上，有几次事件使我们突然看到了呈现在我们面前的挑战。过去几年的事件已经创造了罕见的机会。现在，我们清楚地看到了挑战——我们正在面对它们。

——托马斯·E. 怀特
美国第18任陆军部长

背景

“9·11”事件、全球反恐战争，以及陆军正在转为更轻便、更机动化军事力量的变革为平衡计分卡在陆军的实施奠定了基础。为了将军事行动力量和公共机构转型为目标军事力量，陆军已于几年前开始了这项长期、复杂的任务。目标军事力量就是适应未来的全方位军队，它可以充分发挥技术优势和组织弹性的作用。同时，陆军支持全球反恐战争，这是一种新型的战争，需要充满活力的军队、后备军、国民警卫队，以及盟军和合作伙伴的配合。维持军队士气及官兵的家庭幸福是陆军始终如一的优先事务。

自从1963年开始报告和监督军队准备度以来，陆军一直使用着相同的信息系统。该系统没有为陆军状况提供一个全景，它依靠滞后指标和常常过时的数据。国家军队战略的快速变革需要和地面战斗力量作用的日益上升促使陆军采用一种新型的方法来报告准备度。挑战为陆军创造了战略准备度的全面视角，它可以为领导层传递关于陆军满足今天和未来需要的能力。陆军决定开发一种新的准备度报告系统——“战略准备度系统”（Strategic Readiness System，SRS），并以平衡计分卡为基础。

陆军计分卡的战略结构

项目团队修订了通用战略地图，反映了陆军是使命驱动型组织。战略地图把使命放在最上部，把财务层面作为驱动因素和促成因子放在底部，使完成使命成为可能（见图12-12）。客户、内部流程、学习与成长层面继续保留，但是有的改变了名称，如“客户”在这里变为“利益相关者”。

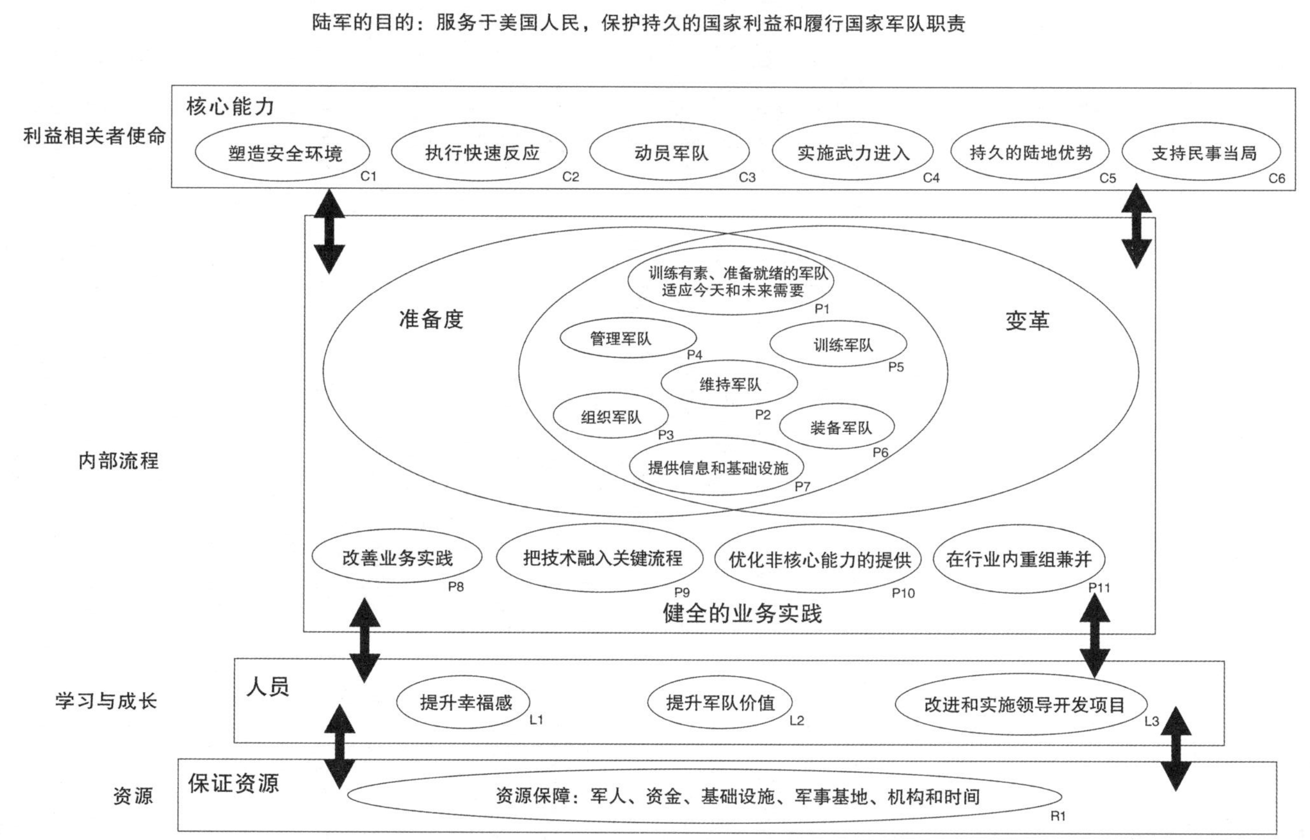

图 12-12　美国陆军的使命地图

当多个层面组成陆军计分卡框架时，战略地图中的主题可以捕捉到陆军的优先任务。陆军领导层，不管是在会见中或是在国会听证中，都把军人、准备度和变革作为明晰的优先任务。军人是陆军的基石——军人及其家庭的幸福对于使命的完成至关重要。当前的准备度对于陆军满足国家国防战略的直接需要是至关重要的。变革是保证陆军在新的安全环境中处于卓越地位的改革努力。健全的业务实践主题传达了实践的标准，确保所有流程高效和资源优化利用。核心能力勾画了陆军无论何时都必须履行国家军队责任的能力。最后，资源保障强调了执行以上所有各项所需资源的获得和运用。

战略地图

1. 利益相关者层面

美国人民、总统、国防部长、国会议员和战斗指挥官都是必须考虑的关键利益相关者或客户。他们想从陆军那里得到什么？由于未来防御要求的不确定性，这个问题难以回答。利益相关者希望看到一支训练有素、准备就绪的军队。然而，主要的问题仍然存在：为什么训练和准备？准备到什么程度？为何种类型的战斗准备？

最后，领导层重新确定了一组核心能力，陆军为满足利益相关者要求必须精通各种能力。这些能力已经在陆军文件（陆军计划和项目指南）中得以明确。如果陆军在每个能力中都能保持卓越，主战区作战、多战区需求、维和支持、盟军合作以及对国内灾难做出快速反应等要求就会得到满足。

2. 内部流程层面

内部层面包含了战略执行的挑战，它阐明了长期变革战役计划中界定的当前准备度和未来准备度之间的关系。最终目标是转型为未来目标军队，但是这一目标必须与维持当前的准备度以支持全球反恐战争这一优先任务平衡。平衡计分卡有助于监督延迟变革与折中之间的战略权衡。延迟变革是为了满足当前准备度的要求；对当前准备度的折中可以确保朝着实现变革战役的方面持续前进。准备度和变革这两个主题可以被描述为相互交叉的圆环。美国陆军必须在它们之间保持适当的紧张和平衡，以保证可以获得训练有素和准备就绪的军队完成今天和未来的使命，并在需要时提供核心能力。

健全的业务实践的执行，通过提高陆军的总体效率在准备度和变革两个方面支持了内部层面。

3. 学习与成长层面

学习与成长的关键主题是军人及其家庭的幸福。士兵是军队的灵魂，陆军有必要为士兵及其家庭创造成长的环境。陆军价值必须渗透到整个军队的生活，而且各个层级都必须关注领导力的开发。

4. 资源层面

资源保障主题为战略地图提供了基础。实现使命和满足利益相关者要求的资源是成功的关键驱动因素。资源比财务的定义更宽泛，包括军人、资金、基础设施、军事基地、机构和利用资源的时间。所有这些必须提供给陆军，并为实现使命英明地投资。

影响

约翰·基恩（John M. Keane）是美国陆军的第29任副参谋长，他于2003年5月18日，也就是众议院陆军服务委员会准备度小组委员会召开之前，在一份陈述中概括了战略准备度系统的好处：

陆军战略准备度系统作为一个完整的战略管理和准备度评估工具在2002年10月开始实施。它为陆军领导层提供了准确、客观、可预见和可执行的准备度信息，极大地加强了战略资源管理。我们第一次拥有了陆军企业管理系统，它从现役军人和预备役军人两个方面整合了准备度信息，使陆军改善了对战斗指挥官的支持、对士兵及其家庭的投资，确定并采纳了合适的业务实践，把陆军转向目标军队。这一报告系统通过准确的信息收集明显地促进了准备度衡量，扩大了思考数据的范围。我们在影响准备度的议题成为问题之前将进一步查明它们。

本案例由平衡计分卡协会的劳拉·唐宁（Laura Downing）和帕特里西亚·布什（Patricia Bush）编写，并得到了美国陆军众多同行的大力帮助。

第五篇

案例集锦

THE CASE FILES

第十三章

私营企业

我们在本章将介绍私营服务企业战略地图的三个案例。其中两个——西北互助基金（Northwestern Mutual）和通用媒体（Media General），在引入新战略时应用了平衡计分卡。西北互助基金正在进行战略转型，从通过职业销售队伍提供优质保险产品的传统战略转向为其终端客户提供综合性安全金融产品的新战略。通用媒体公司已经从报纸发行人的传统角色转向拥有多种发行物、广播和电子媒体端口的区域性媒体中心。该公司希望通过“集中”战略从不同媒体业务中获得协同效应。“集中”是指在既定的市场协调不同媒体以提供高质量信息，这种信息基于综合和统一的视角，可以防止每个媒体追求局部最优。两家公司利用战略地图来澄清、沟通新战略，并使其与组织保持协调一致。

沃尔沃财务公司（Volvofinans）利用战略地图解决了一系列管理问题，如员工缺乏对公司战略的理解、员工满意度和忠诚度的持续降低。战略地图所提供的明晰性可以快速提高员工士气，从而获得较高的客户和财务业绩。

西北互助基金

背景

西北互助基金是美国最悠久和最受尊敬的公司之一，总部设在密尔沃基。总部及各分支机构为满足投保人和客户对金融产品保全、资本积累、不动产保值和资产分配的需要，提供了保险、投资产品和咨询等服务。自1857年建立以来，驱动该公司强大价值体系和诚信文化的核心前提是，为客户提供最优服务。作为一家基金公司，西北互助基金公司没有股东，它直接面向自己的300万名客户。公司经管互助基金的方法——长期投资战略和密切关注经营基础，帮助其在国家四大评级机构中保持最高的财务实力等级。2003年，西北互助基金希望在支付红利方面，继续保持其在个人寿险公司中的领先地位。

现状

西北互助基金传统业务模型的构建前提是，通过财务代表这一单一职业销售队伍为客户提供卓越的人寿保险和少数辅助产品。虽然公司销售投资产品已有数十年，但是其基本重点仍然是销售风险基础的保险产品。然而环境已经发生了改变。20世纪90年代中后期，公司拓展重点业务领域以应对投保人和客户日益增长的需求，以及投资市场日益加剧的流动性。上述环境变化也导致政府于1999年颁布实施《金融服务现代化法》，以规范保险公司、银行和其他金融机构之间的直接竞争。目前，西北互助基金的战略是：通过提供包含保险和投资产品的一体化解决方案，帮助客户实现财务安全。2001年，埃德·佐尔（Ed Zore）出任公司CEO，他不仅投资学功底深厚，而且有一个坚定的信念——员工敬业度及衡量指标体系对公司未来的成功是至关重要的。

战略

西北互助基金的战略重点是为满足更多投保人和客户的需求而增加核心保险业务和拓展投资产品业务。公司的愿景是充分发挥传统优势的作用——建立持久的关系、提供专家咨询和高附加值产品等，成为帮助客户实现终生财务安全的领先公司。公司将构建一个联合工作模式——“专家网络”，该模式促使传统的人寿保险销售队伍在必要的时候，利用产品和投资专家来满足客户日益复杂的财务安全需要。这个战略要求公司平衡其愿望——在为满足更多投保人和客户需求而提高能力的同时，继续巩固使其在人寿保险领域居于领先地位的经营基础。

西北互助基金把平衡计分卡视为沟通和监控战略成功的工具，平衡计分卡框架也为推动佐尔的目标（提高员工敬业度并转向以绩效和衡量为基础的企业文化）提供服务。

战略地图

为客户提供最优服务是西北互助基金的工作重心。该公司的首要财务目标是以分红能力和杰出财务实力的形式为投保人和客户提供强大的产品价值（见图 13-1）。这一主要财务目标得到四个其他目标的支持：两个处理保险和投资产品收入增长；两个再次强调公司致力积极管理其运营基本面，比如死亡率和发病率、运营费用和投资结果等。

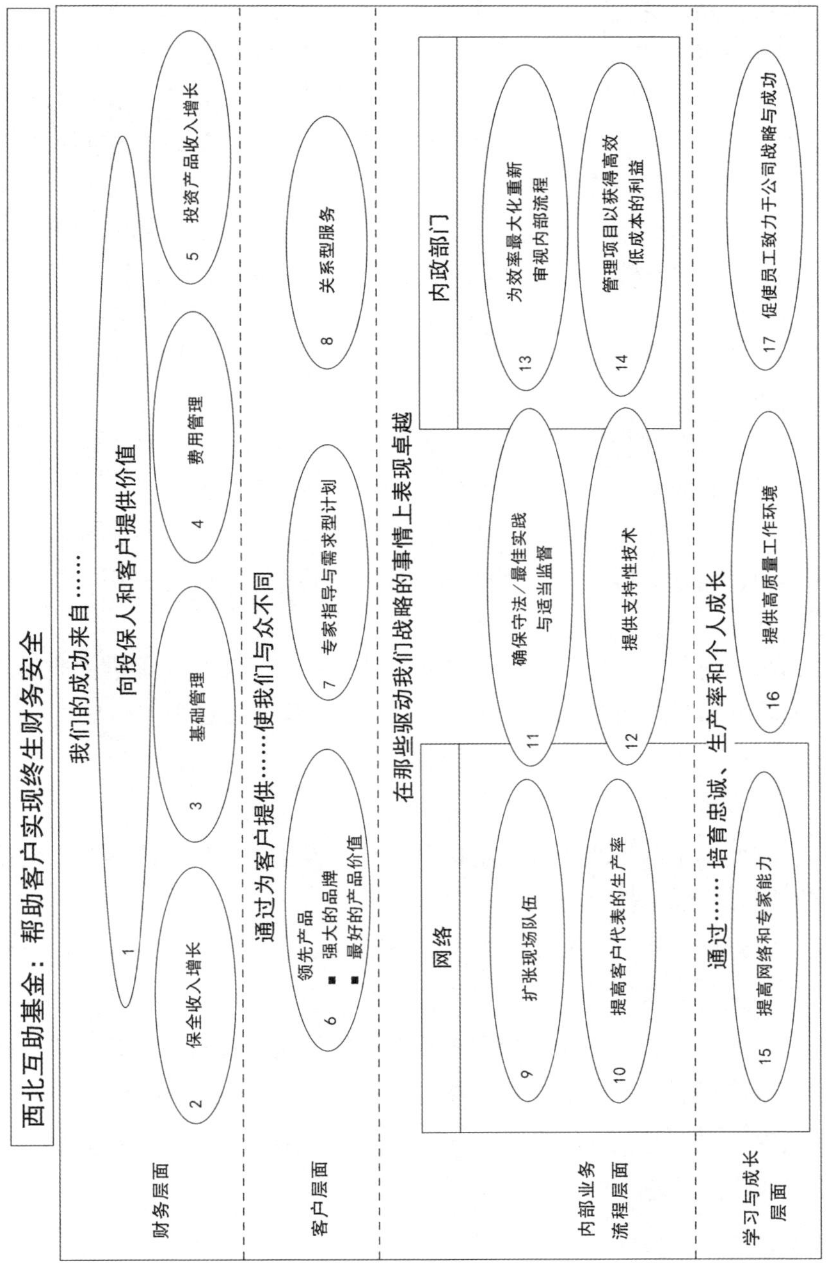

图 13-1 西北互助基金的战略地图

西北互助基金战略地图的客户层面描述了公司如何在激烈的竞争中实现差异化。公司的目标之一是使投保人和客户继续视其为提供领先产品和关系型服务的世界级公司。它也强调专家建议和满足客户广泛财务需求的需求型计划。负责计划和技术的执行副总裁戴博拉·贝克（Deborah Beck）指出："我们的现场员工在进行基于需求的分析和规划方面有着悠久的历史，我们的战略追求充分发挥这种实力的作用，以便我们通过强有力的综合规划方法满足客户保险和投资的更多需求。"

西北互助基金的内部流程层面以两个基本主题为中心。第一个重点流程是帮助公司拓展"专家网络"。例如，为了使"网络"更坚固，公司将通过招聘、保留和加强财务代表生产率等方式来扩大其独有的销售队伍。进而，这些目标将被学习与成长层面的"网络"目标促进，以提高专家能力并鼓励其对复杂个案的协同工作。

另外一个内部流程主题关注那些奠定公司运营基础的部门。公司希望员工采用更新、更有效的工作方法管理公司项目，以获得最大利益。

公司有一个法规流程目标，该目标由网络和内政部门共享，来确保遵守法律这一项工作重点。另外一个网络和内政部门共享的目标是采用与战略协调一致的新技术。

公司将通过使员工置身于公司的成功战略中以及为员工提供优质的工作环境，从而培养出员工对公司的忠诚度，提高生产率，促进个人成长。

逸闻

西北互助基金的高级管理层正把平衡计分卡作为一种管理机制，促使公司每季度定期讨论战略执行情况。正如贝克所说：

平衡计分卡的美妙之处是它与本公司的客户关系和价值体系有较好的契合度。与一些公司不同，我们从来不把诸如股票价值和季度结果等短期财务指标作为重点；相反，我们尽量从长期角度来做决策，并把重点放在能满足投保人和客户需求的财务与非财务两个方面。平衡计分卡帮助我们做到了这一点。

在加强员工与公司战略的密切联系这场重要战役中，西北互助基金采用公司计分卡作为一项基本要素。贝克说：

当埃德·佐尔出任公司CEO时，他尽力使员工达到最优。当员工能更好地想象他们对促进公司战略目标实现的作用时，我们相信平衡计分卡使我们到达了另一种境界。

西北互助基金已为它的业务部门和后勤部门设计了平衡计分卡框架，也为各部门委派了平衡计分卡专家，用来解释平衡计分卡概念并使其深入人心。

平衡计分卡也已成为西北互助基金公司年规划周期的可视化部分，所有新的基金项目提议都与公司战略目标联结。现在西北互助基金公司已经取得了收获，在使各个项目与平衡计分卡协调一致的一年中，满足范围、进度和预算目标要求的项目数量已上升了21%。

2003年，西北互助基金开始进行一系列衡量员工能力和忠诚度的调查。最近的调查显示，“能理解公司业务方向并能看到自己的工作与公司目标的联结”的员工数量已有大幅增加。平衡计分卡是产生这个结果的根本原因。

本案例由平衡计分卡协会的阿伦·丁戈拉（Arun Dhingra）和西北互助基金的戴博拉·贝克编写。我们也感谢埃德·佐尔与我们分享西北互助基金公司的经验。

沃尔沃财务公司

背景

沃尔沃财务公司创立于1959年，总部设在瑞典的哥德堡，是瑞典领先的汽车融资公司，2001年总贷款达235亿瑞典克朗（27亿美元）。这家规模虽小但威力巨大的公司有190名雇员，其使命是：在瑞典，通过提供金融产品和销售来支持沃尔沃和雷诺汽车的销售。福特国际信用公司拥有其50%的股权，瑞典沃尔沃代理商拥有另外50%的股权。代理商既是公司的客户又是公司的所有者。其他客户包括汽车销售大户（经营50多家公司的汽车商）和那些追求有吸引力购车融资条款的个人客户。

现状

1996年，沃尔沃财务公司的管理层意识到公司职员之间对公司愿景缺乏共识。调查揭示了忠诚度和满意度降低以及各层级对公司目标缺乏认识。公司希望寻找一种工具，用来促使员工支持公司总体使命——通过对代理商、个人客户和公司提供有吸引力的竞争性融资销售解决方案来促进沃尔沃和雷诺汽车在瑞典的销售。受瑞典保险公司斯堪的亚集团（Skandia Group）运用平衡计分卡的经验以及《哈佛商业评论》关于该主题文章的激发，沃尔沃财务公司当时的领导和总会计师玛丽安妮·索德伯格（Marianne Söderberg）组成了一个计分卡团队。该团队开发了一个能用PowerPoint和Excel办公软件演示的计分卡。但是该项目并没有予以实施，原因是计分卡很难一次由多人传递和使用。

直到2000年8月布乔恩·英格曼逊（Björ lngemanson）成为新的领导者时，该计分卡才得以启用。英格曼逊授权建立了一套新的信息技术系统，该系统能使平衡计分卡在公司内部互联网上便于传递和使用。英格曼逊和他的团队决定把行动方案集中在战略中心型组织的基本原理上以“使战略成为每个人的工作”。沃尔沃财务公司支持开放性、分权式企业文化，员工可以自由发表自己的建议并挑战管理层的理念，但是很少有高级管理层之外的员工参与讨论战略和未来业务的发展。英格曼逊相信已经到了为实施战略而动员大家献计献策的时候了。

战略地图

在由不同部门和不同级别的管理者和员工（占整个公司职员的1/3）参加的一系列活跃的研讨会期间，平衡计分卡团队开始起草沃尔沃财务公司的战略地图（见图13-2）。他们把这份文件称为“线路图”。由普通员工来设计战略地图的大部分目标和指标，从而为员工个人与战略协调一致迈出了有效的第一步。

沃尔沃财务公司最初确定的目标超过35个，为了便于管理，后来合并为22个。管理者也决定把产品领先和运营卓越作为实施沃尔沃财务公司战略的关键。在战略地图中，主题包括：士气高昂且积极参与的合作者、与沃尔沃经销商实现双赢、增长和效率战略，以及从产品开发到客户忠诚度的价值链。这些主题为战略地图的因果关系提供了框架。虽然平衡计分卡团队使用箭头指明地图中的因果联系，但是他们还是决定在组织中宣传箭头较少的愿景，因为这样更容易从视觉上吸引人们。这样，该团队采用战略地图使高层战略在员工中得以有效和饶有兴趣地交流。

战略地图包括的重点如下：

●合作者/学习层面：为了完成使命，公司需要一支士气高昂、积极参与和知识渊博的员工队伍。公司目前正通过鼓励每名员工参加战略讨论、调整公司现有的“一致同意”文化来培育新的学习文化。与公司当初失败的计分卡项目相比，团队为“有效的信息技术支持”和“信息的高适用性”设计了指标。

●流程层面：这个层面重点强调产品领先和运营卓越的结合。地图的这

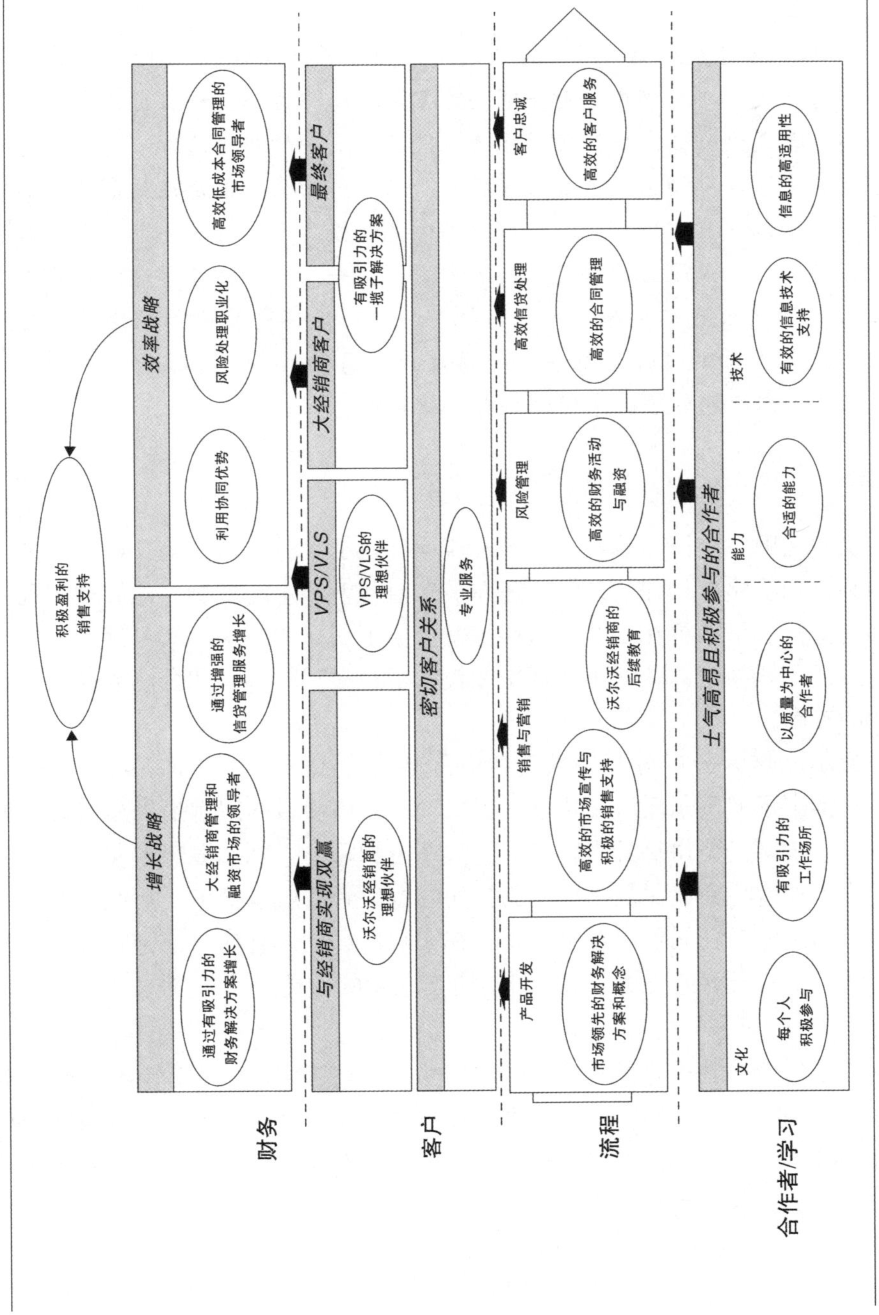

图 13-2　沃尔沃财务公司的战略地图

一部分勾画了促进产品开发、销售、风险处理、贷款处理和培养客户忠诚度的方法。目标包括开发创新的金融产品、向沃尔沃经销商介绍沃尔沃产品、高效的客户服务、快速准确的合同管理。从左到右的箭头流向表明了公司的价值链方向。

●客户和财务层面：流程层面目标向客户和财务层面目标供给养分。例如，通过满足“市场领先的财务解决方案和概念”这一流程目标，沃尔沃公司期望培育其与经销商成功合作的能力。进而，成功的合作通过“有吸引力的财务解决方案”和“增强的信贷管理服务”来支持增长。但是经销商并非沃尔沃公司的唯一客户。市场领先的财务解决方案和概念也支持了为大经销商和最终客户设计的“有吸引力的一揽子解决方案”这一目标。服务于这些客户也支持了财务层面增长战略主题的另一目标——“大经销商管理和融资市场的领导者”。流程层面的另一目标——“高效的合同管理”，直接与财务效率目标“高效低成本合同管理的市场领导者”相联结。

逸闻

沃尔沃财务公司为战略地图开发流程支付了大量费用。调查显示，员工对部门和公司战略有较深的理解。随着员工对行业动态的把握，他们对实现公司目标的士气和承诺也在飙升。这些提升产生了明显的效果。2001年，瑞典市场上通过沃尔沃经销商的新车融资份额扩大了，在贷款数量和合同数目上都有了极大的提高。

沃尔沃财务公司对产品领先和运营卓越的强调也产生了结果。沃尔沃财务公司推出了“沃尔沃汽车贷款”保险项目，该项目的宗旨是当客户失去工作或有慢性病时，公司每月为客户支付汽车贷款账单。到2002年中期，超过10万个客户参加这一项目，沃尔沃财务公司的竞争者随后也推出了类似的产品。此外，沃尔沃财务公司可以炫耀的是，在车贷市场上，它的单位合同管理成本是最低的。沃尔沃财务公司是平衡计分卡名人堂的一员。

本案例由瑞典平衡计分卡协会的卡尔·弗雷德里克·赫尔吉格林（Carl-Frederik Helgegren）和平衡计分卡报告撰稿人之一劳伦·凯勒·詹森（Lauren Keller Johnson）编写。我们也感谢玛丽安妮·索德伯格和布乔恩·英格曼逊与我们分享了沃尔沃财务公司的经验。

通用媒体公司

背景

19世纪50年代，通用媒体公司创立于弗吉尼亚的里奇曼（Richmond），目前已从一个小的报纸王国变为美国第九大报业公司，经营范围涉及出版、广播和电子媒体。公司业务集中在东南部，出版的25种日报发行量超过100万份。通用媒体的26个联网电视台覆盖了30%的美国家庭。公司还经营着50多家与印刷和广播有关的在线公司。2002年，通用媒体雇用了8 000多名员工，创下了83. 7亿美元的收入。

现状

数十年来，通用媒体的经营领域已不再局限于东南部。当1990年J.斯图尔特·布赖恩（J. Stewart Bryan）出任主席兼CEO时，公司加大了改革力度，剔除了老的业务并引入新的业务以适应新的区域焦点战略。但是，竞争压力以及有线电视和互联网的爆炸式增长导致通用媒体的股价下跌。

战略

通用媒体的使命声明是“通过加强既定战略市场的优势地位，从而在东南部成为提供高质量新闻、娱乐和信息的领导者”。但是，布赖恩认识到，企业的成功在于协同——开发三个分支机构的个体与集体力量。他解释道，这一目标可以“在既定的市场协调不同媒体以提供高质量信息，这种信息是基于综合和统一的视角，以每个媒体最擅长的方式来提供的”。这种被称为“集中”的方法成为通用媒体战略的基础。

集中战略要求强大的团队工作、沟通和合作，而不是那些传统上各自为政、文化上支离破碎、业务上经常自相残杀的做法。

战略地图

2002年采用的平衡计分卡为通用媒体公司培育了使集中成为现实的共同愿景（见图13-3）。

1. 客户层面

确定客户并认识他们的不同需求是跨职能平衡计分卡团队最富有挑战性的

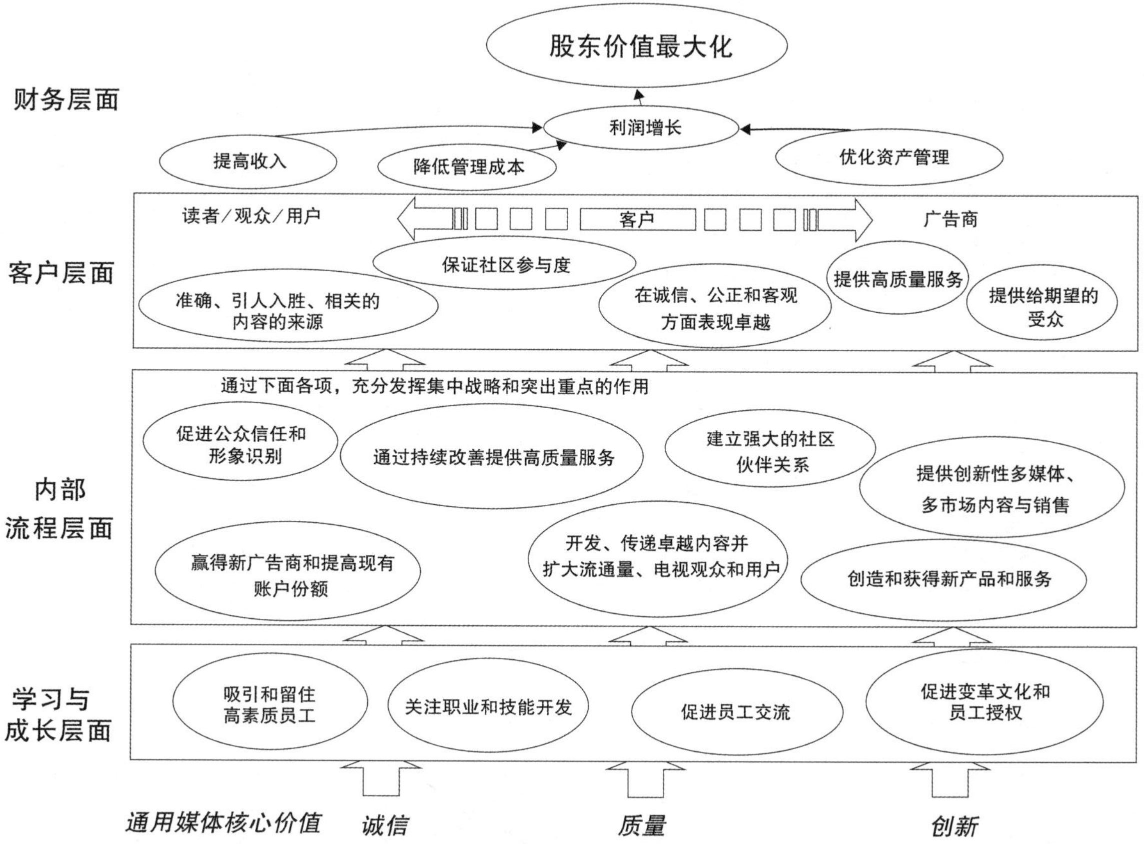

图 13-3　通用媒体公司的战略地图

任务之一。阐明共同的客户价值主张迫使不同的意见浮出水面。另外，对于媒体企业来说，客户层面反映了编辑方和出版方之间传统紧张关系的焦点，前者为读者服务，后者为广告商服务。这两类客户群为版面位置和广播时间而竞争。最后，通用媒体各分支机构的领导们在他们各自的读者和电视观众之间寻找到更多的不同点而不是共同点，即使所有的听众希望获得高质量的新闻和信息。“准确、引人入胜、相关的内容”反映了通用媒体的目的是，要在每个市场上成为信息的主导来源。通过它的多元化媒体，通用媒体试图采用多媒体、多种市场的广告包来充分发挥其在人口统计和地理分布方面的优势，从而为广告客户提供其“渴望得到的受众”。

2. 内部流程层面

内部流程层面的战略主题是通过几个次级主题来充分发挥集中战略和以东南部为重点的作用，这几个次级主题是：

（1）促进公众信任和形象识别。

除了固有的价值，诚信和公正满足了核心客户的期望。建立强大的社区伙伴关系支持了客户层面中的社区参与度。品牌形象驱动这些目标，也被这些目标驱动。通用媒体将在所有的利益相关者之间，提高其个别品牌并把公司品牌和个别品牌联结起来。

（2）开发和传递卓越内容。

传递卓越内容这一目标直接对准集中战略。共同的新闻平台证明了这个目标在运转。在既定市场上，报纸、广播台和交互式媒体的编辑将共同工作，并从各自有利角度对如何报道一个既定的故事做出日常决定。通过这种相互配合的报道方式，通用媒体公司相信它能增加读者群、观众群和用户。

（3）创造和获得新产品和服务。

分支机构、单位和部门（分享新思想、相互参考的姐妹媒体）之间的更深度互动，将帮助通用媒体公司确定和拓展新的增长机会。这个次级主题将使客户层面的两个方面都得以增长。

（4）赢得新广告商。

通过更好地理解广告客户的业务，例如，通用媒体采用创造性的具有规模经济的多市场、多媒体广告包，从而既可以较好地为现有的客户服务，又可以吸引新的客户。提高多媒体广告商的百分比和发展长期关系支持了提高广告收入这一财务层面目标。

（5）提供高质量服务。

运营卓越这一目标强化了财务层面的效率和利润增长。除了通过流程改进实现的标准效率，集中战略鼓励各单位充分发挥联合协同采购的作用，从而降低采购成本。质量提高包括在什么时间插播新闻和为在线新闻制定真相标准等原则（这一目标也对公众信任有贡献）。

（6）创新性内容。

“创新性解决方案”包括产生于调整内容的生活期刊，这些期刊使用的内容可以在多个市场中进行分发。

3. 学习与成长层面

促进员工交流有利于强化关键内部流程目标之间的相互联系。促进变革文化和员工授权既包括培育创造力和创新力，也包括鼓励基层员工做出决策。这些目标是收入增长的两个主要来源。

4. 财务层面

充分发挥来自多个媒体的新闻内容的作用，有利于通用媒体公司提供新的产品和服务。连同新获得的产品和服务，通用媒体自然能达成读者和客户方面的收入增长目标。对媒体来说，书报订阅向来是赔本的生意。通过多媒体、多市场广告组合获得的广告收入，才是真正的主要收入来源。而运营卓越、提高效率也将改善成本和资产管理方面的问题。

结果

根据布赖恩的观点，战略地图的第一大成功之处在于其推动了大众文化变革。战略地图通过提供衡量成功的共同语言和共同方法，帮助员工明白为共同目标而合作的价值。通用媒体对客户需要也有了较深的理解。公司股票在平衡计分卡的作用下也出现了反弹，其每股收益在2002年增长了3倍（会计准则调整之前）。虽然2002年对于出版业来说形势严峻，通用媒体公司的收入在2002年仍增长了4%。同时，集中战略也在发挥作用：2002年，多媒体广告包为交互媒体部带来了42.5%的收入，这是一个令人震惊的数字。

本案例由平衡计分卡协会的帕特里西亚·布什（Patricia Bush）和简尼斯·科奇（Janice Koch）编写。我们也感谢 J.斯图尔特·布赖恩与我们分享了通用媒体公司的经验。

第十四章

公共部门

在本章，我们主要研究以下几个部门的战略地图案例：

- 加拿大皇家骑警（RCMP）。
- 美国商务部经济发展管理司（EDA）。
- 英国国防部（MoD）。
- 富尔顿学区系统（FCSS）。

加拿大皇家骑警为加拿大的市、省、地区和全国提供治安服务。为了协调从社区治安服务到参与国际合作打击恐怖主义等不同的行动方案，加拿大皇家骑警开发了战略地图。战略地图明晰了加拿大皇家骑警的使命："保卫家园和社区安全。"

美国商务部经济发展管理司在美国的经济贫困地区开展经济活动。新司长为经济发展管理司开发了战略地图和平衡计分卡，希望这一士气消沉和业绩不佳的政府机构得以重生。重点清晰的新战略帮助经济发展管理司成为既有效率又有效益的政府机构，目前经济发展管理司已实现甚至超越其创造就业机会和鼓励私营投资等目标值。

拥有250亿英镑（合400亿美元）预算、军民职员超过30万人的英国国防部是世界第五大军费耗费者。它的使命是提供国家防御和维护国际和平与安全。英国国防部开发战略地图的目的是，适应新的安全环境来推动武装部队变革这一重要现代化项目。除了从较好的内部交流、决策和团队工作中获得利益之外，英国国防部在与财政部谈判时，还利用了战略地图和平衡计分卡，通过演示说明了英国国防部使命中各种资助情况产生的影响。

位于佐治亚州亚特兰大市的富尔顿学区系统可能是第一个采用平衡计分卡的学区。基于目前卓越的质量行动方案，开发战略的流程可以使其不同的利益相关者（学生、教师、校长、家长、社区和学校执行官）与特定的产出业绩指标协调一致。

加拿大皇家骑警

背景

加拿大皇家骑警是加拿大历史上有名的国家警察组织，它的前身是1873年受爱尔兰皇家警察（Royal lrish Constabulary）和美国陆军骑兵团的启示而创立的皇家西北骑警（Royal North West Mounted Police），旨在为西北地区（现在的阿尔伯塔省和萨斯喀彻温省）带来法律、秩序和加拿大的统治。

今天，加拿大皇家骑警不仅是加拿大国家警察部门，也是加拿大司法部的一个机构。加拿大皇家骑警在世界上是独一无二的，因为它同是国家、联邦、省和市的警察组织。这个组织为所有加拿大人提供全面联邦警察服务，并为置于合同之下的3个地区8个省（不包括安大略湖、魁北克）的大约200个城市和65个土著社区提供治安服务。今天的加拿大皇家骑警拥有2.2万名员工、大约750家地方派出机构，预算超过26亿加元，它在为社区提供优秀“地面”服务的同时，在反恐怖主义和反组织犯罪方面也做出了极大努力。

战略

2000年，加拿大皇家骑警为实现三个关键议题开始开发一个强有力的战略业绩管理体系，这三个议题是：

（1）描述新任警监扎卡德里（G. Zaccardelli）的愿景和战略方向，扎卡德里受命要以新的治安模式领导该组织进入21世纪。该模式能够满足第三个千年的挑战，并具有追求组织卓越的激情。

（2）围绕一系列共同战略和运营优先任务，使这个国家组织中特征各异的不同元素协调一致。

（3）通过成功执行这一战略和实现可论证、可衡量的结果，提高本组织在资助机构中的可信度。

战略执行的激情基础在于新战略框架的公之于世，该框架表明了加拿大皇家骑警的最高治安目标。战略框架使加拿大皇家骑警的核心战略结果——“保卫家园和社区安全”与驱动和影响这一结果的关键组织优先任务保持一致。

战略的中心是五个关键战略主题：

- 减少组织犯罪的威胁和影响。
- 减少恐怖活动的威胁。

●预防和减少青少年犯罪。

●最大限度地支持国际间行动和方案。

●帮助建设更安全、更健康的土著社区。

加拿大皇家骑警的领导层认为这五个主题是成功的关键。如果加拿大皇家骑警在这五个主题方面获得成功，它的“保卫家园和社区安全”的核心战略结果将得以实现。

战略地图

加拿大皇家骑警决定采用平衡计分卡作为管理战略框架执行的工具，平衡计分卡可以帮助加拿大皇家骑警完成下列工作：

●把战略框架转化为一系列连贯的目标、指标和目标值。也就是说，平衡计分卡可以描述和衡量加拿大皇家骑警的战略。

●使依靠战略框架获得结果的责任更开放、更透明。

●在组织的不同部门和职能领域之间层层分解平衡计分卡以保证组织的协调一致。

加拿大皇家骑警的警监将管理高层战略执行委员会（Strategic Executive Council，SEC）的战略地图（见图14-1）。该地图保证每个辅助战略地图明确而又清晰，并为每个分支机构的警察行动和警监的优先任务提供了清晰的准线。

战略执行委员会的战略地图描述战略时采用了传统公共部门的体制。战略的“启明星”是为整个组织使命注入活力的战略框架文件。

客户、伙伴和利益相关者层面捕捉了加拿大皇家骑警所服务的核心群体的价值主张，这些核心群体包括：资助组织、各级政府（国内和国际）、直接接受警察服务的居民。例如，对于资助组织的价值主张是加拿大皇家骑警应该“成为政府中管理最优的组织”；对于伙伴的价值主张是“践行使我们成为可信赖伙伴的核心价值”。所有这些目标都为其基本目标——“提供一流的警察服务”做出贡献。总之，加拿大皇家骑警全面价值主张以最低成本为伙伴、利益相关者和居民传递世界级的、一流的警察服务。

内部流程主题与核心客户价值主张相联结。例如，沟通主题的交流、伙伴关系和联盟流程支持成为可信赖伙伴这一目标。运营主题的各流程使运营模式的作用最大化，运营模式是指在所有行动和调查中运用知识主导的加拿大皇家骑警方法论。这一目标处于该主题的中心，因为在运营模式上表现优异将提高

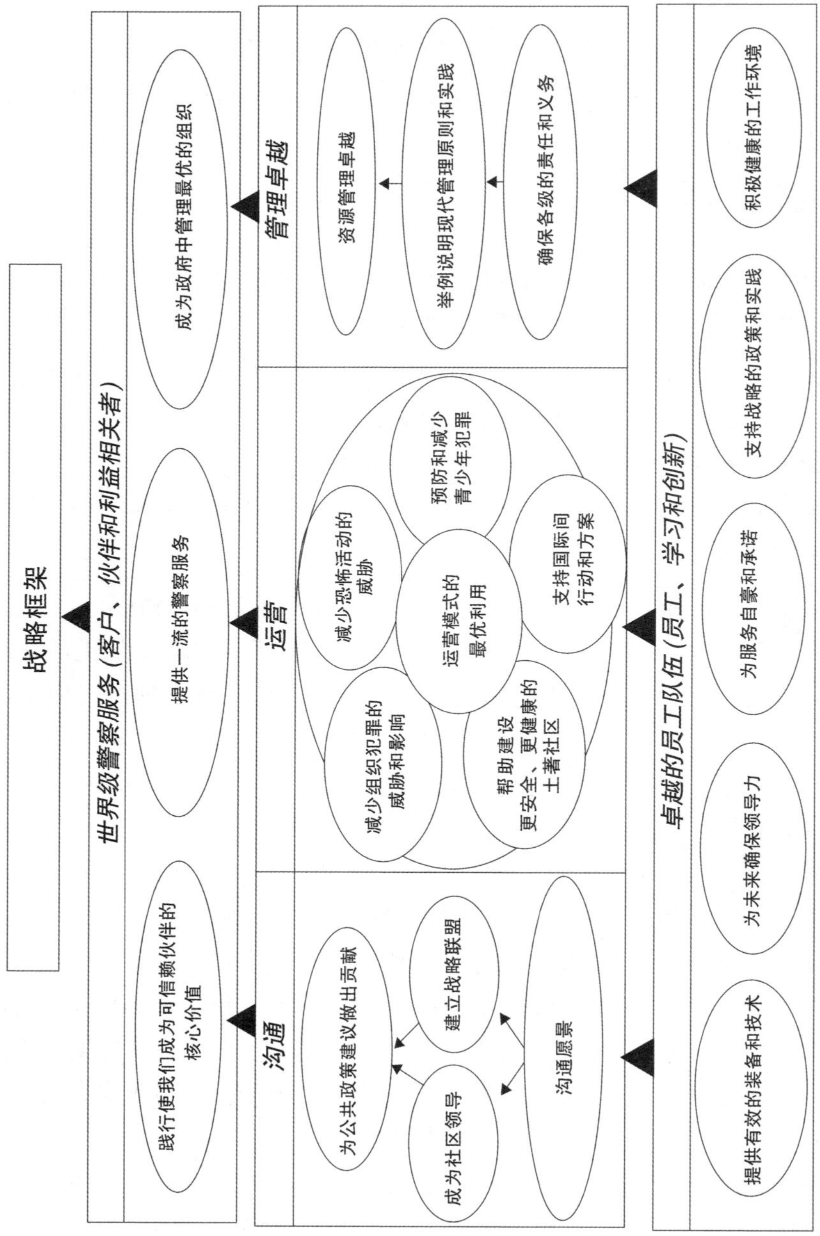

图 14-1 加拿大皇家骑警的战略地图

所有支持战略框架的警察活动的质量。最后，管理卓越主题的各流程分别对应资助组织的要求。

员工、学习和创新层面捕捉了加拿大皇家骑警为员工提供一个动态、安全的工作环境的重要性。

逸闻

运用战略执行委员会的战略地图作为战略指导，平衡计分卡在其余5条业务线和4个总部职能部门中得以开发，并为遍及加拿大的14个运作单位和4个地区性行政中心服务。

一项关于如何在大型矩阵式公共部门设计和使用战略地图的重大突破扩大了战略地图的传统方法。

嵌入战略执行委员会的战略地图的内容对于包含在加拿大皇家骑警战略框架中的5项战略优先任务（恐怖主义、组织犯罪、青少年、土著社区和国际警察）具有指导意义。在理解了这些必需的国家级战略协作之后，加拿大皇家骑警为这5个优先任务开发了5个“实实在在”的战略地图。战略地图也设计了执行这个战略优先任务所要求的指标、目标值和行动方案。加拿大皇家骑警管理者掌管着每个战略优先任务和实在的战略地图。定期召开管理层会议以讨论战略优先任务的进程。

为了保证这些战略优先任务的协调执行，战略地图的每个目标与业务部门或总部服务部门保持一致，并被置于战略地图的相关位置。同样地，业务部门向部门级战略地图层层下达关键目标、指标、目标值和行动方案。实施平衡计分卡的最后一步是业绩报告，加拿大皇家骑警创立了一个简单的“仪表盘”，也就是说，开发了Excel电子数据表格，帮助报告目标进程和计分卡要求的相应行动方案、指标和目标值。

从2004年至2005年9月的财政年度开始，加拿大皇家骑警试图在组织的各层级实施战略中心型业务计划和与战略优先行动方案保持协调一致的资源分配。在为目标和计分卡确定的行动方案分配资源的同时，平衡计分卡业务计划将驱动预算分配，从而有效保证业务计划的重心放在驱动战略优先任务的关键行动方案上。

本案例由平衡计分卡协会的安德鲁·佩特曼（Andrew Pateman）和加拿大皇家骑警的杰夫·格鲁森（Geoff Gruson）编写。我们也感谢警监扎卡德里与我们分享了加拿大皇家骑警的经验。

经济发展管理司

背景

通过13个向商务部长报告的办公部门的工作，美国商务部帮助美国企业和社区在国内外获得较大成功。

林登·约翰逊（Lyndon Johnson）总统向贫穷宣战期间的1965年，美国国会创立了一个办公部门——经济发展管理司。经济发展管理司的使命是与州、地方政府和非营利性组织共同工作，在美国经济贫困的社区支持经济活动。

自从经济发展管理司诞生以来，它的基本任务就一直保持不变，伴随着经济发展管理司经历了数十年的起起落落。里根总统在他的第一次全国演说期间要求废除经济发展管理司。里根总统在位期间，经济发展管理司不再是一个政府授权的联邦组织，这意味着国会和执行机构都没有采取必要措施去获得立法许可，以使该机构的继续活动得到授权。

联邦政府的态度发生转变是考虑到该项目即使没有政府授权，也能确保获得资助来运行。1998年，经济发展管理司终于得到了授权，但是多年的不确定性已产生严重的后果。由于受到大规模精简（政府的失业条款）、预算减少和未来不确定的冲击，组织采取了“歇业”运营的思想，也就是生存下来是最重要的。

现状

2001年布什总统的上任为经济发展管理司带来了机遇和挑战。布什总统认识到，像经济发展管理司这样的组织，它们的潜在积极作用可以帮助实现政府的“追求美国梦想中，绝不落下任何地区和人口”的目的。布什总统也将他在担任得克萨斯州州长期间形成的结果导向的管理风格带到了华盛顿。经济发展管理司要生存，就必须大力进行改革。

布什总统选择戴维·桑普森（David A. Sampson）担任助理商务部长负责经济发展工作。桑普森拥有丰富的私营部门经济发展背景，他来到经济发展管理司的第一步是修订和重新确定经济发展管理司的使命：

> 经济发展管理司的使命是通过世界级的生产能力构建、计划、基础研究资助和战略行动方案，来创造吸引私有资本投资和就业的最优业务环境，从而帮助全国的合作伙伴创造财富，并减少贫困。

桑普森还确立了一个大胆的目标，即把经济发展管理司转变成为国内经济发展服务的首要机构。

为了完成使命并达到目标，经济发展管理司开始变革的综合性战略，它把重心放在三个重要方面：

- 建立健全的组织管理。
- 开发以结果为基础的业绩指标。
- 加强与关键利益相关者的沟通。

战略地图

经济发展管理司为了满足利益相关者和客户的需要而存在（见图14–2）。

为经济发展管理司工作提供方向和监督的利益相关者，如白宫、国会、商务部和纳税人等，它们在经济发展管理司投资和作为公共利益的保护人方面起到了关键作用。经济发展管理司只有成为高效率、高收益和以结果为导向的机构，才能满足其利益相关者的需要。

经济发展管理司的客户是那些直接或间接地从经济发展管理司获得帮助和从经济增长中受益的贫困社区、投资合作伙伴和私营部门。经济发展管理司只有成为对经济发展拥有渊博知识和反应迅速的顾问，才能改善贫穷社区。经济发展管理司还必须进行促进增长的投资和展示明显结果。这些业绩将提升该部门的地位。

经济发展管理司将通过满足其客户和实现财务目标来满足利益相关者的需求。

为了更好地服务其客户，经济发展管理司必须提供一个透明的、快速反应的流程，该流程传递着它所服务的实体的需要。经济发展管理司通过提供信息和基础援助，将帮助其合作伙伴创造大量的高技能、高工资的工作岗位。

经济发展管理司在实现客户目标方面必须对财务负责，必须使其管理流程流畅。经济发展管理司必须通过利用私营投资来充分发挥有限资源的作用。

为了满足股东和客户的期望，同时又能实现其财务目标，经济发展管理司必须执行三个战略主题：内部政策领导力、影响深远的投资和组织卓越。

展示政策领导力将允许经济发展管理司担任知识渊博的经济发展顾问。为了实现政策领导，经济发展管理司首先必须加强研究能力。更好的信息将巩固经济发展管理司对投资政策做出最优决策的能力。提高的研究能力也将提高其为政府高层提供政策选择所需要的可信度。

影响深远的投资将提高经济发展管理司开拓更多高质量工作机会的能力。

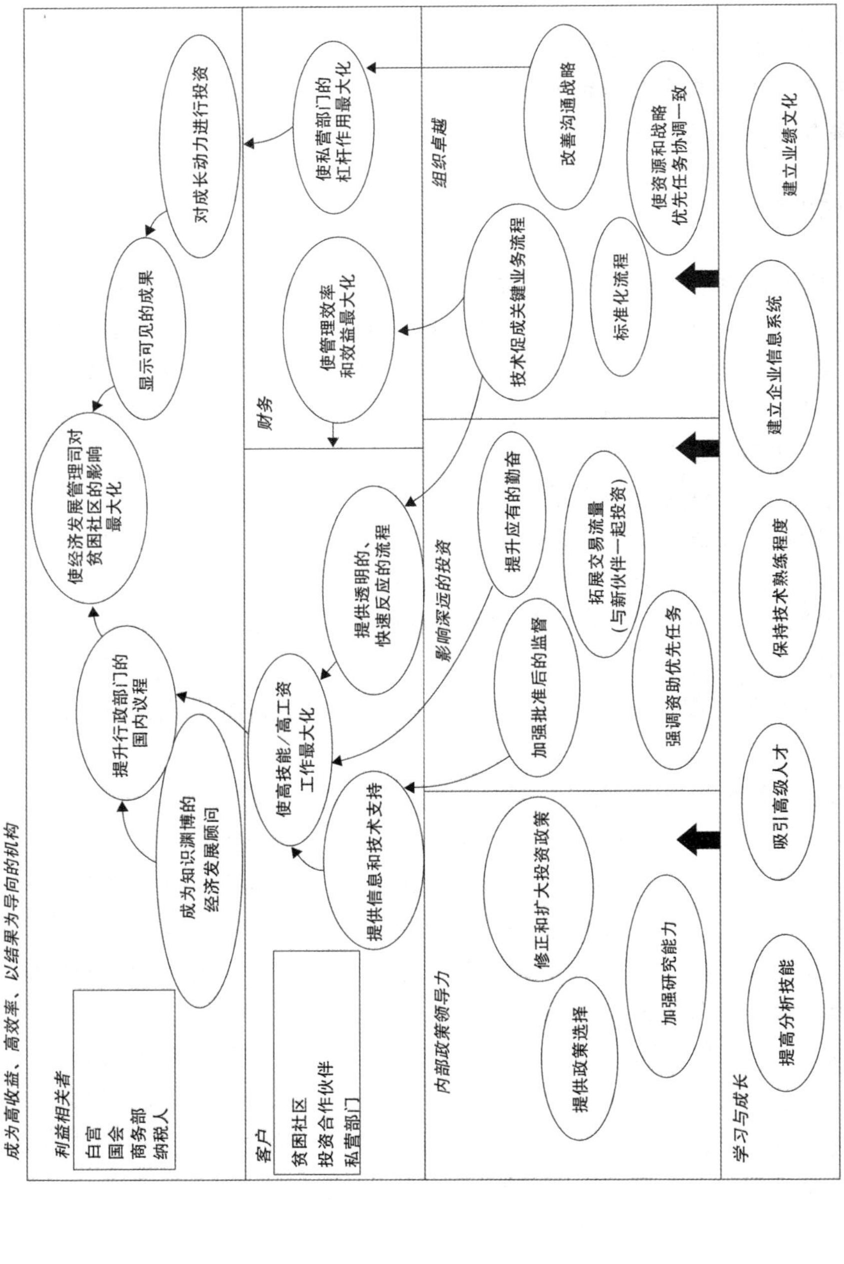

图 14-2 经济发展管理司的战略地图

提升了的研究能力将支持强调资助优先任务的努力，而强调资助优先任务将通过投资于新的合作伙伴而帮助经济发展管理司拓展业务量。对职员勤勉程度的关注将促进更高质量的投资决策，并便于进行事后监控。这些努力的影响将使每个纳税人的支出产生更大的利益。

前两个主题的实现有赖于第三个战略主题——组织卓越的实现。组织卓越是指经济发展管理司要成为高成效和高效率组织所必需的内部流程。首先，经济发展管理司必须通过把合适的员工分配给对经济发展管理司战略至关重要的行动方案，使资源和战略优先任务保持一致。其次，改善经济发展管理司的沟通战略和标准化流程，将通过为实现目标提供理解和方法而创造价值。此外，经济发展管理司通过充分发挥技术的作用，促使关键业务流程实现高业绩，从而使组织的效率和效益最大化。

如果没有对其员工提供工作必需的技能、文化和基础设施，经济发展管理司将一事无成。帮助员工提高分析技能和熟练掌握技术，有助于他们获得成功。经济发展管理司将通过为关键岗位引进顶尖人才来补充当前的队伍。人才并不是很多，所以经济发展管理司必须培育一种精神，即允许经济发展管理司建立一个业绩文化。信息资本必须与人力资本联系，经济发展管理司将建立一个企业信息系统，该系统将保持员工之间、员工与利益相关者和客户之间的联系，并为完成工作提供必需的信息。所有这些都是经济发展管理司成功的促成因子。

把重心放在支持内部业务流程的员工和信息等促成因子上，经济发展管理司将更好地服务于客户，实现财务目标，使利益相关者满意，最后完成它的目标——“在联邦政府中成为国内经济发展的首要领袖”。

成果

经济发展管理司的成果是相当显著的。它已被白宫管理和预算办公室视为一个高成效、高效率的政府机构，并且已达到或超过其创造就业和鼓励私营投资的目标值。白宫以2004财政年度增加投资作为对经济发展管理司的奖励。考虑到总统关注的是民族和国家安全的需要，经济发展管理司的成功是其38年历史的重要里程碑。

本案例由平衡计分卡协会的马里奥·伯格南诺（Mario Bognanno）和经济发展管理司的桑迪·巴鲁阿（Sandy K. Baruah）、丹内特·科贝尔（Danette R. Koebele）编写。我们也感谢戴维·桑普森和他的同事与我们分享了经济发展管理司的经验。

英国国防部

背景

英国国防部拥有250亿英镑（合400亿美元）预算，军民职员超过30万人。它既是全英国最大的政府机构，又是世界第五大军费耗费者。英国国防部不仅包含海军、陆军和空军，还包括十一个“高层预算单位”（类似于战略业务单位），这个庞大组织的使命也是伟大的——既提供国家防御，又促进国家和平与安全。最近几年，英国国防部已经对许多地区，如科索沃、波斯湾和东帝汶实行了人道主义和维和使命，从而在世界范围内增加了职员，扩大了影响。在国内，英国国防部的活动范围包括从搜救到农业流行病管理。

现状

在20世纪90年代后期的战略防御研究之后，英国国防部决定采用平衡计分卡。战略防御研究是对国家对外政策目标的战略意义做出基本评估，对外政策目标激发了英国武装力量的现代化。作为研究的一部分，国防部也检查那些能帮助大型政府机构致力于现代化的方法。在几个战略团队的帮助下，英国国防部防御管理委员会（Defence Management Board，DMB）开始探究加强业绩管理的理念，以响应现代化行动方案。计分卡模式能够帮助英国国防部实现业绩管理流畅化，并能在整个组织中传达和沟通战略。

战略地图

英国国防部构建战略地图和平衡计分卡，首先从明晰其“赢得战争的防御能力”的战略开始（见图14–3）。接着，英国国防部为战略地图确定了两个顶层主题，即提高运营效率和资源最优运用。这些主题将为实现战略和完成使命确定路线，并在战略地图的四个层面渗透到每个目标。

在安排战略地图层面时，英国国防部摒弃了传统的财务、客户、内部流程、学习与成长等层面，确定了如下层面：

●提供成果：“我们正在提供政府想要的成果吗？”（相当于利益相关者层面）

●资源管理：“我们是雇员、声誉、防御设施和预算的最好管理者吗？”

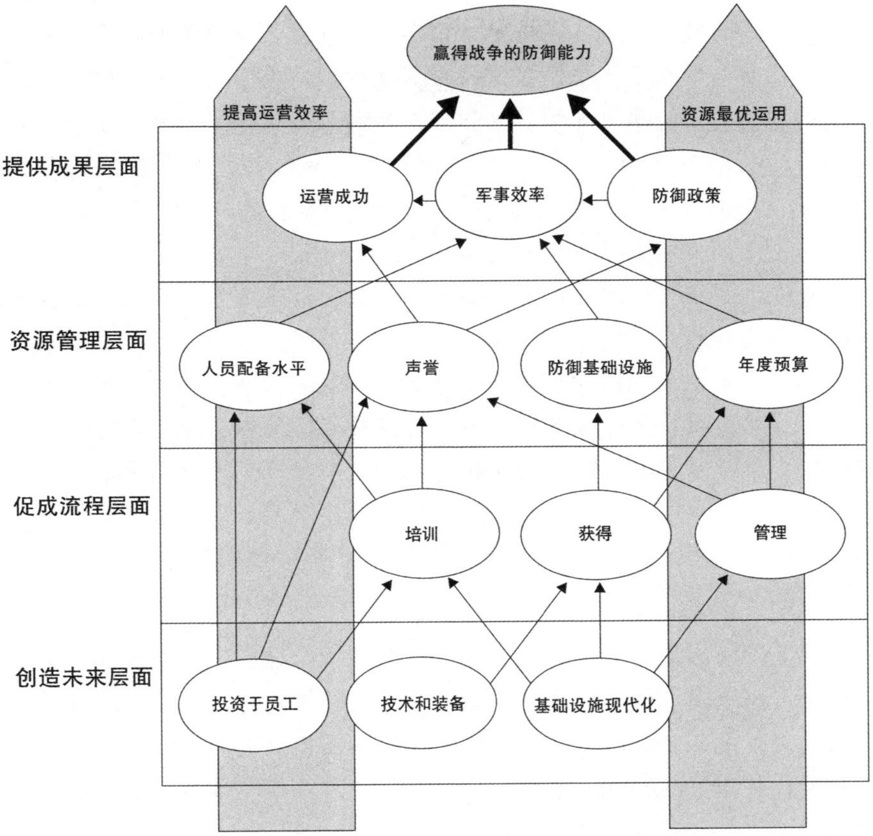

图 14-3　英国国防部的战略地图

（相当于财务层面）

●促成流程：“为了支持战略，我们应该建立或改善哪些流程？”（类似于内部流程层面）

●创造未来：“为了支持战略，我们应该怎样对员工、技术和基础设施进行投资？”（反映了学习与成长层面）

英国国防部的战略地图描述了联结目标的无数箭头。对于资源有限且投资于一方面意味着另一方面就得不到资金的公共部门来说，显示计分卡团队预想的相互关系和因果关系的复杂网线是至关重要的。这里，我们仔细观察几条贯穿战略地图的因果线：

●创造未来层面：计分卡团队认为，英国国防部完成战略和使命的能力从投资于适当的员工、技术和现代化基础设施开始。例如，“投资于员工”目标意味着一种特殊的思想培养：如果英国国防部保证军人获得满意的生活环境，给他们足够的时间和家人在一起，以不同的方式关心他们，那么，军队的士气肯定会上升；军人士气越高，保持率（英国国防部平衡计分卡的一个指标）就越高；更高的保持率将支持资源管理层面的人员配备水平和声誉目标以及促成流程层面的培训目标；高效的培训进一步为更好的声誉和充足的人员配备水平服务；而且，充足的人员配备水平转化为军事效率，该目标位于提供成果层面的中间，直接为战略做出贡献。

●促成流程、资源管理和提供成果层面：创造未来层面目标的成功影响无数其他层面的指标。例如，如果英国国防部能提高保持率，那么它在保持率激励和招募方案上就可以少投入一部分资金；这方面减少的花费可以用于其他重要目标，如提供技术和装备；拥有适用的技术和装备，英国国防部可以实现其获得率目标；获得率将转化为防御基础设施和年度预算这两个最终影响军事效率的目标。

成果

英国国防部战略地图和平衡计分卡的利用已经在组织中改善了交流和团队工作，提高了决策能力。同样重要的是，英国国防部与其他政府部门的沟通也得以改善。例如，英国国防部在与财政部（授权对英国国防部拨款）进行资助谈判时，利用了战略地图和平衡计分卡。通过不带感情色彩的资助方案讨论并使英国国防部冷静地示范不同资助情景的影响，战略地图和平衡计分卡把重心放在这样一些关键讨论中：现实情况、英国国防部和政府的关键优先任务。

本案例由平衡计分卡报告撰稿人凯勒·约翰逊（Keller Johnson）编写，皇家海军上校迈克·波特（Mike Potter）、皇家空军指挥官德斯·库克（Des Cook）和英国国防部业绩管理小组的西蒙·霍华德（Simon Howard）给予了慷慨的支持。特别感谢英国国防部常务副部长凯文·特比特爵士（Sir Kevin Tebbit）与我们分享了英国国防部的经验。

富尔顿学区系统

背景

富尔顿学区系统在亚特兰大市有77所公立学校，分布于该市北部和南部的2个分学区。该系统有7万名学生和56亿美元年度预算（2001年数据）。它拥有优秀的计划和管理历史。1998年，富尔顿学区系统的主管斯蒂芬·多林格（Stephen Dolinger）推出了一项以马尔科姆·鲍德里格（Malcolm Baldrige）教育标准为指导的卓越模式质量计划，该标准基于业绩对七类指标赋予高达1000点的分值，七类指标包括：领导力，战略规划，学生、利益相关者与市场焦点，信息与分析，教职员工焦点，流程管理和组织业绩成果。管理人员认识到，卓越模式虽然对地区策略活动和实施有所帮助，但缺乏对战略、业绩衡量与业绩改进的协调。

富尔顿学区系统在1999年聘用玛莎·泰勒-格林韦（Martha Taylor-Greenway）为战略规划主管，战略规划首先强调业绩管理系统。泰勒-格林韦曾是美国联合道路（United Way of America）负责组织发展的副总裁，在那里，她于1996—1997年担任了第一份平衡计分卡在非营利组织实施的项目负责人。她认为，平衡计分卡能提供一个战略框架和一个更大的蓝图，在该框架和蓝图中，卓越模式行动方案能够实施。泰勒-格林韦推动了富尔顿学区系统平衡计分卡的开发，把有机的目标和业绩指标分为五类：学生成绩、客户和利益相关者参与和满意、高效率的教育和管理流程、职员学习与成长以及财务业绩（见图14-4）。

战略地图

富尔顿学区系统战略地图的高层社会影响指标描述了学生成绩指标：精通课程和在全国具有竞争力。富尔顿学区系统通过课程考试分数、高中满期和毕业率来衡量精通课程指标。富尔顿学区系统通过联考来衡量学生的等级，联考方式有学校智能考试（Scholastic Aptitude Tests）、高级定位考试（Advanced Placement Tests）以及学生毕业后一两年内的大学或工作业绩。

战略地图的第二层营造了一个安全而又丰富多彩的氛围，捕捉了学生业绩的动因指标，如出勤率、参与业余活动以及学生和父母的安全意识。这个层次还包含了其他两个利益相关者目标，一个是父母的参与度和满意度，通过对父母关于质量、反应和交流的调查来衡量；另一个是社区参与度和积极的认知度，衡量的指标有志愿者服务时间，现金、服务与产品的捐赠，与富尔顿学区系统相关联的社区和商业组织数量，关于质量、社区和安全的调查等。

内部流程目标涉及为学生和社区创造价值，包括教育效率（教师培训和技术的利用）、交通（安全和及时到达）、设备和建筑（设备检查报告、积压品维修要求）、开学准备度（学校第一天可用的课本和教师百分比、准确的注册

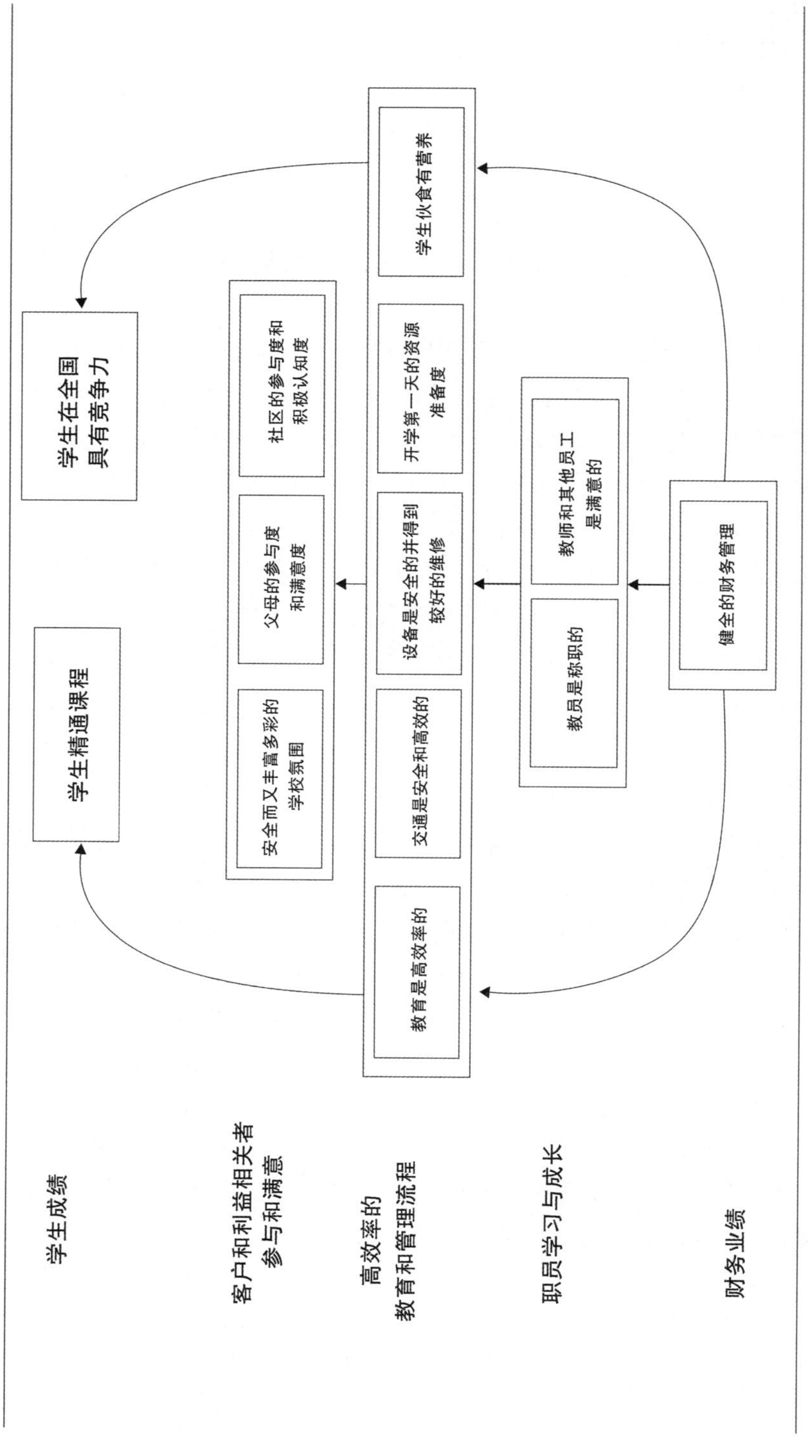

图 14-4 富尔顿学区系统的战略地图

和成本预测）和学生营养（学生参与膳食计划）。

学习与成长目标涉及两个指标，一个是教员能力，教师必须有至少七年的教学经验、高级学位和国家认证；另一个是员工满意度，衡量指标有出勤率、态度、交流等级、团队工作和士气。富尔顿学区系统战略地图的底部是财务层面，具体目标为健全的财务管理，通过教育支持、资金平衡和预算差异等方面的耗费来衡量。

项目团队努力工作，以保证有效数据的收集和每个指标所需的报告流程。富尔顿学区系统基于历史趋势和参照其他学区的标杆，为每个指标制定了系统化业绩目标值。然后，当地学校针对满足既定的目标值制订了行动方案。到2001年底，所有的富尔顿学区系统学校都在运用平衡计分卡来开发战略规划和指导资源分配。

成果

富尔顿学区系统平衡计分卡的短期反应和影响如下：

●一年中，通过标准化数学考试的学生人数提高了22%（从66%到88%）。

●一位校长开发了一种工具，用来在年度中追踪学生和教师的进步，而不是等待年末结果。

●一位高中校长宣称：“我想让90%的学生通过标准考试，这就是我实施这一计划的目的。”

●一位行政部门的助理主管注意到：“这一计划迫使我们提出一些问题，如：为什么要有预算项目？为什么我们做了某事而没有达到预期的目的？”

●一位小学校长声明：“平衡计分卡使我认识到，哪个优先任务在帮助系统业绩更优方面是最重要的。”

2001年，基于实现平衡计分卡系统化目标值的需要，富尔顿学区委员会为主管和学区内阁成员批准了一项绩效工资计划。更重要的是，委员会批准了一项财务激励计划，那些在当地学校战略计划中为实现目标值做出贡献的教师可以获得2000美元的奖励。个别学校在中心目标的指导下，经中心行政部门通过，可以制定自己的标杆和目标值。新的激励计划使当地学校的重点从业绩衡量转变为业绩激励。

富尔顿学区系统的过渡主管托马斯·佩恩（Thomas M. Payne）在2003年2月7日的《公民》杂志上，报告了年度系统状况。他写道：

学校系统在提高学生成绩和组织业绩方面已取得了稳定、审慎的进步。我们循序渐进，没有暴涨或暴跌……我们运用教育和商业的最佳实践结合改变了整个组织。我们像一家以教育为业的大企业一样运作。

佩恩博士提到，过去两年的收获有：

●达到或超过国家级阅读和数学业绩期望值的学生已提高了5个百分点。

●在毕业前获得大学贷款的高中学生比例从10%提高到16%。

●参加高级定位考试的学生有76%获得了3分或更高的分数（与两年前相比提高了39%，比当地平均水平高17%）。

●8年中参加学校智能考试的学生人数从1 837人增加到3 192人；其间，平均考试分数从992分提高到1 039分。在富尔顿学区系统，88%的高年级学生参加了学校智能考试，全国平均为45%。

●志愿者服务时间超过8.7个小时；现在，有9.8万名志愿者支持富尔顿学区系统学校。

●82%的父母对孩子的学校表示满意，而全国平均为68%。

●创办新学校及时并控制在预算范围内。

●所有学校在开学的第一天，课本、装备和供应品一律到位。

●最后，预算控制在计划收入和费用的1%内。

佩恩博士用伊索寓言“龟兔赛跑”来提醒他的委托人，当朝着目标迈进时，最重要的是毅力而不是速度。富尔顿学区系统为了持续改进将采用平衡计分卡业绩管理体系，并维持其作为佐治亚州和全国最优秀的学校系统之一的声誉。

我们感谢玛莎·泰勒-格林韦在提供富尔顿学区的文件时所给予的积极支持。

第十五章

非营利组织

非营利组织运用平衡计分卡是平衡计分卡初始概念的最满意扩张之一。这些组织为获得使命成果而努力奋斗，它们并不关注财务业绩。因此，相对于营利性公司，这些组织更需要一个包含非财务与财务指标的综合系统来激励和评价它们的业绩。

波士顿歌剧团（Boston Lyric Opera，BLO）战略地图阐明了怎样去衡量组织业绩，即使业绩像动听的音乐和美妙的体验等一样是无形的。在经过了一段时期的快速成长和成功之后，波士顿歌剧团采用了平衡计分卡，以便为未来确立一个清晰的战略，该战略容易得到员工、董事会和艺术总监的理解和支持。波士顿歌剧团战略地图为它的三个关键利益相关者——忠诚而又慷慨的捐赠人、国内国际的歌剧界人士和波士顿地区居民，描绘了渴望获得的业绩以及业绩驱动因素。战略地图已经导致与使命相关的行动方案喷涌而出，这得益于一线员工、管理层与董事会流程的协调一致，以及波士顿主要社区对歌剧的支持。

美国教育（Teach for America，TFA）从有才能、士气高昂、面临毕业的高年级学生中招聘了一支国家教师队伍，这些学生承诺在城市和农村的公立学校任教两年。美国教育开发平衡计分卡，是为了表达通过教师队伍来改变社会的两个关键主题的目标和动因。第一，教师队伍将使现在的学生通过两年的教学获得教学经验；第二，通过随后的职业选择和志愿者活动，教师队伍将影响未来和基本的教育改革。美国教育已经利用平衡计分卡，让新一代投资人参与其使命，协调教师队伍、员工和董事会成员的招聘，更密集地关注那些支持毕业生行动方案的活动。

波士顿歌剧团

背景

波士顿歌剧团以世界级当红歌星、制片人、导演和设计师为特色。它的使命是创作优秀的专业歌剧，发现未来歌剧天才，并通过教育和社区普及来促进歌剧的欣赏。这个三管齐下的使命陈述足以支持波士顿歌剧团的早期发展。1995—2000年，波士顿歌剧团的订票人翻了一番，演出次数增加50%，使它成为北美发展最快的歌剧公司。

现状

2000年，公司遇到了发展的挑战，即使有较大的听众群体，票房收入仍然比运营费用低了40%。波士顿歌剧团必须让更多的订票人变为捐款人，必须从支持者那里吸引重要的资金。一个关键董事会成员意识到，波士顿歌剧团的参谋团式管理结构不再完善，下一阶段的成长必须采用一种正式的战略计划流程。这位董事会成员积极参与了几个艺术组织，也看到组织的失败是因为领导者没有积极参与董事会的战略和规划审议。

总裁贾妮斯·迪尔·赛斯特（Janice Del Sesto）组成了一个以波士顿歌剧团高级经理和关键董事会成员为主的项目小组，来开发一个能用平衡计分卡战略地图描述的清晰战略。小组成员包括董事会主席、规划委员会主席，也包括迪尔·赛斯特和副总裁苏·戴林–沙利文（Sue Dahling–Sullivan）等高级执行官。一位对平衡计分卡在非营利组织的实施有深切体验的董事会成员埃伦·卡普兰（Ellen Kaplan）担任内部顾问和推动者。

战略地图

小组通过三个高层战略主题构建了战略地图，每个战略主题涉及一个关键的客户群体（见图15–1）。

（1）忠诚而又慷慨的支持者：即使每一场次的门票都卖完，票房收入仍比年度费用低35%。那些愿意支付高于或等于最高票价的订票者是剧院长期成功的关键（歌剧创作的花费是最大的）。波士顿歌剧团需要捐款人、基金会和社区的广泛和持续支持。这一战略主题的客户目标包括：吸引新的捐款人；从既有的捐款人那里获得更多支持；招聘能帮助波士顿歌剧团实施战略目标的董事会成员。

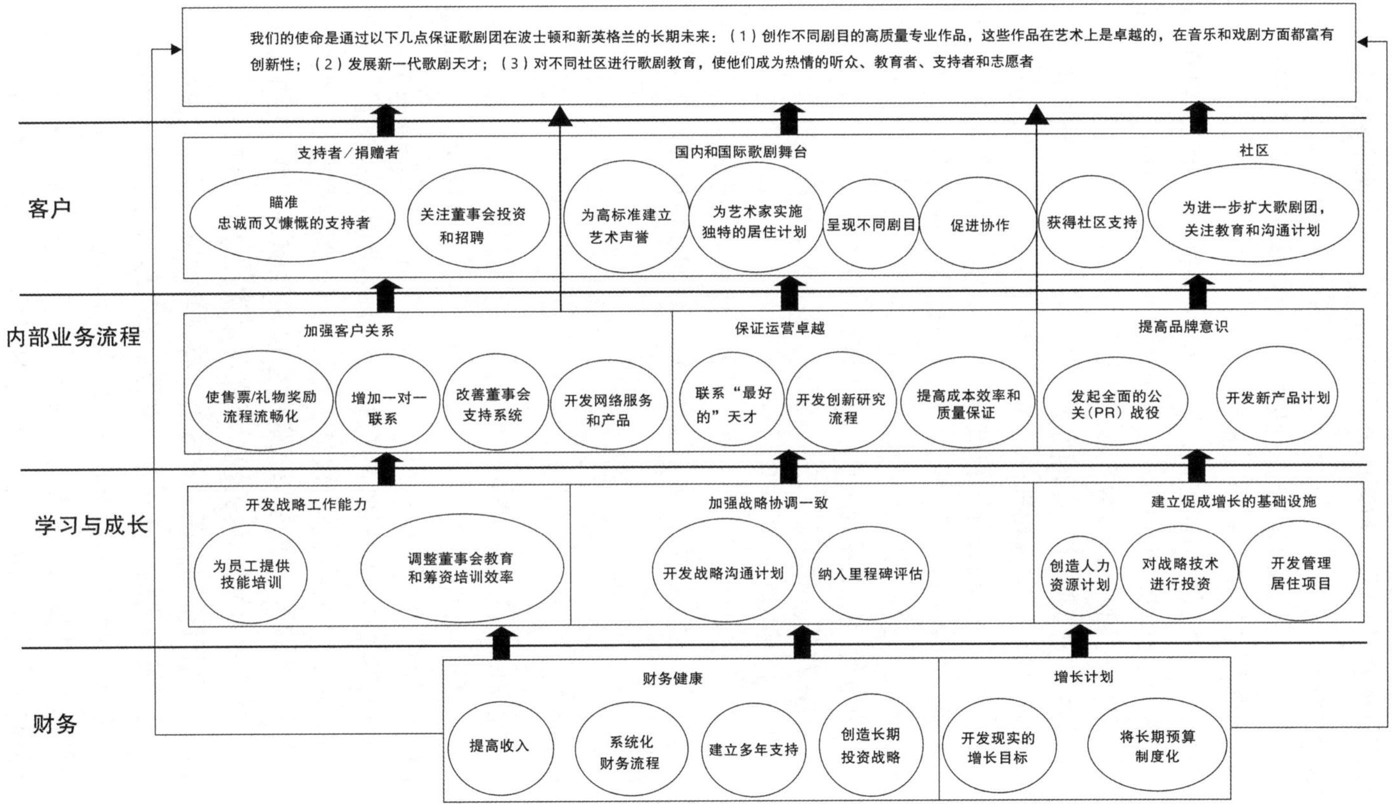

图 15-1 波士顿歌剧团的战略地图

（2）国内和国际歌剧舞台：波士顿歌剧团并不希望与世界最大的歌剧院竞争，但是它希望能与北美的其他公司有所不同。波士顿歌剧团知道，靠提供莫扎特（Mozart）、普西尼（Puccini）、威尔第（Verdi）的固定曲目吸引富有的歌剧爱好者，不足以满足使命的其他部分。它想通过创作有趣的、创新性的曲目在国家和国际歌剧舞台上产生影响。

这个战略主题的客户目标包括：吸引最年轻的演员，他们有可能成为世界最有威望的歌剧公司的未来主演；形成波士顿歌剧团的独特模式，即干脆、简练、一流的流行作品和不为多数人知道的现代作品。

（3）社区：为了吸引新一代听众，波士顿歌剧团将在较大的波士顿社区争取支持，并对孩子、家庭和学校实施歌剧教育计划。

随着三个高级利益相关者客户目标的确定，项目小组能为三个战略主题确定目标。加强客户关系很大程度上推动了为忠诚而又慷慨的支持者服务的客户目标；运营卓越主题的各流程大大地推动了创新的、高质量的演出的产生，这些演出能在国内和国际上得到承认；创新或提高品牌意识主题指出在更广大的波士顿社区加强教育、意识和支持。这三个战略主题促成了内部和客户层面在波士顿歌剧团战略地图上的紧密联系。

学习与成长层面目标涉及人力资本开发、组织协调和能提高关键内部流程业绩的技术安排。财务层面的财务健康和增长计划目标构成了波士顿歌剧团战略地图的基础。

逸闻和成果

波士顿歌剧团项目小组在剧团内部各部门（包括艺术领导者）层层分解平衡计分卡。该流程培育了一个以前不存在的统一和完整目标体系。董事会对剧团的三个优先任务有了更多的认识，不再偏向那些只有较少盈利机会的行动方案。公司的所有利益相关者都把重点放在波士顿歌剧团的战略上。

贾妮斯·迪尔·赛斯特在每次员工会议之前，都会在会议室白板上部写出三个战略主题，她说：“我希望我们的会议关注支持这些主题的行动方案，也就是说，我们保持对目标的关注。”实施平衡计分卡之前，迪尔·赛斯特注意到，公司对募捐资金和订票人事务很少有成功的方法，而且很少与战略相联结。实施平衡计分卡之后，开发办公室为它的工作制定了优先任务，并且为把重点放在“忠诚而又慷慨的捐赠者”上确定了日常活动。过去，这些部门不会把有限的资源用在不能获得大量盈利的项目上。受过艺术训练的年轻员工第一次明白了他们的日常工作是如何影响波士顿歌剧团的业务和使命的完成的。员工开始关注那些对组织目标可能有最大影响的行动方案和事务。跨部门行动方案出现了：一位基层员工设计了一个能使捐赠者信息流畅和促进活动成功的新数据库应用程序。开发部门开始就贵宾座位和捐赠者教育方案与营销或票房部门紧密接触。许多建议来自员工，一个基层生产者为董事会成员和潜在的大捐赠者创造了“后台旅游”，向他们展示《魔笛》（*The Magic Flute*）的魔法是怎样产生的。对于社区目标，公司采取了一个重要的新计划，《共同的卡门》（*Carmen on the Common*）于2002年9月在波士顿公园为13万多人进行了两个晚上的免费演出。对于许多人来说，这是他们的第一次歌剧体验。

平衡计分卡已经成为一个管理工具，它为波士顿歌剧团的创作和社区拓展活动，在行动方案、激励员工、协调董事会和获得外部支持等方面制订了优先任务。

我们感谢波士顿歌剧团的总裁贾妮斯·迪尔·赛斯特、副总裁苏·戴林-沙利文、董事会主席谢里夫·纳德（Sherif Nada）、计划委员肯·弗里德（Ken Freed）和埃伦·卡普兰。

美国教育

背景

温迪·科普（Wendy Kopp）于1989年基于她在普林斯顿获奖的大学论文的理念，创立了美国教育。[1]她的愿望是确保这个国家的所有孩子总有一天都有机会获得优秀的教育。美国教育从有才能、士气高昂、面临毕业的高年级学生中招聘了一支国家教师队伍。这些学生承诺在城市和农村的公立学校任教两年。美国教育是近些年来最成功的非营利组织之一。到2002年，8 000多名年轻人已经作为教师成员为美国教育提供了服务，在16个城市和农村有100多万名学生。

战略

美国教育的战略基于一个清晰的社会变革模式，在这一模式下，团队成员起到两个作用。第一，他们将使现在的学生通过两年的教学获得教学经验和生活体验；第二，通过随后的职业选择和志愿者活动，他们将影响未来和基本的教育改革。

在开发平衡计分卡之前，美国教育已经设立了五个关键组织优先任务，并开始为每个优先任务衡量业绩。这些优先任务是：

（1）确保教员在缩小他们的学生和更有特权地区的学生之间的成绩差距方面体验真正的成功。

（2）在追求系统性变革时培育毕业生领导力，这些变革是实现我们愿景所必需的。

（3）确保我们的行动尽可能大规模、尽可能使种族和民族多样化。

（4）开发一个持续性的基金库来支持我们的事业。

（5）构筑一个繁荣的多样化组织，自始至终都能取得突出的业绩。

美国教育已经为每个优先方案提高业绩推出了具体行动方案。

战略地图

在战略设计和业绩衡量方面有这么良好的背景，战略地图框架中优先任务和指标的发展就是自然的了。美国教育的高级主管把他们的高层愿景、使命和组织优先任务转变为联结战略目标的平衡计分卡战略地图（见图15–2）。

顶部的社会影响层面明确了两个目标：提高今天学生的教育业绩；为明天的学生增加教育机会。第一个指标很难衡量，因为教师执教的许多学校、地区、科目和分数缺乏标准的、高质量的指标。基于教员"看到它就知道它"，美国教育选择使用了主观标准。在年末一对一的会议上，主管会问教员一些问题，如这一年中学生什么时间开始理论学习，什么时间结束，他们如何知道，等等。那些能对学生巨大进步（内部有更具体的界定）的合理证据进行补充的教员，将达到这一标准。

创造社会变革的第二个高层目标将采用几个新的标准：

- 在影响深远的显著位置上影响社会变革的毕业生数量（从前的教员）。
- 从事特殊活动的毕业生数量。
- 以前研究的成果。

美国教育对毕业生的求职之路每年进行一次回顾，以确定有多少学生会从事对社会变革有影响的重要职业。美国教育的高级经理在其特殊活动指标中，为鼓励毕业生，强调了四个具体路径：竞选公职或在公共政策办公室工作；进入学校或地区领导层；成为突出的教师；发表关于教育和低收入社区的文章。第三个指标基于特殊研究，例如瑟德纳（Surdna）和斯坦福（Stanford）所做的关于美国教育对毕业生影响的研究。

社会影响指标进一步帮助了员工、资源提供者尤其是那些意识到自身的成功并不局限于两年教学体验的教员之间的交流。为了实现美国教育的愿景，教员已经成为教育变革和创新的终生代理人。

通过三个与既有组织优先任务联结的战略主题，美国教育组织了内部运营关键杠杆层面：

- ●增加教员数量。
- ●提高教员效率。
- ●催化毕业生运动。

组织能力层面包括几个典型的学习与成长目标，以提高员工能力和多样化程度、开发先进的技术和建立员工目标与战略的协调一致。一个新的目标将把重点放在为全国董事会构建强大的能力上。

成果

美国教育在沟通和阐明未来挑战方面运用了战略地图和平衡计分卡。例如，在一个为已经为美国教育的发展捐献许多资金的“投资者”举办的会议上，战略地图和平衡计分卡的描述引发对如何衡量毕业生影响的激烈讨论。那次讨论和其他的讨论最后使所有利益相关者对改进毕业生影响的新指标达成了共识。战略地图的另一个讨论集中在关键内部流程上。以前，高级管理者把考虑和管理教员在学区任教作为培训和支持教员广泛努力的一部分。明白了“定位”作为一个独立的关键杠杆后，组织高层的重点放到了尽可能做有助于定位流程顺利发展的一切事情。

在过去的几年中，虽然经历了非营利组织的投资减少和检查增加等挑战，美国教育仍然持续繁荣。教员在2001年不到5 000人，2002年增加到1.38万人，2003年接近1.6万人。这已经促成了引入教员规模从900人扩大到接近1 900人（几乎达到了一年前为2004年制定的引入教员规模2 000人的目标值）。目标与教员效率的契合使美国教育修订了培训科目，并进一步加强了对地区网络的支持。通过对职业办公室和公民机会等崭新形式的广泛使用，毕业生运动继续得到拓展。同时，高级主管相当谨慎，他们期望继续保持筹资方面每年30%的增长，并期望收入目标值能从2000年的1.2亿美元增加到2003年的2.8亿美元。另外，组织通过增加基础设施、引进有实力的新教员和获得杰出的全国董事会新成员等行动继续为未来创造能力。

我们感谢美国教育的首席运营官杰里·豪瑟（Jerry Hauser）与我们分享了美国教育的经验。

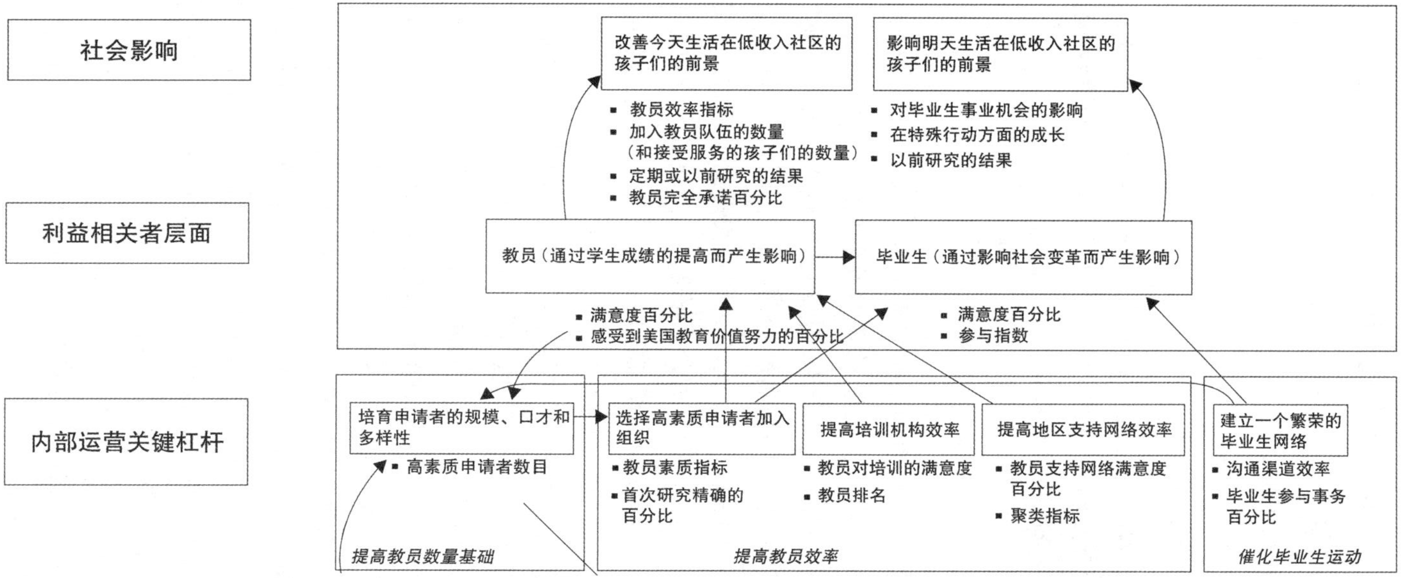
社会影响
利益相关者层面
内部运营关键杠杆
改善今天生活在低收入社区的孩子们的前景
▪ 教员效率指标
▪ 加入教员队伍的数量（和接受服务的孩子们的数量）
▪ 定期或以前研究的结果
▪ 教员完全承诺百分比
影响明天生活在低收入社区的孩子们的前景
▪ 对毕业生事业机会的影响
▪ 在特殊行动方面的成长
▪ 以前研究的结果
教员（通过学生成绩的提高而产生影响）
▪ 满意度百分比
▪ 感受到美国教育价值努力的百分比
毕业生（通过影响社会变革而产生影响）
▪ 满意度百分比
▪ 参与指数
培育申请者的规模、口才和多样性
▪ 高素质申请者数目
提高教员数量基础
选择高素质申请者加入组织
▪ 教员素质指标
▪ 首次研究精确的百分比
提高培训机构效率
▪ 教员对培训的满意度
▪ 教员排名
提高地区支持网络效率
▪ 教员支持网络满意度百分比
▪ 聚类指标
提高教员效率
建立一个繁荣的毕业生网络
▪ 沟通渠道效率
▪ 毕业生参与事务百分比
催化毕业生运动

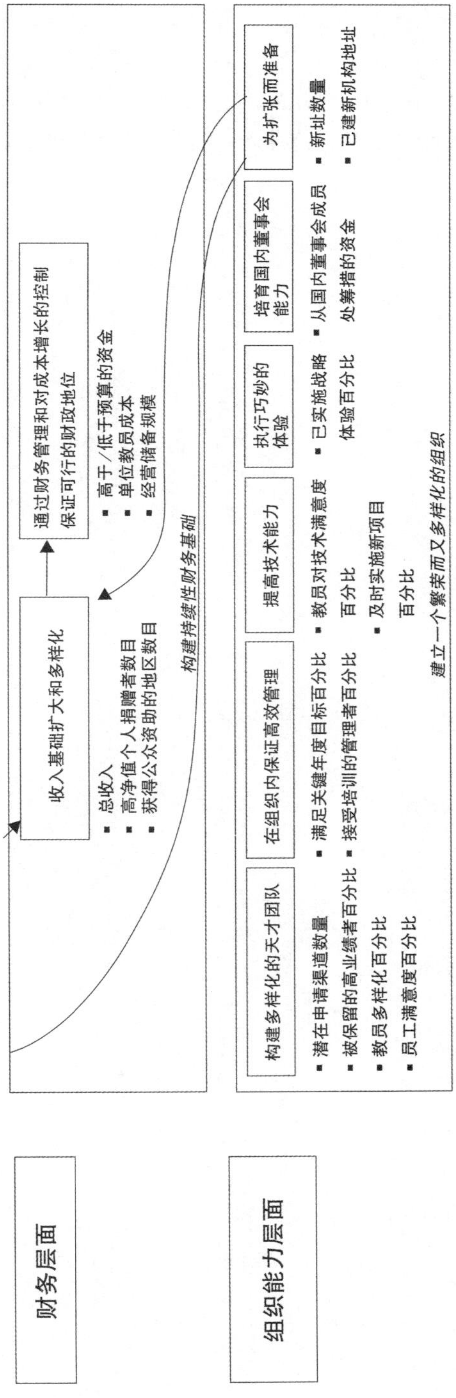

图 15-2　美国教育的战略地图

注释：

［1］Wendy Kopp，*One Day，All Children…：The Unlikely Triumph of Teach for America and What I Learned Along the Way*（New York：Public Affairs，2001）.

译后记

我们从2000年参加国家自然科学基金项目“企业业绩评价与激励研究”以来，便把平衡计分卡作为研究的重点。几年来，我们看到越来越多的企业接受了平衡计分卡这一理念，部分企业已将其应用到管理之中。从2002年开始，作为外部专家，我参加了中国航天科技集团公司的多项课题研究。平衡计分卡概念已被应用到该公司的内部绩效评价工作中，而战略地图在成本管理与控制课题中一经推出，便得到了认可，成为描述成本战略的模板。《平衡计分卡——化战略为行动》出版以来，我们收到了来自各方面的好消息。比如，作为国务院国资委管理的189家大型企业之一，华润集团实施的6S管理体系可能为业内人士所熟知。自2003年开始，该集团准备用五年时间在全集团推广实施平衡计分卡，并将平衡计分卡与6S管理体系有机结合，从而打造华润集团的管理平台。目前，华润集团培训中心已开始在集团内部分级培训平衡计分卡理论知识。当我们接受邀请，为该公司的内部培训师进行培训时，我们发现，华润集团的领导层对战略地图、平衡计分卡有着深刻的理解，并在集团内营造了良好的平衡计分卡氛围。作为研究者，我们认为，华润集团作为一家多元化企业集团，集团经营的业务多处于激烈的竞争环境之中，将平衡计分卡作为管理平台，绝不是为了附庸风雅、追随时尚。该集团良好的经营业绩数字也表明管理发挥了重要的作用。

当翻译完《平衡计分卡——化战略为行动》之后，我们便投入到《战略地图——化无形资产为有形成果》的翻译工作之中。在本书初稿译出之后，我们就英文版中的一些问题与卡普兰先生进行了沟通，卡普兰先生对所提问题逐一进行了答复，从而使中文版的翻译更加完整和准确。同时，他也将这些问题和答复反馈给了哈佛商学院出版社、广东经济出版社以及平衡计分卡协会。我们感谢来自不同学科领域及多个行业的学者、专家对部分内容翻译所做出的贡献，他们是刘俊玲、张东林、陈东、郭全中、范官清、张天银、张静茹和赵礼颖。在本书翻译过程中，我们也得到了有关单位和个人的大力帮助，我们曾就一些关键词汇的翻译与他们进行商讨。他们是华润集团人力资源部冯毅副总经理、财务部魏斌副总经理，中国航天工业会计学会秘书长胡桂珍女士，美国Pannaway公司中国区总裁彭灏先生。此外，广东经济出版社的编辑黄少刚先生多次为我们提供有关平衡计分卡的资料和信息，使得本书的翻译工作得以顺利开展。在此，我们对他们表示衷心的感谢。

本书适合于企业管理者，高等院校相关领域的教师、研究生、高年级的本科生和所有对战略地图有兴趣的人士阅读。

囿于时间与语言之限制，本书的翻译难免还有许多不足之处，敬请各位读者不吝赐教。我们也希望与平衡计分卡、战略地图的研究者和实践者进行沟通和交流。

刘俊勇

译者简介

刘俊勇，男，1970年生于河南省新乡市，汉族，2002年获中国人民大学管理学硕士学位。研究方向为公司财务管理、管理会计。研究重点：①战略地图、平衡计分卡和战略中心型组织；②全面预算管理、业绩评价和激励机制；③作业成本法和成本管理；④企业集团财务管理。参加国家自然科学基金项目“企业业绩评价与激励研究”等多项课题研究。编著《企业业绩评价》、翻译《平衡计分卡——化战略为行动》等著作6部，先后在《管理世界》《外国经济与管理》《国际财务与会计》等杂志发表论文20余篇。应邀为多家企业讲授平衡计分卡、战略地图、作业成本法、全面预算管理、财务管理、管理会计等专题，主持多项企业管理咨询项目。

孙薇，女，1969年生于河南省邓州市，汉族，河南财经学院财政金融系讲师，2002年获复旦大学经济学硕士学位。研究方向为产业经济、国际投资。参加国家自然科学基金项目“企业业绩评价与激励研究”等多项课题研究，主持的课题“基于战略管理的商业银行业绩评价体系重构研究”获河南省科学技术进步奖三等奖。编著《企业业绩评价》、翻译《平衡计分卡——化战略为行动》等著作，先后在《金融论坛》《经济经纬》《外国经济与管理》等杂志发表论文10余篇。